KB125699

교육과정 탐구

교육과정 탐구

김성훈 지음

序

    이 책의 활용도는 몇 가지로 나뉜다. 우선, 대학과 대학원에서 교직과정을 이수하는 학생들에게는 제1부("교육과정")가 유용하다. 그 안에서 교육과정의 개념, 이론, 역사, 유형, 모형 등을 개괄적으로 살펴볼 수 있기 때문이다. 다음으로, 교육학과 학생들과 대학원에서 교육과정 분야를 전공하는 학생들에게는 제2부("쿠레레")가 쓸모 있다. '교육과정(curriculum)'을 '교육과정학(curriculumlogy)'으로 유예하고 대체하면서 '커리큘럼(curriculum)'을 '쿠레레(currere)'로 재개념화하는 논의는 교육과정 연구자들에게 새로운 이해의 지평을 선사할 수 있다. 한편, 제3부("에세")는 교육과정 학자들에 대한 개인적인 이야기들로서 앞의 두 부류의 학생 집단 모두에게 일독을 권할만하다. 우리는 어떤 '이론'을 잘 안다고 말하면서도, 정작 그 이론을 주창한 '사람'에 대해서는 잘 모르는 경우가 많다. 교육과정 학자들의 삶에 관한 연구는 그들의 이론이 어떤 역사·철학적인 맥락에서 탄생했는지 말해준다. 끝으로, 이 책의 출간을 허락해 주신 학고방 출판사 하운근 대표님께 감사드린다. 아울러 이 책의 기획 과정부터 편집까지 일을 도맡아 진행해주신 조연순 팀장님께 고마움을 전한다.

2022년 8월

춘천, 牛頭村에서

김성훈

I 교육과정

II 쿠레레

III 에세

I
교육과정

교육과정 탐구

교육과정의 개념

어원적 의미

—

교육과정의 개념

어원적 의미

 '교육과정'은 'curriculum'을 번역한 말이다. 'curriculum'은 라틴어 단어에서 직접 차용借用한 영어이다. 라틴어 *curriculum*은 일차적으로 '달리기a running', '경주a race', '코스a course'를 의미하였고, 부차적으로 '경주-코스a race-course', '이력a career'을 의미했다.[1] 키런 이건Kieran Egan[2]의 분석에 따르면, 원래 교육과 직접적으로 관련이 없던 'curriculum'은 시간이 지남에 따라 차츰 지적知的인 맥락에서 사용되면서 교육적인 의미를 획득했다. 이건은 마르쿠스 키케로Marcus Cicero[3]의 전·후기 저술 속에 등장하는 'curriculum'의 사용 용례를 비교·분석하면서 그의 이러한 주장을 뒷받침했다.

 키케로는 라비리우스Rabirio를 변호하면서 짧고 날카로운 글귀를 남겼다: "Exiguum nobis vitae curriculum natura circumscripsit,

....

1 'curriculum'이라는 말에는 원래 교육과 관련된 직접적인 의미가 담겨 있지 않았다. 오늘날 주변에서 쉽게 목격되는 용례로서 curriculum vitae가 있다. 이때 curriculum은 경주로를, vitae는 생生, bio을 각각 의미한다. 곧 '생의 경주로'를 일컫는다. 오늘날 우리가 흔히 이력서履歷書로 부르는 말이다. 생의 경주로에서 중요한 것은 얼마나 오랫동안 달렸는가[기간]와 그 달리는 과정에서 무엇을 만났는가[내용]이다.

2 캐나다 사이먼프레이저Simon Fraser 대학의 교육과정 철학자이다. 아일랜드 태생으로 영국 런던London 대학에서 역사학을 공부했고, 미국 스탠포드Stanford 대학과 코넬Cornell 대학에서 교육학을 공부했다.

3 이건은 고대 로마를 대표하는 문장가인 키케로의 권위를 빌려 'curriculum'의 역사적인 의미 변천과정을 살펴보았다.

immensum gloriae"[Nature has confined our lives within a short space, but that for our glory is infinite. 자연은 우리의 삶을 짧은 기간으로 한정했다. 그러나 우리의 명예는 영원하다.](Pro Rabirio 10.30). 여기서 "curriculum"은 우리가 삶을 살아가는 현재의 공간, 일이 발생하는 제한적인 공간, 담기는 것contents 내용물과 대비되는 것으로서 담는 것container 그릇을 의미한다. 한편 키케로는 노년에 이르러 그의 현재의 작업-『고대사Antiquities』 제7권을 저술하면서 역사 자료를 추가로 수집하고 연설문들을 출간에 적합한 형태로 가다듬으며 법률과 그리스 문학을 공부하는-을 기술했다: "Hae sunt exercitationes ingenii, haec curricula mentis"[These are the spurs of my intellect, the course of my mind runs on. 이것들은 나의 마지막 지적知的인 분출로서 내 마음이 달려가는 코스이다.] 여기서 "curriculum"은 다소 흐릿하기는 하지만 키케로가 공부하고 있는 것들, 즉 내용물contents을 의미한다.4

위의 인용문에서 우리는 'curriculum'의 의미 확장을 목격할 수 있다. 우선 '경주-코스'와 '달리기'에서 '지적인 경주'로의 의미 확장이 있었고, 다음으로 일이 발생하는 제한적 경계에서 그 경계 안에서 발생하는 사건이나 내용으로의 의미 확장이 있었다. 이렇게 해서 'curriculum' 개념의 범위가 '달리기 코스'에서 '지적인 경주로'로 넓어졌을 때, 우리는 경주로와 관련해 묻는 질문들인 "경주는 얼마나 오랫동안 계속되는가?"와 "경주의 과정에서 어떤 장애물들이 찾아지는가?"를 지적인 경주로에 확대·적용해 "지적인 경주는 얼마나 오랫동안 계속되는가?"와 "지적인 경주로는 어떤 내용물로 채워지는가?"라고 물을 수 있다"5

....

4 Kieran Egan, "What Is Curriculum?" *Journal of the Canadian Association for Curriculum Studies* 1, 1 (2003/1978), p. 10.

5 Egan, "What Is Curriculum?," pp. 10-11.

지적인 교육과정intellectual curriculum, 즉 지적인 달리기로서의 교육과정 curriculum as a running to intellectual pursuits의 의미는 오늘날 영·미권을 대표하는 두 사전에 담겨 있다. 옥스퍼드Oxford 사전에서는 'curriculum'이라는 단어를 "A course; spec. a regular course of study or training, as at a school or university."로 정의했다. 그리고 웹스터Webster 사전에서는 'curriculum'이라는 단어를 "a. A course, esp., a specified fixed course of study, as in a school or college, as one leading to a degree. b. The whole body of courses offered in an educational institution, or by a department thereof;-the usual sense."로 정의했다.6

....

6 우리나라 국어사전에서는 교육과정이라는 단어를 '교육목표를 달성하는데 필요한 학습활동을 편성하여 체계적으로 정리한 전체체계'로 정의했다.

교육과정의 개념

위의 사전적 풀이로부터 교육과정curriculum은 학교라는 지적인 경주로에서 한시적으로 제공하는 '일련의 학습 과정a course of study'이라는 가장 일반적인 개념이 나온다. 그리고 그러한 학습 과정이 흔히 교과나 경험으로 채워지기 때문에 우리는 교육과정을 학교에서 가르치는 교과 subject-matter, 또는 학생들의 경험experience으로 정의한다. 물론 교육과정을 교과와 경험 모두를 포함하는 상호보충적인 개념으로 이해하기도 한다. 전통적으로 교육과정은 학교에서 가르치는 교과의 체계를 의미했다. 역사적으로 동양의 유학서儒學書와 서양의 7자유학예seven liberal arts 그리고 오늘날 우리나라 초중등학교의 교과 목록a list of subject-matter이 여기에 해당한다.[1]

교육과정이 곧 교과라는 시각에 변화가 일기 시작한 것은 진보주의 progressivism[2]가 등장하면서부터다. 교과 중심적인 교육과정 개념이 너무 좁고 실생활과 동떨어져 있다는 비판으로부터 교육과정을 학생들의 경험으로 정의하기 시작했다. 논의의 물고를 튼 사람은 존 듀이John Dewey[3]였

....

1 동양의 유학서로는 천자문, 동몽선습, 명심보감, 소학, 대학, 중용, 논어, 맹자 등이 있다. 서양의 7자유학예는 3학Trivium과 4과Quadrivium로 구성되었다. 3학은 문법, 논리, 수사를 포함하며, 4과는 산술, 기하, 천문, 음악을 아울렀다. 김수천, 『교육과정과 교과』(서울: 2003), 12-14쪽.
2 과거중심, 성인중심, 교사중심의 전통적인 교육에서 탈피하여 교육을 아동과 학생들의 현재의 생활 경험을 중심으로 그들의 삶에 유용한 내용으로 개혁할 것을 주장했다. 20세기 전반기에 미국에서 성행했고, 대표적인 학자로는 존 듀이John Dewey와 윌리엄 킬패트릭William Kilpatrick이 있다.

다. 듀이는 그의 『아동과 교육과정The Child and the Curriculum』(1902)[4]에서 전통적인 교과와 아동의 경험 간의 간극을 메우는 작업을 시도했다. 듀이는 학교에서 가르치는 교과가 교육과정이라는 기존의 정의를 수용했다. 그러나 학생의 경험 또한 교육과정의 일부가 되어야 한다는 생각에서 교육과정에 교과 내용과 관련된 아동의 경험을 포함시켰다. 그 결과 교육과정의 개념은 언어, 수학, 역사와 같은 교과 목록에서 언어적인 경험, 수학적인 경험, 역사적인 경험과 같은 아동의 교육적인 경험으로 확장되었다. 이때 듀이는 교사의 역할이 중요하다고 보았는데, 아이의 경험을 '교육적'으로 설계하는 사람이 바로 교사였기 때문이다.

　　듀이는 '조잡한' 아동의 경험과 '준비된' 교과가 사실은 하나의 동일한 과정임을 보여주기 위해 아동의 현재 흥미나 활동이 교과라는 오래된 형태의 경험으로 어떻게 전환될 수 있는지 설명했다. 아동이 거리의 개념을 탐구할 때 하나의 물체를 던져 얼마나 멀리 가는지 알아보는 것은 기하나 물리와 같은 교과를 탐구하는 과정으로 볼 수 있다. 이러한 초보적인 탐구활동은 전통적인 관념으로는 교육과정 이전의 단계에 해당하지만, 듀이는 훌륭한 교사란 이러한 활동의 교육과정적인 의미를 이해하고 그러한 경험이 일어나기를

....

3　20세기 미국을 대표하는 진보주의 교육철학자이다. 듀이의 많은 저작 중에 1916년에 출간된 『민주주의와 교육Democracy and Education』은 플라톤Platon의 『국가Politeia』, 루소J. J. Rousseau의 『에밀Emile』과 함께 교육학의 3대 고전으로 손꼽힌다. 듀이식의 아동중심, 생활중심 교육과 민주주의 철학은 해방 후 우리나라 교육제도의 형성과 국가 교육과정의 전개에도 크게 영향을 주었다.
4　'교육과정'이라는 이름이 들어가는 최초의 책은 아니더라도 초기의 의미 있는 저작이다. 이 책에서 듀이는 교육과정을 직접적으로 정의하지 않았지만, '교과 아니면 경험'이라는 이분법적인 사고를 넘어 교육과정을 '교과 그리고 경험,' 즉 교과와 관련된 경험으로 폭넓게 인식했다.

기다리기보다 그것이 가능한 환경을 만들어야 한다고 주장했다. 이러한 의미에서 교사는 교육적인 경험을 창출하는 교육과정의 계획자이자 관리자이다.5

듀이를 거치면서 교육과정의 개념이 교과에서 교과와 관련된 경험으로 확장되었다면, 그 작업을 완성한 사람은 프랭클린 보비트Franklin Bobbitt6였다. 보비트는 최초의 교육과정 전문서로 알려진 그의 『교육과정The Curriculum』(1918)7에서 교육과정을 아이들이 교육 목표를 달성하기 위해 가지는 일련의 경험으로 넓게 개념화했다.

 교육과정은 경주로, 또는 단순히 경주를 의미하는 라틴어이다. 교육에 적용했을 때 교육과정은 아이들과 젊은이들이 행동하고 경험하는 일련의 내용이다. 이를 통해 그들은 성인의 삶을 구성하는 활동들을 수행하는 능력과 원건한 성인으로서 살아가는 능력을 개발한다. …… 이러한 맥락에서 우리는 교육과정을 두 가지 방식으로 정의할 수 있다. 첫째, 교육과정은 개인의 능력 개발과 관련된 모든

5 Philip Jackson, "Conceptions of Curriculum and Curriculum Specialists," in Philip Jackson ed., *Handbook of Research on Curriculum* (New York, 1992), pp. 6-7.
6 미국의 중산층 집안에서 태어났다. 인디애나Indiana 대학과 클락Clark 대학에서 철학, 교육학, 심리학 등을 공부한 뒤 시카고Chicago 대학에서 교육행정 교수로 재직했다.
7 보비트가 시카고 대학의 교육행정 교수 직분으로 출간한 책이라는 점이 흥미롭다. 이 책이 출간될 당시 대학에는 교육과정만을 전공하는 교수가 없었다. 일반적으로 교육과정은 독립된 학문 분야라기보다는 교육행정의 하위 영역에 불과했다. 미국에서 교육과정이라는 이름이 들어가는 최초의 학과는 1938년 컬럼비아Columbia 대학에 설치된 '교육과정과 수업Curriculum and Teaching'이었다. Henry Giroux, Anthony Penna, and William Pinar eds., *Curriculum and Instruction: Alternatives in Education* (Berkeley, 1981), p. 1.

의도적이고 비의도적인 경험이다. 둘째, 교육과정은 개인의 능력을 완성하고 완벽하게 만들기 위해 학교가 제공하는 의식적인 훈련과 관련된 경험이다. 전문적인 영역에서 교육과정은 후자의 의미로 사용된다. 그러나 점차 교육이 '경험하는 것'을 의미하면서, 그리고 공동체 생활에서 일과 놀이의 경험이 점차 일상화되면서 의도적인 훈련을 위한 경험과 비의도적인 훈련을 위한 경험 간의 구분이 급속히 사라지고 있다. 교육은 마땅히 양자를 모두 포함해야 한다.[8]

교육과정은 아이들이 '경험하는 것a thing of experience'이라는 보비트 식의 정의는 교육과정을 교과라는 벽장으로부터 끄집어내는데 성공했다. 그러나 교육과정을 너무 넓게 정의하면서, 또 경험이라는 말이 가지는 다의적이고 애매한 성격 때문에 개념상의 혼란을 초래했다. 따라서 경험 으로서의 교육과정 개념을 명확히 정의하려는 시도가 뒤따랐는데, 랄프 타일러Ralph Tyler[9]가 아이들의 경험을 '학습경험learning experience'으로 한정 하면서 교육과정을 '학교가 교육목적을 달성하기 위해 계획하고 지도하 는 학생들의 모든 학습경험'으로 정의한 것이 가장 대표적이다.[10]
한편 교육과정을 '교육적인 경험'으로 보는 확장된 정의에 만족하지

....

8 Franklin Bobbitt, *The Curriculum* (Boston, 1918), pp. 42-43.

9 미국 시카고에서 태어났다. 도안Doane 대학에서 물리학과 수학을 공부한 뒤 과학 교사가 되었다. 이후 네브라스카Nebraska 대학을 거쳐 시카고 대학에서 교육학을 공부했다. 오랫동안 시카고 대학에서 교육과정 교수로 재직했고, 1952년부터는 스탠포드Stanford 대학의 행동과학연구소로 자리를 옮겨 교육평가 관련 연구를 수행했다. Craig Kridel ed, *Encyclopedia of Curriculum Studies* (Thousand Oaks, 2010), 2, p. 905.

10 타일러의 논거rationale를 구성하는 두 번째 질문과 세 번째 질문이 '학습경험 learning experience'을 선정하고 조직하는 일과 관련됨을 상기하라. Ralph Tyler, *Basic Principles of Curriculum and Instruction* (Chicago, 1969/1949), p. v 참조.

못한 채, 교육과정에 대한 축소된 정의를 내놓는 사람들이 있다. 조지 뷰챔프George Beauchamp는 교육과정을 "학교교육 프로그램의 범위와 조직을 기술한 문서"로 정의했다. 이때 교육과정은 "학교 교육과정에 무엇을 포함하고, 또 그것을 어떻게 실행에 옮기고 평가해야 하는지 결정하는 시스템"을 가리킨다.[11] 같은 맥락에서 마우리츠 존슨Mauritz Johnson은 교육과정의 개념을 "의도한 학습결과intented learning outcomes"로 제한했다.[12] 이와 대조적으로, 필립 잭슨Philip Jackson처럼 의도하지 않은 학습결과로서의 교육과정 개념에 주목한 이도 있다.[13] 이러한 정의들은 전통적인 '교과 대 경험' 논쟁에서 한 걸음 비켜서 있지만, '계획 대 결과'라는 교육과정의 또 다른 개념적인 범주를 형성했다.

교육과정에서 계획하는 것과 그 계획이 성취된 것 사이에는 커다란 차이가 있다. 우리는 대학이나 고등학교에서 개설되는 교과를 통해 그것을 쉽게 알 수 있다. 첫 번째는 강의 계획서나 학교 소개서에 나와 있는 내용과 실제로 가르치는 내용 사이의 차이다. 예를 들어, 라틴어는 수강하는 학생이나 수업이 없으면서도 학교 소개서에는 들어있다. 계획 속에 있는 교육과정을 공식적 교육과정이라고

....

11 "a written document depicting the scope and arrangement of the projected educational program for a school; a system within which decisions are made about what the curriculum will be, how it will be implemented, and how it will be evaluated." George Beauchamp, *Curriculum Theory* (Itasca, 1981/1961), p. 7. 뷰챔프의 『교육과정 이론』은 책 제목에 '이론'이라는 말이 들어가는 최초의 교육과정 저서이다.

12 Mauritz Johnson, "Definitions and Models in Curriculum Theory," *Educational Theory* 17 (1967), p. 130.

13 잠재적 교육과정의 개념을 말한다. 필립 잭슨의 『아동의 교실생활』에서의 논의가 대표적이다. Philip Jackson, *Life in Classrooms* (New York, 1968), 『아동의 교실생활』, 차경수 옮김 (서울, 2005).

부르고, 실제로 행하는 것을 실행된 교육과정이라고 부른다. 더 구체적으로 말하면, 교사의 수업 계획서나 교과서의 내용과 수업 시간에 실제로 가르치는 교육과정 사이에 차이가 있다. 또한, 교사가 가르치는 내용과 학생들이 이해하는 내용에도 차이가 날 수 있다. 학생들이 이해하는 내용은 경험하는 교육과정이라고 부른다. 이러한 수용 과정을 거치면서 교육과정은 얼음이 녹듯이 줄어가다가 마침내 학생들이 기억하는 지식과 기술만 남는다.[14]

마지막으로 교육과정curriculum의 라틴어 어원인 쿠레레currere의 재해석을 주장하는 사람들이 있다. 그들은 쿠레레를 말이 달리는 원형 경기장의 길이라는 관찰 가능하고, 외재적이고, 공공연한 명사적인 개념으로부터 해방시킨다. 윌리엄 파이너William Pinar[15]와 같은 재개념주의자는 쿠레레의 동사적인 의미인 '뛰는 행위'에 주목하면서 교육과정을 경주로를 달리는 개인적인 경험individual experience으로 다시 개념화하고, 그러한 교육적인 여정educational journey 또는 순례pilgrimage의 본질적인 의미를 탐구한다.[16] 한편 경주로, 또는 그 길을 달리는 행위에 깃들어 있는 교육의 문화·정치적인 의미에 주목하면서 교육과정을 "사회적인 텍스트social text"로 개념화하려는 시도가 있는데 마이클 애플Michael Apple[17]과 헨리

....

14 Jackson, "Conceptions of Curriculum and Curriculum Specialists," p. 9.
15 교육과정 재개념화 운동과 불가분의 관계에 있는 인물이다. 미국 오하이오Ohio 주립대학에서 폴 클로Paul Klohr의 지도로 박사학위를 받은 뒤 1973년 로체스터 대학의 교육과정 재개념화 학회를 주도했다. 이후 루이지애나Louisiana 주립대학에서 교육과정 연구를 재개념화하는 이론적인 작업을 진행했다. 현재 캐나다 브리티시컬럼비아British Columbia 대학의 명예교수로 있다. 김성훈, 『교육과정 에세이』(파주, 2009), 56-57쪽.
16 William Pinar, "Currere: Toward Reconceptualization," in William Pinar ed., Curriculum Theorizing: The Reconceptualists (Berkeley, 1975), p. 400.

지루Henry Giroux[18]의 작업이 대표적이다.[19]

....

17 미국 컬럼비아 대학에서 교육과정 연구를 전공하여 박사학위를 받은 뒤 위스콘신 Wisconsin 대학의 교육과정 교수가 되었다. 애플은 비판적인 성향의 교육과정 사회 학자로서 그의 한국인 학생들을 통해 우리나라에도 일찍부터 소개되었다. 일반적 으로 교육사회학 전공자들은 갈등론적인 시각에서, 그리고 교육과정학 전공자들은 재개념화의 시각에서 애플의 교육[학] 담론을 접근했다. 김성훈, 『교육과정 에세 이』, 68-69쪽.

18 애플과 함께 오늘날 가장 영향력 있는 진보적인 성향의 교육 실천가이다. 교육과정 연구의 비판적인 전통을 지지하는 저항이론가로 알려져 있으며, 최근에는 미국식 상업주의의 폐단을 지적하고 민주주의의 회복을 위한 교육의 가능성을 논하고 있다. 원래 미국에서 태어나 교육을 받고 교수생활을 하였으나, 현재는 캐나다 맥매스터McMaster 대학에 있다. 김성훈, 『교육과정 에세이』, 72-74쪽.

19 Giroux, Penna, and Pinar eds., *Curriculum and Instruction*, p. 13. 교육과정을 텍스트text 로 개념화하려는 시도는 파이너 등이 함께 저술한 『교육과정의 이해*Understanding Curriculum*』가 대표적이다. 이 책에서 파이너 등은 교육과정을 해석이 필요한 텍스트 로 간주하면서 교육과정에 대한 역사적, 정치적, 인종적, 탈구조주의적/해체주의적/ 탈근대주의적, 자서전적-전기적, 미학적, 신학적, 제도적인 담론을 전개했다. 각 담론은 독자적인 가정에서 출발해 고유한 언어를 사용하고 특정한 가치와 경험적인 실재를 창조한다. William Pinar *et. al., Understanding Curriculum: An Introduction to the Study of Historical and Contemporary Curriculum Discourses* (New York, 1995).

<표 I-1> 교육과정의 정의

구분	내용	쟁점
어원적 정의	쿠레레 전차경주로	기간 + 내용
사전적 정의	지적인 경주로 일련의 학습 과정	
전통적 정의	교과의 체계 교과목록	교과 vs. 경험
확장된 정의	교과와 관련된 경험 경험하는 것 학습경험	
축소된 정의	교육 프로그램 문서 교육내용 선정, 실행, 평가 계획 의도한 학습결과 의도하지 않은 학습결과	계획 vs. 결과
재해석/재개념	쿠레레 개인적인 경험/교육적인 여정·순례 사회적인 텍스트	개인 + 사회

교육과정 탐구

02

교육과정학의 역사

전통주의
—
개념적-경험주의
—
재개념주의

전통주의

1. 프랭클린 보비트Franklin Bobbitt

1918년 프랭클린 보비트는 그의 『교육과정The Curriculum』을 출판했다. 이 책은 교육과정 분야의 학문적인 출발을 알렸다.[1] 당시 보비트는 시카고Chicago 대학의 교육행정 교수였다. 교육과정 연구는 지적인 관심보다 행정적인 필요에서 시작되었다. 1930년대 말까지 교육과정은 독립된 학문 분야가 아니라 교육행정의 하위 영역으로서 행정적인 개념과 용어의 영향을 많이 받았다.

보비트는 20세기 초 미국 사회의 능률숭배 분위기에 편승해 프레데릭 테일러Frederic Taylor의 '과학적인 관리scientific management'의 개념을 학교교육에 적용했다.[2] 그는 엄격함과 세밀함을 요구하는 과학의 시대에 교육에

---

1 "이 책은 최근까지도 처녀지로 남아 있던 한 학문 분야를 처음 다루는 전문서a first book이다. 그동안 우리는 교육방법과 관련된 이론 개발에 심혈을 기울였고, 교사들과 장학사들은 그러한 이론을 철저하게 숙지했다. 그러나 오늘날 우리는 교육과정 개발과 관련된 이론이 있음을 깨달았다. 교육과정은 이론의 범위와 내용에서 교육방법에 절대 뒤지지 않는다. 교사들과 장학사들은 교육방법뿐만 아니라 교육과정에 관한 이론에도 정통해야 한다. 무엇을 해야 하는지 아는 것은 그것을 어떻게 해야 하는지 아는 것만큼 중요하다. 이 책은 교사교육 기관에서 사용하는 교육과정 이론의 입문서이자 현직 교사들의 훈련용 책자로 계획되었다. 물론 작금의 교육 동향을 파악하는데 관심 있는 일반 독자들도 염두에 두었다." Franklin Bobbitt, The Curriculum (Boston, 1918), p. v.

2 테일러가 제안하는 과학적인 관리의 네 가지 기본 원리는 다음과 같다. 첫째, 이익 대 비용 비율을 산출하기 위해 관찰과 분석에 기초한 과학적인 방법을

대한 효율적인 관리와 통제를 위해 교육과정을 과학적으로 개발해야
한다고 주장했다.

　　교육의 모든 영역에서 과학적인 방법과 기술은 현재 개발 중이
다. 실험실과 학교에서 교육의 상이한 과정을 측정·평가하는 정확
한 방법을 고안하고, 교육평가원에서 결과를 분석하고 상황을 진단
하고 교정을 실시하는 과학적인 방법을 찾고 있다. 과학적인 방법
은 예산편성, 아동평가, 점수와 승진체계 등에 활용하고 있으나,
가장 먼저 교육과정 분야에 적용해야 한다. 교육과정을 단지 추측
과 사견私見에 따라 잘못 만든다면, 앞서 언급한 모든 과학적인 시도
는 쓸모없게 된다. 무엇보다 교육과정을 과학적으로 만드는 일이
시급하고, 이를 위해 과학적인 기술이 필요하다. 오늘날 각종 훈련
분야에서 이러한 기술 개발은 빠르게 이루어지고 있다.[3]

　한편 보비트는 '유용하고 실용적인 것'에 관심을 갖고, 교육을 인간
삶의 실제적인 필요에 따른 실제적인 활동으로 규정했다. 보비트의 실용
주의 철학은 그 시대 미국 교육의 변화를 반영했다. 20세기 접어들면서
미국의 학교교육은 대중화되고, 학교는 미래의 생활을 준비하는 장소로
거듭났다. 학교는 특권계급의 전유물이 아닌, 모두를 위한 삶의 공간으로
탈바꿈했다. 이러한 시대 상황에 편승해 보비트는 교육과정을 성인들의
삶에 도움이 되는 활동과 경험들로 구성하고자 '활동-분석activity-analysis'

....

사용한다. 둘째, 직무수행 능력이 뛰어난 사람을 과학적으로 선발하고 수행 과업과
절차에 따라 철저하게 훈련시킨다. 셋째, 설정된 표준과 절차에 따라 작업하기
위해 동료 직원들과 협력한다. 그리고 넷째, 경영자와 노동자의 일을 분리시켜
경영자로 하여금 계획 수립, 작업 준비 및 감독을 책임지게 한다. Frederic Taylor,
The Principles of Scientific Management (New York, 1991/1911), pp. 36-37.

3　Bobbitt, *The Curriculum*, pp. 41-42.

으로 알려진 과학적인 방법을 사용했다.

보비트는 1924년에 출간한 그의 두 번째 저서 『교육과정을 어떻게 만드는가How to Make a Curriculum』에서 교육과정을 구성하는 과학적인 방법을 단계별로 소개했다. 첫 번째 단계에서는 광범위한 인간 경험human experience을 중요한 몇 개의 분야로 분석한다. 보비트는 정상적인 성인 남녀에게 요구되는 인간 행동human action의 주요 영역을 다음과 같이 열 개의 범주로 구분해 제시했다.4

① 언어활동(사회적 상호작용)

② 체육활동

③ 시민활동

④ 일반적인 사회활동(타인들과 만남 및 교제)

⑤ 여가활동, 오락, 휴양

⑥ 정신활동(vs. 체육활동)

⑦ 종교활동

⑧ 부모활동(자녀양육, 가정생활)

⑨ 비직업활동

⑩ 직업활동

....

4　Franklin Bobbitt, *How to Make a Curriculum* (Boston, 1924), pp. 8-9. ① Language activities; social intercommunication, ② Health activities, ③ Citizenship activities, ④ General social activities-meeting and mingling with others, ⑤ Spare-time activities, amusements, recreations, ⑥ Keeping one's self mentally fit-analogous to the health activities of keeping one's self physically fit, ⑦ Religious activities, ⑧ Parental activities, the upbringing of children, the maintenance of a proper home life, ⑨ Unspecialized or non-vocational practical activities, ⑩ The labours of one's calling.

두 번째 단계에서는 인간 행동의 주요 영역에서 구체적으로 수행할 특정 활동들specific activities을 분석한다. 세 번째 단계에서는 이러한 직무분석 작업을 통해 교육의 목표들objectives을 진술한다. 이때 교육의 목표들은 활동들을 잘 수행하는 능력들을 의미한다. 보비트는 인간 행동의 열 개의 범주에 따라 바람직한 교육의 목표들을 자세히 열거했다. 네 번째 단계에서는 정해진 교육의 목표들에 따라 학생들의 활동과 경험의 총목록a composite list, 즉 교육과정을 작성한다. 마지막으로, 다섯 번째 단계에서는 학생들의 연령과 학년을 고려하여 구체적인 활동과 경험의 수준을 결정한다.[5]

보비트는 그의 시대의 과학주의와 실용주의의 영향을 받아 교육과정을 삶을 중심으로 탈학문화하고,[6] 학교의 교수요목을 과학적으로 구성했다. 이를 위해 보비트는 성인의 삶에 필요한 능력들을 분석하여 교육목표를 도출한 다음, 구체적인 목표들을 달성하기 위한 학생들의 활동과 경험의 목록, 즉 교육과정을 상세히 계획했다. 그러나 보비트의 교육과정 사고는 아동의 삶보다 성인의 삶에 치중했다는 문제가 있다. 보비트는 교육의 과정에서 현재 아동기와 청소년기의 모습이 아닌 미래의 바람직한 성년기의 모습을 중시했기 때문이다. 또한, 보비트는 공장에서 사용되

....

5 Bobbitt, *How to Make a Curriculum*, pp. 8-9, 61.

6 교육과정이 일상적인 삶의 필요를 반영해야 한다는 보비트 식의 주장을 따랐을 때, 학교의 교육과정은 사람들의 가변적可變的인 삶의 요구에 따라 수시로, 어떻게 보면 끊임없이 변할 수 있다. 보비트의 주장대로 학교의 교육과정을 사람들의 삶에 도움이 되는 실제적인 활동들로 구성하는 일은 바람직하지만, 그렇다고 해서 학교교육이 시대의 변화와 조류에만 편승하는 변덕스러운 모습을 보여서는 안 된다. 교육의 철학적인 원칙이나 신념의 부재를 초래하기 때문이다. Herbert Kliebard, *Changing Course: American Curriculum Reform in the 20th Century* (New York, 2002), p. 80.

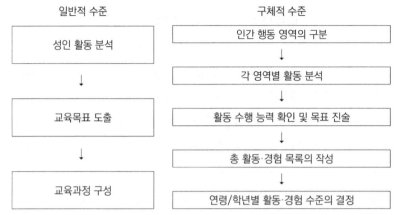

〈그림 II-1〉 교육과정의 과학적인 구성 원리[보비트]

일반적 수준	구체적 수준
성인 활동 분석	인간 행동 영역의 구분
↓	↓
	각 영역별 활동 분석
	↓
교육목표 도출	활동 수행 능력 확인 및 목표 진술
↓	↓
	총 활동·경험 목록의 작성
	↓
교육과정 구성	연령/학년별 활동·경험 수준의 결정

는 과학적인 관리의 개념을 학교에 적용해 교육의 과정을 원자재[아동]를 투입해 완제품[성인]을 생산하는 기계적인 일로 폄하했고, 그 과정에서 교사를 상품 생산자로 전락시켰다.

◎ 교육과정을 만드는 과학적인 방법[7]

　교육과정을 만드는 과학적인 방법은 아직 존재하지 않는다. 교육의 통제적인 목적도 구체적이지 못하다. 우리는 막연한 개화, 허술한 훈육, 불확실한 개인의 발달, 부정확한 도덕성 형성, 미숙한 사회적인 효율성, 그리고 삶으로부터의 괴리에 만족한다. 통제라는 목적이 아예 없는 경우도 많다. 교육이라는 기계는 타성적으로 계속 굴러가고 있다. 목표가 애매한 추측에 불과하거나 그렇지도 못할 때, 방법과 절차에 대한 요구는 모호할 수밖에 없다. 그러나 이러한 불확실성의 시대는 빠르게 지나가고 있다. 새로운 과학의 시대는 엄격함과 세밀함을 요구하고 있다.

　교육의 모든 영역에서 과학적인 방법과 기술은 현재 개발 중이다. 실험실과 학교에서 교육의 상이한 과정을 측정·평가하는 정확한 방법을 고안하고, 교육평가원에서 결과를 분석하고 상황을 진단하고 교정을 실시하는 과학적인 방법을 찾고 있다. 과학적인 방법은 예산편성, 아동평가, 점수와 승진체계 등에 활용되고 있다.

　교육과정은 교육을 구성하는 가장 기본적인 요소이다. 교육과정을 단지 추측과 사견私見에 따라 잘못 만든다면, 앞서 언급한 모든 과학적인 시도는 쓸모없게 된다. 무엇보다 교육과정을 과학적으로 만드는 일이 시급하고, 이를 위해 과학적인 기술이 필요하다. 오늘날 각종 훈련 분야에서 이러한 기술 개발은 빠르게 이루어지고 있다.

　일반적으로 인간의 삶을 구성하는 특정 활동들로 교육과정을 만든다. 삶을 위한 교육은 그 삶에 필요한 활동들을 확실하고 적절하게 준비하는

7　보비트의 『교육과정』 I부 6장("Scientific Method in Curriculum-Making").

교육이다. 삶을 구성하는 활동들은 상황에 따라 수와 종류가 달라지겠지만, 우리는 그러한 활동들이 무엇인지 알아야 한다. 우리는 세상으로 나가 세상사를 구성하는 세부내용들을 조사해야 한다. 그 과정에서 우리가 발견한 인간에게 필요한 능력, 태도, 습관, 인식, 지식이 교육과정의 목표가 되고, 그것들은 다수의 명확한 목표들로 나누어진다. 결국 교육과정은 아이들과 젊은이들이 그러한 목표를 달성하기 위해 가지는 일련의 경험이다.

교육과정curriculum은 경주로race-course, 또는 단순히 경주race를 의미하는 라틴어이다['교육과정'은 '경주로'라는 행동이 일어나는 장소a place of deeds, 또는 '경주'라는 일련의 행동a series of deeds을 의미한다]. 교육에 적용하면, 교육과정은 아이들과 젊은이들이 행동하고 경험하는 일련의 내용things이다. 이를 통해 그들은 성인의 삶을 구성하는 활동들을 수행하는 능력과 완전한 성인으로서 살아가는 능력을 개발한다.

경험의 개발은 두 가지 수준에서 가능하다. 우선 공동체적인 삶과 관련된 일반적인 경험이 있다. 이때 훈련은 따로 필요 없다. 공동체 생활에 참여하는 것 자체가 교육이다. 참여가 곧 훈련이다. 그러나 우연한 또는 의도하지 않은 경험의 개발은 불완전한 상태에 머무는 경우가 많으므로 이러한 수준의 훈련을 체계적인 교육, 즉 의식적이고 의도적인 훈련으로 보충해야 한다. 우리는 첫 번째 수준을 '비의도적인 훈련undirected training'으로, 두 번째를 '의도적인 훈련directed training'으로 부른다.

같은 맥락에서 우리는 교육과정을 두 가지 방식으로 정의할 수 있다. 첫째, 교육과정은 개인의 능력과 관련된 모든 의도적이고 비의도적인 경험을 아우른다. 둘째, 교육과정은 개인의 능력을 완성하고 완벽하게 만들기 위해 학교가 제공하는 의식적인 훈련-경험이다. 전문적인 영역에서 교육과정은 후자의 의미로 사용된다. 그러나 점차 교육이 '경험하는 것a thing of experience'을 의미하고, 보통의 공동체 생활에서 일과 놀이가 일상적인 경험이 되면서 의도적인 훈련-경험과 비의도적인 훈련-경험 간의 구분이 급속히 사라지고 있다. 교육은 마땅히 양자를 모두 포함해야 한다. 설령 그것들을 모두 직접 관장하지 못하더라도 말이다.

교육과정을 의도적인 경험과 비의도적인 경험을 모두 포함하는 것으로 정의할 때, 그것은 인간에게 필요한 모든 능력, 습관, 지식체계 등을 목표로 한다. 우리는 과학적인 분석 작업을 통해 교육과정의 목표를 도출해야 한다. 우선 교육과정 개발자는 인간의 본성과 일을 분석해야 한다. 이 단계에서 교육과정 개발자의 임무는 '학습내용the studies'을 선정 하는 것이 아니다. 먼저 교육과정의 목표를 분석한 다음, 수단에 해당하는 학습내용을 제시해야 한다. 교육과정 개발자는 일차적으로 각종 직업활동, 시민활동, 건강활동, 여가활동, 언어활동, 양육활동, 종교활동, 사회활동 등을 효과적으로 수행하는데 필요한 습관, 기술, 능력, 사고형태, 가치 평가, 향상심 등을 포괄적으로 분석해야 한다. 이것은 인간의 완전한 삶을 구성하는 광범위한 활동들을 모두 분석하여 교육목표의 총 범위를 결정하는 작업이다.

비록 의식적인 노력 없이도 달성 가능한 목표들이 많이 있지만, 교육과정 개발자는 모든 목표를 작업대 위에 올려놓아야 한다. 학문중심 교육과정을 주장하는 사람들은 삶을 구성하는 모든 활동을 교육의 목표로 삼는 일이 불필요하다고 말하겠지만, 교육의 역할은 인간 삶의 모자이크를 완성하는데 있다. 교육과정 개발자는 의식적인 노력이 필요한 목표들과 별개로 비의도적인 경험을 통해 많은 목표를 달성하기를 바라며 그런 방식으로 훈련을 진행한다.

학교 교육과정은 비의도적인 경험을 통해 얻을 수 없는 목표들을 목적 으로 한다. 학교의 교육목표는 크게 두 가지다. 우선 훈련이 아닌 일반적인 경험을 통해 도달할 수 있는 목표들이 있다. 다음으로 일상적인 경험을 통해서는 불완전하게, 또는 전혀 도달할 수 없는 목표들이 있다. 부족함과 불완전함으로 인해 의도적인 훈련과 체계적인 노력이 필요한 경우 우리는 교육에서 중요한 목표들을 정한 후 의식적인 훈련을 위한 교육과정을 개발해야 한다.

모국어 훈련을 예로 들면, 우리는 일상적인 언어활동을 분석해 모국어를 효과적이고 올바르게 사용하는데 필요한 요소들을 알 수 있다. 이러한 요소들 하나하나가 모국어 훈련의 목표가 되지만, 그것들 모두가 의식적인 훈련의 대상은 아니다. 언어 습득에 우호적인 환경만 제공한다면, 개인들은 의도적인 훈련 없이도 모국어를 쉽게 배우고 익힐 수 있다. 물론 그 과정에서 여러 가지 실수가 있겠지만, 그러한 실수로부터 의도적인 훈련의 목표가 정해진다. 의도적인 훈련을 위한 교육과정은 개인들이 비의도적인 훈련을 통해 얻을 수 있는 것을 모두 얻은 뒤에 그들에게 부족한 내용으로 채워진다.

이러한 원칙은 문법 교육과정에 대한 최근의 연구들에서도 확인할 수 있다. 연구자들은 학생들의 말하기 실수와 글쓰기 실수를 조사했다. 캔자스시티의 교사들은 1주일 동안 학생들의 말하기 행동을 관찰하면서 문법의 오류와 실수를 기록했다. 이와 함께 교사들은 3주에 걸쳐 학생들의 작문을 검토하면서 글쓰기 실수를 살펴보았다. 결국 교사들은 21종류의 말하기 실수와 27종류의 글쓰기 실수를 찾아냈다.

잘못된 언어 사용은 부정확한 문법, 나쁜 습관, 불완전한 이해, 부주의한 태도에 연유한다. 여기서 '부족함'은 학생들이 올바른 언어 사용을 통해 개발해야 하는 능력과 성향을 나타낸다. 학교에서는 의식적으로 학생들의 문법적인 결함을 보충하고 일상적인 언어 경험만으로 습득하기 어려운 지식이나 태도를 가르쳐야 한다.

문법 교육과정을 과학적으로 개발할 때 우리는 두 가지 사항을 염두에 두어야 한다. 첫 번째로, 학교가 교화된 언어 환경을 만들어 학생들의 훈련이 생활 속에서 무의식적으로 이루어져야 한다. 이것은 언어 훈련의 많은 부분을 차지하는 경험으로서 매우 중요하다. 두 번째로, 학생들에게 직접 실수를 알려주고 그것의 교정과 예방을 목적으로 문법을 의도적으로 가르쳐야 한다. 학생들은 문법 지식을 활용해 잘못된 언어 사용을 바로잡을 수 있다. 언어 훈련에서는 비의도적인 경험을 최대한 늘리고 의식적인 훈련은 가급적 줄여야 한다.

철자와 관련해 연구자들은 아이와 어른들이 편지, 보고서, 작문 등에서 사용한 단어들을 표로 만들었다. 이러한 방식으로 그들은 철자 훈련의 목표를 세분화했다. 단어는 철자만큼 어렵지 않다. 단어는 대부분 철자를 의식하지 않고도 읽고 쓰는 과정에서 자연스럽게 습득한다. 물론 그렇지 않은 단어들도 있다. 그러나 철자는 의식적으로 주의를 기울이지 않으면 실수하기 쉽다. 연구자들은 철자가 틀린 단어들에 주목했다. 철자가 틀린 단어들은 교육과정의 목표가 된다. 문법에서와 마찬가지로 실수는 훈련이 필요하다는 징조이고, 완성된 실수 목록은 의식적인 훈련을 위한 교육과정이다.

직업 훈련의 목표와 관련해 연구자들은 직업 교육과정의 내용을 선정하기에 앞서 주요 직업들, 그것들 각각의 직무 수행 과정, 그리고 효과적인 업무 처리에 필요한 지식, 습관, 능력 등을 먼저 분석해야 한다. 이를 위해 각 직종의 숙련공들과 이야기를 나누는가 하면, 그들의 작업과정을 관찰한다. 직업과 관련된 적지 않은 활동들이 우연한 경험의 산물이지만, 그렇지 않은 직업 활동들도 여전히 많다. 우리는 훈련을 전혀 받지 못했거나 불충분하게 받은 직공들이 저지르는 잘못과 실수의 유형을 분석함으로써 의도적인 직업 교육을 위한 교육과정의 목표가 무엇인지 알 수 있다.

교육의 목표를 결정할 때 인간활동의 종류 못지않게 질質도 중요하다. 직업활동, 시민활동, 건강활동 등을 수행하는 질적인 수준에 따라 그 결과가 좋기도 나쁘기도 하다. 교육의 성립 가정은 다음과 같다. 첫째, 인간활동의 질과 효율은 서로 다르다. 둘째, 낮은 수행 능력은 부적절하다. 셋째, 부족함은 훈련을 통해 보충한다. 넷째, 최선이 불가하면 차선도 가치 있다. 농업, 건축, 가사, 무역, 법률, 보건과 같은 활동들에서 교육은 실천 가능한 최선의 결과를 가정한다. 교육은 철저하게 현실적인 행위이지만, 그렇다고 해서 교육이 실행 가능한 최상의 것보다 낮은 것을 목표로 하지는 않는다.

예를 들어 농업과 관련된 훈련 과정을 계획할 때, 교육과정 개발자는 실제로 농사를 짓는 세상으로 나아가 그곳에서 농업 교육의 목표를 선정한다. 특정 목표들에 대한 지레짐작은 금물이다. 필기도구와 판단력만 가지고 일을 시작한다. 무엇보다 농부들의 일을 주의 깊게 관찰한다. 농사일의 여러 특징과 관련해 농부들과 대화를 나누고, 농부들이 활동 지침으로 삼고 있는 기술들을 확인한다. 이러한 현장의 생생한 자료를 토대로 교육과정을 개발할 때만, 첫째 농사일을 구체적으로 알 수 있고, 둘째 농부들이 농사일을 계획하고 수행하면서 참고하는 지식들을 알 수 있고, 셋째 농부들에게 필요한 판단력을 알 수 있고, 넷째 농부들이 직면한 문제들을 알 수 있고, 다섯째 농사일에 적합한 습관과 능력을 알 수 있고, 여섯째 농부들이 농사일에 임하는 마음, 태도, 생각, 포부, 욕망 등을 알 수 있다.

교육과정 개발자는 농업 지역을 조사하면서 위에서 말한 것들을 모두 알 수 있다. 물론 원시적인 농업은 교육의 도움 없이도 가능하지만, 이때도 교육을 통한 개선은 가능하다. 이런 경우에 교육과정 개발자는 농업활동의 질적인 상태부터 확인한다. 그런 다음, 농사일이 가장 성공적인 농지를 방문하여 그곳을 지역 공동체의 목표, 즉 이상적인 농지로 간주한다. 설령 그러한 모범적인 농지가 지역 공동체의 실제 모습과 동떨어진 것이라도, 상황이 열악한 곳에서 농업 교육은 '현재의 모습what is'보다 '미래의 바람직한 모습what ought to be'을 목표로 선정한다.

농사일이 성공적인 곳에서 교육은 앞으로도 계속 지금처럼 농사를 짓기 위해 후손들에게 현재의 농법을 전수하는 일을 맡는다.

그러나 농업이 낙후한 곳에서 교육은 한편으로는 부모 세대의 농업기술을 새로운 세대에 전달하고, 다른 한편으로는 새로운 세대의 능력을 부모 세대 이상으로 끌어올리는 역할을 한다. 다음으로 교육은 새로운 세대의 능력을 부모 세대의 능력 이상으로 향상시켜야 한다. 이러한 지역에서 농업 교육은 농사 기술의 발달을 견인하는 사회적인 기재로 중요한다.

우리는 농업의 경우를 다른 모든 직업 세계에 적용할 수 있다. 일례로 벽돌쌓기 훈련의 목표를 선정할 때, 우리는 일반적인 벽돌공이 아닌 가장 솜씨 좋은 벽돌공의 활동을 분석한다. 교육의 목표는 평범한 벽돌공이 아닌 최고의 벽돌공에 있기 때문이다.

우리의 일반 원칙은 명확하다. 단지 그러한 원칙을 실제 상황에 적용하기 어려울 뿐이다. 사람들마다 가장 바람직한 활동을 규정하는 잣대가 상이하다. 예컨대 고용주는 생산성 극대화를 뛰어난 작업의 기준으로 삼고, 나아가 명령에 절대 복종하고 작업시간, 봉급, 근무여건에 무조건 만족하는 행위가 올바르다고 생각한다. 그러나 고용인의 생각은 아주 다르다. 고용주는 교육과정 개발자에게 최소한의 비용으로 최대한의 생산이 가능한 작업 환경을 요구하겠지만, 고용인에게는 직공의 복지가 노동의 생산성만큼 중요한 고려 사항이다. 물론 고용주와 고용인 모두 교육이 '가장 좋은 것'을 목표로 하고, 목표에 대한 과학적인 조사를 통해 '가장 좋은 것'의 특징을 알아내기를 바란다. 그러나 그들은 '가장 좋은 것what is the best'의 내용과 관련해 의견이 서로 다르므로 과학적인 조사가 필요하다.

교육과정의 목표를 활동의 부족함이나 결핍으로부터 도출하는 작업은 철차, 문법, 발음, 미술, 음악, 수학처럼 목표 행동이 분명한 교과들을 가르치는 교사들에게는 당연하고 친숙하다. 그러나 역사, 문학, 지리처럼 목표 행동이 명확하지 않은 교과들의 경우에는 상황이 복잡하다. 위의 사회 과목들을 학습함으로써 해소할 수 있는 사회적인 결함에는 무엇이 있는가? 아직은 우리의 생각idea이 너무 모호하여 목표를 선정하면서 어려움을 겪지만, 교육과정을 만드는 과학적인 방법은 역사적, 문학적, 지리석인 경험의 결핍이 초래할 수 있는 사회적인 결점을 찾아보는 일부터 시작한다. 그리하여 의도적인 훈련의 필요성을 인식하고, 사회적인 결함을 보충하기 위한 일련의 훈련 목표와 그에 따른 교육과정의 내용을 설정한다.

많은 사람이 공감하는 사회적인 결함이 있다. 교육과정 개발자는 사회의 부족한 점을 정확하고 체계적으로 정리한 다음, 이러한 사회적인 증상을 역사, 문학, 지리, 경제와 같은 사회 과목들의 목표로 삼아야 한다. 물론 완벽한 의견 일치는 보지 못하겠지만, 최소한 과학적인 목록은 후속 연구의 출발점이다. 만일 사회 교과에서 미래 비전과 함께 바람직한 목표의 ¼만이라도 선정했다면, 불모지에서 커다란 진보를 이룬 거나 다름없다.

이러한 원칙을 시민, 도덕, 직업, 보건, 여가, 양육에 관한 교육에 적용할 때 우리는 비슷한 어려움에 처한다. 그러나 교육과정을 개발하는 과학적인 방법은 모든 경우에 똑같다. 각 분야에서 '마땅히 해야 할 일what ought to be'이 훈련의 목표가 된다. 그리고 각 분야에서 작성한 인간 행동의 오류와 결점 목록으로부터 학교의 의도적인 교육과정이 만들어진다.

❖❖❖❖❖❖❖❖❖❖❖❖❖❖❖❖❖❖❖❖❖❖❖❖❖❖❖❖❖❖❖❖❖❖❖

2. 랄프 타일러Ralph Tyler

1949년 랄프 타일러는 그의 『교육과정과 수업의 기본원리Basic Principles of Curriculum and Instruction』를 출간했다. 이 책은 원래 시카고 대학의 한 강의Education 360 class 실러버스였다. 타일러의 책은 수업의 교재도, 교육과정 작성을 위한 매뉴얼-학교 교육과정의 개발을 단계별로 안내하는-도 아니었다.[8] 타일러의 목적은 교육과정 전체를 구성하는 요소들을 밝히고, 수업 프로그램의 개선을 위해 그것들 간의 상호 관련성을 논의하는데 있었다.

이 책에서 타일러는 교육과정 분야의 전통적인 관리적/기능적인 관심에 따라 학교의 교육과정과 수업 프로그램을 고찰하고, 분석하고, 해석하는 합리적인 방식을 소개했다. 타일러의 처방은 교육과정을 개발하고 수업을 계획하는 과정에서 물어야 하는 네 가지 근본적인fundamental 질문에 바탕을 두었다.

① 학교교육의 목표는 무엇인가?

What educational purposes should the school seek to attain?

② 목표달성에 유용한 학습경험은 어떻게 선정하는가?

....

8 Tyler, *Basic Principles of Curriculum and Instruction*, p. 1.

How can learning experiences be selected which are likely to be useful in attaining these objectives?

③ 학습경험은 어떻게 효과적으로 조직할 수 있는가?

How can learning experiences be organized for effective instruction?

④ 교육목표가 달성되었는지 어떻게 평가하는가?

How can the effectiveness of learning experiences be evaluated?

그러나 타일러는 위의 질문들을 차례대로 따라가면서 교육과정 개발을 위한 일반적인 원리만 설명할 뿐, 그 질문들에 직접 답을 하지는 않았다. 네 가지 질문에 대한 답이 교육의 수준과 교육기관의 종류에 따라 수시로 달라지기 때문이다. 타일러는 질문들 각각에 답하기보다 그 답변에 도달하는 일련의 "절차procedures"를 안내하면서 교육과정과 수업의 문제를 살펴보는 "하나의 논거a rationale"를 제시했다.9

타일러의 논거Tyler Rationale는 교육목표에서 출발해 학습경험의 선정과 조직을 거쳐 학습결과의 평가로 이어지는 선형적인linear 진행을 가정한다. 이것은 책의 전체 구성만 보아도 쉽게 알 수 있다. 타일러는 네 가지 기본 질문에 따라 네 개의 장을 차례대로 배열했다.10 그러나 타일러는 이 책의 마지막 장에서 네 가지 주제를 수업 프로그램의 상황에 따라

....

9 Tyler, *Basic Principles of Curriculum and Instruction*, pp. 1-2. 우리가 타일러의 네 가지 질문에 '논거'라는 수식어를 붙이는 이유는 그것이 교육과정과 수업의 개발을 안내하는 공리公理, axiom, 즉 '일반적으로 받아들일 만하다고 보이는 증명불가능한 제1원리, 규칙, 준칙'에 해당하기 때문이다.

10 흥미롭게도 타일러는 전체 분량이 128쪽에 불과한 이 조그만 책에서 거의 절반에 해당하는 62쪽을 첫 번째 질문, 즉 학교교육의 목표에 관한 질문에 할애하고 있다. 그만큼 타일러의 교육과정 개발 논의에서는 교육의 목표 설정과 진술이 중요한 요소였다.

서로 뒤바뀌어 논의할 수 있다고 부연했다. 네 가지 항목을 언제나 위에서 아래로 단계별로 살펴볼 필요는 없다는 말이다.

> 학교가 교육과정을 개정할 때 이 책에서 제시하는 네 가지 단계를 순서대로 따라야 하는가? 나는 그렇지 않다고 생각한다. 교사들의 관심, 직면한 문제들, 가용한 자료가 처음 출발점에서 고려할 사항이다. 한 학교에서는, 교사가 아동연구 프로그램에 참여하는 일이 학습자를 연구하는 시작점이 된다. 다른 학교에서는, 졸업생들에 대한 추수연구의 결과가 현행 프로그램의 부적절성에 대한 관심을 불러일으켜 체계적인 연구를 촉진할 수 있다. 또 다른 상황에서는, 학교철학에 대한 숙의의 과정이 목표의 개선을 위한 첫 번째 단계가 되고, 나아가 학습경험에 대한 연구로 이어진다. 논거rationale의 목적은 교육 프로그램을 구성하는 여러 요소를 전체적으로 조망하는데 있다. 프로그램의 개선을 위해서는 어느 지점에서 출발해도 상관없다. 우리가 관련 요소들을 통해 결과의 수정을 요구하면서 교육과정의 모든 측면을 연구하고 개정할 수 있으면 그만이다.[11]

타일러의 논거를 구성하는 네 가지 질문은 전통적으로 교육과정과 수업 분야를 지배했던 행정적/관료주의적인 합리성administrative/bureucratic rationality을 특징으로 한다. 이것은 교육의 문제를 탈역사화ahistorical, 탈정치화depoliticizing하는 사유방식이다. 타일러의 질문들은 교육과정의 개발, 실행, 평가와 같은 실천적인 문제를 다루는 '이론적인' 방법과 관련된 것으로서 학교행정가들의 도구주의적인 관심을[12] 반영한다. 이때 타

---

11 Tyler, *Basic Principles of Curriculum and Instruction*, p. 128.
12 목표ends에 의한 과정means의 통제를 말한다. 타일러의 목표중심적인 교육과정 개발 논의는 도구주의적인 사고의 전형을 이룬다. 캐나다의 철학자 찰스 테일러 Charles Taylor는 근대성의 세 가지 병폐로 관료주의bureaucracy, 개인주의individualism,

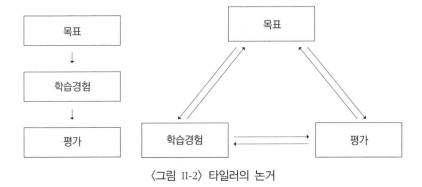

〈그림 II-2〉 타일러의 논거

일러가 제안하는 이론과 실제의 관계는 이론이 실제를 안내하는 서구의 주지주의intellectualism 전통과 맥을 같이 한다.13

타일러는 『교육과정과 수업의 기본원리』를 통해 교육과정 분야에 직접적으로 공헌했다. 1949년 출간 이후 타일러의 책은 대학의 교육과정 강의에서 폭넓게 사용되었고, 교육과정 개발을 위한 사고와 학습을 촉진시켰다. 또한, 타일러는 그가 배출한 학생들을 통해 교육과정 분야에 간접적으로 공헌했다. 벤자민 블룸Benjamin Bloom은 타일러의 교육목표 진술 방법을 정교하게 가다듬었고,14 힐다 타바Hilda Taba는 타일러의 논거

....

그리고 도구주의instrumentalism를 지목했다. Charles Taylor, *The Malaise of Modernity* (Toronto, 1998).

13 Giroux, Penna, and Pinar eds., *Curriculum and Instruction*, pp. 3-4.

14 타일러가 교육목표를 '내용+행동'으로 진술할 것을 주장한 뒤, 그의 학생이었던 블룸은 타일러가 제시했던 교육목표의 '행동' 측면을 더욱 명료하게 가다듬는 작업을 진행했다. 블룸은 1956년에 인지적인cognitive 영역의 교육목표 분류학을 제시했다. 블룸은 인지적인 영역에서 교육목표, 즉 "교육의 과정을 통해 기르려는 학생들의 행동특징"은 ① 지식knowledge, ② 이해comprehension, ③ 적용application, ④ 분석analysis, ⑤ 종합synthesis, ⑥ 평가evaluation의 여섯 가지로 분류할 수 있으며, 그 분류 기준은 "복잡성complexity" 또는 "위계성hierarchy"이라고 주장했다. Benjamin Bloom, *et. al.*, *Taxonomy of Educational Objectives: Handbook I: Cognitive*

를 보완했다.15 이밖에 다니엘 타너Daniel Tanner와 로렐 타너Laurel Tanner는 타일러의 교육과정 개발 논의를 계승·발전시켰다.16 오늘날에는 신타일러주의자들Neo-Tylers이 등장해 타일러의 교육과정 사고가 여전히 유효함을 말해준다.17

·····································

Domain (New York, 1956), pp. 12, 15-20, 28-31. 이어 블룸은 1964년에 정의적인 affective 영역에서 교육목표 분류학을 제시했다. 블룸은 정의적인 영역에서 교육을 통해 기르려는 학생들의 행동특징은 ① 수용이나 주의receiving or attending, ② 반응 responding, ③ 가치화valuing, ④ 조직화organization, ⑤ 인격화characterization by a value or valuecomplex의 다섯 가지로 분류할 수 있으며, 그 분류 기준은 '내면화 internalization'라고 주장했다. David Krathwohl, Benjamin Bloom, and Bertram Masia, *Taxonomy of Educational Objectives: Handbook II: Affective Domain* (New York, 1964), pp. 24-35, Part II.

15 타바는 그녀의 『교육과정 개발: 이론과 실제』(1962)에서 타일러의 네 가지 교육과정 질문에 기초한, 그러나 보다 실제적인 교육과정 개발 논의를 전개했다. 타바가 제안한 교육과정 개발의 7단계는 다음과 같다. ① 요구분석Diagnosis of needs, ② 목표의 형성Formulation of objectives, ③ 내용의 선정Selection of content, ④ 내용의 조직Organization of content, ⑤ 학습경험의 선정Selection of learning experiences, ⑥ 학습경험의 조직Organization of learning experiences, ⑦ 평가의 내용, 방법, 수단의 결정 Determination of what to evaluate and of the ways and means of doing it. Hilda Taba, *Curriculum Development: Theory and Practice* (New York, 1962), pp. 12-13. 타바는 타일러의 논거를 수정할 필요가 있다는 점을 지적했다. 그러나 타바의 교육과정 개발론은 여전히 목표중심적인 논의였고, 객관성을 당연시하는 과학주의에서 크게 벗어나지 못했다. 타바의 논의가 타일러의 그늘 속에 있었음을 말해주는 대목이다. Pinar *et. al., Understanding Curriculum*, p. 175.

16 타바의 책은 1960년대를 거쳐 1970년대 초반까지 널리 읽혔다. 1970년대 중반에 이르러 그 바톤은 다니엘 타너와 로렐 타너에게로 넘어갔다. 타너 부부가 1975년에 출간한 『교육과정 개발: 이론에서 실제로』는 교육과정 설계와 실제의 문제를 역사적인 긴 호흡 속에서 거시적으로 종합하려는 시도였다. Daniel Tanner and Laurel Tanner, *Curriculum Development: Theory into Practice* (New York, 1980/1975), pp. xv-xvii.

17 그랜트 위긴스Grant Wiggins와 제이 맥타이Jay McTighe의 백워드 설계 모형Backward Design Stages이 대표적이다. 타일러 모형이 '교육목표의 설정→학습경험의 선정

❖❖❖

◎ 타일러의 논거[18]

1. 학교교육의 목표는 무엇인가?

1) 교육목표의 선정

① 학습자에 대한 연구: 교육목표 선정의 기초자료로서 학습자의 필요와 흥미를 고려한다.

② 현대사회에 대한 연구: 학습의 학교 밖 전이轉移를 돕고 교육목 표의 지향점을 밝힌다.

③ 교과 전공자들이 제안하는 교육목표: 특정 교과의 일반적인 공 헌과 역할을 중시한다.

및 조직→학습결과의 평가'의 순서로 교육과정을 설계한다면, 백워드 모형은 '바람 직한 결과의 확인Identify Desired Results→학습의 성취 기준 결정Determine Acceptable Evidence of Learning→학습경험과 수업의 설계Design Learning Experiences & Instruction'의 순서로 교육과정을 설계한다. 백워드 설계 모형은 명칭 그대로 뒤로부터 교육과정 을 설계하는 방식이다. 옥스퍼드 사전에 따르면, 'backward'는 '가장 마지막에 있는 것을 염두에 두고 시작한다begin with the end in mind'라는 뜻이고, 'design'은 '목적이나 의도를 가지고 계획한다to have purposes and intentions; to plan'를 의미한다. 목표를 중시하는 타일러 모형과 비교하면 백워드 설계 모형은 학습의 성취 기준에 따른 평가활동에 역점을 둔다. 일차적으로 교수·학습 활동의 개선을, 궁극적으로 학교와 교사의 책무성 제고를 목표로 한다. Grant Wiggins and Jay McTighe, *Understanding by Design* (Alexandria, 1998).

18 이하에서는 타일러의 『교육과정과 수업의 기본원리』를 그의 네 가지 질문을 중심으로 요약·제시한다.

2) 교육목표의 검증

① 목표 선정에서 철학의 활용: 학교가 신봉하는 교육적/사회적인 철학이나 가치관을 확인한다.

② 목표 선정에서 학습심리의 활용: 학년별 달성 가능한 목표와 불가능한 목표를 구분한다.

3) 교육목표의 진술

① 목표는 교수-학습과정에 도움을 주는 방향으로 진술한다.

② 학생들에게 가르치는 행동과 그 행동의 구체적인 내용을 모두 포함한다.

③ 목표 진술 시 행동 영역과 내용 영역을 명확하게 구분하여 제시한다.

4) 교육목표 진술의 유의점

① 목표를 너무 일반적이지도 구체적이지도 않게 진술한다.

② 중요한 내용과 중요하지 않은 내용을 명확하게 구분하여 제시한다.

③ 행동 목표가 심리학의 지식과 일치하는지 확인한다.

5) 교육목표 진술의 오개념

① 목표를 교사의 수업 내용으로 진술한다.

② 수업 시간에 다루는 제목, 개념, 이론 등을 나열한다.

③ 행동 목표를 일반화하여 서술한다.

<표 II-1> 교육목표 진술에서 이원분류표를 사용한 예[19]

구 분		교육목표의 행동 측면						
		사실 원리 이해	정보 원천 파악	자료 해석 능력	원리 적용 능력	연구 수행 능력	흥미	태도
교 육 목 표 의 내 용 측 면	A. 인간 유기체의 기능 1. 영양	×	×	×	×	×	×	×
	2. 소화	×	×	×	×	×	×	×
	3. 순환	×	×	×	×	×	×	×
	4. 호흡	×	×	×	×	×	×	×
	5. 재생산	×	×	×	×	×	×	×
	B. 식물과 동물자원 이용 1. 에너지 관계	×	×	×	×	×	×	×
	2. 식물과 동물의 성장을 　조건짓는 환경요소	×	×	×	×	×	×	×
	3. 유전과 발생	×	×	×	×	×	×	×
	4. 토지의 이용	×	×	×	×	×	×	×
	C. 진화와 발달	×	×	×	×	×	×	×

19　Ralph Tyler, *Basic Principles of Curriculum and Instruction* (Chicago, 1949), 타일러의
　　『교육과정과 수업지도의 기본원리』, 진영은 옮김 (서울, 1999), 57쪽.

〈표 II-2〉 학교에서 사용하는 이원목적분류표의 예[20]

0000학년도 제0학기 기말고사

이 원 목 적 분 류 표

과목	고사 대상		실시 월일	출제 교사	결재	계	주무	교감	교장
화학	학년	학급	2005.12.16	(인)					
	1	1-4반							

번호	단원(소단원)	내용(개념)	행동 지식	이해	적용	출제근거(교과서 쪽수)	난이도 상20(%)	중50(%)	하30(%)	①	②	③	④	⑤	배점	통과율	정답율	개선방안
1	탄소화합물과 우리생활	나일론	○			168		○		○					2	90		
2	〃	연료			○	157		○						○	2	80		
3	〃	좋은 연료		○		158		○					○		3	75		
						…〈중략〉…												
11	비누와 합성세제	센물		○		181	○				○				5	60		
12	〃	세탁의 원리			○	182		○					○		3	75		
13	〃	비누와 합성세제		○		183		○		○					2	80		
						…〈중략〉…												
18	의약품과 우리생활	항생제	○			188		○		○					4	75		
19	〃	테라마이신		○		188		○							3	70		
20	〃	제산제	○			189	○							○	5	65		
						…〈중략〉…												
28	화학의 기초	원소기호	○			195	○						○		5	60		
29	〃	원소기호	○			195		○				○			2	85		
30	〃	실험기구			○	218		○		○					2	80		
계			13	8	9		6	15	9	5	6	6	6	7	100	72.5		

(00 고등학교)

20 고등학교에서 사용하는 이원목적분류표이다. 행동 영역이 블룸의 분류 체계인 '지식', '이해', '적용'을 따르고 있다.

2. 목표달성에 유용한 학습경험은 어떻게 선정하는가?

1) '학습경험'의 의미
① 학습경험은 학습자와 외부 환경 간의 상호작용이다.
② 학생들은 교사의 수업보다 자신들의 경험을 통해 학습한다.
③ 학생들의 반응을 유도하는 학습 환경을 구성한다.

2) 학습경험 선정의 원리
① 기회의 원리: 목표달성에 필요한 학습경험을 할 수 있어야 한다.
② 만족의 원리: 목표와 관련된 학습경험이 만족스러워야 한다.
③ 가능성의 원리: 학습경험은 학생들의 현재 수준에서 달성 가능해야 한다.
④ 다多경험의 원리: 하나의 교육목표를 달성하는데 다양한 학습경험을 활용할 수 있다.
⑤ 다多성과의 원리: 하나의 학습경험으로부터 많은 교육적인 성과가 나올 수 있다.

3) 목표달성에 유용한 학습경험의 예
① 사고력 신장에 유용하다.
② 정보 습득에 유용하다.
③ 사회성 함양에 유용하다.
④ 흥미를 개발에 유용하다.

4) 학습경험 선정 시 유의점

① 학습경험이 목표가 제시한 행동과 내용을 모두 포함하고 있는 가?

② 학습경험이 학생들에게 만족스러운 효과[결과]를 줄 수 있는가?

③ 학습경험이 학생들의 현재의 수준에서 실행 가능한가?

④ 학습경험이 경제적인 효과, 즉 다성과를 이룰 수 있는가?

3. 학습경험은 어떻게 효과적으로 조직할 수 있는가?

1) '조직'의 의미

① 학습경험이 쌓여서 상승효과가 나도록 조직한다.

② 학습경험을 수평적인 관계와 수직적인 관계를 고려하여 조직한다.

③ 교육경험의 '누가적인 효과cumulative effect'를 증진하는 방향으로 조직한다.

2) 조직의 기준 및 요소

① 조직의 기준은 계속성continuity, 계열성sequence, 통합성integration이다.

② 조직의 기본 요소들인 개념concepts, 가치values, 능력abilities 등을 결정한다.

③ 조직의 요소들은 해당 교과나 교육과정 전체와 깊이 관련되고 중요한 내용을 포함해야 한다.

3) 조직의 원리

① 계속성: 동일한 학습경험을 계속적으로 반복·제시한다.

② 계열성: 학습경험이 단계적으로 깊어지고 넓어지면서 쌓인다.
③ 통합성: 학습경험 간의 상호 연관성과 통합성을 높인다.

4) 조직의 구조
① 높은 수준: 개별 교과, 광의의 영역, 중핵 교육과정, 전체 프로그램으로 구분된다.
② 중간 수준: 계열별 조직, 학기 또는 학년 단위 조직으로 구분된다.
③ 낮은 수준: 하루 단위의 과lesson와 며칠 몇 주 단위의 주제topic ·단원unit으로 구분된다.

5) 조직의 설계
① 개별 교과, 광역 교과군, 중핵 교육과정 중에 선택한다.
② 각 교과 영역에 적용할 일반적인 조직 원리를 결정한다.
③ 수업의 조직 단위하루, 주제, 단원에 대해 합의한다.
④ 교사가 수업을 탄력 있게 운용하는 계획을 수립한다.
⑤ 수업계획을 세우면서 교사와 학생들이 서로 협력한다.

4. 교육목표가 달성되었는지 어떻게 평가하는가?

1) 평가의 필요성
① 학습경험과 교육목표의 상호 관련성을 확인한다.
② 수업계획이 교사의 실제 수업에 쓸모가 있는지 조사한다.
③ 교육과정 계획의 장단점을 밝혀 개선의 방향을 제시한다.
④ 특정 프로그램의 기본 설계가 타당하고 도구가 적절한지 묻는다.

2) 평가의 기본 개념

① 평가는 교육목표를 교육의 과정에서 얼마나 달성했는지 확인하는 과정이다.

② 목표가 인간행동의 바람직한 변화라면, 평가는 학생행동의 변화를 판단하는 과정이다.

③ 평가는 학생들의 바람직한 행동의 변화를 측정하기 위해 최소한 한 번 이상 실시한다.

④ 평가는 행동변화의 증거를 수집하는 활동으로서 지필, 관찰, 면접, 설문지 등을 도구로 활용한다.

3) 평가의 절차

① 목표를 분명하게 정의한다.

② 목표를 성취할 수 있는 기회를 제공한다.

③ 평가 도구를 살펴보고 개발한다.

④ 행동 기록을 위한 용어와 단위를 결정한다.

⑤ 행동 분석을 통해 장점과 단점을 밝힌다.

4) 평가결과의 활용

① 교육과정의 장단점을 확인하고 개선 방향을 제시한다.

② 교수-학습 과정을 효과적으로 설계하는 기초가 된다.

③ 학생들의 관심과 학습의 정도를 확인하는 척도이다.

④ 학생들을 개인적으로 지도하는데 유용하다.

⑤ 학부모들에게 학교의 성공을 설명하는 중요한 자료이다.

개념적 - 경험주의

1. 제롬 브루너Jerome Bruner[1]

1959년 9월 미국 매사추세츠Massachusetts의 우즈 홀Woods Hole에서는 서른다섯 명의 과학자들, 수학자들, 교육자들이 참석한 가운데 과학 교과의 교육과정 개혁을 위한 회의가 열렸다. 이 회의를 주관한 사람은 하버드 대학의 인지 심리학자 제롬 브루너였다.[2] 우즈 홀 회의의 배경은 1957년 구소련의 스푸트닉Sputnik 발사였고, 이를 계기로 미국에서 진보주의 교육 철학은 쇠퇴하고 교육의 '수월성' 문제가 급속히 대두했다. 특히 초중등 학교의 과학 및 수학 교육을 새로운 각도에서 접근하기 시작했다.[3]

이러한 스푸트닉 '충격'은 기존의 생활중심, 아동중심 교육과정 논의를 비판하고 학교 교육과정을 학문 또는 지식으로 구성하려는 논의를 촉진

---

1 엄밀한 의미에서 교육과정 학자로 볼 수 없다. 1915년 미국의 폴란드 이민 가정에서 태어난 브루너는 듀크Duke 대학과 하버드Harvard 대학에서 심리학을 전공했다. 하버드 대학, 옥스퍼드 대학, 뉴욕 대학에서 오랫동안 인지 심리학cognitive psychology 을 연구하고 가르쳤다. 교육과정 분야에서는 1960년대 미국에서 성행했던 지식의 구조이론에 인지·철학적인 배경을 제시했다.

2 Jerome Bruner, *The Process of Education* (Cambridge, 1977/1960), pp. xvii-xxvi.

3 1950년대 세계 질서가 미국 대 소련이라는 양강구도로 재편되는 과정에서 미국 사회는 점차 교육의 질質 문제에 관심을 가졌다. 특히 1957년 구소련이 무인우주선을 우주궤도에 성공적으로 쏘아 올리자 미국인들은 충격에 휩싸였다. 교육 분야에서, 미국 정부는 학교 교육과정의 새로운 방향을 탐색하는 국가 수준의 교육과정 개혁 운동을 전개하면서 교육의 재건과 국력의 신장을 도모했다. Giroux, Penna, and Pinar, *Curriculum and Instruction*, pp. 4-5; Pinar *et. al.*, *Understanding Curriculum*, p. 159.

시켰다. 이제 대학의 학자들이 초중등학교의 교육과정을 개혁하는 일에 앞장섰고, 교육과정 전문가들curriculum specialist이 아닌 다양한 배경의 학문/교과 전문가들disciplinary specialists이 학교에서 무엇을 어떻게 가르쳐야 하는지 결정했다. 이들은 학문의 구조, 즉 기본 개념과 지식을 탐구하는 방법에 관심이 있었다는 점에서 "개념적-경험주의자들conceptual-empiricists"로 불렸다.[4]

1960년에 브루너는 우즈 홀 회의의 종합 보고서인 『교육의 과정The Process of Education』을 출판했다. 이 책에서 브루너는 학문의 구조에 바탕을 두는 교육과정 이론을 제시했다. 브루너의 주장에 따르면, 학문마다 고유한 구조가 있고, 학생들은 교육의 과정에서 이러한 구조를 이해할 필요가 있다. 학생들은 학문의 구조를 이해함으로써 그 학문이 문제를 개념화하고 해결하는 방법뿐만 아니라 지식을 구성하는 방법도 이해한다. 일단 학문의 구조를 이해하면, 학생들은 인지능력과 상관없이 그 학문의 핵심적인 지식을 학습할 수 있다.[5]

브루너는 교육과정의 기본적인 조직자로서 학문, 즉 지식을 강조했다. 브루너는 학생들의 인지발달에 적합한 학습경험을 찾아내기 위해 학문 기반형 교과의 조직을 연구하였고, 그들의 구조화된 지식 획득을 돕기 위해 나선형 교육과정과 발견학습과 같은 아이디어를 제시했다. 나선형 교육과정은 학문/교과 내용에 대한 규칙적인 반복·심화 학습을 통해 학생들의 이해를 깊고 넓게 하려는 시도였고, 발견학습은 학생들이 내재적인 흥미와 활동에 입각해 지식이라는 구조물을 스스로 경험하는 방법이었다.

4 Giroux, Penna, and Pinar, *Curriculum and Instruction*, p. 4.

5 Pinar *et. al.*, *Understanding Curriculum*, p. 160.

〈표 II-3〉 우즈 홀 회의 분과 주제와 브루너의 『교육의 과정』 목차[6]

우즈 홀 회의 분과 주제	브루너의 『교육의 과정』 목차
교육과정의 계열 수업의 장치 학습의 동기 학습·사고에서 직관의 역할 학습에서 인지의 과정	서론 구조의 중요성 학습의 준비성 직관적/분석적인 사고 학습동기 교구

브루너의 학문의 구조이론은 교육과정 개혁의 주도권이 교육과정 전문가들에서 교과 전문가들로 넘어가는 과도기에 대학의 학자들에게 이론적인 정당화를 제공했다. 1960년대 학문의 구조에 대한 탐구는 국가의 재정지원과 권위에 힘입어 교육과정 연구의 주류가 되었고, 이 기간 동안 학교현장에서는 교과의 기본 개념과 탐구 방법을 체계화하는 일련의 교육과정 실험이 이어졌다.

1960년대는 말 그대로 교육과정 프로젝트의 '황금기'였다. 보통 과학, 수학, 언어 등 학문기반형 교과의 전문가들은 이러한 프로젝트를 수업절차와 자료의 구조화된 조합으로 이해하고 설계했다. …… 많은 프로젝트 연구자가 '교사의 추가적인 손질이 필요 없는' 교재를 만들고, 그러한 교재를 통해 교사가 수업에서 오류 없이 교육목표를 성취하기를 바랐다.[7]

비록 그 수는 적었고, 영향력도 크지 않았지만, 1960년대의 교육과정 개혁 운동에 부정적인 사람들이 있었다. 존 굿라드John Goodlad는 교육과정

---

6 Bruner, *The Process of Education*, p. xxi.

7 William Schubert *et al., Curriculum Books: The First Hundred Years* (New York, 2002), 『교육과정 100년』, 강익수 외 옮김 (서울, 1999), 153-154쪽.

실험이 수학과 과학에 편중되어 인문학과 사회과학이 설 자리를 잃어간다고 비판했다. 굿라드는 작금의 개혁이 교육과정의 전체 영역을 대상으로 하지 않음으로써 미래의 또 다른 개혁을 초래할 수 있다고 경고했다.

> 현재의 교육과정 개혁 운동은 1930-1940년대의 아동중심·사회
> 중심 교육과정 이론에 대한 반동으로서 교육과정의 목적과 수단을
> 결정하면서 지나치게 교과의 내용을 강조한다. 이러한 이유에서
> 지금 진행 중인 개혁 운동 안에 이미 앞으로 진행될 반개혁 운동의
> 맹아가 들어있다.[8]

한편 다니엘 타너Daniel Tanner는 학문의 구조를 당연시하는 시각에 우려를 표하며 학문중심 교육과정이 갖는 부조리한 측면을 지적했다.[9] 첫 번째는 학문이 그 자체로 교과가 될 수 있는가의 문제이다. 두 번째는 교육과정을 학문, 즉 지식으로 구성하면서 문학, 예술, 직업훈련과 같은 다른 중요한 학습의 교육적인 가치를 훼손하는 문제이다. 세 번째는 학문의 구조를 강조하면서 지식의 다학문적인 본성을 등한시하는 문제이다. 그리고 네 번째는 삶의 다양한 문제들을 해결하기 위해 지식의 다학문적인 본성과 지식의 간학문적인 적용을 중시하는 문제이다.

그밖에도 학문의 구조와 관련된 학자연하는 논의 속에 국가의 의도, 목적, 목표 등이 숨어 있다는 주장이 나왔다. 사실, 교육과정 구조이론에서 학습은 다음 단계의 학습을 위한 수단에 불과했다. 학습의 궁극적인 목적은 개인적인 발달도 사회적인 개선도 아닌 국력의 신장, 특히 군사력

---

8 John Goodlad, *School Curriculum Reform in the United States* (New York, 1964), p. 87.

9 Daniel Tanner, "Evaluation of Modification of the Comprehensive Curriculum," *The High School Journal* 54, 5 (1971), pp. 312-320.

의 제고에 있었고, '교육개혁'이라는 이름으로 국방력 강화에 일조하는 학문/교과들에서 국제적인 수월성을 추구했다.[10]

이러한 일련의 비판에 화룡점정畫龍點睛을 찍은 것은 브루너 자신이었다. 브루너는 1971년, 그러니까 그의 『교육의 과정』을 출간한 지 십여 년 만에 종전의 입장을 수정했다. 오늘날 브루너의 이러한 양심선언을 기억하는 사람은 많지 않지만, 브루너의 자전적인 독백은 그 자체로 1960년대를 풍미했던 교육과정 구조이론의 종말을 고告하는 사건이었다.

> 지금 내가 1970년대의 교육과정 개혁 프로젝트를 계획한다면, 나는 우리 사회에 가치에 대한 인식sense of values과 삶의 우선순위 priorities in life를 되돌려 주고 싶다. 나는 역사학의 구조, 물리학의 구조, 수학의 정합整合적인 특성과 관련된 문제들을 지불유예까지는 아니어도 어쨌든 중시하지 않을 테다. 나는 이러한 문제들도 우리가 직면한 [사회] 문제들의 맥락에서 다룰 생각이다. …… [그러면] 아마도 십여 년 전보다 훨씬 교육의 과정the process of education에서 우리의 직업적인 소명에 충실할 수 있다.[11]

....

10 Daniel Tanner and Laurel Tanner, *History of the School Curriculum* (New York, 1990), p. 178.

11 Jerome Bruner, "The Process of Education Revisited," *Phi Delta Kappan* (September 1971), p. 21. 1971년 3월 미국 세인트루이스의 '학교장학 및 교육과정 개발 학회 ASCD'에서 브루너가 발제한 글이다. 흥미로운 점은 브루너가 1970년대 그의 학문의 구조이론이 시효가 다 했음을 공개적으로 천명한 것과 대조적으로 우리나라에서는 1970년대 브루너의 교육과정 구조이론을 '새로운' 이론으로 소개하고 국가 교육과정 정책에 반영했다는 사실이다. 1973년에 브루너의 책이 국내에 번역·출간되었음은 물론, 같은 해 공포된 우리나라 제3차 국가 교육과정은 브루너의 학문의 구조이론에 방법적인 토대를 두었다. 다소 어폐가 있지만, 해방 후 우리나라 교육과정 분야의 미국식 재구조화에 따른 자연스러운 결과이기도 하다.

⊛⊛⊛⊛⊛⊛⊛⊛⊛⊛⊛⊛⊛⊛⊛⊛⊛⊛⊛⊛⊛⊛⊛⊛⊛⊛⊛⊛⊛⊛⊛⊛⊛⊛⊛⊛

◎ 브루너 『교육의 과정』[12]

1. 구조의 중요성

1) 일반전이一般轉移

① 원리의 전이를 통해 지식의 폭을 확장하고 깊이를 심화

② 원리의 전이를 통해 전후 학습 사이를 연결하고, 학습과 삶을 연결

2) 학문의 구조

① 학문의 근저에 있는 구조를 중시

② 학문의 기본적인 원리나 개념을 중심으로 교육과정 조직

③ 교육과정 구성은 학문의 구조에 밝은 교과 전문가의 몫

....

12 이하에서는 브루너의 『교육의 과정』을 장章별로 요약·제시한다. 브루너에게 교육
이란 수월秀越, excellence의 함양이었고, 교육의 목적은 각 개인이 최고의 지적발달
수준에 도달하는데 있었다. 이를 위해 브루너는 각 개인의 사고思考의 과정을
교육의 과정에서 핵심적인 요소로 간주하고, 그러한 사고의 과정이 각 교과 교육과
정 안에서 어떻게 체계화되고, 또 그 체계에 맞게 학습내용을 어떻게 선정, 조직,
제시할 수 있는지 탐구했다. 브루너는 먼저 각 교과의 구조, 즉 교과를 얽어매고
있는 요소 내지 그 요소가 얽혀 있는 모양에 주목한 다음, 각 교과의 전문가가
그 교과의 기저에 놓여 있는 일반 원리나 기본 개념을 중심으로 교육과정을
지적으로 올바르게 구성할 것을 주장했다. 이어 브루너는 학생들이 학습내용에
대한 내재적인 흥미, 수동성을 지양한 발견의 희열, 사태에 대한 포괄적인 지각,
교구의 효과적인 활용을 통해 스스로 각 교과의 일반 원리와 기본 개념을 이해할
것을 제안했다.

3) 발견학습

① 학문의 일반적인 원리를 파악하는 지적인 학습 태도
② 혼자 힘으로 문제를 해결하면서 발견의 희열을 느끼는 방식
③ 학문의 기본 구조를 제시하되, 학생이 스스로 발견할 수 있도록 교육과정 구성

4) 구조의 이점

① 구조를 파악하면 학문/교과를 쉽게 이해
② 구조화된 형태가 기억하기 용이함
③ 기본 원리와 개념을 알면 적절한 전이가 가능
④ 고등지식과 초보지식 사이의 연속성 유지

2. 학습의 준비성

1) 지적발달

① 지적발달의 문제는 특정 연령층의 아동에게 교과를 가르치는 문제
② 교과를 가르치는 문제는 특정 아동의 지각 방식에 맞게 교과의 구조를 표현하는 문제
③ 어떤 교과든 지적으로 올바른 형식으로 표현하면 어떤 발달단계에 있는 어떤 아동에게도 효과적인 학습이 가능

2) 학습행위

① 지식의 획득: 새로운 지식을 획득하는 과정

② 지식의 변형: 획득한 지식을 새로운 문제 사태에 들어맞도록 조직하는 과정

③ 지식의 평가: 지식을 다룬 방법이 특정 문제 사태에 비추어 적합한지 점검하는 과정

3) 나선형蝶旋形, spiral 교육과정

① 각 교과의 교육과정을 아동의 사고방식에 알맞게, 즉 지적으로 올바르게 구성

② 교육과정을 나선형으로 조직하여 학습을 일찍 시작하고 점차 반복·심화가 가능하도록 구성

3. 직관적인 사고와 분석적인 사고

1) 직관적直觀的인 사고

① 전체 문제 사태에 대한 포괄적인 지각을 기초로 해결점에 도달하는 사고

② 오랜 사고 뒤 갑자기 이해에 도달하지만, 형식적인 말로 증명이 불가능한 상태

③ 직관적인 사고는 그 사고 내용에 대한 확실한 지식을 토대로 전개

2) 분석적分析的인 사고

① 각 단계를 거치며 논리적으로 추리하는 연역적/귀납적인 사고

② 분석이나 증명 같은 형식적인 방법을 통한 간접적인 이해와

인지

③ 정확하게 계획된 단계를 하나씩 따라가면서 전개

4. 학습동기 및 교구

1) 학습동기
① 외재적인 동기 vs. 내재적인 동기
② 학습내용에 대한 내재적인 흥미 유발
③ 학생들의 수동성을 지양하고 발견의 희열을 고취
④ 가르치는 내용을 아동의 사고방식에 맞게 번역

2) 교구
① 학생들의 경험 범위를 넓혀주는 교구
② 학습내용의 구조 파악에 유용한 교구
③ 학습내용의 중요성을 알려주는 교구
④ 학교교실에서 교사는 수업의 주된 교구

❖❖❖❖❖❖❖❖❖❖❖❖❖❖❖❖❖❖❖❖❖❖❖❖❖❖❖❖❖❖❖❖❖❖❖❖❖❖

2. 조지 뷰챔프George Beauchamp · 마우리츠 존슨Mauritz Johnson

1960년대에 이르러 학교 교육과정의 실제 운영과 개선에 관심이 있던 전통주의자들의 정책적인 입지는 감소했다. 전통주의자들은 학문적인 깊이가 얕고, 개념적인 기반이 약하다는 비판에 직면했다. 이러한 공격에 맞서 교육과정 분야를 이론지향적인 학문으로 재정립하려는 노력이 있었다. 조지 뷰챔프와 마우리츠 존슨의 교육과정 이론이 대표적이었다.

(1) 조지 뷰챔프

1961년 조지 뷰챔프는 그의 『교육과정 이론Curriculum Theory』을 출판했다. 이 책에서 뷰챔프는 교육과정에 대한 이론형성과 이론지향적인 연구를 강조했다. 뷰챔프는 교육과정 이론형성의 과정을 교육과정의 정의, 교육과정의 체제, 교육과정의 연구라는 세 가지 차원에서 접근했다. 우선 뷰챔프는 교육과정을 "한 학교를 위해 계획된 교육 프로그램의 범위와 조직을 기술한 문서A written document depicting the scope and arrangement of the projected educational program for a school"로 정의했다.[13] 이어 뷰챔프는 교육과정의 체제가 교육과정의 생산, 실행, 평가를 위한 절차들로 구성된다고 주장했다. 마지막으로 뷰챔프는 전문적인 연구 분야로서 교육과정의 목적은 교과과정 및 교육과정 체제에 관한 지식을 발전시키는데 있다고 설명했다.

뷰챔프는 교육학의 하위체제인 교육과정이 다른 하위체제들과 다른 독특한 속성과 기능을 지니고 있다고 생각했다. 이를 부각하기 위해 뷰챔프는 교육과정 이론의 두 가지 하위체제인 교육과정 설계이론design theory과 교육과정 공학이론engineering theory에 대한 논의를 전개했다. 간단히 말해 교육과정 설계는 학교교육의 수준에 따라 목표와 내용을 위계적으로 조직하는 일이며, 교육과정 공학은 교육과정의 체제가 학교에서 기능을 발휘하는데 필요한 모든 과정을 아우른다. 교육과정 사고가 주로 설계이론에 초점을 맞춘다면, 그 교육과정을 역동적인 상태로 유지하는

....

13 Beauchamp, *Curriculum Theory*, p. 7.

〈표 II-4〉 교육과정 체제 모형[14]

투입	체제유지의 내용 및 과정	산출
교육의 기초 지역사회의 특성 참여인사들의 특성 교육과정 경험 학문교과와 다른 교과들 사회·문화적인 가치	교육과정 처리의 장(arena) 선정 참여인사 선정 작업 절차의 선정과 실행 • 교육과정 목표 결정 • 교육과정 설계 선정 • 계획과 저술 실행 절차의 수립 교육과정의 평가와 수정 절차 수립	단일 교육과정 참여자들의 지식 증가 태도 변화 행동 능력

데 필요한 모든 활동은 공학이론에 속한다. 뷰챔프는 교육과정 설계와 교육과정 공학의 기본 개념들 간의 관계설정이 교육과정 연구의 이론적 인 토대가 된다고 주장했다.

　뷰챔프의 『교육과정 이론』은 책 제목에 '이론'이 들어가는 최초의 교육 과정 저서였다. 뷰챔프는 이미 1947년 시카고 대학의 학회에서 그의 교육과정 이론을 처음으로 소개했고, 이후 10년 넘게 그의 교육과정 이론화 작업을 진행했다. 뷰챔프는 교육과정 학자들이 단순한 기술적인 조작에서 벗어나 지적이고 이론적인 진술을 시도하고, 이를 통해 당시 빈사상태에 있던 교육과정 분야를 재건하기를 바랐다.

---

14 Beauchamp, *Curriculum Theory*, p. 146.

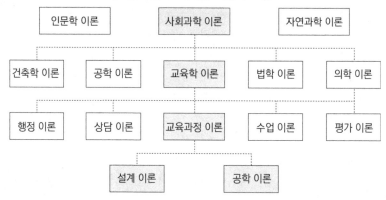

〈그림 II-3〉 교육과정 이론의 조망[15]

(2) 마우리츠 존슨

뉴욕 주립대학의 마우리츠 존슨은 당시 성행하던 지식의 구조이론에 영향을 받아 과학적인 교육과정 이론을 제시했다. 존슨은 그의 논문 「교육과정 이론의 정의와 모형Definitions and Models in Curriculum Theory」 (1967)에서 교육과정을 "의도한 학습결과a structured series of intended learning outcomes"로 정의한 다음, 교육과정의 주된 과제가 수업의 결과를 처방하고 예측하는 일이라고 주장했다.

> 교육과정은 수단, 즉 결과를 달성하기 위한 활동, 자료, 수업 내용 등을 처방하기보다 그 결과를 구체화한다는 점에서 목적과 관련된다. 그것도 거시적인 목적의 정당화가 아닌 현재 수준에서의 학습 산물learning products에 주목한다. 한 마디로 교육과정은 무엇을what 배웠는가의 문제이지, 왜why 배우는가의 문제는 아니다.[16]

15 Beauchamp, *Curriculum Theory*, p. 5.
16 Johnson, "Definitions and Models in Curriculum Theory," p. 130.

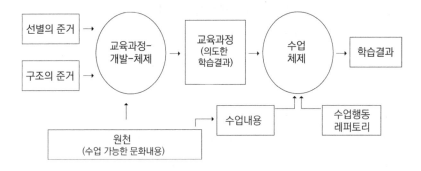

존슨은 체제접근의 형식을 빌려 교육과정을 교육과정-개발-체제 curriculum development system의 산물output로 간주했다. 그러나 존슨은 교육과정이 한 체제의 산물인 동시에, 또 다른 체제로의 투입이라고 생각했다. 존슨의 교육과정 이론은 수업체제instructional system로의 투입input을 가정했다. 기본적으로 수업체제는 교육과정을 투입해 학습결과를 산출하는 모형이다. 이때 수업내용과 수업행동을 함께 투입한다. 존슨은 수업에 투입하는 문화내용이 교과와 연관되고, 교과의 구조를 반영하고, 사고 및 탐구과정을 촉진해야 한다고 주장했다. 수업행동의 경우에는 계획, 실행, 평가의 세 요소를 강조했다.

존슨의 교육과정 구조화 작업은 교육과정의 개선보다 이해를, 교육과정의 결과나 시행보다 탐구를 중시했다. 존슨은 교육과정의 이론적인 토대를 견고히 하는 다섯 가지 명제를 제시했다.[18]

① 교육과정은 의도한 학습결과이다.

....

17 Johnson, "Definitions and Models in Curriculum Theory," p. 133.
18 Johnson, "Definitions and Models in Curriculum Theory," pp. 136-139.

② 선별은 교육과정 조직의 기초적인 요소이다.

③ 구조는 교육과정의 기본적인 특성이다.

④ 교육과정은 수업을 안내한다.

⑤ 교육과정 평가는 선별과 구조의 타당성을 확인한다.

뷰챔프와 존슨의 교육과정 이론은 사회과학의 기법과 절차를 통해 교육과정을 하나의 행동과학으로 정립하려는 시도였다. 그들의 목적은 교육과정 연구에 학문적인 엄밀함을 제공하여 교육과정 학자들이 직면한 지식과 전문성의 위기를 해소하는데 있었다. 그러나 그 결과는 성공적이지 못했고, 1970년대에 이르러 조셉 슈왑Joseph Schwab[19]의 유명한 표현대로 교육과정 분야는 죽어가고moribund 있었다.[20]

....

19 슈왑은 시카고 대학에서 영문학을 공부한 뒤 동 대학원에서 동물학과 유전학을 전공하여 박사학위를 받았다. 슈왑은 학문의 구조이론이 한창 성행하던 1959-1961년에 교사들을 위한 생물 교육과정 핸드북을 개발하는 일에 참여했다. 그러나 교육과정 분야에 슈왑의 이름을 아로새긴 것은 그가 1969년에 전미 교육학 대회에서 발표한 글이었다. 슈왑은 교육과정 분야가 사회과학 이론에 대한 만성적인 의존과 무비판적인 수용 때문에 죽어가고 있다고 진단하면서 그 해결을 위한 실천 지향적인 교육과정 담론을 주창했다. 슈왑의 비판적인 논의는 당시 침체되어 있던 교육과정 분야에 생기를 불어넣었을 뿐만 아니라 이후 교육과정 연구가 사회과학 연구에 빼앗긴 지적인 자율성을 되찾는 운동을 전개하는데 출발점이 되었다.

20 슈왑은 그의 잘 알려진 논문 「실제: 교육과정을 위한 언어」(1969)에서 교육과정 분야의 죽음을 암시하는 여섯 가지 위기의 신호를 지적했다. 첫째, 교육과정 분야의 문제를 다루면서 교육과정 전문가들이 아닌 다른 사람들이 등장한다. 둘째, 교육과정 분야에서 메타이론에 대한 논의가 활발하다. 셋째, 교육실천을 담당하는 사람들이 교육과정 본래의 문제들로부터 이탈한다. 넷째, 교육과정의 경계 밖에 머물면서 타인들의 교육과정 논의에 대한 관찰자, 주석자, 역사가, 비판자 등의 역할에 만족하는 사람들이 많다. 다섯째, 과거의 친숙한 지식과 의미를 새로운 언어로만 포장해 보존, 전수, 반복하려는 경향이 강하다. 여섯째, 공격적이고 감정적인 논쟁이

증가한다. 슈왑은 교육과정 분야가 현재의 위기로부터 탈출하기 위해서는 교육적으로 검증되지 않은 [사회과학]이론에 대한 맹신에서 탈피하여 교육실제에 대한 관심을 회복해야 한다고 주장했다. 이를 위해 교육과정 이론과 실제 간의 절충을 시도하면서 실천적인 기술을 익히고, 숙의deliberation의 과정을 통해 최적의 대안을 모색해야 한다. Joseph Schwab, "The Practical: A Language for Curriculum," in Joseph Schwab, *Science, Curriculum, and Liberal Education: Selected Essays* (Chicago, 1978), pp. 287, 301-304. 한편 스탠포드 대학의 데커 워커Decker Walker는 그의 논문「교육과정 개발을 위한 자연주의적 모형」(1971)에서 슈왑의 실제적인 관심을 교육과정의 개발 문제에 적용했다. 워커는 고전적인 교육과정 개발 모형이 이론 지향적이라는 사실을 지적하면서 교육의 실제에 근거하는 자연발생적인 교육과정 개발 모형을 제시했다. 워커의 교육과정 개발 논의는 '출발점platform→숙의deliberation→설계design'의 3단계를 거친다. 출발점은 교육과정을 개발하는 사람들이 가진 교육에 대한 신념이나 가치체계를 확인하는 단계이다. 숙의는 교육과정 개발과 관련된 다양한 요소들의 상호관계를 밝히면서 적절한 대안을 탐색하고 정당화하는 단계이다. 설계는 추상적인 논의를 구체화하면서 교육과정 개발의 산물인 구조화된 자료를 만드는 단계이다. Decker Walker, "A Naturalistic Model for Curriculum Development," *The School Review* 80, 1 (1971), pp. 52-53.

재개념주의

1. 윌리엄 파이너William Pinar

1960년대 미국은 사회적인 격동기였다. 앞 절에서 살펴본 스푸트닉 충격에 따른 국가 차원의 위기에 더해 그동안 수면 아래 놓여 있던 사회적인 모순들-인종차별, 월남전, 세대갈등-이 밖으로 드러나기 시작했다. 이로 인해 미국 사회는 한편으로는 나라 전체가 극심한 몸살을 앓았고, 다른 한편으로는 새로운 문화 변혁의 시대로 나아갔다. 인종차별은 민권 운동으로, 월남전은 반전평화운동으로, 세대갈등은 자유를 표방한 대중 운동으로 각각 이어졌다. 이 시절 미국의 지식인들과 젊은이들은 억압적인 사회 실재reality로부터 인간적인 해방을 꿈꾸는 자유와 저항정신으로 충만했다.

이러한 시대정신은 교육 분야에서도 예외가 아니었다. 특히 1969년 미국이 유인우주선 발사에 성공함으로써 '국가의 위기'라는 슬로건이 교육적으로 더 이상 유효하지 않은 상황에서 일군의 의식 있는 교육과정 학자들은 그 시대의 새로운 문화 변혁 운동에 동참했다. 논의의 물꼬를 튼 것은 1973년 로체스터Rochester 대학의 교육과정 학회였다.[1] 이 대학의

---

1 1967년 오하이오 주립대학의 교육과정 학회는 교육과정 분야가 재개념화의 길로 나아가는 중요한 계기가 되었다. 이 회합을 주관했던 폴 클로Paul Klohr는 교육과정 재개념화 운동의 선구자라 할 수 있는 제임스 맥도널드James Macdonald와 드웨인 휴브너Dwayne Huebner를 초청해 교육과정 연구의 정치적/현상학적인 논의를 전개했다. Giroux, Penna, and Pinar, eds., *Curriculum and Instruction*, p. 6. Pinar *et.*

교수였던 윌리엄 파이너는 북미 전역에 흩어져 있던 약 150명의 새로운 성향의 교육과정 학자들을 로체스터 대학으로 초청했다. 이들은 전통주의자도, 개념적-경험주의자도 아닌 '제3세력a third force'의 교육과정 연구자들로서 기존의 교육과정 이론에 도전적이고 비판적인 태도를 견지했다.[2]

로체스터 학회는 '강화된 의식과 문화 혁명Heightened Consciousness and Cultural Revolution'이라는 학술대회 주제에 걸맞게 교육과정 이론을 정치적이고 문화적인 영역과 결합해 논의하는 담론의 장이었다. 1973년 5월 3일부터 5월 5일까지 계속된 교육과정 회합에서 파이너는 물론이고 제임스 맥도널드James Macdonald[3], 막신 그린Maxine Greene[4], 드웨인 휴브너Dwayne

....

al., *Understanding Curriculum*, p. 178.

2 학문적인 정체성을 일선 교사들과의 협력과 학교 교육과정의 개선에서 찾지 않았다는 점에서 전통주의자가 아니었으며, 사회과학의 연구방법을 동원해 교육과정 연구의 학문적인 엄밀함을 주장하지 않았다는 점에서 개념적-경험주의자도 아니었다. 새로운 부류의 교육과정 학자들은 주류 교육과정학의 탈역사적인 법칙성 또는 일반화의 논리를 비판하면서 교육과정 연구를 개인과 사회의 해방을 위한 지적인 철학화 작업으로 재개념화했다. 그들은 교육과정에 대한 전통적인 접근과 사회과학적인 접근이 교육 경험에 대한 일반적인 시각을 형성하여 교육과정 연구를 가치중립적인 것으로 정치定置시킨다고 비판한 다음, 교육과정의 문제를 타일러 식의 공학적인 합리성이나 사회과학 연구의 보편성이 아닌 교육 경험의 복잡성과 지적인 활동에 내재된 이데올로기적인 관계에 기초해 비판적으로 논의해야 한다고 주장했다. 교육과정 연구는 객관적인 문제의 해결이 아닌, 주관적인 어려움의 이해에 초점을 맞추어야 하기 때문이다. William Pinar, "The Reconceptualization of Curriculum Studies," *Journal of Curriculum Studies* 10, 3 (1978), pp. 209-210.

3 맥도널드는 위스콘신 대학에서 버질 헤릭Virgil Herrick의 지도로 박사학위를 받은 뒤 텍사스, 뉴욕, 위스콘신, 노스캐롤라이나 대학에서 교수생활을 했다. 맥도널드는 그 시대에 성행하던 학문중심의 과학적인 접근을 비판하면서 학교교육의 인본주의적인 특징을 강조했다. 맥도널드는 개인의 특성과 사회·정치적인 맥락을 중시하는 새로운 형태의 교육과정 탐구를 제안했다. 특히 맥도널드는 마르크스주의와 현상학과 같은 유럽의 지적인 전통에 주목하면서 교육과정의 정치적이고 자서전적인 탐구에 관심을 가졌다. 맥도널드의 궁극적인 목적은 인간의 개인적이고 사회적인

Huebner[5], 로버트 스타라트Robert Starratt, 도널드 베이트만Donald Bateman, 윌리엄 필더William Pilder가 논문을 발표했다.[6]

파이너는 이듬해인 1974년 로체스터 학회의 발표문들을 한데 묶어 『강화된 의식, 문화 혁명, 교육과정 이론Heightened Consciousness, Cultural

....

해방에 있었다. 김성훈, 『교육과정 에세이』 36-37쪽.

4 그린은 버나드Barnard 대학에서 역사와 철학을 공부한 뒤 뉴욕 대학에서 교육철학과 영문학을 전공했다. 여러 대학에서 교수생활을 하였으나, 교육과 관련해서는 1965년 TCR[Teachers College Record]의 편집장으로서 컬럼비아 대학과 연을 맺었다. 그린은 미국교육학회 최초의 여성 학회장이었고, 그녀의 인문주의적인 관심은 탈행동주의적이고 탈실증주의적인 교육학 논의를 활성화하는데 기여했다. 그린은 그녀의 잘 알려진 논문 「교육과정과 의식Curriculum and Consciousness」에서 교육과정을 개인의 주관적인 의식의 문제, 즉 미지의 세상으로 나가는 가능성의 의식으로 재개념화하면서 타일러 식의 합리주의 논거에 익숙한 사람들에게 교육과정의 문제를 바라보는 새로운 시각을 제공했다. 김성훈, 『교육과정 에세이』, 45-48쪽.

5 휴브너는 텍사스 대학에서 전자공학을 공부한 뒤 시카고 대학에서 교육학으로 개종했다. 이후 맥도널드와 마찬가지로 위스콘신 대학에서 버질 헤릭의 지도로 박사학위를 받았다. 휴브너는 컬럼비아 대학에서 교수생활을 하면서 기존의 실증주의적이고 행동주의적인 교육과정 연구를 비판하고, 새로운 대안적인 교육과정 담론을 제시했다. 휴브너는 1967년 오하이오 주립대학 학회에서 「교육과정과 인간의 유한성에 대한 관심Curriculum as Concern for Man's Temporality」을 발표하면서 교육과정 분야에 현상학을 소개했다. 또한, 휴브너는 신마르크스주의에 기초해 '교육과정 정치학'이라는 새로운 탐구 주제를 제안했다. 김성훈, 『교육과정 에세이』, 40-41쪽.

6 파이너는 「강화된 의식, 문화 혁명, 그리고 교육과정 이론Heightened Consciousness, Cultural Revolution, and Curriculum Theory」, 맥도널드는 「교육의 선험적인 발달 이데올로기A Transcendental Developmental Ideology of Education」, 그린은 「인지, 의식, 그리고 교육과정Cognition, Consciousness, and Curriculum」, 휴브너는 「교육과정 언어의 문제Toward a Remarking of Curricular Language」, 스타라트는 「교육과정 이론: 논쟁, 도전, 미래의 관심Curriculum Theory: Controversy, Challenge, and Future Concerns」, 베이트만은 「교육과정의 정치학The Politics of Curriculum」, 그리고 필더는 「고요 속의 춤In the Stillness Is the Dancing」을 발표했다.

Revolution, and Curriculum Theory』을 출간했고, 이를 통해 교육과정 이론의 목적과 본질을 재인식하는 운동이 공식적으로 시작했음을 세상에 알렸다. 이 책의 서문에서 파이너는 로체스터 회의에서 논의한 주제들을 학자별로 정리했다.

> 휴브너와 그린은 의미와 언어의 문제들에 주목했다. 이들의 작업은 교사와 교육이론가 모두의 흥미를 불러일으켰다. 내 작업은 현상학적인 탐구로서 정신분석 이론에 근거했다. 나는 학회의 주제를 부분적이나마 설명하고자 노력했다. 베이트만과 필더는 정치적이고 문화적인 분석을 시도했다. 베이트만은 프레이리의 저작을 소개하면서 교육과정의 신화성을 해체했다. 필더는 "상호 거주"를 촉진하는 의도적인 공동체 형성에 대해 논의했다. 베이트만과 필더는 교육과정, 학교, 사회의 관계를 근본적으로 다시 검토하기를 바랐다.[7]

파이너는 로체스터 학회가 교육과정에 대한 이론적인 탐구, 정치적인 탐구, 정신적인 탐구를 촉진했다고 자평했다. 파이너는 이론적인 탐구는 교육과정의 현상을 기술하는 언어의 문제이고, 정치적인 탐구는 학교교육과 교과서를 둘러싼 정치적인 논의이며, 정신적인 탐구는 인간의 내면 상태에 초점을 맞춘다고 설명했다.

....

7 William Pinar ed., *Heightened Consciousness, Cultural Revolution, and Curriculum Theory* (Berkeley, 1974), p. ix.

<표 II-5> 로체스터 학회의 네 가지 쟁점[8]

쟁점	내용
해방의 장소로서 학교	교사와 학생들의 노예화 억압적이고 전제적인 자본주의 구조의 확장성 계층, 인종 문제의 심화 학교구성원들의 언어 사용에 관한 연구 학교교사의 지적인 역할 자아해방의 중심지로서 학교
미래 개혁의 모습	교육과정 현상을 기술하는 언어의 재고 교사와 학생/학교와 사회 관계의 구조적인 변화 교육과정 자료의 정치적인 분석 개인의 내적인 정신 상태 강조
공교육에 대한 논의	공교육 기관의 위상 하락 자아, 인식, 의지의 발달에 부정적인 학교 환경 문화 변혁을 위한 공적인 공간으로서 학교의 재건
교육에서 '과학주의'의 미래	과학적인 방법에 대한 관심 저하 철학적이고 논리적인 탐구 지향 외적인 행동보다 내적인 현상에 주목 의식, 선험, 해방, 자기중심성 강조

　　로체스터 학회의 주제였던 '강화된 의식, 문화 혁명, 교육과정 이론'이라는 슬로건은 1960년대 북미의 급진적인 문화 운동을 반영했다. 파이너는 주변에서 목격되는 문화 혁명을 의식의 혁명으로 간주하고, 교육적인 경험의 본질을 탐구하는 이론가들이 학습의 과정에 참여한 사람들의 내적인 상태와 그것에 연유하는 행동들에 관심을 가져야 한다고 주장했다.

　　로체스터 학회의 성공은 교육과정 재개념화 운동의 활성화로 이어졌고, 1973년 이후 매년 '교육과정 이론'을 주제로 학회가 열렸다. 재개념주의자들은 1974년 사비에르Xavier 대학, 1975년 버지니아Virginia 대학, 1976년 위스콘신Wisconsin 대학, 1977년 켄트Kent 주립대학, 1978년 다시 로체스

8　Pinar, *Heightened Consciousness, Cultural Revolution, and Curriculum Theory*, pp. x-xi.

터 대학에서 교육과정의 새로운 담론에 대한 학문적인 논의를 이어갔다.[9] 파이너는 1979년 재개념주의자들의 학술지 JCTJournal of Curriculum Theorizing를 창간했다.[10] JCT는 1999년 20주년 기념호를 발행했고, 현재에도 재개념주의자들의 목소리를 대변하는 잡지로 남아 있다.[11]

이 기간 동안 파이너의 학문적인 활동을 추적해 보면, 그는 1974년 사비에르 학회에서 '자아self'를 탐구하는 방법론에 관한 글을 발표했고, 1975년 버지니아 학회에서 그의 자서전적인 접근을 '쿠레레currere' 방법을 통해 정교화했다.[12] 또한, 1975년 재개념주의자들의 논문 스물여섯 편을 모아 그의 『교육과정 이론화: 재개념주의자들Curriculum Theorizing: The Reconceptualists』을 출간했다.[13] 이 책에서 파이너는 자신의 학문적인

9 Janet Miller, "Curriculum Theory: A Recent History," *Journal of Curriculum Theorizing* 1, 1 (1978), pp. 35-37. Craig Kridel, "The Bergamo Conferences, 1973-1997: Reconceptualization and the Curriculum Theory Conferences," in William Pinar ed., *Contemporary Curriculum Discourses: Twenty Years of JCT* (New York, 1999), pp. 510, 511.

10 JCT의 목적은 두 가지였다. 하나는 교육과정 이론가들에게 이 분야의 다양한 문화적, 정치적, 심리적인 측면을 탐구하는 열린 공간을 제공하는데 있다. 다른 하나는 그러한 연구물들을 출판함으로써 교육과정을 연구하는 다양한 시각이 존재할 수 있음을 세상에 알리는데 있다. Miller, "Curriculum Theory," p. 41.

11 William Pinar ed., *Contemporary Curriculum Discourses: Twenty Years of JCT* (New York, 1999). 그동안 JCT에 발표했던 논문들 중에 이 잡지의 아방가르드avant-garde 성격에 가장 잘 부합하는 스물아홉 편을 선별하여 실었다. 책의 부록에는 교육과정 재개념화 운동의 역사를 소개하는 글을 수록했다.

12 쿠레레 방법은 회귀regression→전진progression→분석analysis→종합synthesis의 네 단계를 거친다. 파이너는 과거의 경험과 미래의 환상을 분석하고 현재에 숨어 있는 것을 밖으로 드러내 보임으로써 깊고 풍부한 자기 이해에 도달할 수 있다고 주장했다.

13 William Pinar ed., *Curriculum Theorizing: The Reconceptualists* (Berkeley, 1975). 이 책을 구성하는 네 부분은 다음과 같다. 첫 번째로 '교육과정 분야의 현황'에서는 제임스 맥도널드의 입을 빌려 교육과정 분야의 현재 상황을 이론적으로 개괄했다. 두 번째로 '역사적인 비평'에서는 교육과정 역사학자인 허버트 클리바드Herbert

정체성을 휴브너, 맥도널드, 그린과 함께 '탈비판적인 재개념주의자 postcritical reconceptualist'에서 찾았다. 파이너는 교육과정을 개인의 교육적인 경험이 갖는 본질적인 의미로 개념화하고, 교육과정 연구가 자기 이해를 목적으로 실존적, 현상학적, 정신분석적인 탐구를 진행해야 한다고 주장했다.

2. 마이클 애플Michael Apple

교육과정의 재개념화는 하나의 뿌리에서 나온 단일한 운동이 아니었다. 그보다 전통적인 교육과정 이론에 저항하는 서로 다른 지적인 배경과 탐구 주제를 가진 일군의 학자들을 집합적으로 일컫는 말이었다.[14] 1970년대 접어들어 주류 교육과정학에 반하는 학술적인 논의가 본궤도에 오르자 재개념주의자들은 자연스럽게 분파sect를 형성했다. 파이너는 그때의 상황을 다음과 같이 회고했다.

학술대회가 계속해서 열리면서 내적인 균열이 보이기 시작했다. 당시 나는 이러한 현상에 놀랐는데 어느 정도 개인들 간의 성격

....

Kliebard의 견해를 중심으로 역사적인 비평을 시도했다. 세 번째로 '정치적이고 방법론적인 비평'에서는 마이클 애플과 존 스티븐 만John Steven Mann의 이데올로기적인 비판이 주를 이루었다. 그리고 네 번째로 '탈비판적인 이론화'에서는 윌리엄 파이너와 드웨인 휴브너가 논의를 이끌었다.

14 William Pinar, "The Reconceptualization of Curriculum Studies" in William Pinar ed., *Contemporary Curriculum Discourses: Twenty Years of JCT* (New York, 1999), p. 487. 전통주의자들의 관점에서 보면, 다니엘 타너와 로렐 타너의 관찰대로 재개념주의자들은 '인습 타파적인 교육과정 이론가 집단a group of iconoclastic curricularists'이었다. Daniel Tanner and Laurel Tanner, "Emancipation from Research: The Reconception Prescription," *Educational Research* 8, 6 (1976), pp. 8-12.

차이가 있었고, 지금 돌이켜 생각해보면 이념적인 차이가 상당히 컸다. 특히 다양한 성향의 마르크스주의자들과 거대담론보다 개인적인 문제에 더 관심을 가졌던 사람들 사이에 실질적인 차이가 있었다. 여기에는 대학들 간의 경쟁도 부분적으로 일조했다. 일반적으로 컬럼비아 대학과 위스콘신 대학이 한 팀이었고, 오하이오 주립대학과 로체스터 대학이 다른 한 팀이었다. 일례로 오하이오 출신들이 좌장을 맡았던 1974년 사비에르 대학과 1975년 버지니아 대학의 학술대회는 '개인'에 초점을 맞춘 인문주의적인 주제들이 논의를 이끌었다. …… 반면에 위스콘신 출신들이 좌장을 맡았던 1976년 위스콘신 대학과 1977년 켄트 주립대학의 학술대회는 정치적인 성향의 교육과정 학자들이 논의를 주도했다.[15]

　재개념화 안에서의 지류支流 형성과 관련해 파이너는 정치적인 성향의 재개념주의자들과 탈비판적인 성향의 재개념주의자들을 구분했다.[16] 같은 맥락에서 맥도널드는 유럽의 해석학적인 전통과 비판이론적인 전통을 구분하고, 전자를 교육과정 연구의 '실존적인existential' 재개념화로, 후자를 '구조적인structural' 재개념화로 명명했다.[17] 위에서 언급한 파이너의 교육과정 담론이 실존적인 재개념화를 대표하는 논의였다면, 구조적

....

15　Pinar, "The Reconceptualization of Curriculum Studies," pp. 485-486.

16　파이너는 그의 『교육과정 이론화: 재개념주의자들』에서 정치적이고 방법론적인 비평political and methodological criticism을 시도하는 재개념주의자들과 탈비판적인 재개념주의자들postcritical reconceptualists을 구분했다. Pinar, *Curriculum Theorizing*, pp. v-vi.

17　James Macdonald, "Curriculum Theory as Intentional Activity," Paper Presented for Discussion at the University of Virginia Curriculum Theory Conference, October, 1975; B. J. Benham, "Curriculum Theory in the 1970s: The Reconceptualist Movement," Paper Presented at the Kent State University Curriculum Theory Conference, November, 1977, p. 7.

인 재개념화를 대표하는 인물은 위스콘신 대학의 마이클 애플이었다.

1970년 애플은 컬럼비아Columbia대학에서 교육과정 전공으로 박사학위를 받은 뒤 신마르크스주의Neo-Marxism[18]에 기초해 사회해방을 위한 정치적인 비평과 방법론을 탐구했다. 애플은 로체스터 학회가 개최되기 전부터 학교교육의 문제를 정치적, 경제적, 문화적인 관점에서 비판적으로 논의했다. 애플은 1971년부터 1979년까지 '교육과정 정치학'을 주제로 다양한 학술지와 단행본에 논문을 발표했다.

흥미로운 점은 1973년 로체스터 학회에서 베이트만과 필더가, 1974년 사비에르 학회에서 버튼Burton과 윌리엄스Williams가, 그리고 1975년 버지니아 학회에서 리오단Riordan이 정치적인 논의를 전개했다는 사실이다. 애플의 경우는 파이너가 편집한 『교육과정 이론화: 재개념주의자들』(1975)에 두 편의 논문을 기고하면서 재개념주의 운동에 가세했다.[19] 1976년 위스콘신 대학에서 열린 대규모 교육과정 학회에서 애플은 타일러, 맥도널드, 휴브너 등과 함께 주제 발표를 했다. 이어 애플이 1978년 로체스터 학회에서 발표했던 「헤게모니 분석에 관하여On Analyzing Hegemony」는 JCT 창간호 첫 번째 논문으로 실렸다. 1979년 애플은 그의

....

18 1920년대 이탈리아의 안토니오 그람시Antonio Gramsci와 헝가리의 죄르지 루카스 György Lukács 등이 주장한 인문주의 성향의 마르크스주의다. 전통적인 마르크스주의가 자본주의 사회의 문제를 분석하면서 주로 하부구조인 경제적인 문제에 치중했다면, 신마르크스주의는 상부구조와 관련된 사회·정치적인 이론을 정립하여 자본주의와 전체주의의 폐단인 비인간화 문제, 특히 인간 소외의 문제를 비판적으로 다루었다. 신마르크스주의는 사회비판적인 지식인 계급의 힘으로 세상을 바꾸려는 점에서 프롤레타리아 혁명을 통해 사회를 개혁하려는 고전적인 마르크스주의와 차이가 있다.

19 애플이 기고한 두 편의 논문은 「잠재적 교육과정과 갈등의 본질The Hidden Curriculum and the Nature of Conflict」과 「과학적인 관심과 교육기관의 본질Scientific Interests and the Nature of Educational Institutions」이었다. Pinar, *Curriculum Theorizing*, pp. 95-130.

처녀작 『이데올로기와 교육과정Ideology and Curriculum』을 출간했다. 이 책은 애플이 1970년대 여러 지면에 발표했던 여덟 편의 논문으로 구성되었다.[20]

애플의 논문들에 자주 등장하는 "헤게모니", "이데올로기", "재생산", "통제", "잠재적", "갈등"과 같은 단어들은 1970년대 미국 교육의 어두운 측면을 보여주었다. 애플은 사회의 정치적, 사회적, 경제적인 구조가 학교교육을 통해 재생산된다는 불편한 진실을 폭로했다. 애플에 따르면, 학교는 기존 질서의 유지·존속을 위한 이데올로기적인 기관apparatus이다. 애플은 교육을 도덕적이고 정치적인 활동으로 간주하면서 교육자들이 억압받는 사회계층의 해방을 위한 교육[학]적인 조건을 고민하고 그 가능성을 비판적으로 탐구해야 한다고 주장했다.

애플은 존재하는 방식의 부정적인 모습을 겉으로 드러내 보임으로써 긍정적인 비전을 형성할 수 있다고 생각했다. 애플은 학교에서 당연시하는 관리주의적, 행동주의적, 도구주의적인 질문들에 의문을 제기했다. 특히 애플은 공학적인 교육과정 모형이 성공에 대한 거짓 환상과 확실성에 대한 정직하지 못한 신화를 생산함으로써 교육을 둘러싼 복잡한 정치적, 경제적, 문화적인 쟁점들을 탈역사화한다고 비판했다. 애플은 입장은 학교 안에서의 삶의 질이 학교 밖에서의 삶의 질을 반영하고 학교교육이

....

20 「헤게모니 분석에 관하여On Analyzing Hegemony」, 「이데올로기와 문화·정치적인 재생산Ideology and Cultural and Economic Reproduction」, 「일상적인 학교생활에서의 경제학과 통제Economics and Control in Everyday School Life」, 「교육과정의 역사와 사회 통제Curricular History and Social Control」, 「잠재적 교육과정과 갈등의 본질The Hidden Curriculum and the Nature of Conflict」, 「시스템 관리와 통제의 이데올로기Systems Management and the Ideology of Control」, 「상식의 범주와 표식의 정치학Commonsense Categories and the Politics of Labeling」, 「이데올로기적인 재생산을 넘어Beyond Ideological Reproduction」.

사회의 불평등한 개인적, 사회적, 경제적인 의미를 강화하고 분배하는 역할을 수행한다고 결론지었다.[21]

....

21 애플 다음으로 눈에 띄는 교육과정 정치학자로는 지루가 있다. 지루는 신마르크스주의의 영향을 받아 이데올로기, 문화, 저항, 교육개혁을 아우르는 비판적인 사회·정치적인 이론을 정립하고자 했다. 지루의 대단히 생산적이고 복잡한, 역동적인 작업은 당시 애플 식의 결정론적인 사고에 선뜻 응하지 못했던 사람들에게 호소력 있는 대안을 제시했다. Pinar, "The Reconceptualization of Curriculum Studies," p. 488.

<표 II-6> 교육과정학의 역사

시대	주요 특징	
전통주의	생활중심 '개발' 담론	보비트, 『교육과정』(1918) 타일러, 『교육과정과 수업의 기본원리』(1949)
개념적-경험주의	학문중심 '개발' 담론	스푸트닉 충격(1957) 우즈 홀 회의(1959) 브루너, 『교육의 과정』(1960)
재개념주의	개인/사회중심 '이해' 담론	로체스터 학회: "강화된 의식과 문화 혁명"(1973) 파이너, 실존적인 재개념화 애플, 구조적인 재개념화
1980년대	교육과정 탐구 영역의 확대와 방법의 다양화 신자유주의와 교육과정 분야의 시장적인 재구조화 주지주의 교육으로의 회귀("파이데이아 제안서")	
1990년대 이후	포스트(Post) 담론과 교육과정 연구 세계화 담론과 그 저항	
2000년대 이후	교육과정 담론의 국제화 후기자본주의 시대의 교육 담론	

〈표 II-7〉 전통주의자와 재개념주의자의 교육과정 관점 비교[22]

	전통주의자 (Tyler)	재개념주의자	
		실존적(Pinar)	구조적(Apple)
교육과정의 기본질문	타일러의 논리 (네 가지 질문) 철학적 판단 유보 가치중립성 절차와 방법 중시	교육경험의 본질 나는 누구인가? 진정한 자아 발견	교육경험의 속성 사회적 불평등의 원인 학교를 통한 사회정의 실현
해답의 원천	경험과학적 분석 행동주의 심리학 기능주의 사회학 체제공학	생활세계 분석 실존주의 철학 정신분석학 역사적, 문학적 분석	마르크스 경제학 비판주의 사회학 역사적, 이념적 분석
교육과정의 개념	의도된 학습경험 계획과 설계 체제적 운영	"currere" 자아 발견 자기 해방	의미의 창조 창조적 개혁 사회적 해방
학교의 기능과 역할	생산체제 현 체제 유지 사회적응 유도	개인의 함양 불평등의 감소 자아의 발견	상호작용의 망 권력의 배분 사회정의 구현
교육과정의 가치기준	과학 객관성과 실증성	자아의 가치 정의	인간 본연의 가치 사회정의

....

22 허숙·유혜령 편, 『교육현상의 재개념화: 현상학, 해석학, 탈현대주의적 이해』 (서울, 1997), 137쪽.

우리나라의 교육과정

교육과정학의 도입

—

국가 교육과정의 변천

교육과정학의 도입

1. 제1기|1950-1960년대

　우리나라에서 교육과정학의 시작을 알리는 책으로는 1956년 정범모가 출간한 『교육과정』이 대표적이다.[1] 정범모의 『교육과정』은 500쪽이 넘는 두툼한 책이다. 이 책은 전체 4부로 구성되었다. 가장 눈에 띄는 것은 제3부 '교육과정의 구성'인데, 그 안에서 정범모는 랄프 타일러의 교육과정 개발 논거를 소개했다.[2] 엄밀하게 말해서, 정범모는 타일러의 책인 『교육과정과 수업의 기본원리』를 여섯 개의 장으로 나누어 약 200쪽 가량 우리말로 재진술했다.[3] 하나의 책 속에 다른 하나의 책이 담겨 있는 셈이다.

　허숙의 평가에 따르면, 정범모의 『교육과정』은 우리나라의 교육과정학을 타일러의 교육과정학으로 만드는데 결정적인 영향을 주었다.[4] 최소한 1960년대가 끝날 때까지 정범모의 책은 우리나라 교육과정학 저술의 원형archetype을 이루었다. 물론 오늘날 굳이 타일러라는 말이 들어가 있지

1　미국 유학을 마치고 돌아온 정범모가 저술한 우리나라 최초의 교육과정 전문서 중 하나다.

2　정범모는 그의 책 서문에서 타일러의 영향을 인정했다. "타일러 교수는 필자의 이 방면의 은사며, 그 분의 강의에서 혹은 면담에서 받은 지도는 필자에게 거의 그대로 살아 있다. 본서를 쓸 용기, 동기가 난 것도, 어떻게 되었든 쓸 수 있게 된 것도 이 분의 덕이다." 정범모, 『교육과정』(서울, 1956), ii쪽.

3　정범모, 『교육과정』, 243-441쪽.

4　허숙, 「교육과정학 탐구의 성찰: 역사와 전망」, 『교육과정연구』 20, 3 (2002), 7쪽.

않아도 교육목표의 설정, 학습경험의 선정, 학습경험의 조직, 교육평가라는 네 가지 질문을 바탕으로 저술된 교육과정학 분야의 책들은 주변에서 쉽게 찾아 볼 수 있다. 국가 교육과정 측면에서, 정범모의 타일러식 교육과정 담론은 1950-1960년대 우리나라 학교 교육과정의 경험중심·생활중심 교육사조와 맥을 같이했다. 흥미로운 점은 1957년 스푸트닉 충격을 기점으로 미국에서는 퇴출일로에 있었던 교육과정 담론이 우리나라에서는 주류 교육과정 담론으로 받아들여졌다는 사실이다. 여기에는 해외 유학파들의 역할이 컸다. 실제로 정범모는 그의 미국 시카고 대학 유학시절 은사였던 타일러의 교육과정 담론을 우리나라에 전파하는 일을 자임했다.

2. 제2기|1970년대

1970년대 출간된 교육과정학 분야의 많은 저서 중에 1973년 이홍우가 번역·출간한 브루너의 『교육의 과정』이 가장 먼저 눈에 들어온다.[5] 1971년 미국 컬럼비아 대학에서 박사학위를 받고 귀국한 이홍우는 1960년대 미국에서 성행했던 브루너의 교육과정 구조이론을 십여 년의 시차를 두고 우리나라에 소개했다.[6] 브루너의 책은 1973년 제정·공포된 새 국가

5　이홍우의 번역서는 브루너의 머리말을 역자의 해설로 대체했다는 점에서 "독자의 자유를 너무 남용한 것인지도 모르겠다"라는 역자의 우려를 현실로 만들었다. Jerome Bruner, *The Process of Education* (Cambridge, 1960), 『교육의 과정』, 이홍우 옮김 (서울, 2005/1973), 7쪽.

6　이홍우는 브루너의 책을 뒤늦게 번역하면서 1971년에 브루너가 발표한 학문의 구조이론에 대한 '지불유예moratorium' 선언문도 우리말로 함께 옮겼다. 이홍우는 그의 번역서 말미에 브루너의 "The Process of Education Revisited"를 "『교육의

교육과정의 기본 이념인 학문중심 교육과정에 이론적인 근거를 제시했다. 그러나 1970년을 전후로 북미의 교육과정학계가 브루너 식의 교육과정 담론을 넘어 교육과정 연구를 재개념화하는 운동을 시작했다는 점에서 1970년대 우리나라 교육과정학 분야의 '브루너화'는 다소 시대에 역행하는 결과였다.

브루너의 책 말고도 1976년에 나란히 출간된 두 권의 책이 또한 우리의 관심을 끈다. 우선 김종서의 '잠재적 교육과정'에 관한 연구가 있다. 1968년 필립 잭슨의 『아동의 교실생활』[7]로부터 촉발된 잠재적 교육과정에 대한 논의는 1970년대 국내에서도 주목을 받았다. 1976년 김종서는 그의 『잠재적 교육과정』을 출간했다. 이 책에서 김종서는 잭슨이 잠재적 교육과정의 원천으로 지목했던 군집생활, 상찬제도, 권력관계를 우리나라 학교교육의 실정을 고려해 교육의 목적, 강요성, 군집성, 위계성으로 재해석했다.[8] 다음으로 함종규의 역사적인 연구가 있다. 1976년 함종규는 우리나라 교육과정의 연혁을 조사하는 역사적인 연구를 수행했고, 그 결과를 『한국교육과정변천사연구』로 출간했다. 함종규는 갑오개혁 전후 신교육 출범부터 4.19직후까지의 국가 교육과정의 흐름을 역사적으로

....

과정』의 재음미"라는 제목으로 실었다. Bruner, *The Process of Education*, 『교육의 과정』, 7쪽, 201-229쪽.

7 잭슨의 책은 1990년대 국내에 번역·출간되었다. 그동안 우리나라에서는 국가수준의 '공식적' 교육과정에 대한 논의가 주류를 차지했고, 이러한 이유에서 계획의 범주를 벗어나는 '잠재적' 교육과정에 대한 논의는 사람들의 관심 밖에 있었다. 이와 대조적으로 북미 학계에서는 이미 1960년대 중후반부터 교실 속 생활세계 Lebenswelt에 주목하면서 아이들의 삶의 경험을 이해하려는 교육과정 담론이 활발히 전개되었다.

8 Jackson, *Life in Classrooms*, 『아동의 교실생활』, 24-25쪽. 김종서, 『잠재적 교육과정』 (서울, 1981/1976), 3-6장.

개괄했다.[9] 이는 우리나라 교육과정 담론의 전개라는 점에서 이 시절 미국식 교육과정 담론과 차이가 있었다.

3. 제3기 | 1980년대

1973년 로체스터 학회를 기점으로 본궤도에 올랐던 교육과정 재개념화 운동은 이후 개인의 해방을 추구하는 실존적인 재개념화와 사회의 해방을 추구하는 비판적인 재개념화로 학문적인 분파分派를 형성했다. 우리나라의 경우는 1970년대 미국 위스콘신 대학에서 비판이론을 공부하고 돌아온 학자들이 사회해방을 위한 교육/교육과정 논의를 먼저 시작했다. 당시 주류 교육과정 학자들이 국가 교육과정의 개발 및 시행에 관한 연구에 몰두하고 있는 사이,[10] 체제 비판적인 일군의 교육사회학자들은 1980년대의 정치적인 상황과 맞물려 신마르크스주의에 근거한 교육/교육과정 담론을 활발히 전개했다. 그 과정에서 마이클 애플과 같은 비판적인 성향의 교육과정 학자가 한국인 문하생들을 통해 국내에 이름을 알렸다. 애플의 저서들이 국내에 번역·출간되었을 뿐만 아니라,[11]

....

9 이후 함종규는 1980년에 5.16부터 제3차 교육과정까지 우리나라 교육과정의 연혁을 조사하여 『한국교육과정변천사연구』 후편을 발행했고, 2003년에 다시 제4차부터 제7차 교육과정까지 국가 교육과정의 변천을 추적하여 개정·증보판을 내 놓았다. 함종규, 『한국교육과정변천사연구』 (서울, 2004/2003), 3쪽.

10 1980년대 초반 제5차 교육과정의 개발 및 시행과 관련하여 교육과정 개발 담론을 구체화하고 통합교육과정의 이론과 특별활동에 대한 논의가 활발히 전개된 것이 대표적이다. 허숙, 「교육과정학 탐구의 성찰」, 8쪽.

11 Michael Apple, *Ideology and Curriculum* (London, 1979), 『교육과 이데올로기』, 박부권·이혜영 옮김 (서울, 1985). Michael Apple, *Education and Power* (London, 1982),

그의 한국 방문까지 이루어졌다. 다만 이 시기 위스콘신 유학파들 대부분이 교육과정학 전공자들이 아닌 교육사회학 전공자들이었다는 점에서 애플의 교육과정 재개념주의자로서의 학문적인 정체성[12]은 다소 퇴색할 수밖에 없었다.

1980년대 교육과정학 분야에서 눈여겨 볼만한 다른 하나의 변화는 캐나다 앨버타Alberta 대학에서 현상학과 해석학에 기초한 교육과정 담론을 공부하고 귀국한 새로운 연구자 집단의 출현이었다. 앞서 언급한 위스콘신 유학파들이 국내에 마르크스 식의 거대巨大 담론을 소개했다면, 앨버타 유학파들은 개인의 실존이라는 삶의 거소巨小 담론에 주목했다. 1970년대 말부터 앨버타 대학에서 테드 아오키Ted Aoki[13]의 주도로 시작된 교육과정의 탈실증주의적이고 탈행동주의적인 탐구는 그의 한국인 문하생들인 홍기형, 허숙, 오만석, 성일제 등의 학문적인 논의를 거쳐 1980년대 후반 우리나라에도 알려졌다. 흔히 '앨버타 사단'[14]이라 불리는 새로운

『교육과 권력』, 최원형 옮김 (서울, 1988).

12 애플이 교육과정 전공자임은 틀림없지만, 그 자신을 재개념주의자로 여겼는지 의문이다. 교육과정 재개념화 운동의 시작을 알린 1973년 로체스터 학회의 발표자 명단에 애플은 없었다. 물론 1975년 파이너가 편집·출간한 『교육과정 이론화: 재개념주의자들』에 애플의 글이 등장하고, 1979년 재개념화 잡지 JCT 창간호의 첫 지면도 애플이 장식했다. 그러나 파이너의 회고대로 애플은 그의 교육과정 재개념화 운동에의 공헌과 별개로 스스로는 '재개념주의자'라는 타이틀을 거부했다. Pinar, "The Reconceptualization of Curriculum Studies," p. 486.

13 일본계 캐나다인으로 원래 브리티시컬럼비아 대학에서 무역학을 전공했지만, 일본군의 진주만 공습 직후 내륙지역인 앨버타로 강제 이주하여 그곳에서 교사 생활을 시작했고, 앨버타 대학에서 교육학을 공부하고 가르쳤다. 1969년 미국 오레곤Oregon 대학에서 박사학위를 받은 뒤 잠시 브리티시컬럼비아 대학의 교수를 지냈고, 1978년 앨버타 대학으로 돌아와 중등교육학과를 중심으로 교육과정 연구의 현상학적, 해석학적, 탈현대주의적인 전통을 구축했다. 김성훈, 『교육과정 에세이』, 79-80쪽.

연구자 집단은 당시 교육과정 학계를 지배하던 영미철학의 전단적인 지배에서 벗어나 대륙철학의 오리엔테이션 속에서 교육과정 연구의 새로운 가능성을 탐색했다. 특히 이들은 교육적인 경험에 대한 현상학적인 접근을 국내에 소개하고, 현대 해석학의 관점에서 교육과정의 문제를 재개념화하는 작업을 수행했다.

4. 제4기 | 1990년대 이후

1980년대 비판이론과 현상학·해석학의 유입은 1990년대 이후 우리나라 교육과정학 연구의 지형 확대를 가져왔다. 그동안 국가 교육과정의 제도적인 담론에 길들어진 교육과정 학자들은 타일러나 브루너의 사고 체계로부터 벗어나 교육과정학의 '이해' 담론에 비로소 관심을 가졌다. 윌리엄 파이너 등이 공저한 『교육과정의 이해Understanding Curriculum』[15]와

....

14 앨버타 대학의 교육학 분야는 북미에서 상당히 특이한 연구 경향을 보인다. 허숙의 설명에 따르면, "그것은 바로 아오키 박사를 중심으로 앨버타 대학 중등교육과가 발전시켜 온 교육학 탐구의 독특한 오리엔테이션 때문이다. 북미 지역 대부분의 대학에서 실증주의와 행동주의적[인] 경향이 교육학 탐구의 주류를 형성해 오는 가운데서도, 앨버타 대학의 교육학부는 대륙철학의 오리엔테이션을 추구하면서 교육학의 탐구에 현상학이나, 해석학, 그리고 최근에는 탈현대주의적[인] 이해를 접목시키고자 노력하고 있다. …… 이러한 경향으로 인하여 앨버타 대학은 북미에서 '앨버타 학파'라는 이름으로 교육학 탐구의 한 가지 독특한 오리엔테이션의 중심을 이루는 본거지로 여겨지고 있다." 허숙·유혜령 편, 『교육현상의 재개념화』, iv쪽. 허숙, 「교육과정학 탐구의 성찰」, 3쪽. Kridel, *Encyclopedia of Curriculum Studies*, 2, pp. 910-911.

15 1000쪽이 넘는 방대한 분량의 책이다. 교육과정을 텍스트나 담론으로 인식하면서 그 이해를 위한 다양한 해석의 틀을 제공했다. William Pinar *et. at., Understanding Curriculum: An Introduction to the Study of Historical and Contemporary Curriculum*

헨리 지루 등이 편집한 『교육과정과 수업: 대안적인 접근Curriculum and Instruction: Alternatives in Education』[16]이 우리말로 번역되었고, 허숙과 유혜령은 앨버타 대학을 졸업한 학자들의 글 모음집 『교육현상의 재개념화: 현상학, 해석학, 탈현대주의적 이해』[17]를 출간했다. 교육과정 연구방법과 관련해서는 윌리엄 파이너William Pinar의 쿠레레currere[18], 막스 반 매넌Max van Manen의 해석학적 현상학hermeneutic phenomenology[19], 장 클라디엔Jean Clandinin의 내러티브 탐구narrative inquiry[20], 엘리어트 아이즈너Elliot Eisner의

....

Discourses (New York, 1995), 『교육과정 담론의 새 지평』, 김복영 외 옮김 (원미사, 2001).

16 교육과정학을 구성하는 세 가지 패러다임인 전통주의, 개념적-경험주의, 재개념주의의 관점에서 교육과정의 문제, 수업의 문제, 교육평가의 문제를 각각 균형 있게 살펴본 흥미로운 저작이다. Henry Giroux, Anthony Penna, and William Pinar, Curriculum and Instruction: Alternatives in Education (Berkeley, 1981), 『교육과정 논쟁: 교육과정의 사회학』, 한준상 외 옮김 (서울, 1988).

17 파이너의 표현을 빌리면 '탈비판적인 재개념주의자들postcritical reconceptualists'의 논문 열네 편을 수록했다. 국내에서 교육과정 재개념주의자들의 글을 한데 모아 출간한 최초의 시도라는 점에서, 또, 교육과정 탐구의 대안적인 가능성을 논의했다는 점에서 의의가 있다. 허숙·유혜령 편, 『교육현상의 재개념화: 현상학, 해석학, 탈현대주의적 이해』 (서울, 1997).

18 William Pinar, What Is Curriculum Theory? (Mahwah, 2004), 『교육과정이론이란 무엇인가?』, 김영천 옮김 (서울, 2005). 이 책에서 파이너는 그의 쿠레레 방법회귀, 전진, 분석, 종합을 미국의 공립학교 교육에 적용하여 교육과정 연구가 무엇인지 예증적으로 설명했다.

19 반 매넌은 네덜란드 출신으로 1973년 앨버타 대학에서 박사학위를 받은 뒤 그곳에서 유럽의 현상학/해석학 전통에 근거하여 교육과정을 탐구했다. 반 매넌은 『현상학과 교육학Phenomenology and Pedagogy』이라는 잡지를 발행했고, 1979년 JCT 창간호에도 이름을 올렸다. 김성훈, 『교육과정 에세이』, 85쪽. 반 매넌의 체험lived experience 연구와 관련해서는 다음을 참조하라. Max van Manen, Researching Lived Experience: Human Science for an Action Sensitive Pedagogy (Albany, 1990), 『체험 연구: 해석학적 현상학의 인간과학 연구방법론』, 신경림·안규남 옮김 (서울, 1994).

비평 작업[21] 등이 국내에 알려졌다. 이와 발맞춰 1990년대에도 위스콘신 대학을 졸업한 학자들은 마이클 애플의 최근 연구물을 번역·출간하는 작업을 계속했다.[22] 이는 1980년대 이후 교육과정 탐구의 비판적인 전통을 계승하는 시도였다. 그밖에 우리나라 교육과정학 분야에 포스트post-담론이 등장한 것도 이 시기의 특징이었다.[23]

....

20 클라디엔은 토론토Toronto 대학에서 박사학위를 받은 뒤 앨버타 대학의 초등교육과 교수가 되었다. 클라디엔은 교사의 전문적인 지식을 '개인적인 실천지Personal Practical Knowledge'로 규정하고, 교육현장의 이야기를 탐구하는 내러티브 방법에 주목했다. Kridel, *Encyclopedia of Curriculum Studies*, 2, p. 911. 클라디엔의 내러티브 탐구와 관련해서는 다음을 참조하라. Jean Clandinin and Michael Connelly, *Narrative Inquiry: Experience and Story in Qualitative Research* (San Francisco, 2000), 『내러티브 탐구: 교육에서의 질적 연구의 경험과 사례』, 소경희 외 옮김 (서울, 2007). Jean Clandinin ed., *Handbook of Narrative Inquiry* (Thousand Oaks, 2006), 『내러티브 탐구를 위한 연구방법론』, 강현석 외 옮김 (파주, 2011).

21 아이즈너는 미국 루스벨트Roosevelt대학에서 미술을, 일리노이Illinois 공과대학에서 디자인을 공부했다. 시카고 대학에서 교육학 전공으로 박사학위를 받은 뒤 시카고 대학과 스탠포드 대학에서 교수로 재직했다. 아이즈너는 목표중심적인 교육과정 개발론과 지식의 구조이론을 비판하면서 가르침이 예술적인 의미, 미학적인 텍스트로서의 교육과정, 교육적인 감식안, 교육현상의 질적 이해 등을 강조했다. 김성훈, 『교육과정 에세이』, 51-52쪽. 아이즈너의 네 차원의 비평연구기술, 해석, 평가, 주제와 관련해서는 다음을 참조하라. Elliot Eisner, *The Enlightened Eye: Qualitative Inquiry and the Enhancement of Educational Practice* (New York, 1991), 『질적연구와 교육』, 박병기 외 옮김 (서울, 2001), 143-180쪽.

22 Michael Apple, *Official Knowledge: Democratic Education in a Conservative Age* (New York, 1993), 『학교지식의 정치학: 보수주의 시대의 민주적 교육』, 박부권 외 옮김 (서울, 2002). Michael Apple et. al., *Cultural Politics and Education* (New York, 1996). 『문화 정치학과 교육』, 김미숙 외 옮김 (서울, 2004). 2000년대 들어서도 애플의 연구물들을 국내에 소개하는 작업은 이어졌다. Michael Apple, *Can Education Change Society?* (New York, 2012), 『교육은 사회를 바꿀 수 있을까?』, 강희룡 외 옮김 (서울, 2014).

23 William Doll, *A Post-Modern Perspective on Curriculum* (New York, 1993), 『교육과정과

포스트모더니즘의 시각』, 김복영 옮김 (서울, 1997). Cleo Cherryholmes, *Power and Criticism: Poststructural Investigations in Education* (New York, 1988), 『탈구조주의 교육과정 탐구』, 박순경 옮김 (서울, 1998).

<표 III-1> 교육과정학의 국내 도입史[24]

연도	학문의 역사(북미)		도입의 역사(한국)		
1910	전 통 주 의	보비트(1918) 『교육과정』			
1920					
1930					
1940		타일러(1949) 『교육과정과 수업의 기본원리』			
1950			전 통 주 의	보비트	
				타일러	정범모(1956) 『교육과정』
1960		브루너(1960) 『교육의 과정』			
1970	재 개 념 주 의	파이너(1974) 『강화된 의식과 문화 혁명』 파이너(1975) 『교육과정 이론화: 재개념주의자들』		브루너	이홍우(1973) 『교육의 과정』
1980		애플(1979) 『이데올로기와 교육과정』 애플(1982) 『교육과 권력』	재 개 념 주	애플	박부권·이혜영(1985) 『교육과 이데올로기』 최원형(1988) 『교육과 권력』
1990			의	파이너	

....

24 교육과정학의 수입 과정은 '불균형'과 '뒤처짐'을 특징으로 한다. 첫 번째로 수입 내용의 불균형이다. 보비트를 제외한 타일러와 브루너는 '교육과정' 전공자의 손을 거쳐 비교적 일찍 우리나라에 소개되었다. 그러나 애플은 1980년대 중반 그것도 교육사회학자들을 통해 국내에 이름을 알렸고, 파이너의 경우는 초기 저작들이 미번역의 상태로 남으면서 오랫동안 우리의 기억 밖에 있었다. 두 번째로 수입 시기의 뒤처짐이다. 타일러의 책은 7년의 시차를, 브루너의 책은 13년의 시차를, 애플의 책은 각각 6년씩의 시차를 두고 우리나라에 전해졌다. 교육과정학의 국내 도입이 중심국[미국]과 주변국[한국] 간의 문화이식의 과정이었음을 보여주는 하나의 사례다.

국가 교육과정의 변천

1. 과도기|1945-1954[1]

과도기는 1945년 해방부터 대한민국 정부 수립을 거쳐 1954년 제1차 교육과정을 공포하는 시점까지를 말한다. 1945년 9월 미군정청 산하 학무국[2]은 '초중등학교 교과 및 시간배당 기준'일반명령 제6호을 공포했다. 이는 광복 이후 휴교 상태에 있던 각급 학교를 시급히 개교하기 위한 비상조치로서 교과목 편제와 시간 배당표를 담고 있는 광복 후 우리나라 최초의 교육과정이었다. 광복 후 임시 교육과정은 '새 조선의 조선인을

....

1 '교육에 대한 긴급조치'와 '교수요목기'로 나뉜다. 시기적으로 '교육에 대한 긴급조치'는 광복 후 1946년 8월까지이고, '교수요목기'는 1946년 9월부터 제1차 교육과정을 공포하는 1954년까지이다. 여기서는 '교육에 대한 긴급조치'와 '교수요목기'를 한데 묶어 '과도기'라 칭했다. 함종규, 『한국교육과정변천사연구』, 171쪽.

2 학무국의 교육담당자는 미군정청의 라카드E. L. Lockard 대위였다. 군 입대 전 시카고의 한 초급대학에서 영어를 가르쳤던 라카드는 미군정청의 다른 인사들과 마찬가지로 한국 실정에 어두웠고 한 나라의 교육행정을 책임질만한 지식과 경험이 부족했다. 이러한 이유에서 미군정청은 라카드의 한국인 협조자를 구했고, 김성수의 추천으로 미국 유학파 출신인 오천석이 낙점을 받았다. 오천석은 일제 강점기에 미국에서 유학을 했던 보기 드문 경우였고, 특히 그가 킬패트릭의 학생이었다는 점은 당시 미군정청 인사들에게 긍정적으로 작용했다. 광복 후 미군정청의 관심이 한반도 안에 민주국가의 건설과 민주교육의 정착에 있었다면, 미국에서 민주시민교육과 진보주의 사상을 직접 익히고 돌아온 오천석은 최상의 선택이었다. 어쨌든 오천석은 라카드의 한국인 조력자로서 서둘러 한국교육위원회를 꾸리고 이 땅에 미국식 삶과 교육의 방식을 이식하는데 앞장섰다. 손인수, 『한국교육사』 (서울, 1998/1987), 2, 682-684쪽.

위한 교육'이라는 슬로건 아래 일제 식민지 교육을 청산하고 민주적이고 민족적인 교육을 표방했다.[3]

이러한 개혁 방향은 초중등학교의 교과 편제와 시간 배당표에 반영되어 조선의 말, 역사, 지리 등을 중시했고, 일제의 잔재인 수신은 민주시민성 함양을 위한 공민으로 대체했다(〈표 III-2〉). 이 시기에 우리나라 학교교육은 미국의 영향으로 단선형 학제[4]를 채택하고, 민주시민 교육과 아동 중심 교육을 강조했다.

·····························

3 김수천, 『교육과정과 교과』, 295쪽.

4 초등학교 6년, 중학교 3년, 고등학교 3년, 대학 4년의 6-3-3-4 학제를 말한다. 유럽식의 복선형 학제와 비교하면, 모든 것을 모두에게 균등하게 분배하여 기회의 평등을 실현하는 민주적인 성격의 학제이다. 물론 평등의 개념에 따라 논쟁의 여지가 있다. 한 예로 '다른 것을 다르게 다루는 것이 공정하다'라는 플라톤 식의 평등관을 따른다면, 단선형 학제는 차이에 따라 서로 다른 양을 비례적으로 분배하지 못함으로써 결과적으로 모두에게 동일한 수준의 행복을 보장하지 못하는 문제가 있다. Robin Barrow, *Plato, Utilitarianism and Education* (London, 1975), pp. 160-161; *Plato and Education* (London, 1976), pp. 71-72.

5 손인수, 『한국교육사』, 2, 704쪽. 이로부터 약 1년 뒤인 1946년 9월 교과편제와 시간배당을 다시 개정했다. 교육과정은 국어, 사회생활, 이과, 산수, 보건, 음악, 미술, 가사의 8개 교과로 구성되었다. 가장 눈에 띄는 변화는 공민, 역사, 지리를 하나로 합친 '사회생활' 교과의 출현이었다. 이는 전통적인 교과지식 교육에서 탈피해 생활경험 교육을 강조한 것으로서 진보주의 교육사조와 민주적인 사회생활을 목표로 하는 교육에 상응하는 조치였다. 함종규, 『한국교육과정변천사연구』, 185쪽.

	1	2	3	4	5	6
공민	2	2	2	2	2	2
국어	8	8	8	7	6	6
역사	-	-	-	-	2	2
지리	-	-	-	1	2	2
산수	6	6	7	5	5	5
이과	-	-	-	3	3	3
체조	4	4	5	3	3	3
음악	-	-	-	2	2	2
습자	-	-	1	1	1	1
도화·공작	2	2	2	3(남) 2(여)	4(남) 3(여)	4(남) 3(여)
요리·재봉	-	-	-	3(여)	3(여)	3(여)
실과	-	-	-	3(남) 1(여)	3(남) 1(여)	3(남) 1(여)
합계	22	22	25	30	33	33

2. 제1차 교육과정1954-1963

6.25전쟁이 끝난 후 교육의 정상화를 위해 1954년 4월 문교부는 '초등학교, 중학교, 고등학교, 사범학교의 교육과정 시간배당 기준령'문교부령 제35호을, 1955년 8월 '초등학교, 중학교, 고등학교, 사범학교의 교과과정'문교부령 제44호, 제45호, 제46호을 각각 공포했다. 제1차 교육과정은 우리 손으로 우리의 학생들을 위해 만든 최초의 국가 교육과정이라는 점에서 의의가 있다.[6] 그러나 국가 교육과정을 개발하면서 총론에 해당하는 교육과정

....

6 "제1차 교육과정에 대하여는 앞으로 논의해야 할 문제점도 많고 비록 부족하고 미숙한 점이 있었다고 해도 우리교육을 위한 새로운 출발이요 미래지향을 위한 교육발전의 초석을 닦아놓은 것이라는 점에서 다시 한번 역사적인 쾌거를 이루게 되었다는 자찬을 아끼고 싶지 않은 것이다." 함종규, 『한국교육과정변천사연구』,

시간배당 기준[1954]과 각론에 해당하는 각급 학교의 교과과정[1955]을
별도로 제정·공포했다는 한계도 있다.[7] 제1차 교육과정에서는 광복 후[8]
계속된 미국식 교육의 흔적을 엿볼 수 있다. 특히 미국식 경험중심 교육과
정의 영향으로 제1차 교육과정에서는 특별활동을 신설하여 학생들의
교과 이외의 교육활동을 권장했다. 이는 전체 교육과정을 교과활동과
특별활동의 두 개 영역으로 구성하는 시도였다.[9]

〈표 III-3〉 제1차 교육과정과 제2차 교육과정의 주요 특징[10]

제1차 교육과정	제2차 교육과정
시간배당 기준과 교과과정을 별도로 제정	시간배당 기준과 교과과정을 함께 제정
일년간 총 수업시간수가 정해졌고, 각 교과별 주당시간은 % 또는 분으로 표시	학년별로 주당 시간[단위]이 정해졌고, 교과별로 최저 최고 시간을 표시
교육과정을 교과활동과 특별활동으로 구성	교육과정을 교과활동, 반공·도덕활동, 특별활동으로 구성

....

240쪽.

7 김재춘, 『교육과정』 (파주, 2012), 174쪽.

8 1952년부터 우리나라를 방문했던 미국의 교육사절단은 이 땅에 미국의 생활중심
·경험중심 교육과정을 전파하는 역할을 맡았다. 미국의 교육사절단은 1952년부터
1961년까지 총 열 번 내한했고, 우리나라 교육자들의 미국 유학을 주선함으로써
미국의 교육철학과 교육제도를 국내에 이식하는 통로를 마련했다. 특히 1954년부
터 방한했던 미국의 조지 피바디 사범대학George Peabody College for Teachers 교육사절
단은 향후 우리나라 교육과 교육학의 '미국화'에 결정적인 영향을 미쳤다.

9 제1차 교육과정은 교과 이외의 기타 교육활동으로서 네 가지 활동영역을 제시했다.
첫째, 집회 기타 민주적인 조직으로 운영하는 학생활동에 관한 것. 둘째, 학생의
개인능력에 의한 개별성장에 관한 것. 셋째, 직업준비 및 이용후생에 관한 것.
넷째, 학생의 취미에 관한 것. 함종규, 『한국교육과정변천사연구』, 242-243쪽. 이
시절 교육과정 편제에서 특별활동을 강조한 것은 '교육과정'을 학생들이 학교에서
[교육적으로] 경험하는 것으로 개념화하는 진보주의자들의 영향 때문이었다.

10 함종규, 『한국교육과정변천사연구』, 335쪽의 내용을 약간 수정하여 진술했다.

3. 제2차 교육과정1963-1973

구 교육과정이 새로운 사회변화에 대응하지 못한다는 문제가 있는지라, 5.16을 계기로 1963년 2월 문교부는 초등학교 교육과정문교부령 제119호, 중학교 교육과정문교부령 제120호, 고등학교 교육과정문교부령 제121호, 제122호을 각각 제정·공포했다. 제2차 교육과정은 '교육과정'을 "학생들이 학교의 지도하에 경험하는 모든 학습활동의 총화"[11]로 개념화하면서 종래의 경험중심·생활중심 교육과정의 틀을 유지했다. 그러나 다음의 몇 가지 점에서 제1차 교육과정과 차이를 보였다. 우선 시간배당기준[총론]과 교과과정[각론]을 함께 제정·공포함으로써 명실상부한 국가 교육과정 기준령으로서의 체계를 갖추었다.[12] 다음으로 교육과정의 전체 구조를 교과활동, 특별활동, 반공·도덕활동[13]의 세 가지 영역으로 재편했다. 그밖에도 교육과정에 '단위제'를 도입하여 각 학교에서 학기별로 교육과정을 재구성했고, 고등학교에 '계열별선택과정'을 도입하여 학생들의 발달특성, 흥미, 진로에 따라 인문과정, 자연과정, 직업과정, 예능과정을

....

11 함종규,『한국교육과정변천사연구』, 302쪽. 교육과정에 대한 가장 일반적인 정의 중 하나다. 교육과정을 교과가 아닌 경험으로 간주하면서 개념상의 확장을 꾀했다. 그러나 교육과정을 '경험하는 것'으로 정의할 때 그 의미가 너무 넓고 불명료하다는 점에서 경험을 학습과 관련된 활동으로 한정했다. 전통주의자들이 선호하는 교육과정의 개념이다.

12 김재춘,『교육과정』174쪽.

13 정권의 정치적인 판단이 작용했다. 함종규의 지적대로 반공·도덕 활동을 교육과정의 전체 편제에 포함한 것은 당시 교육학적으로 논란거리였다. "이 처사는 교육과정의 구성원리에 비추어 많은 논란이 있었다. 그것[반공·도덕교육]은 사회과에서 다루는 것이 옳은 일이라고 생각되기 때문이다. 또 필요하다면 한 교과나 생활지도의 영역에서 다루어져야 할 성질의 것이지 전체구조를 통한 하나의 코스를 차지할 것은 되지 못한다고 보기 때문이다." 함종규,『한국교육과정변천사연구』, 312쪽.

선택적으로 운영했다.[14]

4. 제3차 교육과정1973-1981

1968년에 선포한 '국민교육헌장'에는 민족의 주체성을 살리고 전통을
존중하고 개인과 국가의 조화로운 발달을 추구하는 우리나라 교육의
청사진이 담겼다. 이러한 국민교육헌장의 정신을 기본이념과 방향으로
하여 문교부는 1973년 2월 초등학교 교육과정문교부령 제310호, 같은 해
6월 중학교 교육과정문교부령 제325호, 이듬해 12월 고등학교 교육과정문교
부령 제350호을 각각 제정·공포했다. 제3차 교육과정은 이념적인 측면에서
국민교육헌장에 따라 민족의 주체성과 전통을 강조했지만, 그 방법적인
측면에서는 1960년대 미국에서 유행했던 교육과정 구조이론을 답습했
다.[15] 부연하면, 제3차 교육과정은 지식의 구조, 나선형 교육과정, 발견학
습 등 브루너 식의 교육과정 구조이론을 우리나라 학교교육에 적용하려
는 시도였다.[16] 종래의 교육과정과 비교해 보았을 때 제3차 교육과정은

....

14 함종규, 『한국교육과정변천사연구』, 317쪽.

15 앞서 언급했던 1971년 브루너의 모라토리엄 선언, 그리고 1973년 로체스터의
    교육과정 학회와 대조적으로 1973년 국내에서는 브루너의 책이 번역·출간되었다.
    1970년대 우리나라 교육과정 분야의 브루너화는 문화식민까지는 아니어도 최소한
    이 땅이 미국 교육학 이론의 랩실이라는 '비아냥'을 예증하는 사례였다.

16 교육과정을 학문·교과의 기본 개념을 중심으로 조직했고, 과거와 달리 교육과정에
    서 학년, 학교 간의 계통적인 학습을 강조했다. 교육과정의 개념에도 변화가 있었다.
    그 전까지 '교육과정'을 학교에서 학생들이 겪는 모든 경험으로 폭넓게 정의했다면,
    제3차 교육과정에서는 '교육과정'을 학교에서 수업시간에 가르치는 학문적인 교과
    내용으로 폭좁게 정의했다. 이는 1960년대 개념적-경험주의자들이 교육과정을
    '교육적인 경험'에서 '교수-학습 과정의 산물 또는 결과'로 축소했던 것과 맥을

교육과정의 전체 구조를 다시 교과활동 영역과 특별활동 영역으로 축소하고, 반공·도덕활동은 도덕이라는 단일 교과로 전환했다. 중학교의 경우 국사 과목을 신설하여 '주체성 있는 교육'을 강조했고, 고등학교에서는 자유선택과목을 신설하여 교육과정 운영의 개별화를 꾀했다.[17]

5. 제4차 교육과정 1981-1987

제5공화국 출범과 때를 같이하여 1980년 7월 30일 '교육의 정상화를 위한 교육개혁' 조치가 내려졌고, '새 시대에 새 교육과정'이라는 기치 아래 1981년 12월 문교부는 교육과정 개정안문교부고시 제442호을 고시했다. 제4차 교육과정은 문교부와 한국교육개발원KEDI의 공동 작업이었다. 문교부는 한국교육개발원에 새 교육과정의 연구·개발을 의뢰했고, 이때부터 우리나라의 국가 교육과정 개정 작업은 편수관 주도형에서 연구기관 위탁형으로 전환되었다.[18] 새 교육과정은 교육의 목표로서 전인교육을 표방했고, 학습의 양과 수준의 적정화를 추구했다. 이는 종래의 학문중심 교육과정에 대한 비판-학습 내용이 너무 많고 어렵다-에서 비롯된 변화였다. 제4차 교육과정의 가장 큰 특징은 통합교과의 설정과 교과의 통합 운영이었다.[19] 이를 위해 초등학교 1, 2학년에 바른 생활도덕, 국어, 사회,

....

같이한다. 함종규, 『한국교육과정변천사연구』, 460-462쪽.

17 함종규, 『한국교육과정변천사연구』, 462-463쪽.

18 김재춘은 우리나라 교육과정 개정 방식을 '행정 모형'과 '연구·개발 모형R&D 모형'으로 구분했다. 제1-3차 교육과정 개정은 행정 모형에 해당하며, 한국교육개발 원의 전문가 집단이 교육과정 개정 작업에 참여한 제4차 교육과정부터 연구·개발 모형에 속한다. 김재춘, 『교육과정』, 177쪽.

슬기로운 생활산수, 자연, 즐거운 생활체육, 음악, 미술 등의 통합교과용 도서를 개발·보급했다.[20]

〈표 III-4〉 통합교과 체제와 통합교육과정 체제 비교[초등학교 1, 2학년][21]

제4차 교육과정		제5차 교육과정	
교과	교과서	교과	교과서
8개 교과 도덕, 국어, 사회 산수, 자연 체육, 음악, 미술	우리들은 1학년 바른 생활 슬기로운 생활 즐거운 생활	우리들은 1학년 국어 산수 바른 생활 슬기로운 생활 즐거운 생활	우리들은 1학년 말하기, 듣기, 읽기, 쓰기 산수, 산수 익힘책 바른 생활, 바른 생활 이야기 슬기로운 생활, 관찰 즐거운 생활

6. 제5차 교육과정 1987-1992

교육의 내외적인 상황와 생활환경의 변화 외에 교육과정 개정의 주기성 문제[22]가 제기되면서 문교부는 1987년 3월 중학교 교육과정문교부고시

....

19 이미 1946년 9월 개정 교육과정에서 개별 교과이던 공민, 역사, 지리를 하나로 합쳐 사회생활로 통합·운영한 사례가 있고, 1963년 2월 공포한 제2차 교육과정에서도 초등학교 저학년은 교과의 통합적인 지도를 권유했다. 김수천, 『교육과정과 교과』, 296쪽. 함종규, 『한국교육과정변천사연구』, 514쪽.

20 교과서의 통합일 뿐, 아직 교육과정의 통합은 아니었다. 각 교과의 성격을 유지하면서 통합적인 지도가 필요한 관련 교과는 통합교과로 편찬한 것이 특징이다.

21 함종규, 『한국교육과정변천사연구』, 514, 562, 587쪽을 참조했다.

22 그동안 국가 교육과정은 대략 9-10년마다 바뀌었으나, 제4차 교육과정 이후 개편 주기가 5-6년으로 줄었다. 함종규, 『한국교육과정변천사연구』, 546쪽. 역사적으로 우리나라 교육과정의 개정은 정부·정권의 교체와 맞물리는 경향이 강했고, 이러한 관점에서 제5차 교육과정을 교육과정의 시효 문제가 아닌 정치적인 '변화주기'의 관점에서 접근하기도 한다.

제87-7호, 같은 해 6월 초등학교 교육과정문교부고시 제87-9호, 이듬해 3월 고등학교 교육과정문교부고시 제88-7호을 고시했다. 새 교육과정은 구 교육과정의 현장 적용 실태를 분석하여 교육과정의 적정화, 교육과정의 내실화, 교육과정의 지역화를 표방했다. 구 교육과정의 기본 골격을 유지하면서 점진적으로 보완하고 수정한다는 기본방침 아래 교육과정의 적정화를 계속 추진했고, 고등학교 자유선택을 교양 선택으로 확대·적용했으며, 초등학교 1, 2학년 통합교과 체제를 통합교육과정 체제로 정비하고[23] '다교과 1교과서 체제'를 '1교과 다교과서 체제'로 변경했다.[24] 그밖에 기초교육 강화를 위해 초등학교 1, 2학년 통합교과에서 국어와 산수를 독립 교과로 분리했고, 중등학교의 경우 수학과 기초과학을 중시했다. 또한, 교과단원의 지역화와 교육과정 운영의 탄력화를 통해 교육과정의 지역화를 추진하는 한편 세계화를 강조하여 초등학교 조기 영어교육과 중등학교 영어교육의 내실화를 도모했다.

7. 제6차 교육과정1992-1997

새천년을 십여 년 남긴 시점에서 21세기 한국 사회의 미래상과 교육의

....

23 '바른 생활', '슬기로운 생활', '즐거운 생활'과 같은 교과는 여러 개별 교과를 특정 주제를 중심으로 통합적으로 설계하는 중핵 교육과정core curriculum의 산물이다. 중핵 교육과정은 중핵요소를 교과의 범주에서 찾는 교과중심, 개인의 범주에서 찾는 개인중심, 사회의 범주에서 찾는 사회중심으로 나뉜다.

24 제1차 교육과정부터 제3차 교육과정까지는 '1교과 1교과서 체제'를 유지했다. 교과의 통합적인 운영을 강조했던 제4차 교육과정은 '다교과 1교과서 체제'로 변화를 주었다. 제5차 교육과정은 교육과정 통합과 별개로 다시 교과서를 분화하여 '1교과 다교과서 체제'를 도입했다. 그 결과 교과서의 종류와 책 수가 대폭 늘어났다.

<표 III-5> 시기별 교육과정 영역 편제

교육과정 시기	교육과정 영역
제1차 교육과정	교과활동, 특별활동
제2차 교육과정	교과활동, 반공·도덕생활, 특별활동
제3차 교육과정	교과활동, 특별활동
제4차 교육과정	교과활동, 특별활동
제5차 교육과정	교과활동, 특별활동
제6차 교육과정	교과활동, 특별활동, 학교 재량 시간(초등학교)
제7차 교육과정	교과활동, 특별활동, 재량활동
개정 교육과정	교과활동, 창의적 체험활동

모습을 담아 교육부는 1992년 6월 중학교 교육과정, 9월 초등학교 교육과정, 12월 고등학교 교육과정을 각각 고시했다. 정치적으로, 문민정부의 출범과 그에 따른 민주화와 지방화의 진척 속에서 제6차 교육과정은 그동안 중앙집권적으로 운영했던 교육과정을 지방분권적인 교육과정으로 전환했다.[25] 이를 위해 '시·도교육과정 편성·운영지침 및 학교교육과정 편성 의무화'를 실행했다. 각 시·도교육청은 국가수준의 교육과정에 기초하여 시도의 실정을 고려한 시도별 교육과정 편성·운영 지침을 작성했고, 일선 학교는 국가수준의 교육과정과 시·도교육청의 교육과정 편성·운영지침에 기초하여 각 학교의 실정을 고려한 학교교육과정을 편성·운영했다.[26] 제6차 교육과정에서는 시·도교육청과 단위 학교의

....

25 제5차 교육과정부터 교육과정의 지역화에 관심이 있었으나, 1990년대 문민정부의 출범과 함께 교육과정 분권화는 본궤도에 올랐다. 광복 후 우리나라 교육과정의 역사적인 변천을 되짚어 보았을 때 최소한 두 가지 큰 흐름이 감지된다. 하나는 앞서 지적한 우리나라 교육과정의 대미종속對美從屬이었고, 다른 하나는 지금 언급하는 국가 교육과정의 분권화分權化였다.
26 시·도교육청에 교육과정 '개발권'이 아닌 '편성·운영권'만 부여했다는 사실이 중요하다. 여전히 교육과정 개발의 열쇠는 중앙정부가 쥐고 있었고, 지방은 단지

자율 재량권 확대 차원에서 초등학교 교육과정 편제에 학교 재량 시간을 추가했다. 중학교에는 선택 교과를 도입했고, 고등학교의 경우 공통필수 과목을 교육부가 결정하면 과정별 필수과목은 시·도교육청이 편성하고 과정별 선택과목은 학교가 선택하는 교육과정 분권화 조치를 시행했다.

8. 제7차 교육과정1997-2007

1994년 2월 대통령의 정책자문을 위한 '교육개혁위원회'가 꾸려졌고, 이듬해인 1995년 5월 31일 '세계화·정보화 시대를 주도하는 신 교육체제 수립을 위한 교육개혁 방안'이 첫선을 보였다. 이로부터 2년여의 연구·개발 과정을 거쳐 1997년 12월 31일 교육부는 제7차 교육과정을 공포했다. 새 교육과정은 21세기 세계화·정보화 시대를 준비하는 '자율과 창의에 바탕을 둔 학생중심 교육과정'[27]을 표방했다. 이를 위해 선택중심 교육과정과 수준별 교육과정을 두가지 핵심 정책으로 제시했다.[28] 제7차

....

편성·운영상의 재량권만을 가졌는데, 그것도 일부에 불과했다. 과거의 중앙집권적인 교육과정과 비교해 보았을 때 분명 민주화된 분권적인 형태의 교육과정이었지만, 그렇다고 엄밀한 의미에서 분권화된 교육과정도 아니었다. 교육과정에 '무엇'을 포함할지 결정하는 핵심적인 의사결정권 대부분이 중앙정부의 몫이었기 때문이다.

27 1997년 12월 3일 한국 사회는 IMF 관리체제로 들어갔다. 이후 온 나라가 시장적인 재구조화로 몸살을 앓았다. 교육 분야도 예외일 수 없어서 그해 말 공포한 새 교육과정에는 자유, 경쟁, 선택으로 요약되는 친시장적인 논의가 담겼다. 제7차 교육과정이 표방하는 학생중심 교육과정을 흔히 수요자중심 교육과정이라 부르는 까닭이다.

28 선택중심 교육과정과 수준별 교육과정 모두 '개인' 중심적인 논의였다. 학생들의 개인적인 선택을 중시한 것이 선택중심 교육과정이었다면, 학생들의 개인적인 차이를 중시한 것은 수준별 교육과정이었다. 일각에서 제7차 교육과정에는 '사회,

교육과정은 1-10학년까지 국민공통기본교육과정을 적용했고, 고등학교 2-3학년에 해당하는 11-12학년에서는 학생들의 적성과 진로에 따른 선택 중심 교육과정을 운영했다. 이와 함께 학생들의 개인차를 고려한 수준별 교육과정도 시행했다. 학습내용의 위계가 비교적 분명한 교과수학, 영어는 단계형으로, 기본학습내용을 중심으로 심화·보충이 가능한 교과국어, 사회, 과학는 심화·보충형으로 수준별 교육과정을 편성했다. 그밖에도 제6 차 교육과정에서 초등학교에 신설한 학교 재량 시간을 재량활동으로 명칭 을 변경해 중·고등학교에 확대·적용했다.

9. 개정 교육과정 시대2007-현재

제7차 교육과정을 고시한 지 십 년 만에 정부는 국가 교육과정을 부분 적으로 개정했다. 이 교육과정은 지금까지 사용했던 차수 대신 고시 연도를 앞에 붙여 2007 개정 교육과정으로 불렀다.[29] 2007 개정 교육과정 은 제7차 교육과정의 현장 적용 실태를 분석하여 총론의 체제는 유지하는 가운데 각론을 수정·보완했다.[30] 2007 개정 교육과정은 2013년까지 각급 학교에 연차별로 적용할 계획이었으나,[31] 새로 출범한 정부가 2009년

....

공동체 같은 것은 없고 오직 개인만 있을 뿐'이라고 혹평하는 대목이다.

29 이후 우리나라 교육과정은 차수별 전면 개정보다 연도별 부분 개정을 원칙으로 삼았고, 그 '부분' 개정을 시행한 '연도'를 새로 고시하는 교육과정 앞에 붙여 사용했다.

30 일례로 제7차 교육과정의 핵심 정책인 고등학교 선택중심 교육과정의 체제를 정비-일반선택과 심화선택을 일원화-한 것이 가장 눈에 띄는 변화였다. 김재춘, 『교육과정』, 181쪽.

31 2007 개정 교육과정의 연차별 적용 계획은 다음과 같다. 2009년 초등학교 1, 2학년,

12월 개정 교육과정을 개발·공포함으로써 그 계획은 제대로 시행되지 못했다.[32] 2009 개정 교육과정은 2007 개정 교육과정의 총론을 개정[33]한 것으로서 2011년부터 2013년까지 각급 학교에 순차적으로 적용되었다.[34] 2009 개정 교육과정은 '교육과정 선진화'를 표방하면서 학습의 효율성 제고, 폭넓은 인성교육, 고등학교 학생의 핵심역량 강화, 학교교육의 다양성 유도라는 네 가지 기본방침을 제시했다. 부연하면, 학년군[35]과 교과군[36] 제도를 도입하여 학습의 효율성을 높이고, 창의적 체험활동[37]과

....

2010년 초등학교 3, 4학년과 중학교 1학년, 2011년 초등학교 5, 6학년과 중학교 2학년과 고등학교 1학년, 2012년 중학교 3학년과 고등학교 2학년, 2013년 고등학교 3학년까지 적용한다. 교육인적자원부, "2007 개정 교육과정: 개요." 출처: http://cutis.moe.go.kr (검색일: 2007년 8월 11일).

32 2007 개정 교육과정은 십 년 만에 제7차 교육과정의 시행착오를 바로잡으려는 상식적인 시도였지만, 그 시대의 정치 논리에 밀려 비상식적인 결과를 낳았다. 개정 교육과정의 시대를 열었다는 상징성과 함께 가장 단명한 교육과정이었다는 불명예를 역사의 수레바퀴에 새겼다. 우리나라 교육과정 정책의 철학적인 부재를 보여주는 사례였고, 마이클 애플식으로 표현하면 '교육이 중립적이라는 생각은 순진한 발상'임을 예증하는 사건이었다. Michael Apple, "The Text and Cultural Politics," *The Journal of Educational Thought* 24, 3A (1990), p. 18.

33 2007 개정 교육과정의 총론은 제7차 교육과정의 체제를 그대로 따랐다. 2009 개정 교육과정이 2007 개정 교육과정의 총론을 개정했다는 말은 곧 제7차 교육과정의 총론을 개정했다는 뜻이다.

34 2009 개정 교육과정의 연차별 적용 계획은 다음과 같다. 2011년 초등학교 1, 2학년과 중학교 1학년과 고등학교 1학년, 2012년 초등학교 3, 4학년과 중학교 2학년과 고등학교 2학년, 2013년 초등학교 5, 6학년과 중학교 3학년과 고등학교 3학년까지 적용한다. 교육과학기술부, "2009 개정 교육과정: 개요." 출처: http://curri.mest.go.kr (검색일: 2009년 12월 1일).

35 초등학교에서는 1-2학년, 3-4학년, 5-6학년을 각각 하나의 학년군으로 묶었고, 중고등학교에서는 7-9학년과 10-12학년을 각각 하나의 학년군으로 운영했다.

36 초등학교 7개 교과 및 교과군은 '국어, 사회/도덕, 수학, 과학/실과, 체육, 예술음악/미술, 외국어영어'이다. 중학교 8개 교과 및 교과군은 '국어, 사회/도덕, 수학, 과학/기술

입학사정관제를 통해 학생들의 인성교육을 중시하고, 고등학교 전과정을 선택중심 교육과정으로 운영하면서 진로에 따라 기초 핵심역량을 강화하고,[38] 학교 교육과정 편성·운영이를테면 학기당 수업시수 및 교과 결정의 자율성을 확대했다.

이와 함께 2011년 8월 교육과학기술부가 개정·고시한 국가 교육과정은 2007 개정 교육과정의 각론을 개정함으로써 2009 개정 교육과정에서의 총론과 각론 간의 불일치 문제를 해소했다. 2009 개정 교육과정은 2007 개정 교육과정의 총론을 서둘러 개정하면서 각론에 해당하는 각 교과 교육과정까지는 개발하지 못했다. 그 결과 당시 학교현장에서는 제7차 교육과정, 2007 개정 교육과정, 2009 개정 교육과정이 공존하면서 총론과 각론이 서로 일치하지 않는 해프닝이 발생했다.[39] 이러한 이유에서 학교현장의 혼란과 불편을 최소화하기 위한 교육과정 개정이 시급했고, 2011년 8월 9일 2007 개정 교육과정의 각론을 개정한 새 교육과정을

....

·가정, 체육, 예술음악/미술, 외국어영어, 선택'이다. 고등학교 4개 영역 8개 교과 및 교과군은 '기초영역국어, 수학, 영어, 탐구영역사회[역사/도덕포함], 과학, 체육·예술영역체육, 예술[음악/미술], 생활·교양영역기술·가정, 제2외국어, 한문, 교양'이다.

37 기존의 특별활동과 창의적 재량활동을 통합한 형태로서 시수를 확대하고, 세부활동진로, 동아리, 봉사, 자율활동 편성·운영을 단위 학교에 위임했다.

38 교육과정을 네 가지 영역으로 구분하여 기초영역국어, 영어, 수학에서는 교과활동 강화, 탐구영역사회, 과학에서는 다양한 문제해결능력 함양, 체육·예술영역체육, 음악, 미술에서는 인성 및 창의력 강화, 생활·교양영역기술·가정, 한문, 교양, 제2외국어에서는 소양교육 강화를 추진했다.

39 예를 들어, 2011년 중학교 사회 교과의 경우 1학년은 2009 개정 교육과정, 2학년은 2007 개정 교육과정, 3학년은 제7차 교육과정의 편제를 각각 따랐다. 그러다 보니 중학교 1학년에서는 총론2009 개정 교육과정과 각론2007 개정 교육과정이 서로 일치하지 않는 문제가 발생했다. 이런 이유로 학교현장의 혼란과 불편을 최소화하기 위한 교육과정 개정이 불가피했고, 2011년 8월 9일 2007 개정 교육과정의 각론을 개정한 새 교육과정을 서둘러 발표했다.

고시했다. 2011 개정 교육과정[2009 개정 교육과정 총론에 따른 교과 교육과정]은 2013년부터 2016까지 연차적으로 학교현장에 적용되었다.[40]

한편 2009 개정 교육과정각론 기준의 현장 적용이 끝나는 시점을 1년여 남겨 놓은 2015년 9월 23일 교육부는 2015 개정 교육과정교육부 고시 제 2015-74호을 고시했다. 2015 개정 교육과정이 추구하는 인간상은 지식정보 사회에 필요한 핵심역량을 갖춘 창의융합형 인재였다.[41] 2015 개정 교육 과정의 주요 개정 방향은 다음과 같다. 첫째, 인문·사회·과학기술에 관한 기초 소양교육을 강조했다. 이를 위해 초중등 교과 교육과정을 개편했고, 특히 고등학교에 문·이과 구분 없이 모두가 배우는 '공통 과목'으로 '통합 사회'와 '통합 과학' 과목을 신설했다. 둘째, 교육과정 편성·운영의 자율성을 확대하여 학생의 진로와 적성을 고려한 교육을 중시했다. 이를 위해 중학교에서는 자유학기제[42]와 관련된 교육과정 운 영 지침을 마련했고, 고등학교에서는 기초교과 영역국어, 수학, 영어, 한국사

....

40 2011 개정 교육과정의 연차별 적용 계획은 다음과 같다. 2013년 초등학교 1, 2학년과 중학교 1학년과 고등학교 1학년영어, 2014년 초등학교 3, 4학년과 중학교 2학년과 고등학교 1학년, 2015년 초등학교 5, 6학년과 중학교 3학년과 고등학교 2학년/3학년 영어, 2016년 고등학교 3학년까지 적용한다. 김재춘, 『교육과정』, 182쪽.

41 2015 개정 교육과정에서는 창의융합형 인재를 인문학적인 상상력, 과학기술 창조 력을 갖추고 바른 인성을 겸비하여 새로운 지식을 창조하고 다양한 지식을 융합하 여 새로운 가치를 창출하는 사람으로 정의했고, 창의융합형 인재가 갖추어야 할 핵심역량으로서 자기관리 역량, 지식정보처리 역량, 창의적 사고 역량, 심미적 감성 역량, 의사소통 역량, 공동체 역량을 제시했다. 교육부, "2015 개정 교육과정 총론 및 각론 확정·발표"2015년 9월 23일 보도자료, 3쪽.

42 중학교 한 학기를 자유학기로 운영하면서 학생들이 시험에 대한 부담에서 벗어나 체험 중심의 교과 활동을 통해 장래 진로를 탐색할 수 있는 제도이다. 2015 개정 교육과정의 중학교 적용 시기는 2018년이지만 자유학기제 교육과정 운영 지침은 2016년 3월 1일부터 적용할 수 있었다. 교육부, "2015 개정 교육과정 총론 및 각론 확정·발표," 4쪽.

이수단위를 총 이수단위의 50% 이내로 제한하여 다양한 '선택 과목'일반/
진로 개설을 제도화했다. 셋째, 미래 사회가 요구하는 핵심역량의 함양이
가능한 교육과정을 개발했다. 이를 위해 교과별로 핵심 개념과 원리
중심으로 학습내용을 정선하여 '적은 양을 깊이 있게less is more' 가르치고,
학습량의 적정화를 통해 학생 참여 중심 수업을 유도하며, 과정중심의
평가를 확대하여 학생들이 스스로 학습을 성찰하고 학습결과를 활용하
도록 했다. 그밖에도 2015 개정 교육과정은 초등학교에서 체험 중심의
안전교육을 실시하고 유아교육과정누리과정과의 연계를 강조했으며, 소
프트웨어 교육 강화를 위해 중학교에는 '정보' 교과를 필수 과목으로
신설하고 고등학교에서는 선택 과목으로 운영했다. 2015 개정 교육과정
은 2017년부터 2020년까지 학교 현장에 차례대로 적용되었다.[43]

---

43 2015 개정 교육과정의 연차별 적용 계획은 다음과 같다. 2017년 초등학교 1, 2학년,
     2018년 초등학교 3, 4학년과 중학교 1학년과 고등학교 1학년, 2019년 초등학교
     5, 6학년과 중학교 2학년과 고등학교 2학년, 2020년 고등학교 3학년까지 적용한다.

<표 III-6> 2015 개정 교육과정 시간 배당 기준(고등학교)[44]

교과 영역		교과(군)	공통 과목 (단위)	필수 이수단위	자율편성단위
교과(군)	기초	국어	국어(8)	10	학생 적성과 진로를 고려하여 편성
		수학	수학(8)	10	
		영어	영어(8)	10	
		한국사	한국사(6)	6	
	탐구	사회 (역사/도덕 포함)	통합사회(8)	10	
		과학	통합과학(8) 과학탐구실험(2)	12	
	체육·예술	체육		10	
		예술		10	
	생활·교양	기술·가정/제2 외국어/한문/교양		16	
소계				94	86
창의적 체험활동				24(408시간)	
총 이수단위				204	

* 공통 과목은 2단위 내에서 감하여 편성·운영할 수 있다.
* 한국사는 6단위 이상으로 2개 학기 이상 편성한다.
* 과학탐구실험은 이수 단위 증감 없이 편성·운영하는 것을 원칙으로 한다.
* 필수이수 단위의 단위 수는 해당 교과(군)의 '최소 이소 단위'로 공통 과목 단위수를 포함한다.
* 기초 교과 영역 이수단위 총합은 교과 총 이수단위의 50%를 초과하지 않도록 한다.

44 교육부, "2015 개정 교육과정 총론 및 각론 확정·발표," 13쪽.

〈표 III-7〉 우리나라 국가 교육과정의 역사

시기	주요 특징
긴급조치 · 교수요목 (1945-1954)	1945년 미군정청 학무국, 「초중등학교 교과 및 시간배당 기준」 광복 후 임시 교육과정, '새 조선의 조선인을 위한 교육' 표방 일제 식민지 교육의 청산, 민주적이고 민족적인 교육 추구 조선의 말, 역사, 지리 등을 강조, 일제의 잔재인 수신은 공민으로 개편
제1차 교육과정 (1954-1963)	1954년 4월 「초등학교, 중학교, 고등학교, 사범학교의 교육과정 시간배당 기준령」 1955년 8월 「초등학교, 중학교, 고등학교, 사범학교의 교과과정」 우리 손으로 우리 학생들을 위해 만든 최초의 국가 교육과정 국가 교육과정 개발 과정에서 총론[교육과정]과 각론[교과과정]을 별도로 제정 · 공포 미국식 경험중심 교육과정, 교육과정 영역을 교과활동과 특별활동으로 구성
제2차 교육과정 (1963-1973)	[5.16을 계기로] 1963년 2월 「초등학교, 중학교, 고등학교 교육과정」 공포 종래의 경험중심 · 생활중심 교육과정의 틀 유지 총론[시간배당기준]과 각론[교과과정]을 함께 제정 · 공포 교육과정 영역을 교과활동, 특별활동, 반공 · 도덕활동으로 확대 구성 교육과정에 단위제 도입, 각급 학교에서 학기별로 교육과정을 재구성하여 운영 고등학교에 계열별선택제 도입, 인문과정 · 자연과정 · 직업과정 · 예능과정 중 선택 이수
제3차 교육과정 (1973-1981)	1968년 국민교육헌장 선포 1973년 2월 「초등학교 교육과정」, 6월 「중학교 교육과정」, 이듬해 12월 「고등학교 교육과정」 이념적인 측면에서 국민교육헌장에 따른 주체성과 전통 강조 방법적인 측면에서 미국식 학문중심 교육과정 답습 교육과정 영역을 교과활동과 특별활동으로 축소, 반공 · 도덕활동은 도덕 교과로 전환 국사 과목을 신설하여 '주체성'을 강조, 고등학교의 자유선택 교과목 신설
제4차 교육과정 (1981-1987)	1980년 7월 30일 '교육의 정상화를 위한 교육개혁' 1981년 12월 「교육과정 개정안」 고시 문교부와 한국교육개발원의 공동 작업 국가 교육과정 개정 작업은 편수관 주도형에서 연구기관 위탁형으로 전환 학문중심 교육과정 비판, 전인교육 표방, 교육내용의 적정화 추구 통합 교과의 설정과 교과의 통합운영, 초등학교 1, 2학년에 통합 교과용 도서 개발 보급 바른 생활[도덕, 국어, 사회], 슬기로운 생활[산수, 자연], 즐거운 생활[체육, 음악, 미술]
제5차 교육과정 (1987-1992)	1987년 3월 「중학교 교육과정」, 6월 「초등학교 교육과정」, 이듬해 3월 「고등학교 교육과정」 교육과정의 적정화, 교육과정의 내실화, 교육과정의 지역화를 표방 고등학교 자유선택은 교양선택으로 명칭을 바꾸어 확대 적용

시기	주요 특징
	초등학교 1, 2학년의 통합 교과 체제를 통합 교육과정 체제로 변경
	'다교과 1교과서 체제'를 '1교과 다교과서 체제'로 수정
	교과 단원의 지역화, 교육과정의 지역화 추진
	조기 영어교육, 초등학교 통합교과에서 국어와 산수 독립
	중·고등학교에서 수학과 기초과학 교육 중시
제6차 교육과정 (1992-1997)	1992년 6월 「중학교 교육과정」, 9월 「초등학교 교육과정」, 12월 「고등학교 교육과정」
	문민정부 출범, 민주화와 지방화의 진척
	중앙집권적인 교육과정 운영을 지방분권적인 교육과정으로 운영
	정부[국가수준교육과정], 시·도교육청[시도별교육과정편성운영지침], 각 학교[학교교육과정편성운영]
	시·도교육청과 단위 학교의 자율 재량권 확대, 초등학교의 재량 시간 신설
	교육과정 영역을 교과, 특별활동, 학교재량시간으로 구성
	중학교에 한문, 컴퓨터, 환경 등 새로운 선택 교과 추가
	고등학교의 교육과정 분권화, 공통필수과목[정부], 과정별필수과목[시도교육청], 과정별선택과목[학교]
제7차 교육과정 (1997-2007)	1995.5.31 교육개혁
	21세기 세계화·정보화 시대를 주도하는 신 교육체제 수립을 위한 교육개혁
	1997년 12월 제7차 교육과정 공포
	자율과 창의에 바탕을 둔 학생중심 교육과정 표방
	국민공통교육과정[1-10학년]과 학생선택교육과정[11-12학년]으로 구성
	수준별교육과정[단계형(수학, 영어), 심화보충형(국어, 사회, 과학)] 도입
	학교재량시간이 재량활동으로 명칭이 바뀌고, 중고등학교에 신설
개정 교육과정 (2007-현재)	2007년 제7차 교육과정 부분 개정
	개정 교육과정은 차수 대신 고시 연도를 붙여 ○○ 개정 교육과정으로 호명
	2007 개정 교육과정, 제7차 교육과정의 총론은 유지한 채 각론만 부분 수정
	2009 개정 교육과정, 2007 개정 교육과정의 총론을 수정
	2009 개정 교육과정, '교육과정 선진화' 표방
	- 학습의 효율성 제고: 학년군, 교과군 제도
	- 폭넓은 인성교육: 창의적 체험활동, 입학사정관제
	- 고등학생의 핵심역량 강화: 고등학교 전과정 선택중심 교육과정, 기초 핵심역량 강화
	- 학교교육의 다양성 유도: 교육과정 편성·운영의 자율성 확대
	2011 개정 교육과정, 2007 개정 교육과정의 각론을 수정
	2011 개정 교육과정, 2009 개정 교육과정 총론에 따른 교과 교육과정
	2011 개정 교육과정, 2013년부터 2016년까지 학교현장에 연차별 적용
	2015 개정 교육과정, 미래 사회가 요구하는 핵심역량을 갖춘 창의융합형 인재상 제시
	2015 개정 교육과정, 인문·사회·과학기술에 관한 기초 소양 교육 강화(문·이과 통합교육)

시기	주요 특징
	2015 개정 교육과정, 교육과정 편성·운영의 자율성 확대(자유학기제, 선택과목 다양화)
	2015 개정 교육과정, 핵심 개념과 원리 중심의 교육, 학생 참여중심 학습 및 평가 방법
	2015 개정 교육과정, 2017년부터 2020년까지 학교현장에 연차별 적용

〈표 III-8〉 우리나라 국가 교육과정의 변천과 교육과정학의 전개

우리나라 국가 교육과정의 변천			교육과정학의 전개	
연도	차수	특징	한국	북미
1940	긴급조치 교수요목	경험/생활중심 교육과정 사회적 실학주의		타일러주의
1950	제1차 교육과정		타일러주의	브루너주의
1960	제2차 교육과정			
1970	제3차 교육과정	학문중심 교육과정 지식의 구조와 탐구방법	브루너주의	재개념주의 (파이너, 애플)
1980	제4-5차 교육과정 (1981-1987-1992)	인간중심 교육과정 통합교과·교육과정 체제	신마르크스주의 탈비판주의	시장 근본주의
1990	제6-7차 교육과정 (1992-1997-2007)	지방분권 교육과정 수요자중심 교육과정	시장 근본주의	포스트(post)담론, 세계화/국제화담론
2000	개정 교육과정 (2007-2009-2015)	수시 부분 개정	포스트(post)담론 세계화/국제화담론	

교육과정 탐구

교육과정의 유형

실천적 구분

—

이론적 구분

실천적 구분

'실천적 구분'은 교육이 실제로 일어나는 학교현장을 중심으로 교육과정을 유형화하는 일이다. 일반적으로 학교교실에는 세 가지 형태의 교육과정이 존재한다. 우선 학교가 의도적으로 가르치는 '공식적 교육과정official curriculum'이 있다. 다음으로 학교가 비의도적으로 가르치는 '잠재적 교육과정hidden/latent curriculum'이 있다. 마지막으로 학교가 가르치지 않는 '영 교육과정null curriculum'이 있다.[1]

1. 공식적 교육과정

공식적 교육과정은 말 그대로 학교가 공식적으로 제공하는 일련의 학습 과정a course of study이다. 교육하는 곳이라면 어디든 이러한 전통적인 의미에서의 교육과정이 존재한다. 공식적 교육과정은 '어떤 지식이 가장 가치 있는가?'라는 고전적인 질문[2]에 대한 학교의 정식 입장을 대변하며,

....

1 학교의 교육과정을 '공식적official' 교육과정, '가르친taught' 교육과정, '학습된learned' 교육과정, '평가된tested' 교육과정으로 구분하기도 한다. 공식적 교육과정은 교육과정과 평가에 대한 국가수준의 안내서와 지침서의 내용이다. 가르친 교육과정은 개별 교사의 지식과 신념, 학생들의 요구, 교과의 성격에 따라 선별한 내용이다. 학습된 교육과정은 교사의 의도와 관계없이 학생들이 실제로 배운 내용이다. 평가된 교육과정은 가르치고 배운 것의 일부로서 평가에 포함된 내용이다. Joseph Bolotin, "Conceptualizing Curriculum," in Joseph Bolotin et. al. eds., Cultures of Curriculum (Mahwah, 2000), p. 4.

교육과정에 명시된 계획으로서의 학습이나 상호작용을 말한다. 그동안 교육과정 연구자들은 공식적 교육과정을 분석 대상으로 삼아 교육의 목적을 밝히고, 그에 따라 수업과 평가의 방향을 결정하며, 궁극적으로 교육의 성공이 무엇을 의미하는지 명확하게 제시했다.

그러나 마이클 애플Michael Apple의 '공식적 지식official knowledge'에 관한 논의3가 등장하면서 교육과정 연구자들은 공식적 교육과정에 내재한 이념적인 성격을 파헤치는 일에 주목했다. 공식적 지식은 사회에서 지식을 구성하는 힘을 가진 사람들에게 중요한 학문적인 내용으로서 그들의 문화·경제적인 이해관계를 반영한다.4 일반적으로 공식적 지식은 지배계급의 위상을 유지·존속하는데 공헌하는 한편 비주류 계급의 이해관계에는 부정적이다. 학교에서는 그러한 공식적 지식을 '적법한legitimate' 지식으로 받아들인다. 애플에 따르면, 학교의 정규 교육과정은 사회가 인정한 공식적 지식으로 채워지는 경향이 있다. 애플은 학교에서 '어떤 지식what knowledge'이 아닌 '누구의 지식whose knowledge'을 가르치고 있는지 되물

---

2 허버트 스펜서Herbert Spencer의 질문이다. 「어떤 지식이 가장 가치 있는가?What Knowledge is of Most Worth?」는 1850년대 스펜서가 『웨스트민스터리뷰Westminster Review』에 발표한 논문이다. 이 글에서 스펜서는 "완전한 생활complete living"이라는 유용성 논리에 따라 지식의 우선순위를 정하고 교육과정을 인간의 삶을 구성하는 주요 활동들(① 자기보존 활동, ② 의식주 활동, ③ 자녀양육 활동, ④ 사회·정치 활동, ⑤ 여가 활동)로 구성하고자 했다. 스펜서의 질문은 학교에서 가르치는 지식에 관한 최초의 의미 있는 질문으로서 교육과정 탐구의 초석을 놓았다. Herbert Spencer, *Education: Intellectual, Moral, and Physical* (New York, 1860), pp. 13-14.
3 이 주제와 관련해 애플이 1993년에 출간한 『공식적 지식: 보수주의 시대의 민주적 교육』이 가장 유명하다. 이 책에서 애플은 지식이 사회적인 구성물이라는 기본 전제에서 출발해 지식과 교육과정은 그 자체로 절대적인 진리나 사실이라기보다 수많은 내용 중에서 사회의 선별과정을 거쳐 중요한 정보로 결정된 것에 불과하다고 주장했다. Apple, *Official Knowledge*, 『학교지식의 정치학』, 3-4장.
4 Kridel, *Encyclopedia of Curriculum Studies*, 2, p. 619.

으며 '공식적'이라는 정의에 가려진 교육과정 논의의 중립성을 비판했다.

　　학교 교육과정이 중립적인 지식으로 구성된다는 생각은 순진하
다. 학교에서 통용되는 적법한 지식은 사회의 다양한 계급, 인종,
성, 종교 단체들 사이의 복잡한 권력관계와 투쟁의 산물이다. 교육
은 권력과 불가분의 관계이다. 교육과 권력의 관계는 사회 변혁기
에 더욱 분명하게 감지된다. 이를테면 여성, 소수인종, 기타 사람들
은 자신들의 역사와 지식을 학교 교육과정에 반영하기 위해 투쟁한
다. 물론 사회 지배층에 속하는 사람들이 그들의 이해관계에 따라
학교교육의 목적, 내용, 과정을 주도적으로 결정한다.[5]

　계속해서 애플은 학교에서 누구whose의 지식이 객관적이고 상식적인
것으로 통용되는지 밝히기 위해 그 누구의 문화를 직접적으로 전달하는
매개인 교과서textbook를 분석했다.

　　교과서는 방대한 양의 지식을 선택·조직하는 과정에서 …… '선
별의 전통selective tradition'을 보여준다. 교과서에는 '누군가someone'의
선택, '누군가someone'의 적법한 지식, '누군가someone'의 문화자본에
의한 억압이 내재한다. …… 교육과정의 일부를 구성하는 요소로서
교과서는 사회의 조직된 지식체계를 포함한다. 교과서에는 사회가
적법하고 사실이라고 인정한 지식이 담긴다. 교과서는 지식, 문화,
신념, 도덕에 관한 사회의 통상적인 패러다임을 재창조함으로써
진리의 정착을 돕는다. 문제는 교과서를 창조하는 주체가 사회가
아니라는 사실이다. 사회를 대신해 특정 그룹의 사람들이 교과서의
창조를 주도한다. 그들은 '우리'라는 용어를 사용하면서 보편적인
합의가 이루어진 것처럼 말하나, 실제로는 특정 계층의 이해관계에

....

5 Apple, "The Text and Cultural Politics," p. 18.

충실한 공식적 지식을 창조할 뿐이다.[6]

학교에서의 공식적 지식에 관한 논쟁은 복잡하고 난해한 사회의 정치적, 경제적, 문화적인 권력 관계와 역사를 반영한다. 특히 공식적 교육과정을 둘러싼 논의가 주로 지식과 권력의 관계, 그리고 이념과 학교의 관계를 중심으로 전개되는 상황에서 공식적 교육과정은 학교의 정규 학습 과정이나 교수요목에서 어떤 지식을 공개적으로 포함하고, 어떤 지식을 가치절하 또는 배제하느냐의 문제이다.

공식적 교육과정이 중요한 이유는 그것이 일차적으로 학교교육의 중심 요소이기 때문이고, 나아가 궁극적으로 다음 세대에게 현 세대가 가치 있다고 여기는 것이 무엇이고, 왜 교육이 필요한지 알려주기 때문이다. 그러나 공식적 교육과정에 관한 논의는 자연스럽게 그 공식적인 범주 밖에 존재하는 비공식적 교육과정에 대한 논의로 이어지며, 그로부터 학교교육의 계획 속에 있지 않으나 학교생활에 숨어 있는 교육과정에 대한 논의가 등장한다.

2. 잠재적 교육과정: 기능론적인 해석

1968년 필립 잭슨Philip Jackson은 『아동의 교실생활Life in Classrooms』을 출간했다. 이 책에서 잭슨은 교사들의 주된 관심거리인 공식적 교육과정과 대조되는 것으로서 잠재적潛在的 교육과정에 대한 논의를 전개했다. 공식적 교육과정이 학교가 학생들에게 의도적/계획적으로 제공하는 교

----

6 Apple, "The Text and Cultural Politics," p. 20.

육적인 경험이라면, 잠재적 교육과정은 학교가 학생들에게 비의도적/비계획적으로 제공하는 교육적인 경험이다.

〈표 IV-1〉 공식적 교육과정과 잠재적 교육과정의 비교[7]

공식적 교육과정	잠재적 교육과정
학교에 의해 의도적으로 조직되고 가르쳐진다.	학생이 학교생활을 통해 은연중에 배우게 된다.
주로 지적인 영역, 교과 교육과정과 관련된다.	주로 정의적 영역, 학교의 문화풍토와 관련된다.
단기적으로 배우며 일시적인 경향이 있다.	장기적, 반복적으로 배우며 보다 항구적이다.
주로 교사의 지적·기능적 영향을 받는다.	주로 교사의 인격적 감화를 받는다.
주로 바람직한 내용이다.	바람직하지 못한 것도 포함한다.

잭슨은 교사들이 학교교육의 공식적인 측면뿐만 아니라, 학교생활의 비공식적인 측면에도 관심을 기울여야 한다고 주장했다. 그는 학교에서 학생들이 교육과정에 명시된 국어, 영어, 수학과 같은 교과들만 배운다고 생각하지 않았다. 그보다 학교는 삶의 장소로서 학생들은 교실에서 살아가는 방식을 배운다. 구체적으로, 학생들은 교실에서 다음의 세 가지 삶의 기술을 암묵적으로 배운다.[8]

① 학생들은 군중 속에서 사는 법을 배운다. 학생들은 군중 속에서 자신들의 욕구를 포기하거나 미루는 것을 배우고, 자기들의 차례를 기다리는 것을 배우며, 때로는 성공을 위해 주변 사람들을 무시하면서 군중 속에서 고립되는 것을 배운다.
② 학생들은 주변사람들의 평가에 익숙해지는 것을 배운다. 그들은 주로 착실한 학생으로 살아가는 것을 배운다. 그러나 때로는 스스로

---

7 김수천, 『교육과정과 교과』, 235쪽. 김종서, 『잠재적 교육과정』, 53-62쪽.
8 Jackson, *Life in Classrooms*, 『아동의 교실생활』, 24-61쪽.

를 보호하기 위해 심리적인 위장술, 즉 평가를 무시하거나 학교
일에 초연해지는 것을 배운다.

③ 학생들은 불평등한 권력관계를 배운다. 학생들은 권력자인 교사의
요구에 따르고, 그들의 최초의 '두목'에게 복종하는 것을 배운다.
그들은 교실이라는 '감옥'에서 힘 있는 자에게 아부하거나, 권력자
가 싫어하는 일을 숨기는 것을 배운다.

잭슨은 학생들이 학교에서 은연중에 습득하는 이러한 것들이 그들의
'사회화'를 돕는다고 주장했다. 학생들은 학교라는 인생의 준비기관에서
다른 사람들과의 문제를 성공적으로 극복하는 것을 배우고, 자기 자신과
다른 사람들의 언행을 평가하는 것을 배우며, 불평등한 권력관계에 적응
하는 것을 배운다. 물론 이러한 적응 과정은 태어나면서부터 시작하지만,
학교에 입학한 후에 그 속도가 빨라진다.

> 우리는 이미 교실생활이 아동들에게 인내를 요구하지만, 때로는
> 이 인내가 포기나 단념을 의미하는 경우도 많다는 것을 고찰했다.
> 학생들은 학교에서 교사의 희망 때문에 자신들의 욕망을 억누르고,
> 공동선 때문에 행동을 조심하는 것을 배운다. 그들을 둘러싸고 있
> 는 규칙, 규정 및 관례에 따르는 것을 배운다. 그리고 사소한 좌절감
> 을 극복하고, 권력을 가진 사람의 계획과 정책이 비합리적이고 불
> 분명할지라도 그것들에 따르는 것을 배운다. 다른 사회적 기관의
> 구성원들과 마찬가지로 학생들도 '세상이 다 그런 거야'라고 말하
> 는 것을 배운다.[9]

....

9 Jackson, *Life in Classrooms*, 『아동의 교실생활』, 65-66쪽.

학생들은 학교라는 자발적으로 선택한 것도, 그렇다고 피할 수 있는 것도 아닌 사회기관에서 생활하면서 그들의 자연적인 욕구와 학교의 제도적인 요구 사이에서 갈등을 해결하는 적절한 전략을 발전시킨다. 학생들의 학교에서의 적응전략은 무척 다양하다. 그러나 잭슨의 분석에 따르면, 그들은 '심리적인 위축'이라는 하나의 공통된 전략을 사용한다. 심리적인 위축은 학교에서의 성공과 실패에 무관심한 태도를 보이면서 자신을 보호하는 심리적인 전략이다. 잭슨은 학생들의 학교에 대한 감정이 좋은 것도, 나쁜 것도 아닌 중립적인 것임을 지적한 다음, 그들이 종종 교실에서 보이는 '이러나 저러나 마찬가지'라는 상투적이고 무시적인 태도는 학교라는 불가피한 인생기관에 적응하기 위한 노력이라고 평가했다.[10]

잭슨의 책은 학교를 일상적인 삶의 장소로 개념화했다는 점에서, 교실에서 찾아지는 사소하고 자질구레한 일들의 교육적인 의미에 주목했다는 점에서, 그리고 교실-속-세상에 대한 후속 연구들을 촉진했다는 점에서 교육과정 분야에 공헌했다. 그러나 잭슨의 잠재적 교육과정에 대한 논의는 주로 학교교육의 순기능적인 측면에 머물며 교실에서 학생들의 사회화 과정을 '합법화' 또는 '정당화'하는 것 이상으로 나아가지 못했다. 이에 1970년대 이후 학교교육에 숨어 있는 여러 가지 부정적인 결과들을 사회적응을 위한 '불가피한' 문제들이 아닌 사회해방을 위한 '불가피한' 문제들로 간주하는 새로운 연구들이 등장했다. 마이클 애플Michael Apple, 장 애니언Jean Anyon[11]과 같은 신마르크스주의자들의 작업이 대표적이었다.

....

10 Jackson, *Life in Classrooms*, 『아동의 교실생활』, 23, 67-68, 99-102쪽.

11 미국의 여성 교육학자이자 사회운동가이다. 펜실베이니아Pennsylvania 대학과 뉴욕 New York 대학에서 교육학을 공부했다. 럿거스Rutgers 대학을 거쳐 뉴욕 시립 대학의 교수로 있으면서 도시빈민가의 공립학교를 개혁하는 일에 주목했다. 애니언은

3. 잠재적 교육과정: 갈등론적인 해석

마이클 애플은 그의 논문 「잠재적 교육과정과 갈등의 본질The Hidden Curriculum and the Nature of Conflict」(1971)에서 학교가 학생들에게 갈등과 변화에 대한 부정적인 태도를 잠재적으로 교육하면서 그들을 체제순응적인 존재로 길들이고 있다고 비판했다. 애플은 대부분의 학교에서 가르치는 과학과 사회를 예로 들면서 학생들이 이들 교과를 공부하면서 은연중에 기존의 사회질서를 당연시하고 수용하는 것을 배운다고 주장했다.

과학 교과의 경우, 학생들은 '합의된' 과학이론을 객관적이고 합리적인 기준과 절차를 통해 배운다. 그러나 그들이 공부한 특정 이론이 과학계의 경쟁적인 이론들 중에서 왜, 어떻게 선택되었고, 또 하나의 이론이 다른 하나의 이론을 제압하는 정치적인 과정이 무엇이었는지 배우지 않는다. 그들에게 과학은 단순히 지식을 발견하는 방법 또는 타당성을 입증하는 것과 관련된 중립적인 교과일 뿐, 그 안에서의 상이한 학파나 패러다임 간의 갈등은 중요하지 않다. 그 결과 학생들은 학교에서 과학을 배우면서 갈등에 대한 비현실적이고 보수적인 생각을 잠재직으로 학습한다.

> 학교에서 가르치는 과학 지식은 그것이 출현한 과학계의 구조적인 상황이나 비판적인 행동과 동떨어져 있다. 학생들은 과학계의 권력과 경제적인 구조가 현실적으로 어떻게 분배되[었]는지 이해하지 못한다. 학생들은 자신들의 교육적, 경제적, 정치적인 삶을 지배

....

게토ghetto 지역의 학교교육을 재건하려면 먼저 도심 지역의 빈곤 문제를 해결하고, 나아가 사회의 왜곡된 계층적/인종적인 불평등을 해소해야 한다고 생각했다. 애니언은 마르크스 식의 정치·경제적인 관점에서 오늘날 공교육이 처한 위기를 진단한 다음, 그 회복을 위한 가능성을 모색했다. 애니언은 현대인들에게 마르크스Karl Marx 다시 읽기를 권했다.

하는 간주관적인 갈등에 대한 잠재적인 가설을 아무런 의심 없이 [강제로] '적법한 것'으로 수용한다. 학생들은 비현실적인 과학관을 배울 뿐만 아니라, 개인 간의 또는 집단 간의 비판적인 논쟁과 갈등이 과학의 발전에 얼마나 중요한지 이해하지 못한다. 이러한 상황이 학생들의 정치·경제적인 패러다임으로 일반화되었을 때, 그것은 학생들의 순종적인 태도를 강화한다.[12]

사회 교과의 경우, 학생들은 합의나 질서를 존중하고 갈등 없는 세상이 가치 있다고 배운다. 학교에서 가르치는 사회 지식은 사회질서의 유지와 밀접하게 관련되어 학생들은 사회적인 갈등을 기존 체제의 유지를 어렵게 하는 위험한 것으로 인식한다. 이러한 관점에서 사회 교과에서는 갈등의 문제를 처음부터 아예 다루지 않거나, 아니면 갈등이 지속됨으로써 나타나는 부정적인 결과들에만 초점을 맞춘다. 그 결과 학생들은 학교에서 사회 교과를 통해 타협하고 협조하는 보수적인 태도를 암묵적으로 배운다.

대다수 사회과 문헌에서는 사회를 협력적인 제도로 기술한다. 교실 안을 오랫동안 관찰하다 보면 유사한 관점이 드러난다. 그렇게 되는 이유는 갈등이, 특히 사회적인 갈등이 우리가 사회라고 부르는 관계망의 주요 특징이 아니라는 가정 때문이다. 일반적으로 사회의 모습을 묘사할 때, '행복한 협조happy cooperation'를 정상적인 것으로최선까지는 아니어도 간주하는 암묵적인 합의가 있다. 그러나 사회가 협력적인 제도설령 모두가 협력하며 살아간다 하더라도라는 명제가 사실인지 경험적으로 입증할 수 없다. 가치에 대한 인식이 우리의

....

12 Michael Apple, "The Hidden Curriculum and the Nature of Conflict," *Interchange* 2, 4 (1971), p. 32.

의문이나 학생들의 경험을 결정하기 때문이다. 교육적인 경험은 기본적으로 보수적인 관점을 강조하는 것처럼 보인다.[13]

결국 애플은 학교가 학생들에게 사회적인 갈등은 부정적인 것이라는 구조적인 가설을 '잠재적 교육과정'으로 가르친다고 주장했다. 여기서 '잠재적 교육과정'은 "학교에서 관행적으로 가르치는 가치나 규범이지만 교사들이 교육목표로서 명시하지 않는 것"을 의미한다.[14] 애플은 과학과 사회를 예로 들어 학교 교육과정에서 다루는 갈등의 문제가 학생들의 사고를 비현실적이고 보수적인 방향으로 몰아간다고 비판했다. 애플에 따르면, 사회는 갈등의 과정을 통해 발전했고, 내부의 갈등은 그 집단에 새로운 창조와 인식의 확대를 가져왔다. 모두가 '행복'하게 '협조'하는 조직에서 다른 시도와 새로운 발견은 있을 수 없으며, 그러한 조직 안에서 인간은 가치의 창조자가 아닌 수용자로 전락하기 쉽다. 그런 까닭에 집단 내 갈등을 부정적으로 치부하는 학교의 왜곡된 시각은 바로잡아야 한다. 그리고 내적인 갈등이 변화와 개혁의 원동력이라는 현실적이고 변혁적인 인식에 기초해 학생들이 학교에서 잠재적으로 습득하는 갈등에 대한 경직된 태도를 완화하고 갈등의 긍정적인 효과를 공개적으로 표현하는 대안적인 교육과정과 교수법을 개발해야 한다.

한편 장 애니언은 그녀의 논문 「사회계급과 노동의 잠재적 교육과정 Social Class and the Hidden Curriculum of Work」[15]에서 학교가 학생들의 사회계급

....

13 Apple, "The Hidden Curriculum and the Nature of Conflict," p. 33.

14 Apple, "The Hidden Curriculum and the Nature of Conflict," p. 27.

15 애니언이 1980년 『교육 저널The Journal of Education』에 처음 발표한 후 서른여 차례 재출간되었다. 학교교실에서 관습적으로 행해지는 노동[일]의 '잠재적 교육과 정'이 사회계층 구조의 재생산에 기여한다는 애니언의 논의는 현대 사회에서 여전히 유효하다.

에 따라 상이한 형태의 교육과정, 교수법, 학생평가를 제공하면서 현존하는 사회질서를 재생산하고 있다고 비판했다. 애니언은 사회계급이 서로 다른 지역의 학교들에서 목격되는 서로 다른 '사회화' 과정에 주목하면서 각 학교마다 학생들은 자신들이 속한 사회계급의 역할을 잠재적으로 학습한다고 주장했다. 애니언은 학생들의 출신계급에 상응하는 다섯 개의 학교를 선정해 각각의 교실현장에서 발견되는 교육적인 삶의 형태를 비교·분석했다.[16]

우선 애니언은 두 개의 "노동-계급 학교Working-Class School"를 조사했다. 노동-계급 학교에서 학생들의 노동은 "절차와 단계steps of a procedure"를 따르는 일이다.[17] 학생들은 기계적인 암기학습을 이행하고, 중요한 의사결정 과정에 참여하지 못하며, 규칙과 지시는 엄격히 따른다. 학생들이 지켜야 할 정확한 절차와 단계가 존재하며, 그들의 자율적인 선택과 창의적인 학습활동은 불허한다. 교사는 학생들과 상의도 그들에게 설명도 없이 일방적으로 교실의 시간과 공간을 통제한다. 학생들은 종종 교실에서 벌어지는 일을 방해하거나 거부하면서 교사의 명령에 저항하는 모습을 보이지만, 교사의 권위나 합법성에 직접적으로 도전하지 않는다.

다음으로 애니언은 "중류-계급 학교Middle-Class School"에서 제공하는 교육과정과 지식을 관찰했다. 중류-계급에 속한 학생들의 노동은 "정답right answer"을 찾는 일이다.[18] 학생들은 교사의 지시나 통제 없이 스스로 판단하면서 올바른 답을 찾는다. 수업은 교과서를 중심으로 진행하되

---

16 Jean Anyon, "Social Class and the Hidden Curriculum of Work," in Henry Giroux, Anthony Penna, and William Pinar eds., *Curriculum and Instruction: Alternatives in Education* (Berkeley, 1981), pp. 321-336.

17 Anyon, "Social Class and the Hidden Curriculum of Work," p. 323.

18 Anyon, "Social Class and the Hidden Curriculum of Work," p. 327.

교사는 학생들이 교과서의 내용을 단순히 기억하기보다 확실히 이해하기를 바란다. 그러나 학생들은 교과서 내용에 대한 비판적인 읽기는 시도하지 않는다. 비판적인 관점은 위험한 것으로 간주된다. 학습은 정답을 찾는 활동일 뿐, 창의적인 활동은 아니다. 학생들은 학교 일에 흥미가 없다. 단지 미래의 직업적인 보상 때문에 현재의 교육활동에 충실할 뿐이다.

계속해서 애니언은 "부유한 전문직 학교Affluent Professional School"의 교실활동에 주목했다. 부유한 전문직 학교에서 학생들의 노동은 "창의적인 활동creative activity"을 독립적으로 수행하는 일이다.[19] 학생들은 자신들의 생각을 적극적으로 표현하고, 독립적으로 설계하며, 현실적으로 의미 있게 만드는 활동에 참여한다. 교사는 학생들에게 지시를 내리거나 정답을 제시하는 사람이 아닌, 그들의 창의적인 사고와 활동을 북돋는 사람이다. 학생들은 수업의 과정에서 창의적으로 글을 쓰거나 다른 독립적인 프로젝트들을 수행한다. 교사는 학생들에게 직접적인 명령을 내리지 않는다. 그보다 학생들의 의견을 듣고 그들과 의사소통하면서 상호 접점을 찾는다. 평가의 준거는 학생들의 결과에 대한 자기만족의 정도이다.

마지막으로 애니언은 "관리직 엘리트 학교Executive Elite School"에서의 학생들의 일상을 분석했다. 관리직 엘리트 학교에서 학생들의 노동은 "지적인 분석 능력analytical intellectual powers"을 개발하는 일이다.[20] 학생들은 문제를 이성적으로 사고하고, 특히 학문·논리적으로 뛰어난 지적인 결과물을 생산해야 한다. 학습의 목적은 문제해결을 위한 종합적인 사고 능력의 함양이다. 학교에서 학생들은 성취감을 느끼고 지적인 수월秀越

....

19 Anyon, "Social Class and the Hidden Curriculum of Work," p. 329.
20 Anyon, "Social Class and the Hidden Curriculum of Work," p. 333.

을 경험하면서 삶을 준비한다. 교실현장에서 정답적인 사고보다 도전적인 사고를 권장하며, 독립적이고 창의적인 연구를 진행한다. 교사는 의사결정 시 학생들의 의견을 존중한다. 그리고 각종 규제는 최소화한다.

결국 애니언은 사회계급에 따라 교실현장에서 학생들이 하는 일이 다름을 예증하고, 이러한 학교 일의 차이가 현존하는 사회 질서의 재생산과 암묵적으로 관련된다고 주장했다. 학교는 학생들이 속한 사회계급에 따라 그들에게 서로 다른 형태의 삶의 방식을 제공함으로써 사회에 그러한 삶의 체제를 재생산하는 역할을 맡는다. 애니언은 학교에서 하는 일[노동]의 '잠재적 교육과정'에 주목하면서 교실의 실제가 불평등한 사회관계의 재생산에 공헌한다는 '불편한' 결론을 내리고, 학교에서 찾아지는 사회계급에 따른 무언의 준비과정을 다음과 같이 요약했다.[21]

① 노동-계급 학교에서 학생들은 미래의 기계적이고 순종적인 미숙련/반숙련 임금노동자로서 '매뉴얼'에 따라 살아가는 것을 잠재적으로 배운다.
② 중류-계급 학교에서 학생들은 미래의 기술직 육체노동자나 보조 정신노동자, 그리고 소小비즈니스 계급으로서 '정답'에 따라 살아가는 것을 잠재적으로 배운다.
③ 부유한 전문직 학교에서 학생들은 미래의 문화·전문직 종사자로서 창의적이고 자율적으로 살아가는 것을 잠재적으로 배운다.
④ 관리직 엘리트 학교에서 학생들은 미래의 사회 지도층으로서 문제를 계획·분석하고 상황을 해결하며 살아가는 것을 잠재적으로 배운다.

....

21 Anyon, "Social Class and the Hidden Curriculum of Work," pp. 336-339.

4. 영 교육과정

1979년 엘리어트 아이즈너는 『교육적 상상력The Educational Imagination』을 출간했다. 이 책의 전반부 몇 개 장[22]에서 아이즈너는 교육과정을 개념화하고 유형화하는 작업을 수행했다. 지금의 주제와 관련해, 아이즈너는 학교의 정규 교육과정이나 잠재적 교육과정 외에 학교에 실제로 존재하지 않는 교육과정, 즉 영null 교육과정에 관심을 가졌다. 아이즈너는 학교에서 가르치는 교육과정 못지않게 학교에서 "가르치지 않는not teach" 교육과정도 중요하다고 생각했다.[23] 학교는 가르치는 것은 물론이거니와 마땅히 가르쳐야 할 것을 가르치지 않는 것에 의해서도 모종의 영향력을 행사하기 때문이다.[24]

아이즈너는 학교가 강조하는 지적인 과정과 학교가 경시하는 지적인 과정이 학교 교육과정을 구성하는 교과 영역을 결정한다고 주장했다. 아이즈너에 따르면, 오늘날 학교에서 강조하는 지적인 과정intellectual process은 "지성cognition"의 발달이며, 학교에서 경시하는 지적인 과정은 "감성affect" 및 "운동 신경psychomotor activity"의 발달이다.[25] 그 결과 학교에서 지성의 발달과 관련된 교과 영역은 중요하게 여기는 반면에 감성

······························

22 Elliot Eisner, *The Educational Imagination: On the Design and Evaluation of School Programs* (New York, 1979), chs. 3-5.

23 Eisner, *The Educational Imagination*, p. 83. 앞서 살펴본 공식적 교육과정이 '학교에서 어떤 지식, 또는 누구의 지식을 가르치는가?'의 문제였다면, 잠재적 교육과정은 '학교가 은연중에 가르치는 지식은 무엇인가?'의 문제였다. 이러한 스펜서 식의 논의에 따르면, 영 교육과정은 '학교에서 가르치지 않는 가치 있는 지식은 무엇인가?'의 문제였다. Kridel, *Encyclopedia of Curriculum Studies*, 2, p. 613.

24 Eisner, *The Educational Imagination*, p. 88.

25 Eisner, *The Educational Imagination*, pp. 83-84.

및 신체 운동과 관련된 교과 영역은 무용론無用論에 시달린다.

아이즈너는 학교 교육과정이 지성의 발달을 위해 단지 수학적이고 논리적인 형태의 지식만 중시한다면, 그러한 범주에 속하지 않는 다른 종류의 지식은 학교에서 가르치지 않을 것이고, 학생들의 지적인 발달은 특정 영역에만 치우칠 것이라고 이루어질 것이라고 경고했다. 실제로 학생들의 비언어적인 사고체계, 정서적인 표현, 신체적인 활동 등은 학교 안에서 억압 또는 은폐·축소될 수밖에 없다. 아이즈너는 학교에서 인간의 지적인 능력을 평가하는 범주가 불공정하여 인간의 지적인 능력을 전체가 아닌 일부만 강조하고, 그에 따라 특정 교과 영역만 높게 평가한다고 주장했다. 흥미롭게도 아이즈너는 뇌생리학brain physiology 분야의 연구 결과를 차용해 그의 이러한 주장을 정당화했다. 아이즈너는 인간의 뇌를 구성하는 두 개의 반구체는 그 지적인 기능이 서로 다르다는 전제로부터 출발했다.

> 뇌생리학 분야의 연구에서 밝혀진 중요한 사항은 뇌의 반구체 hemisphere of the brain가 각기 다르게 기능한다는 사실이다. 뇌의 오른쪽 반구체와 왼쪽 반구체는 서로 다른 지적인 기능을 수행하며, 그러한 기능을 사용하고 안함에 따라서 각기 강화되거나 퇴화한다. 정서적인 과정affective process이라고 명명된 기능을 소홀히 취급해 온 사실은 분명하다. 뇌의 기능을 연구해 온 사람들은 뇌의 왼쪽 반구체가 말을 담당하는 부분이라는 사실을 찾아냈다. 그러나 그들이 최근에 발견한 사항은 과거에 중요치 않은 부분이라고 여겼던 부분이 전혀 그렇지 않다는 사실이다. 뇌의 바른쪽 반구는 구상작용visualization process이나 시적이고 은유적인 사고, 또는 사물의 구조를 파악하는 지적인 행위를 담당한다.[26]

아이즈너는 위의 연구 결과를 교육과정 문제에 적용해 학교에서 필수적으로 가르치는 대부분의 교과들이 인간 뇌의 왼쪽 반구체 기능과 관련된다고 주장했다. 이는 인간 뇌의 오른쪽 반구체 기능과 관련된 교과목들은 학교에서 잘 가르치지 않는다는 것을 의미했다. 그렇다고 해서 아이즈너가 단순히 학교 교육과정에서 소외나 변두리화를 경험하는 몇 개의 교과를 지목하여 그 증설을 요구했던 것은 아니다. 아이즈너의 목적은 어디까지나 인간의 모든 지적인 능력을 고려하여 학교 교육과정을 균형 있게 개발하는데 있었다.

아이즈너에 따르면, 미국의 초중등학교에서 가르치는 교과들 대부분은 합리적인 의사결정 과정을 거쳐 교육과정에 포함된 것이 아니다. 오랜 관습의 결과로 학교 교육과정에 무임승차한 경우가 많다. 한편 세상살이에 유익한 내용들을 포함하고도 학교 교육과정 목록에 이름을 올리지 못하는 교과들도 적지 않다. 법률학, 경제학, 예술[27]과 같은 교과들이 그러하다. 우리가 학교에서 법률적인 상식을 익히고, 경제적인 원리를 이해하며, 미학적인 안목을 갖추면, 세상살이는 그만큼 쉽고 유익하고 즐겁다. 그럼에도, 교육과정은 여전히 전통의 굴레에서 벗어나지 못한 채 어떻게 보면 '필요한' 과목들을 '불필요한' 과목들로 유예하고 대체한다. 이러한 비상식적인 현상을 두고 아이즈너는 교육적으로 가치가 있음에도 불구하고 관습에 얽매이거나 다른 외적인 요인들 때문에 학교에 실제로 존재하지 않는 교육과정, 즉 영 교육과정의 문제에 주목했다.

....

26 Eisner, *The Educational Imagination*, pp. 84-85.
27 아이즈너가 대학에서 미술과 디자인을 공부했다는 사실은 흥미롭다. 어떻게 보면, 아이즈너는 의식적이든 무의식적이든 그가 전공한 교과가 학교의 정규 교육과정에서 소홀히 다루어지고 있음을 비판하면서 영 교육과정의 개념을 동원해 예술 교과의 교육적인 가치를 주장하는 것인지 모르겠다.

오늘날 영 교육과정은 아이즈너의 학문적인 논의를 넘어 사회 일반의 논의로 외연이 넓어졌다.[28] 특히 그동안 학교가 침묵했던 사회의 여러 가지 쟁점들왜곡된 계층, 인종, 성의 문제과 숨기고픈 역사의 진실들나치의 홀로 코스트, 일본군 위안부와 같은에 대한 '교육과정 배상'[29]을 공개적으로 요청함 으로써 교육과정 이론과 실제의 대안적인 논의를 촉발했다. 일각에서는 이러한 영 교육과정의 개념에 기초한 새로운 교육과정 담론이 학교교육 의 목적에 대한 가치와 신념의 차이로 인해 감정적인 대립과 소모적인 논쟁을 증폭시킬 것이라고 우려한다. 그러나 영 교육과정의 논의는 지금 까지 억압받고 배제되었던 그 무엇의 기억을 회복하고 공론화한다는 점에서 확실히 인류에게 더 나은 세상, 새로운 비전을 제시하는 것으로 이해할 수 있다.

....

28 Kridel, *Encyclopedia of Curriculum Studies*, 2, p. 614.

29 David Smith, "Curriculum and Teaching Face Globalization," in William Pinar ed., *International Handbook of Curriculum Research* (Mahhwah, 2003), p. 48.

이론적 구분

'이론적 구분'은 교육이 실제로 벌어지는 곳에서 한 걸음 떨어져 교육 과정을 철학적으로 유형화하는 일이다. 골자는 교육에 대한 서로 다른 이론적인 배경을 중심으로 교육과정의 개념적인 도식을 완성하는데 있다. 이 작업은 일차적으로 교육과정을 바라보는 다양한 시각이 있다는 사실을 알리고, 나아가 교사와 학생들의 교육적인 위치성positionality, 즉 그들이 '어디에 있었고과거, 어디에 있으며현재, 어디를 향해 나아가는지미래' 묻는다.

1. 교육과정의 다섯 가지 유형

1974년 엘리어트 아이즈너Elliot Eisner와 엘리자베스 밸런스Elizabeth Vallance는 『교육과정의 상반되는 개념들Conflicting Conceptions of Curriculum』[1] 을 출간했다. 이 책에서 아이즈너와 밸런스는 교육과정 논쟁이 교육과정 의 형식과 내용 및 학교교육의 목적에 대한 갈등에서 비롯됨을 지적하고, 갈등의 해소를 위해 교육과정의 다양한 관점들을 이해해야 한다고 주장

---

1 아이즈너와 밸런스의 책은 논문 모음집이다. 그 안에 모두 열 네 편의 글이 있다. 아이즈너와 밸런스는 교육과정에 관한 다섯 가지 시각을 소개하는 글을 서론에 배치한 다음, 각각의 입장을 대표하는 열 두 편의 글을 선별해 본문을 구성했다. 결론에는 실제적인 함의를 도출하는 글을 실었다. Elliot Eisner and Elizabeth Vallance eds., *Conflicting Conceptions of Curriculum* (Berkeley, 1974), pp. ix-x.

했다. 그들은 교육과정을 바라보는 다섯 가지 상이한 시각을 소개했다.[2]

첫 번째는 인지과정으로서의 교육과정Curriculum as the Development of Cognitive Processes이다. 일반적으로 지적인 능력intellectual operations의 개선과 관계된다. 교육의 내용보다 방법에 관심이 있다. 교육과정의 문제는 지적인 사고 과정을 통해 인지능력을 개발하는데 초점을 맞춘다. 이러한 접근은 과정process을 강조한다. 학교교육의 목적은 특정 내용의 전달보다 다양한 인지능력의 개발에 있다. 이를 위해 학습의 과정process을 강조하고, 학습자의 지적인 자율성을 존중한다. 학습자는 자율적으로 상황을 해석하면서 지적인 성장을 추구한다. 교사와 교육과정 전문가는 학습자와 학습내용 간의 역동적인 상호작용이 가능한 지적인 과정을 계획한다. 교육은 지적인 능력을 개발하는 장치mechanism로서 미래의 상황에 적응하거나 그것을 변화시키는데 공헌한다.

두 번째는 공학으로서의 교육과정Curriculum as Technology이다. 공학적인 오리엔테이션은 과정process을 강조한다. 무엇을 교육해야 하는가보다 어떻게 교육해야 하는가를 묻는다. 교육과정은 미리 정해진 교육의 목표를 효과적으로 달성하는 수단의 문제이다. 학습자가 앎에 도달하는 인지적인 과정보다 지식을 전달하고 학습을 촉진시키는 공학적인 기술에 관심이 있다. 학습자에게 학습내용을 효과적으로 전달하기 위한 수업공학technology of instruction을 중시한다. 그리고 가치중립적인 시스템a value-free system을 개발한다. 교육은 투입-산출의 공학적인 과정이고, 교육과정은 시스템이 요구하는 목표를 달성하는 수단이다. 교사와 교육과정 전문가는 체계적이고 예측 가능한 학습을 위해 교실 안의 통제 시스템을 효과적으로 조직한다.

....

2 Eisner and Vallance, *Conflicting Conceptions of Curriculum*, pp. 5-14.

세 번째는 자아실현과 만족스러운 경험으로서의 교육과정Self-Actuali-zation, or Curriculum as Consummatory Experience이다. 가치지향적value saturated이다. 개인적인 목적과 필요를 중시한다. 교육은 개인적인 해방과 발달을 추구한다. 교육과정은 학습자 개개인에게 만족스러운 경험을 제공해야 한다. 이러한 접근은 학교에서 가르치는 내용content을 강조한다. 학교교육은 학습자 개인의 성장을 돕는 현재의 경험present experience으로 구성된다. 교육을 삶의 한 부분으로 이해한다. 교육의 과정은 개인이 스스로 자아를 찾아가는 실존의 과정이다. 교사와 교육과정 전문가는 학습자 개개인의 자아실현에 도움이 되는 내용을 계획한다. 교육과정은 학교가 제공하는 경험의 총체로서 그 자체로 목적이자 개인의 자아발견을 위한 수단이다.

네 번째는 사회 적응과 재건을 위한 교육과정Curriculum for Social Recon-struction-Relevance이다. 사회적인 맥락에서 교육의 역할과 교육과정의 내용을 강조한다. 사회 적응과 재건을 주장하는 사람들은 개인적인 필요보다 사회적인 필요를 우선시한다. 학교는 사회의 변화를 위한 장소이다. 학교에는 현재의 모습과 미래의 이상이 공존한다. 전자가 현재 사회에의 적응을 강조한다면 후자는 미래 사회로의 변혁을 강조한다. 사회 적응의 관점에서 교육과정은 불안정하고 변화가 심한 사회에서 개인의 생존을 위한 수단이다. 개인들은 급속한 사회의 변화에 잘 따라가고 효과적으로 대처하기 위한 기술을 배운다. 한편 사회 개혁의 관점에서 교육과정은 사회의 변화에 적극적으로 대응할 뿐만 아니라 사회의 변혁을 이끄는 주체적인 수단이다. 개인들은 현재의 사회·정치적인 쟁점들을 미래 사회에 대한 책임이라는 비판적인 관점에서 논의하는 것을 배운다.

다섯 번째는 학문적인 합리주의로서의 교육과정Curriculum as Academic Rationalism이다. 학교교육의 역할을 문화의 전달cultural transmission에서 찾는다. 학교에서 모든 것을 가르칠 수 없기 때문에 인류의 가장 위대한 사상과 창조물을 선별적으로 가르칠 수밖에 없다. 교육과정은 인류의 지적인 유산을 대표하는 전통적인 교과들 또는 학문들로 구성된다. 교육을 받는 것은 제학문의 권위 있는 저작들을 읽고 이해하는 일이다. 이러한 접근은 교육의 과정process보다 내용content을 중시한다. 그러나 모든 내용이 똑같이 가치 있는 것은 아니다. 교사들은 운전연습이나 직업훈련처럼 실용적인 내용들보다 아이들의 지적인 활동을 예시하는 전통적인 교과/학문의 내용들-지식의 형식에 따라 경계가 분명한-을 선호한다.

2. 교육과정 오리엔테이션 프로파일

1978년 패트릭 바빈Patrick Babin은 아이즈너와 밸런스가 제시하고 설명한 교육과정에 관한 다섯 가지 시각을 이용해 '교육과정 오리엔테이션 프로파일Curriculum Orientation Profile'을 개발했다. 바빈은 아이즈너와 밸런스의 유형화 작업이 교육과정 전문가들과 교사들의 의사결정에 도움이 된다고 생각했다. 특히 교육과정의 내용을 선정하고 조직하는 문제에서 '왜-어떻게'에 대한 다양한 철학 및 심리학적인 근거를 제공한다고 주장했다.

교육과정 분야는 이념적인 연속선 위에 있다. 교사들은 종종 교육과정의 서로 다른 패러다임 사이에서 자신들의 입장을 결정해야 한다. 아이즈너와 밸런스의 교육과정 범주들과 그에 기초한 교육과정 오리엔테이션 프로파일은 교사들의 교육[학]적인 방향을 안내하는 길잡이signpost 역할을 할 수 있다. 교육과정 오리엔테이션 프로파일의 유용성은 다음의 네 가지로 요약할 수 있다.[3]

① 교사마다 교육과정에 관한 특정한 시각을 가진다는 사실을 이해할 수 있다.

② 교사가 교육과정의 문제에서 강조할 사항들을 결정할 수 있다.

③ 교육과정의 목적, 방법, 내용, 평가에 대한 교사 개인의 생각을 정리할 수 있다.

④ 교사가 교육과정과 학습자 사이에서 어떠한 역할을 해야 하는지 판단할 수 있다.

3 Albert Dukacz and Patrick Babin, "Perspective on Curriculum," in F. Michael Connelly, Albert Dukacz and Frank Quinlan eds., *Curriculum Planning for the Classroom* (Toronto, 1980), pp. 16-17.

◎ 교육과정 오리엔테이션 프로파일[4]

패트릭 바빈, 캐나다 오타와 대학

질문지는 교육과정의 내용, 목적, 조직에 관한 개인적인 입장을 확인하는데 도움이 되는 일련의 가치지향적인 문장들로 구성되었다. 그것들은 교육과정 분야의 주요 질문인 '무엇을 누구에게, 언제, 어떻게 가르칠 수 있고 가르쳐야 하는가?'에 대한 서로 다른 접근을 대표한다.

A. 아래 질문지 목록을 따라가며 각 문장마다 '예' 또는 '아니오'에 표기하시오.
B. 모두 끝마치면, 질문지 목록 다음에 나오는 두 번째 단계로 가시오.

번호	질문	예	유형	아니오
1	교육과정은 학생들에게 지적인 자율성을 제공해야 한다.		1	
2	교육과정은 개인적인 필요보다 사회적인 필요를 강조해야 한다.		4	
3	교육과정은 인간적이고 실존적인 것을 가장 우선시해야 한다.		3	
4	교육과정은 목표 달성을 위한 수단의 개발에 관심이 있다.		2	
5	교육과정은 지식을 전달하고 학습을 촉진하는 공학적인 기술과 관련된다.		2	
6	모든 교과가 똑같이 중요한 것은 아니다.		5	
7	문제해결 또는 발견학습을 강조한다.		1	
8	교육과정은 발견을 조장하는 질문들, 즉 호기심을 자극하고 생각을 심화시키는 질문들을 특징으로 한다.		1	

4 Reprinted from Patrick Babin, "A Curriculum Orientation Profile," *Education Canada* (1979), pp. 38-43.

번호	질문	예	유형	아니오
9	교육의 목적은 교육과정과 사회의 관계를 긍정적으로, 또는 부정적으로 조망하는 것과 관련된다.		4	
10	교육과정은 가치의 문제에 전념해야 한다.		3	
11	교육과정은 정해진 목표를 달성하는 효과적인 수단을 강구한다.		2	
12	목표는 구체적이고 명확한 용어로 진술한다.		2	
13	교육과정은 사회적인 맥락에서 인간에게 직접 영향을 주는 활동적인 요소이다.		4	
14	교육은 개인이 스스로 의미를 찾는 실존의 과정이다.		3	
15	교육과정 언어는 간단명료하고 논리정연하고 구체적이어야 한다.		2	
16	학습자는 상호작용과 지적인 적용이 가능한 존재이다.		1	
17	교육과정은 개인적인 목적에 초점을 두면서 자아의 통합을 강조한다.		3	
18	교육과정은 학습자에게 인류의 가장 위대한 지적인 유산을 제공해야 한다.		5	
19	사회개혁과 미래사회에 대한 책임이 학교교육의 주된 목적이다.		4	
20	교육과정은 사회에 대한 비판적인 인식을 제고하는 수단이다.		4	
21	교육과정은 지적인 조작 능력의 개선을 도모한다.		1	
22	전통적인 지식 교과가 반드시 필요하다.		5	
23	교육은 자아실현을 돕는 내용과 방법을 제공해야 한다.		3	
24	학습의 과정을 강조한다.		1-2	
25	운전연습은 교육의 질을 떨어뜨린다.		5	
26	목표에 따른 관리가 교육과정의 중요한 부분이다.		2	
27	내용보다 방법을 중시하며, 수업의 과정에서 효과성을 강조한다.		1-2	
28	학습자에게 교육과정 자료를 의도적으로 투입해 구체적인 학습 결과를 생산해야 한다.		2	
29	교육의 목적을 역동적, 개인적, 과정적인 용어로 표현한다.		3	

번호	질문	예	유형	아니오
30	교육과정은 학문/교과의 구조에 바탕을 둔다. 주로 지적인 영역을 강조한다.		5	
31	학습은 전이 가능한 지적인 능력을 개발하는데 목적이 있다.		1	
32	교육과정은 자원의 활용, 환경의 오염, 전쟁의 발발, 물의 사용, 인구의 증가, 정치적인 선전, 자율적인 규제 등 인류 공동의 사회문제들에 초점을 맞추어야 한다.		4	
33	교육과정은 지역 공동체의 사회적인 삶을 개선하기 위한 실천적인 프로그램들을 포함해야 한다.		4	
34	교육과정은 불안정하고 변화하는 세상에서 개인의 생존을 위한 수단에 주목한다.		4	
35	교육과정의 문제는 아이들의 개인적인 관심사로부터 시작한다.		3	
36	교육과정은 시대를 이어온 예술 작품들을 포함해야 한다.		5	
37	교육과정은 개인적인 해방과 발달을 위한 수단과 관련된다.		3	
38	교육과정은 주로 지역사회에 기여하는 과제들을 수행해야 한다.		4	
39	교육과정은 문화의 전수를 표방해야 한다.		5	
40	교육과정은 현재의 생생한 삶의 모습을 반영해야 한다.		4	
41	학습은 체계적이고 예측 가능한 방법으로 진행된다.		2	
42	교육과정은 인류의 가장 위대한 사상과 유산을 제공해야 한다.		5	
43	교육과정은 점진적인 변화를 이루는 수단으로서 적용을 강조한다.		4	
44	가르치는 내용에 관심이 있다.		3-5	
45	개인적인 의미가 매우 중요하다.		3	
46	교육과정은 학습자 개개인에게 만족스럽고 완성적인 경험을 제공해야 한다.		3	
47	벤자민 블룸의 지적인 영역에서의 목표분류학이 교육과정에서 중요한 역할을 한다.		1	
48	교육과정은 고도로 계획된 시스템이다. 각 과제는 기존의 것을 토대로 앞으로 진행될 것을 준비하는 구조이다.		2	
49	학생은 자기 주도적으로 교육목적을 결정해야 한다.		3	

번호	질문	예	유형	아니오
50	교육에서 가장 중요한 것은 인류의 삶에 영향력을 행사했던 주요 사상들이다.		5	
51	학교는 사회변화를 위한 기관이다.		4	
52	교육은 개인의 성장과 발달을 책임지는 경험의 총체로서 통합적이고 종합적인 일이다.		3	
53	교사의 주된 업무는 학생이 교실에 들어오기 전에 교육과정을 조직하는 일이다.		2	
54	교사는 교실에서 학습이 일어나는 과정을 가르치는 사람이다.		1	
55	문제해결 능력이 특정 내용이나 지식보다 중요하다.		1	
56	교육과정에서 주제와 내용보다 사고의 형식을 우선시한다.		5	
57	학문의 개념과 구조가 교육과정에서 중요한 요소이다.		5	

두 번째 단계. 이 부분을 읽기 전에 첫 번째 단계를 완성하시오.

질문지 각 항목마다 '예'와 '아니오' 사이에 교육과정에 대한 특정 오리엔테이션을 나타내는 하나 또는 하나 이상의 번호가 적혀 있다. 각 번호가 의미하는 교육과정 오리엔테이션은 다음과 같다.

1 - 인지과정개발(CP)
2 - 공학(T)
3 - 자아실현과 만족스러운 경험(SA)
4 - 사회 적응과 재건(SR)
5 - 학문적인 합리주의(AR)

질문지에서 '예'에 표기한 문항들이 위의 다섯 가지 오리엔테이션 중에 어디에 속하는지 확인한 다음, 각 오리엔테이션에 해당하는 문항들

의 수를 아래에 표기하시오. 예를 들면, '예'에 표기한 문항들 중에 인지과
정개발에 해당하는 문항들이 10개, 공학에 해당하는 문항들이 6개가
있을 수 있다. 다섯 가지 오리엔테이션 별로 전체 문항 수를 합산하여
그 결과를 다음 페이지의 그래프에 표기하시오. 완성된 그래프는 교육과
정 유형에 대한 개인적인 프로파일을 제공하고, 서로 다른 교육과정
유형에 대한 선호의 정도를 보여준다.

합계
1 (   ) 인지과정개발(CP)
2 (   ) 공학(T)
3 (   ) 자아실현과 만족스러운 경험(SA)
4 (   ) 사회 적응과 재건(SR)
5 (   ) 학문적인 합리주의(AR)

교육과정 오리엔테이션 프로파일

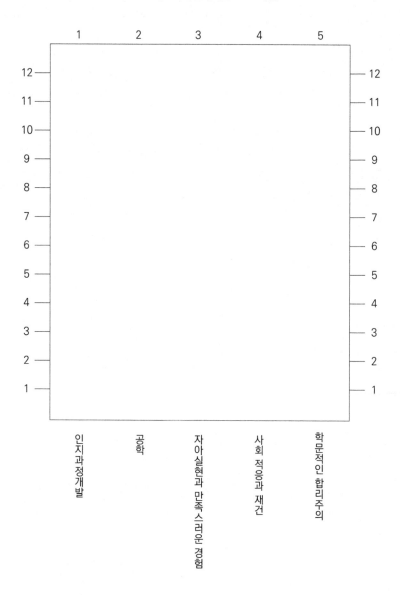

05

교육과정의 모형

하버마스의 인식론

19세기가 끝날 때까지 서양의 인식론은 경험-분석적인 방법empirical-analytic methodology을 통해 얻는 지식만이 지식이라는 전통에 갇혀 있었다. 그러나 20세기 들어 이러한 사고체계에 변화의 조짐이 찾아졌다. 그 중심에는 프랑크푸르트 학파Frankfurter Schule[1]의 비판철학자 위르겐 하버마스Jürgen Habermas[2]가 있었다. 하버마스는 그의 『지식과 관심Erkenntnis und Interesse』(1968)[3]에서 방법적인 법칙과 지식을 구성하는 관심 간의 상호 관련성을 밝히고자 했다. 이를 위해 하버마스는 경험-분석적인 접근, 역사-해석적인 접근, 비판적인 경향의 접근이라는 세 가지 탐구의 과정을 제시했다. 하버마스는 지식이 그 자체로 존재하는 것이 아니라 인간의

....

1 1930년대 등장한 독일 프랑크푸르트 사회연구소Institut für Sozialforschung의 신마르크스주의 이론가 집단을 말한다. 프랑크푸르트 사회연구소는 1923년 카를 그륀베르크Carl Grünberg가 프랑크푸르트암마인 대학과 연계해 설립했다. 1930년대 이 연구소의 소장이었던 막스 호르크하이머Max Horkheimer를 비롯하여 테오도어 아도르노Theodor Adorno, 에리히 프롬Erich Fromm, 허버트 마르쿠제Herbert Marcuse와 같은 비판적인 성향의 학자들이 참여했다. 이들은 왜곡된 이데올로기를 극복할 비판운동을 전개하면서 '인간해방'을 이루고자 했다.
2 하버마스는 1956년 아도르노에게 비판이론을 배우면서 프랑크푸르트 사회연구소와 인연을 맺었고, 1964년 프랑크푸르트암마인 대학의 철학 및 사회학 교수가 되면서 프랑크푸르트 학파를 공식적으로 대표했다. 1960년대부터 하버마스는 의사소통의 합리성, 언어적인 상호주관성, 현대성에 대한 철학적인 담론을 전개하면서 이 학파의 비판이론 전통을 계승·발전시켰다.
3 이 책은 하버마스의 프랑크푸르트 대학 취임사(1965)에 토대를 두었다. 하버마스의 취임사는 『지식과 관심』의 부록에 같은 제목으로 실렸다.

관심을 통해 결정된다고 주장했다. 하버마스식 논의는 그동안 단 하나의 지식the knowledge으로 간주되었던 과학적인 지식의 위상을 재고再考하도록 했다. 지식이 인간의 관심과 동떨어져 존재하지 않는 이상, 과학적인 지식도 인간의 특정한 관심에 의해 결정되어 특정한 방법적인 법칙을 통해 생산되는 하나의 지식a knowledge에 불과했기 때문이다. 이러한 인식론적인 변화는 지식의 유일무이한 원천으로서의 경험-분석적인 방법 외에 지식을 얻는 다른 방법론적인 틀이 있는지, 만약 있다면 그것은 무엇인지, 또 그러한 지식의 생산을 결정하는 인간의 관심에는 어떤 것이 있는지 여러 의문을 낳았다. 물론 논의의 출발점은 보편타당한 지식이라 알려진 과학적인 지식의 이면에 놓인 인간의 특정 관심이 무엇인지 밝히는 일이었다.

1. 경험-분석적인 지식empirisch-analytische Wissenschaft

하버마스에 따르면, 과학적인 지식은 진공 속에 존재하는 가치중립적인 사실체계라기보다 인간의 특정한 관심에 지배를 받는 가치포함적인 의미체계였다. 하버마스는 과학적인 지식을 구성하는 인간의 관심으로 자연을 지배하려는 기술적技術的인 통제를 꼽았다. 우리는 자연을 효과적으로 통제하기 위해 기술적으로 유용한 정보를 획득하고, 이를 위해 실험과 관찰이라는 통제된 노동의 과정-초기 조건을 만들어 실험하고, 그 결과를 측정하는-을 설계한다. 경험주의자들에게 이러한 조작적인 과정은 객관화된 과정objectified process이며, 관찰의 결과는 주관성이 개입하지 않은 믿을만한 자료이다. 한편 '기술적인 통제'는 관찰 가능한 사실들에 입각해 인간 행동의 확실성을 높이고 범위를 넓히는 것을 목적으로

한다. 인간의 이러한 관심은 경험-분석적인 방법을 통해 법칙적nomological
인 지식에 도달한다. 경험-분석적인 방법에서는 이론의 구성과 검증을
위한 법칙을 만들어 준거체계frame of reference로 사용한다. 이론은 가설
추론을 위한 경험적인 명제들-경험적인 내용에 기초한 가정으로부터
법칙을 추론하는-로 구성된다. 그러한 명제들은 관찰 가능한 사건들이
서로 관련지어 분포하는 모양을 전체적으로 나타내는 것으로서 초기
데이터나 제어 조건이 제시되면 예측이 가능하다. 경험-분석적인 방법을
통해 얻는 지식은 예측 가능하다. 다만 그러한 예측의 의미, 즉 기술적인
활용이 이론을 실제에 적용하는 법칙의 지배를 받는다.[4]

2. 역사-해석적인 지식historisch-hermeneutische Wissenschaft

하버마스는 인간의 기술·인지적인 관심이 경험-분석적인 방법을 통
해 앎에 도달한다는 논의를 통해 과학적인 지식을 '객관주의의 환상'으로
탈신격화한 다음, 지식을 구성하는 다른 인지적인 관심에는 어떤 것이
있는지 살펴보았다. 우선 하버마스는 지식을 구성하는 인간의 실천적인
관심에 주목했다. 실천적인 관심이란 상호 이해를 위한 간주관성間主觀性
의 보존과 확장에 대한 구성적構成的인 관심이다. 부여하면, 서로 다른
전통 속에서 서로 다른 자기 이해에 도달한 역사적인 존재들 간의 상호
합의consensus를 이루려는 관심이다. 하버마스에 따르면, 타자와의 의사소
통을 유지하려는 인간의 실천적인 관심은 역사-해석적인 방법을 동원해

....

4 Jürgen Habermas, *Erkenntnis und Interesse* (Frankfurt am Main, 1968), *Knowledge and Human Interests*, J. J. Shapiro trans. (Boston, 1971), p. 308.

지식을 생산한다. 인간은 역사적인 존재이며 해석과 적용의 과정을 통해 상호 이해, 즉 합의에 도달한다. 앞서 살펴본 경험-분석적인 방법과 비교해 보았을 때, 역사-해석적인 방법에서는 객관적인 실험과 관찰을 통해 사실에 접근하는 것이 아니다. 그보다 상호주관적인 의미 부여를 통해 현실을 드러내며, 과학적인 지식과 대비되는 것으로서 상황적인 이해를 추구한다. 상황적인 이해는 역사-해석적으로 구성된 상호주관적인 의미 체계로서 단선적인 가설 검증이 아닌 순환적인 의미 해석의 과정을 거친다. 결국 역사-해석적인 접근은 서로 다른 전통 속에서 서로 다른 이해의 지평을 소유한 개인들 간의 상호 합의를 이루려는 실천적인 관심을 함의하고 있으며 간주관적인 의사소통의 과정, 즉 언어를 매개로 한 일상적인 대화를 통해 지식에 도달한다.5

3. 비판 지향적인 지식kritisch orientierte Wissenschaft

하버마스가 말하는 지식을 구성하는 인간의 또 다른 인지적인 관심은 해방emancipation이다. 해방은 우리의 의식이 그동안 당연시했던 '객관성'과 '전통'의 지배에서 벗어나 인간 본연의 자유, 즉 자율과 성숙함을 되찾는 것을 의미한다. 이를 위해 하버마스는 두 가지 가능성을 고려했다. 하나는 마르크스 식의 이데올로기적인 비평을 통해 객관성의 제약으로부터 벗어나는 일이었다. 이는 기존의 경험-분석적인 접근이 '객관주의의 환상'에 사로잡혀 이념적인 분석을 원천적으로 차단했다는 문제의식에서 비롯되었다. 다른 하나는 정신분석 식의 자기반성을 통해 전통의

....

5 Habermas, *Erkenntnis und Interesse, Knowledge and Human Interests*, p. 309.

제약으로부터 벗어나는 일이었다. 이는 기존의 역사-해석적인 접근이 해석자 최초의 상황에 기원하는 전이해前理解, pre-understanding의 중재를 통해 전통적인 의미의 세계로부터 완전히 자유로울 수 없다는 문제의식에서 비롯되었다. 하버마스에 따르면, 이러한 이데올로기적인 비평과 자기반성은 연역적이고 순환적인 의미를 뛰어넘어 인식의 과정a process of knowing을 설명할 수 있다. 하버마스는 그러한 인식의 과정에 '비판 지향적'이라는 수식어를 붙였는데, 그것이 겉으로는 자연스럽게 보이는 세상 속에 감추어져 있는 왜곡된 삶의 조건들을 밖으로 드러내 보임으로써 일차적으로 우리의 의식이 화석화化石化되는 것을 막아주고, 나아가 궁극적으로 사회 변혁을 위한 의식 전환과 행동을 안내할 수 있기 때문이다.[6]

----

6 Habermas, *Erkenntnis und Interesse, Knowledge and Human Interests*, pp. 310-311.

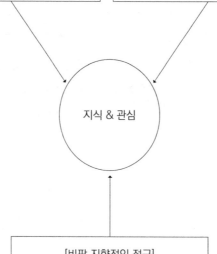

〈그림 V-1〉 하버마스의 인식론적인 삼각틀

[경험-분석적인 접근]
• 인간의 생존을 위한 생산 활동
• 자연을 지배하려는 기술적인 관심
• 자연 통제에 효과적인 지식

[역사-해석적인 접근]
• 언어를 통한 상호주관적 의사소통
• 상호작용에 참여하려는 실천적인 관심
• 현실을 드러내는 상호주관적인 이해

지식 & 관심

[비판 지향적인 접근]
• 왜곡된 삶의 조건들에 대한 반성과 비판
• 지배에서 벗어나려는 해방적인 관심
• 자율적이고 성숙한 삶을 추구하는 지식

교육과정 개발 모형

　1975년 윌리엄 파이너가 재개념주의자들의 글을 한데 모아 출간한
『교육과정 이론화Curriculum Theorizing』에는 교육과정 재개념화 운동의 선
구자 중 한 명인 제임스 맥도널드James Macdonald의 글이 두 편 실려 있다.
하나는 교육과정 이론에 관한 논고이고, 다른 하나는 교육과정 개발에
관한 논고이다. 여기서는 후자의 논고가 중요한데, 「교육과정과 인간의
관심Curriculum and Human Interests」이라는 흥미로운 제목의 글[1]에서 맥도널
드는 하버마스의 인식론에 터한 교육과정 개발 모형을 제시했기 때문이
다. 부연하면 맥도널드는 하버마스가 지식을 구성하는 인간의 세 가지
관심으로 명명했던 통제, 합의, 자유에 근거해 교육과정 개발 모형을
세 가지로 구분해 논의했다. 앞서 하버마스가 그러했듯이 맥도널드는
먼저 인간의 기술적技術的인 관심에 의거해 교육과정을 개발하는 단선적-
전문가 모형을 검토한 뒤 인간의 실천적實踐的인 관심에 의거해 교육과정

1　맥도널드의 「교육과정과 인간의 관심」은 하버마스의 『지식과 [인간의] 관심』을
　교육과정의 관점에서 재해석한 글이다. 맥도널드는 그의 교육과정 사고체계가
　하버마스의 인식론에 빚을 지고 있음을 고백했다. "작년에 나는 특별히 나를
　염두에 두고 쓴 것이라고 생각할 만한 책을 한 권 찾아냈다. 사실 죽을 때까지
　이런 생각이 드는 책을 몇 권이나 만나겠는가! 이 책은 헌트J. McV. Hunt가 '일치match
　의 문제'라고 부른 것의 좋은 예에 속한다. 어느 정도 문화적인 내용, 나의 개인적인
　관심, 그리고 독서가 서로 일치한 결과이다. 그 책은 바로 위르겐 하버마스의
　『지식과 [인간의] 관심』이다." James Macdonald, "Curriculum and Human Interests,"
　in William Pinar ed., *Curriculum Theorizing: The Reconceptualists* (Berkeley, 1975),
　pp. 285-286.

을 개발하는 순환적인 합의 모형을 다루었고, 마지막으로 인간의 해방적解放的인 관심에 의거해 교육과정을 개발하는 대화적인 모형을 살펴보았다. 맥도널드는 인간의 인지적인 관심과 교육과정 개발 모형 간의 상호 관련성을 밝히는 작업이 교육과정 문제에 대한 이해의 지평을 넓히는데 공헌할 것이라고 주장했다.

1. 단선적-전문가 모형Linear-Expert Model

하버마스의 인식론에서 경험-분석적인 접근에 해당하는 것이 맥도널드의 교육과정 개발론에서는 단선적-전문가 모형이다. 경험-분석적인 접근과 마찬가지로 단선적-전문가 모형에서도 인간의 관심은 기술적인 통제에 있고, 그러한 인간의 인지적인 관심이 하나의 공통된 교육과정a common curriculum 생산으로 이어진다. 이때 전문가들의 역할을 강조하며, 교육과정 개발 과정은 법칙적인 순서를 따른다. 그 대강의 절차를 제시하면 다음과 같다.[2] 첫째, 전문가 집단이 테스트tryout를 위한 교육과정 예비 문건을 제작한다. 둘째, 교육과정 실험 결과를 전문가들에게 피드백한다. 교육과정 초안을 재진술하고 사전 검사pilot test를 실시한다. 그리고 넷째, 최종 수정을 거쳐 교육과정을 확정하고 배포한다. 맥도널드는 1960년대 미국에서 성행했던 국가 수준의 교육과정 프로젝트[3]를 이러한 단선적-전

....

2 Macdonald, "Curriculum and Human Interests," p. 292.

3 스푸트닉 '충격' 이후 미국 사회에서 목격되는 과학·수학 교과에서의 국가 수준의 교육과정 개혁 프로젝트를 말한다. 주지하다시피 이 개혁을 주도했던 사람들은 교육과정 전문가들이라기보다는 각 교과의 전문가들이었고, 1960년대 미국에서 국가가 주도하는 중앙집권적인 교육과정 개발은 단선적-전문가 모형의 전형全形이

문가 모형의 대표적인 사례로 지목하면서 그 절차상의 특징을 다음과 같이 정리했다.

전문가 집단이 교육과정 개발을 주도하면서 통제의 극대화를 추구한다. 모든 피드백 절차를 동원해 학생의 성취도와 교사의 만족도를 최대로 끌어올리는 일에 집중한다. 전체 과정은 미리 설정된 목적의 통제와 감시를 받고, 전문가 집단이 내용과 과정의 유효성에 관한 최초의 그리고 최후의 결정을 내린다. 이러한 접근의 논리적 귀결은 행동목표 운동이다.[4]

2. 순환적인 합의 모형Circular Consensus Model

하버마스의 인식론에서 역사-해석적인 접근에 해당하는 것이 맥도널드의 교육과정 개발론에서는 순환적인 합의 모형이다. 역사-해석적인 접근과 마찬가지로 순환적인 합의 모형에서도 인간의 관심은 상호주관적 이해에 있으며, 그러한 인간의 구성적인 관심이 구성원들 간의 합의에 바탕을 두는 교육과정 개발로 이어진다. 앞의 단선적-전문가 모형과 비교해 보았을 때 순환적인 합의 모형에서는 교육과정 및 교과 전문가들이 아닌 지역 학교의 구성원들이 교육과정을 명료화하고 구체화하는 작업에서 주도권을 행사한다. 민주주의 사회에서는 집단적인 의사결정 과정 decision-making process을 존중하며, 교사들의 적극적인 참여 없이 개발된 교육과정은 학교현장에서 잘못 사용되거나 의미가 퇴색하기 때문이다.

....

었다.

4 Macdonald, "Curriculum and Human Interests," p. 292.

이러한 접근에서는 교육과정을 연역적인 가설 검증이 아닌 순환적인 해석 과정을 통해 개발한다. 물론 상황에 따라 전문가의 조언과 그에 따른 통제도 있어야 하겠지만, 그러한 기술적인 간섭도 서로 다른 역사적인 지평 간의 해석학적인 합의를 이루려는 실제적인 관심에서 발생한다. 순환인적 합의 모형에서는 학교 교직원과 지역 구성원들의 참여와 상호 주관적인 의사소통 과정이 중요하다. 이러한 교육과정 개발에는 지역사회 학교community school의 "풀뿌리grassroots" 모형이 대표적이다.[5]

3. 대화적인 모형Dialogical Model

하버마스의 인식론에서 비판적인 접근에 해당하는 것이 맥도널드의 교육과정 개발론에서는 대화적인 모형이다. 비판적인 접근과 마찬가지로 대화적인 모형에서도 인간의 관심은 지배체계로부터의 해방에 있으며, 그러한 인간의 관심이 의식적인 대화의 과정을 거쳐 교육과정을 생산한다. 대화적인 모형에서는 학생들의 의사意思를 적극적으로 타진하고 반영하면서 교육과정을 개발한다. 교사를 비롯한 성인들은 그들이 알고 있는 문화자료와 학생들의 필요·흥미 간의 접점接點을 찾기 위해 노력한다. 교육과정 주제의 선정과 준비는 성인 집단의 몫이지만, 교육과정 개발은 학생 집단을 대화에 참여시키는 과정을 통해 이루어진다. 학생들 개개인은 왜곡된 삶의 조건들에 대한 자기반성과 이데올로기적인 비판을 통해 기旣 결정된 교육과정 자료의 유효성과 타당성을 검증한다. 그 과정에서 학생들은 그동안 당연시했던 지배체계로부터 해방되어

....

5 Macdonald, "Curriculum and Human Interests," pp. 292-293.

참된 의미에서 인간의 자율성과 책무성을 되찾는다. 맥도널드에 따르면, 이러한 교육과정 개발 모형은 중핵 교육과정core curriculum[6] 또는 학제간 활동interdiciplinary activities[7]의 개발과 유사하며, 특히 파울로 프레이리Paulo Freire[8]가 남아메리카의 농민들을 위해 개발한 문해교육文解敎育 프로그램이 대표적이다.[9]

---

6 특정 주제를 중심으로 그 주변을 관련 교과 내용들로 둘러싸는 동심원 형태의 교육과정 설계이다. 전통적인 교과중심적인 교육과정과 비교해 보았을 때 교과 간의 통합을 중시하는 특징이 있다. 한 예로, '인간해방'을 중핵요소로 지정한 뒤 그와 관련된 교과 내용들로 주변을 통합적으로 조직하는 방식이다.

7 인접 학문 또는 상이한 학문 간의 접점을 찾으려는 시도이다. 앞서 언급한 중핵 교육과정이 교과 간의 경계를 느슨하게 만든다면, 학제 간 활동은 학문 간의 경계를 넘나든다.

8 브라질 태생의 비판교육학자이다. 우리에게 『억압받은 자의 교육Pedagogia do Oprimido』의 저자로 친숙하다. 이 책에서 프레이리가 비판하는 '은행저축식' 교육과 그가 대안으로 제시하는 비판적인 의식화 교육은 21세기 후기 자본주의 시대에 '인간해방'을 위한 삶과 교육의 조건을 고민토록 한다. Paulo Freire, *Pedagogy of the Oppressed* (Translated from the original Portuguese manuscript, 1968 by Myra Bergman Ramos trans) (New York, 1970), chs. 2-3.

9 Macdonald, "Curriculum and Human Interests," p. 293.

〈그림 V-2〉 맥도널드의 교육과정 개발 모형

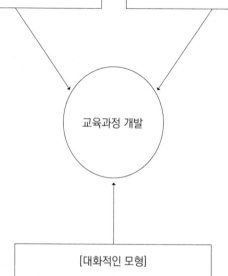

[단선적-전문가 모형]	[순환적인 합의 모형]
• 목표에 의한 과정의 통제 • 하나의 공통 교육과정 생산 • 국가 수준의 교육과정 개발	• 구성원 간의 상호 이해 • 간주관적인 교육과정 합의 • 지역사회학교 교육과정 개발

교육과정 개발

[대화적인 모형]
• 지배체제로부터의 해방
• 반성과 비판을 통한 교육과정 구성
• (프레이리) 문해교육 프로그램 개발

교육과정 탐구 모형

2005년 파이너는 리타 어윈Rita Irwin과 함께 테드 아오키Ted Aoki의 에세
이 모음집[1]을 출간했다. 이 책의 영문명 'Curriculum in a New Key'는
아오키가 1980년에 발표한 논문 "Toward Curriculum Inquiry in a New
Key"의 함축적인 표현이다. 우리말로는, 평소 재즈음악을 좋아했던 아오
키의 성향을 고려하여 "교육과정을 연주하는 새로운 키"로 옮기거나
"교육과정을 탐구하는 새로운 방식" 정도로 번역할 수 있다. 지금 우리가
아오키의 오래 전 글에 주목하는 이유는 그 안에 하버마스의 인식론에
기반을 둔 교육과정 탐구 모형이 담겨 있기 때문이다. 앞서 맥도널드가
그러했던 것처럼, 아오키는 하버마스의 인식론적인 삼각틀을 교육과정
분야에 적용했다. 아오키는 하버마스가 지식을 구성하는 인간의 관심이
라고 말했던 통제, 합의, 자유로부터 교육현상을 탐구하는 세 가지 방식을
제시했는데, 인간의 기술적인 관심은 경험 분석적인 탐구 모형으로, 인간
의 실제적인 관심은 상황 해석적인 탐구 모형으로, 인간의 해방적인
관심은 비판 반성적인 탐구 모형으로 각각 구현되었다. 아오키는 하버마
스의 패러다임이 영·미 식의 실증주의적이고 행동주의적인 방법론을

....

1 스물여덟 편의 논문과 기타 소소한 글들을 모았다. 평생 한 권의 책도 출간하지
않은 아오키의 교육과정 학자로서의 '쿠레레'를 엿볼 수 있는 자료이다. 파이너와
어윈은 아오키의 학문적인 편력을 세상에 내놓으면서 교육 분야에 노벨상이 있다면
그 수혜자는 아오키가 되어야 한다는 '후한' 평가를 잊지 않았다. 자세한 것은
이 책의 서문을 참조하라. William Pinar and Rita Irwin eds., *Curriculum in a*
New Key: The Collected Works of Ted T. Aoki (New Jersey, 2005), p. xvii.

넘어 교육과정 탐구의 새로운 가능성을 열어 줄 것이라고 믿었다.[2]

1. 경험 분석적인 탐구 모형Empirical Analytic Inquiry Orientation

하버마스의 경험-분석적인 접근을 교육현상 탐구에 적용한 것으로서 인간의 관심은 세상을 객관화하여 통제하는데 있다. 인간의 기술적인 관심은 법칙적인 지식의 생산으로 이어진다. 이러한 접근에서 인간은 효율성, 확실성, 예측 가능성을 증가시키는 경험 분석적이고 기술적인 이해를 추구한다. 인간의 삶은 설명 가능하고, 경험 분석적인 지식은 세상을 설명하는 힘이 있다. 경험 분석적인 탐구에서 연구자는 독립적인 위치에 있다. 탐구는 과학적인 실험의 일반 절차를 따른다. 연구자는 객관적으로 행동해야 하며, 그 자신의 주관성이 통제된 실험 과정에 영향을 주지 않도록 유의해야 한다. 탐구의 엄밀함은 복합적인 연구 설계와 통계 분석에 기초한 정교한 수학적인 계산이 보장하며, 지식의 정확성은 경험적인 증거가 결정한다. 아오키는 경험 분석적인 탐구를 오늘날 교육 연구의 지배적인 패러다임으로 규정하고, 그것에 '과학적'이라는 꼬리표를 붙였다.

세 가지 오리엔테이션 중에 북아메리카 교육 연구자들의 사고체계를 지배하는 것은 단연 경험 분석적인 탐구이다. 교육자들 대부분은 경험 분석적인 탐구를 '과학적'인 일로 간주하면서 그것에

....

2 Aoki, "Toward Curriculum Inquiry in a New Key," in William Pinar and Rita Irwin eds., *Curriculum in a New Key: The Collected Works of Ted T. Aoki* (New Jersey, 2005) p. 94.

전통과 권위를 부여한다. 교육 분야에서 연구는 곧 이러한 종류의 탐구를 말하며, 교육을 전공하는 교수들과 대학원생들은 과학적인 실험 절차와 통계 처리에 필요한 규칙과 기술을 익히는데 전념한다. 이들의 눈에는 경험 분석적인 탐구만이 '진짜' 연구이다.[3]

2. 상황 해석적인 탐구 모형Situational Interpretive Inquiry Orientation

하버마스의 역사-해석적인 접근을 교육현상 탐구에 적용한 것으로서 인간의 관심은 언어를 매개로 의사소통하는 상호행위에 있다. 상황 해석적인 탐구는 인간 상호 간의 이해를 증진하기 위해 '나'와 '너'가 세상을 의미 있게 경험하는 방식에 주목한다. 아오키에 따르면, 나는 세상 속 존재로서 세상에 의미를 부여하는 활동을 통해 나의 개인적인 의미 세계를 구성하며 현재의 삶을 살아간다. 마찬가지로 너 또한 세상 속 존재로서 세상에 의미를 부여하는 활동을 통해 너 자신에게 의미 있는 세계를 구성하며 나와는 별개로 현재의 삶을 살아간다. 인간은 자신이 경험하는 것을 계속해서 해석하려 하며, 그러한 해석은 사람마다 서로 다르다. 그렇기에, 서로 다른 지평 간의 해석학적인 화해를 이끌어내는 간주관적인 의사소통 과정이 중요한데, 상황 해석적인 탐구는 대화적인 의미 해석 작업을 통해 나의 개인적인 의미체계와 너의 개인적인 의미체계 간의 상호주관적인 이해를 추구한다. 앞의 경험 분석적인 탐구와 비교해 보았을 때, 상황 해석적인 탐구는 사실에 대한 의미 이해를 목적으로 해석적인 설명을 제공하며, 이는 대화를 하는 사람들 간의 동기, 경험,

3 Aoki, "Toward Curriculum Inquiry in a New Key," p. 102.

의미 등에 관한 구성적인 합의에 따른 것이다. 이러한 접근에서 연구자는 상황 밖에 존재하는 객관적인 관찰자가 아니다. 오히려 상황 안에 거주하면서 사람들과 간주관적인 대화를 적극적으로 나눈다. 아오키는 상황 해석적인 탐구가 경험 분석적인 탐구를 보완하고, 나아가 교육과정을 개발, 실행, 평가하는 대안적인 관점을 제공한다고 주장했다.[4]

3. 비판 반성적인 탐구 모형Critically Reflective Inquiry Orientation

하버마스의 비판 지향적인 접근을 교육현상 탐구에 적용한 것으로서 인간의 관심은 왜곡된 삶으로부터의 자유, 즉 지배로부터 벗어난 자율인이고 성숙한 삶에 있다. 이러한 형태의 탐구를 대표하는 것으로는 비판이론critical theory이 있다. 앞의 경험 분석적인 탐구가 기술적인 생산을, 그리고 상황 해석적인 탐구가 상호주관적인 의사소통을 강조했다면, 비판적인 탐구는 반성反省을 중시한다. 이때 반성은 비판적인 분석 과정을 통해 지금까지 당연시했던 '사실' 이면에 숨어 있는 가정과 의도를 '밖으로 드러내 보이는 것'[5]이다. 비판적인 성향의 탐구자들은 겉으로는 자연스러워 보이는 세상에 의문을 던지고, 수면 밑에 감추어져 있는 특정 개인이나 사회집단의 '참된true' 이해관계를 폭로한다. 특히 인간 삶의 억압적이고

---

4 Aoki, "Toward Curriculum Inquiry in a New Key," p. 105.

5 고대 그리스어로 진리에 해당하는 "알레테이아aletheia"는 '비은폐' 또는 '밖으로 드러내 보이는 것'을 의미한다. 이러한 고대의 전통에 따르면, '객관적인 사실'이 곧 '진리'라는 근대의 과학적인 믿음은 절대성을 상실하며, 삶의 본질로서 은폐되어 있는 것을 캐고 파헤치려는 '반성적인 탐구'가 '진리'를 추구하는 인간의 활동으로서 재평가되어야 한다. 이기상, 『존재와 시간: 인간은 죽음을 향한 존재』 (파주, 2006), 311쪽 이하 참조.

비인간적인 측면들에 주목하면서 의식적인 자기반성과 이데올로기적인 사회비평을 촉구한다. 이를 위해 개인적인 수준에서는 인간 행동의 일상성日常性에 내재한 무의식적인 동기를 의식화하는 작업을 수행하고, 사회적인 수준에서는 각종 사회정책과 실제에 내재한 이념적인 장치를 파헤치는 작업을 진행한다. 비판 반성적인 탐구에서는 연구의 주체와 객체 간의 반성적인 활동을 중시하며, 그 과정에서 새로운 문제가 발생하고 상호 반성이 심화된다. 이러한 일련의 변증법적인 과정은 인간 개개인의 의식 전환과 그것에 바탕을 두는 실천적인 행동으로 이어진다. 궁극적인 목적은 '인간해방'이라는 도덕적인 틀 속에서 세상의 질적인 개선을 이루는데 있다.[6]

....

6 Aoki, "Toward Curriculum Inquiry in a New Key," pp. 105-107.

〈그림 V-3〉 아오키의 교육과정 탐구 모형

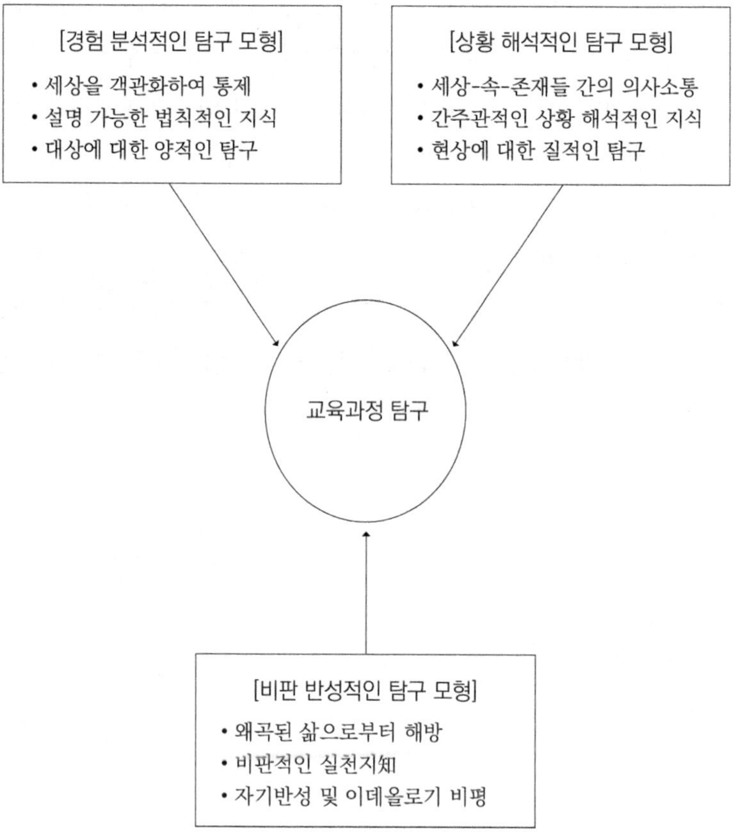

[경험 분석적인 탐구 모형]
- 세상을 객관화하여 통제
- 설명 가능한 법칙적인 지식
- 대상에 대한 양적인 탐구

[상황 해석적인 탐구 모형]
- 세상-속-존재들 간의 의사소통
- 간주관적인 상황 해석적인 지식
- 현상에 대한 질적인 탐구

교육과정 탐구

[비판 반성적인 탐구 모형]
- 왜곡된 삶으로부터 해방
- 비판적인 실천지(知)
- 자기반성 및 이데올로기 비평

<표 V-1> 교육과정 탐구의 세 가지 접근[7]

경험 분석적인 오리엔테이션	상황 해석적인 오리엔테이션	비판적인 오리엔테이션
기본 활동 지적이고 공학적인 일 (인간과 자연의 관계)	기본 활동 의사소통 (인간과 사회의 관계)	기본 활동 반성 (인간과 자아/세상과의 관계)
관심 세상에 대한 지적·공학적인 통제 효율성, 확실성, 예측가능성	관심 경험적으로 의미 있고, 참된 상호주관적인 이해 (행위자들의 의미/들)	관심 인간의 삶의 조건을 개선 암묵적인 가정들과 감추어진 가정들을 들여다보고, 인간 해방을 위한 변혁의 과정에 동참
지식 형태 법칙적인 지식 (사실, 일반화, 인과법칙, 이론)	지식 형태 상황·맥락적인 지식 해석 가능한 의미(들)의 구조.	지식 형태 규범적인 지식 인간다움과 인간/사회 조건을 개선하는 사고와 행동
이해 사실 등에 근거	이해 사람들이 상황에 부여하는 의미(들)에 기초	이해 반성에 기초
인식 경험적인 인식	인식 의미 부여	인식 비판적인 인식(반성+행동)
설명 인과, 기능, 가설-연역적인 이유를 제공	설명 동기, 공통의 의미, 참된 경험을 이해하면서 공명의 화음을 울림	설명 이면에 숨어 있는 생각지 못했던 측면들을 파헤치고 행동을 촉구

....

7 Aoki, "Toward Curriculum Inquiry in a New Key," pp. 100-101.

인간과 세상의 관계	인간과 세상의 관계	인간과 세상의 관계
"인간 그리고 세상"	"사회라는 세상 속에 존재하는 인간"	"세상 속에 존재하면서 세상과 반성적인 관계를 맺는 인간"

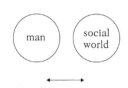 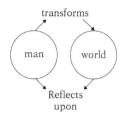

  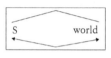

실재	실재	실재
밖에 존재한다.	상호주관적으로 구성된다.	프락시스(사고+행동)에 있다.
인생	**인생**	**인생**
설명할 수 있고, 확실하고, 예측 가능하다.	수수께끼와 같다.	지금보다 나아질 수 있다.
이론적인 배경	**이론적인 배경**	**이론적인 배경**
행동주의, 체제이론, 인공두뇌학, 구조기능주의	현상학, 지식사회학, 민속방법론, 언어분석, 해석학	비판이론, 비판사회이론, 정신분석학
주요 학자	**주요 학자**	**주요 학자**
데카르트, 로크, 스키너, 비엔나 학파	슐츠, 베거와 락크만, 가핑클, 고프만, 후설, 슈피겔버그, 시쿠렐, 팔머, 히르슈	골드너, 아도르노, 마르쿠제, 하버마스, 프랑크푸르트 학파, 우트레히트 학파, 프레이리
평가(목표-수단)	**평가(상황 해석)**	**평가(비판)**
성취지향평가, 목표에 입각한 준거지향평가, 비용편익평가	현상학- 해석학적인 평가	숨어 있는 가정, 관심, 가치, 동기, 관점, 기본 비유, 함의 등을 파헤치고 인간 조건의 개선을 위한 행동을 촉구 이데올로기의 폭로

교육과정 평가 모형

1986년 봄에 출간된 JCT 제6권, 제4호에는 여섯 편의 학술 논문이 실려 있다. 지금의 주제와 관련해 아오키의 글[1]이 눈에 들어온다. "관심, 지식 그리고 평가Interests, knowledge and Evaluation"라는 제목에서 우리는 어렵지 않게 앞서 살펴보았던 하버마스의 인식론을 소환한다. 글의 도입부에서 아오키는 하버마스 책과의 관련성을 직접 언급했다. "나는 위르겐 하버마스의 저술들, 특히 그의 『지식과 관심』으로부터 영향을 많이 받았다. 독자들은 하버마스의 책명과 내 논문명을 서로 비교해 봄으로써 그 유사성을 쉽게 확인할 수 있다."[2] 그밖에도 논문의 부제副題, "교육과정 평가의 대안적인 접근Alternative approaches to Curriculum Evaluation"으로부터 아오키의 목적이 하버마스의 인식론과 마찬가지로 교육과정 분야에서 평가에 대한 사고의 지평을 넓히는데 있었다고 추측할 수 있다. 부연하면, 아오키는 하버마스의 인식론적인 삼각틀을 교육과정 평가에 적용해 인간의 관심, 지식의 형식, 평가의 형태에 관한 세 가지 서로 다른 접근을 소개했다. 아오키는 오늘날 교육에 종사하는 사람들이 도구주의적인 이성의 전단적인 지배에서 벗어나 교육과정 평가의 문제를 다른 두 개의

....

1 이 글은 아오키 전집에 동일한 제목으로 다시 수록되었다. Aoki, "Interests, Knowledge and Evaluation: Alternative Approaches to Curriculum Evaluation," in William Pinar and Rita Irwin eds., *Curriculum in a New Key: The Collected Works of Ted T. Aoki* (New Jersey, 2005) pp. 137-150.

2 Ted Aoki, "Interests, Knowledge and Evaluation: Alternative Approaches to Curriculum Evaluation," *Journal of Curriculum Theorizing* 6, 4 (1986), p. 27, no. 1.

인식론적인 틀, 즉 상황 해석적인 관점과 비판 이론적인 관점에서 새롭게 바라보기를 바랐다.

1. 목표-수단/공학적인 평가 모형Ends-Means/Technical Evaluation Orientation

하버마스의 경험-분석적인 오리엔테이션을 교육과정 평가에 적용한 것으로서 지식을 구성하는 인간의 관심은 다음과 같다.[3]

① 교육과정의 목적과 목표를 달성하는데 수단이 얼마나 효율적인가?
② 바람직한 결과를 예측하는데 수단이 얼마나 효과적인가?
③ 의도한 결과, 수업자료의 내용, 특정 수업방식은 서로 간에 어느 정도 일치하는가?
④ 교육과정 A는 교육과정 B보다 주어진 목표를 달성하는데 얼마나 유용한가?
⑤ 주어진 교육과정들 중에 비용이 가장 적고 시간 효율이 가장 높은 것은 무엇인가?
⑥ 지역의 모든 학교에 적용 가능한 일반 원칙은 무엇인가?
⑦ 조직의 목적을 달성하기 위해 투입을 어떻게 조직해야 하는가?
⑧ 목적을 달성하기 위해 사용하는 주요 수단은 무엇인가?
⑨ 이러한 수단은 어느 정도 빈도와 강도로 실행되고, 그것을 어떻게 알 수 있는가?

....

3 Aoki, "Interests, Knowledge and Evaluation," p. 30.

이러한 인지적인 관심으로부터 경험적인 자료 형태의 지식이 나온다. 지식을 생산하는 과정에서 법칙의 형성, 경험적인 입증, 일반화 등을 중시한다. 지식은 객관적이고 가치중립적이다. 목표-수단 모형에서 평가자들은 교육적인 상황 밖에 위치하는 객관적인 이방인과 같다. 평가자들은 목표를 효율적이고 효과적으로, 또 예측 가능하고, 확실하게 달성할 수 있는 공학적인 수단에 관심이 있다. 평가자들은 심리측정학자들과 통계학자들의 도움을 받아 양적으로 측정 가능하고 통계적으로 엄밀한 평가 도구-검사지와 질문지-를 개발한다. 궁극적인 목적은 목표를 통한 수단의 통제에 있으며, 이러한 관점에서 도구주의적인 또는 공학적인 특성을 가진다. 아오키에 따르면, 목표-수단 모형은 오늘날 교육과정 평가의 주류 담론으로서 타일러의 논거로 알려진 전통적인 교육과정 개발 모형과 맥을 같이 한다. 사회과학의 방법-행동주의, 체제이론, 구조 기능주의와 같은-을 차용해 교육과정 이론의 엄격함을 주장하는 사람들에게 목표-수단의 공학적인 평가는 학문적으로 믿을만한 '정답the-'에 해당하는 '평가evaluation'이다.[4]

2. 상황 해석적인 평가 모형Situational Interpretive Evaluation Orientation

하버마스의 역사-해석적인 오리엔테이션을 교육과정 평가에 적용한 것으로서 지식을 구성하는 인간의 관심은 다음과 같다.[5]

---

4 Aoki, "Interests, Knowledge and Evaluation," pp. 30-31.
5 Aoki, "Interests, Knowledge and Evaluation," pp. 32-33.

① 교사, 관료, 부모, 학생, 행정가들은 교육과정 X를 어떻게 생각하는가?

② 교사, 관료, 부모, 학생, 행정가들은 특정 프로그램을 얼마나 찬성 또는 반대하는가?

③ 교사, 관료, 부모, 학생, 행정가들은 타당성, 의미, 적절성의 관점에서 교육과정 X를 어떻게 인식하는가?

④ 교사, 관료, 부모, 학생, 행정가들이 말하는 특정 프로그램의 강점과 약점은 무엇인가?

⑤ 교사, 관료, 부모, 학생, 행정가들이 교육과정 X에 관해 묻는 질문들은 무엇인가?

이러한 인지적인 관심으로부터 상호주관적이고 상황·맥락적인 형태의 지식이 나온다. 지식을 생산하는 활동은 상황 속에 거주하는 '나'와 '너'가 주변 세상에 의미를 부여하는 일이다. 그런데 내가 주변 세상을 경험하고 이해하는 방식이 네가 주변 세상을 경험하고 이해하는 방식과 서로 다르므로 '나'와 '너' 간의 상호주관적인 의사소통이 중요하다. 인간은 경험하는 것을 끊임없이 해석하고, 그러한 해석은 개인마다 차이가 난다. 그리하여 인간은 경험하는 상황마다 개인적인 의미를 부여하고, 같은 경우라도 다른 방식으로 해석한다. 상황 해석적인 모형에서 평가는 세상 속 존재로서 인간의 경험이 가지는 의미를 밝히는 일이며, 평가자들은 교육적인 상황에서 사회적인 개인들이 구성하는 의미의 구조를 파악하려 한다. 평가자들은 교실 속 존재들이 교육과정에 부여하는 상이한 의미를 이해하기 위해 교육적인 상황에 거주하는 사람들과 간주관적인 대화를 나눈다. 그 과정에서 평가자들은 구성원들 간의 상호 합의-동기, 참된 경험, 공통의 의미 등에 관한-를 이끌어냄으로써 교실 속 존재들 간의 복잡하고 다양한 대화 체계를 해석할 수 있다. 그리고 궁극적으로 실제적인 합의에 대한 인지적인 관심으로부터 학교교실이라는 사회적인 상황에서 세상을 의미 있게 경험하고 지적으로 적합하게 만드는 지식에 도달한다.[6]

3. 비판적인 평가 모형Critical Evaluation Mode Orientation

하버마스의 비판적인 오리엔테이션을 교육과정 평가에 적용한 것으로서 지식을 구성하는 인간의 관심은 다음과 같다.[7]

① 교육과정 X 이면에 놓여 있는 관점들은 무엇인가?
  (깊숙이 잠재되어 있는 관심, 가정, 접근은 무엇인가?)
② 교육과정 계획자가 학생 또는 교사를 바라보는 암묵적인 시각은 무엇인가?
③ 교육과정 X은 근본적으로 누구의 이익에 봉사하는가?
④ 교육과정 개발자, 실행자, 평가자를 안내하는 기본적인 비유들은 무엇인가?
⑤ 교육과정 자료에 대한 출판자, 저자, 개발자의 편견은 무엇인가?
⑥ 교육과정이 지지하는 세계관은 무엇인가?

이러한 인지적인 관심으로부터 비판적이고 실천적인 형태의 지식이 나온다. 지식을 생산하는 과정에서 파울로 프레이리가 "프락시스praxis"

....

6 Aoki, "Interests, Knowledge and Evaluation," pp. 33-34.
7 Aoki, "Interests, Knowledge and Evaluation," p. 36.

라고 불렀던 "비판적인 반성critical reflection"과 "실천적인 행동practical action" 간의 변증법적인 과정이 중요하다.8 '안다는 것knowing'은 지금까지 당연시했던 그래서 감추어져 있던 관점들을 밖으로 드러내기 위해 비판적으로 반성하고, 나아가 세상의 변화를 위해 실천적으로 행동하는 것을 말한다. 이러한 맥락에서 비판 지향적인 평가는 주어진 교육과정 아래 숨어 있는 인간의 관심, 인간·세계·지식에 대한 가정, 인간이 그 자신과 세상을 마주하는 태도 등을 발견하고, 그러한 발견으로부터 인간의 존재를 왜곡하는 삶의 조건들을 개선하는 일과 관련된다. 이를 위해 평가자들은 평가가 벌어지는 세상 속으로 들어가 평가 참여자들과 함께 열린 대화의 관계를 형성한다. 평가자와 평가 참여자들은 그동안 무의식적으로 수용했던 가정들과 의도들에 '의문'을 제기하고, 그렇게 함으로써 익숙함에 가려져 있던 사고와 행동의 일상성을 의식적으로 검토한다. 그러나 여기서 끝나지 않는다. 궁극적인 목적은 스스로 비판적으로 생각하는 일에서 한 걸음 더 나아가, 그러한 비판적인 의식으로부터 그 자신과 주변 세상의 변화를 위해 적극적으로 행동하는데 있다.9

....

8 Aoki, "Interests, Knowledge and Evaluation," p. 37.
9 Aoki, "Interests, Knowledge and Evaluation," p. 38.

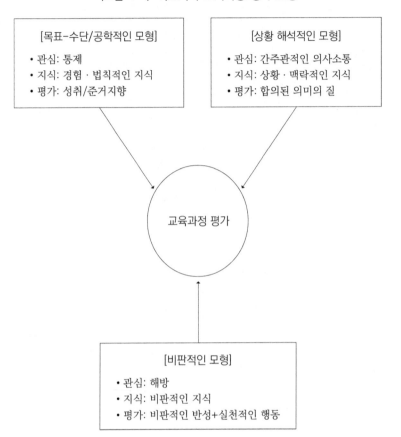

〈그림 V-4〉 아오키의 교육과정 평가 모형

[목표-수단/공학적인 모형]
• 관심: 통제
• 지식: 경험 · 법칙적인 지식
• 평가: 성취/준거지향

[상황 해석적인 모형]
• 관심: 간주관적인 의사소통
• 지식: 상황 · 맥락적인 지식
• 평가: 합의된 의미의 질

교육과정 평가

[비판적인 모형]
• 관심: 해방
• 지식: 비판적인 지식
• 평가: 비판적인 반성+실천적인 행동

II
쿠레레

교육과정 탐구

01

재개념화 운동이란?

교육과정 연구의 재개념화[1]

　1970년대에 접어들면서 교육과정 분야에 변화의 움직임이 포착되었다. 그것은 '교육과정의 재개념화'라 불리는 새로운 이론화 작업이었다. 여기서 재개념화reconceptualization란 지금까지 교육과정 분야가 존재해왔던 양식에 대한 반동reaction을 의미한다.

　전통적으로 교육과정 연구는 랄프 타일러Ralph Tyler의 네 가지 질문[2]을 중심으로 이루어졌다. 그리고 교육과정 학자들은 그들의 저술/이론화 작업을 학교현장을 염두에 두고 교사들에게 봉사하기 위해 수행했다. 실제로 대학의 교육과정 교수들은 전직 학교교사들이 대부분이었다. 대학에 교육과정이 학문분야로서 존재하지 않았을 때 정부에서는 교육과정의 전문가를 학교의 교사 중에서 찾을 수밖에 없었기 때문이다. 따라서 그들의 연구가 학교의 실천적인 문제를 해결하는데 관심이 있었음은 당연했다. 하지만 전직 교사 출신의 교육과정 전문가들은 그들이 익숙한 학교환경과 교실상황에는 깊은 관심을 보이는 반면에 교육과정과 관련된 기초적인 연구와 이론의 개발에는 크게 주의를 기울이지 않았다. 그 결과 초기의 교육과정 학자들의 저술은 단편적인 기사 전달의 형식을 벗어나지 못했다. 실천적인 문제에 대한 간략하고 쉬운 지침과 단도직입적인 답변을 통해 교육과정 학자들은 학교현장의 교사들과 밀

1　William Pinar, "The Reconceptualization of Curriculum Studies," *Journal of Curriculum Studies* 10, no. 3 (1978): 205-214.

2　학교교육의 목표, 학습경험의 선정, 학습경험의 조직, 학습경험의 평가에 관한 질문.

접한 관계를 유지할 수 있었기 때문이다.

교육과정 연구가 학교의 실천적인 문제에 집중하게 된 다른 하나의 이유는 교육과정 분야의 태동과 관계된다. 학문분야로서 교육과정은 1920년대에 등장했다. 초기의 교육과정 학자들은 당시에 성행하던 과학주의에 영향을 받아 비즈니스와 산업의 과학적인 관리모형을 교육의 이론과 실제에 적용했다. 이러한 교육과정의 관료주의적인 모형은 개량주의, 탈역사주의, 행동주의로 대변되는 공학적인 합리주의를 특징으로 했다. 교육과정 연구자는 학교를 개선하는데 관심이 있었고, 그들은 교육의 목표를 교육의 결과와 비교함으로써 교육과정의 질적인 향상을 측정할 수 있었다. 이것은 주어진 목표를 합리적인 수단을 통해 달성하려는 도구주의적인 사고방식이다. 교육과정 전문가는 교육과정의 계획, 변화, 개선을 꾀하면서 학교의 효율적인 관리·운영을 돕는다.

타일러의 교육과정 모형은 교육과정의 문제를 학교교사들의 입장에서 접근함으로써 교사들이 최소한 하루의 수업계획을 세우는데 도움을 주었다. 그러나 근본적으로 타일러의 모형은 교육과정의 문제를 교육과정의 개발, 실행, 평가, 장학과 관련된 문제로 개념화하는데 공헌했다. 물론 전통주의자들은 교육과정의 세부적인 주제에서 완전한 의견의 일치를 보이지 않았다. 그러나 그들이 교육과정 학자의 정체성identity을 일선 교사들과의 협력과 학교 교육과정의 개선에서 찾았다는 사실만은 분명했다.

역사적으로 두 번째 등장한 교육과정 학자들은 개념적-경험주의자들 conceptual-empiricists이었다. 1960년대 미국에서 국가가 주도하는 교육과정의 개혁은 교육과정 학자들의 지식과 전문성을 의심하는 결과를 낳았다. 타일러의 합리주의에 기초하는 전통적인 교육과정 모형은 탈맥락성을 특징으로 하는 "이론적인 것"으로서 구체적인 상황에서 실제로 교육과정을 개발하고 실행하는 데는 한계가 있었기 때문이다. 더욱이 당시 재정적인 어려움은 교육과정 학자들이 학교현장에서 교사들과 여러 가지 실험적인 연구를 진행하고 실천적인 지침들을 발표하는 일을 어렵게 만들었다.

이런 맥락에서 개념적-경험주의자들은 교육과정에 대한 전통적인, 실제적인 정당화와는 다른 새로운 정당화를 추구했다. 그들은 사회과학의 연구방법론에 주목했다. 교육현상에 대한 심리적, 사회적, 철학적인 분석이 교육과정 연구에 학문적인 엄밀함을 제공해주고, 그것을 통해 당시 교육과정 분야가 직면한 전문성의 위기는 해소될 수 있을 것이라고 생각했기 때문이다. 물론 개념적-경험주의자들 역시 전통주의자들과 마찬가지로 그들의 연구가 교육실제에 시사점을 주기를 원했지만, 그들은 사회과학의 연구방법[3]을 통해 명확한 경험적인 결과를 얻고, 그것을 토대로 실천적인 함의를 도출해야 한다고 주장했다.

개념적-경험주의자들의 시도는 당시 빈사상태에 있었던 교육과정 분야를 재건하는데 도움을 주었고, 그것을 통해 교육과정 학자들의 전문성을 새롭게 정립시키는데 일조했다. 그러나 교육과정 연구를 사회과학 연구로 '유예'하고 '대체'하는 시도는 교육현상에 대한 탐구를 독립적인 학문이 아닌 사회과학에 종속된 연구로 보는 새로운 정체성의 위기를 초래했다. 아울러 개념적-경험주의자들은 사회과학 연구의 특징이라 할 수 있는 일반화의 논리를 따르고 있는데, 이것은 사실 전통적인 타일러식의 탈역사적인 법칙성과 크게 차이가 없다.

1970년대 새로운 부류의 교육과정 학자들이 등장했다. 이들은 교육과정의 재개념화를 주장하는 사람들이었다. 타일러주의자들이나 개념적-

---

3 가설설정, 자료수집, 해석과정으로 요약할 수 있다.

경험주의자들과 달리 재개념주의자들reconceptualists은 교육과정 연구가 가치중립적이지 않다는 사실을 인정하고, 교육과정의 문제를 정치적인 해방의 문제와 결부시켰다. 재개념주의자들은 교육과정에 대한 전통적인 접근과 사회과학적인 접근이 모두 교육경험에 대한 일반적인 시각을 형성하도록 돕고, 그렇게 현 체제의 사회·정치적인 질서를 유지하는데 공헌한다고 주장했다.

이런 관점에서 재개념주의자들은 교육과정 연구를 지적이고 정치적인 것으로 간주했다. 그들은 교육과정 학자들과 교사들이 교육의 사회·정치적인 기능에 주목하고, 지적인 활동 속에 내재되어 있는 이념적인 관계를 비판적으로 인식할 것을 주장했다. 그리고 교육과정의 문제를 타일러 식의 공학적인 합리성이나 사회과학 연구의 보편성이 아닌, 교육경험의 복잡성과 역사적인 중요성에 기초해 탐구할 것을 주장했다. 이것은 교육과정 문화의 재구조화를 의미한다. 교육과정 연구는 객관적인 문제의 해결이 아닌, 주관적인 어려움의 이해에 초점이 맞추어져야 하기 때문이다.

그렇다면 교육과정 학자들과 교사들은 탈도구주의적인 관점에서 교육과정의 문제를 역사적으로 위치시키기 위해 교육과정을 근본적으로 다시 개념화해야 한다. 더욱이 그들은 교육과정이 개인과 사회의 해방을 위해 작용하는 방식을 종합적으로 비판하고 이론화하는 작업을 수행해야 한다. 이러한 관점에서 교육과정의 재개념화는 본질적으로 지적인 철학화 작업이며, 나아가 사회과학 연구에 빼앗긴 교육과정 연구의 지적인 자율성을 되찾아오려는 노력이다. 교육과정 연구는 단순히 교육에 관심이 있는 사회과학자들이 그들의 학문적인 방법론을 동원해 연구하는 분야가 아닌, 교육과정 학자들과 교사들이 교육적인 경험에 대한 간학문적인 연구interdisciplinary studies를 통해 교육이라는 광범위한 주제

를 독자적으로 종합하는 교육학의 핵심 영역이기 때문이다. 이에 교육
과정 연구자들은 사회과학이 교육을 자신의 연구 영역으로 '식민화'시
키는 일에 반대하면서 교육적인 경험과 그것의 학문화 작업에 충실해야
할 의무가 있다.

교육과정 영역에서 타일러의 논거로 대표되는 과학적인 패러다임에 대한 비판은 애브라함 매슬로우Abraham Maslow, 고든 올포트Gordon Allport, 에리히 프롬Erich Fromm, 칼 로저스Carl Rogers, 에릭 에릭슨Erik Erikson과 같은 인본주의 심리학자들에 의해 시작되었다. 인본주의 심리학은 1960년대 말에 쇠퇴했다가 1970년대 초에 변형된 형태로 다시 등장했다. 특히, 로널드 랑Ronald Lang의 인본주의 심리학은 교육과정 분야를 재인식하려는 초기의 노력에 비행동주의적인 근거를 제공했다.

1964년에 제임스 맥도널드James Macdonald는 사회와 개인의 관계, 특히 사회가 개인을 규정하는 방식을 살펴보았다. 그는 학교와 교육과정의 새로운 모습으로서 학생들의 자아실현을 강조했고, 그렇게 교육과정의 재개념화에 공헌했다. 맥도널드는 교육과정의 구조이론뿐만 아니라 교육과정의 사회심리학적인 접근도 비판하면서 학문의 구조와 사회심리학을 포괄하는 다른 하나의 개념을 제안했다. 이 개념은 교육과정을 합리화하는rationalizing 것으로서 학생들이 스스로 생각하고, 자유롭게 가치를 논하고, 세상에 창의적으로 반응할 것을 요구한다.

---

1 William Pinar *et al.,* "The 1960s: Expansion, Conflict, and Contraction," in *Understanding Curriculum: An Introduction to the Study of Historical and Contemporary Curriculum Discourses* (New York, 1995), pp. 159-185.

1. 제임스 맥도널드의 공헌

1966년 ASCD[2]의 교육과정 연구소는 제임스 맥도널드James Macdonald와 로버트 리퍼Robert Leeper가 편집한 『언어와 의미Language and Meaning』를 출판했다. 이 책은 당시 성행하던 학문중심의 과학적인 접근과는 대조적으로 학교교육의 인본주의적인 특징을 강조하는 논문들로 구성되었다. 맥도널드의 논문인 『학습의 의미와 동기: 입문Learning Meaning and Motivation: An Introduction』은 학문의 구조이론과 관련된 문제점들을 지적하고 인간에 대한 관심을 촉구했다. 맥도널드의 인간중심적인 관점은 1970년대에 교육과정을 재개념화하는 운동의 핵심적인 주제였다. 그는 「교육과정 속 개인The Person in the Curriculum」에서 비인간화의 문제를 논하고 인간중심적인 교육과정을 옹호했다. 이 글은 헬렌 로비슨Helen RobiSon의 『교육과정 분야에서 선례와 약속Precedents and Promise in the Curriculum Field』(1966)에 실려 있다. 맥도널드는 당시의 비인간적인 학교 구조를 폭로하고, 학교와 교육과정을 자기의식의 개발과 전인적인 인간의 육성으로 재개념화할 것을 주장했다.

2. 오하이오 주립대학 학회

1967년에 개최된 대표적인 교육과정 학회는 폴 클로Paul Klohr가 주관한 오하이오 주립대학 학회였다. 이 학회는 교육과정 분야가 재개념화의

---

2 Association for Supervision and Curriculum Development[학교장학 및 교육과정 개발 학회]의 약자.

길로 나아가는데 중요한 계기가 되었다. 학회에서 발표된 논문들은 클로의 편집을 거쳐 『이론의 실천*Theory Into Practice*』으로 출판되었다. 드웨인 휴브너Dwayne Huebner의 "인간의 순간성temporality"에 대한 선구적인 논문-현상학을 교육과정 분야에 소개하는-외에 제임스 맥도널드James Macdonald의 논문이 사람들의 관심을 끌었다. 맥도널드는 구성적인 교육과정 이론과 공학적인 교육과정 이론을 구분한 다음, 구성적인 교육과정 이론은 교육과정의 문제를 "미학적인 합리성aesthetic rationality"에 근거해 해석한다고 주장했다. 여기서 미학적인 합리성은 1960년대 널리 읽혔던 비판이론가 허버트 마르쿠제Herbert Marcuse로부터 빌려온 개념이었다. 맥도널드는 미학적인 합리성을 인간이 직관에 의존해 세상과 합리적으로 맞서는 능력으로 설명했다. 개인은 직관적인 통찰을 위해 경험적인 세상으로 되돌아가고, 그 속에서 현재의 사유체제를 넘어 새로운 패러다임 또는 참신한 관점으로 나아가야 한다. 이러한 맥락에서 맥도널드는 당시 유행하던 공학적인 교육과정 이론의 위험성을 경고했다. 그는 공학적인 합리성에 근거하는 교육과정 체제이론을 뒤틀리고 비인간적인 것으로 비판했다. 그는 인간행동에 대한 '체제접근system approach'이 통제를 증가시켜 당면한 문제를 효율적이고 효과적으로 해결하는 데는 도움이 되나, 개인이 미학적인 합리성을 통해 세상과 직접적으로 의사소통하는 데는 방해가 된다고 주장했다. 교육적인 관점에서, 체제이론은 타일러의 논거와 행동주의의 연장선상에 놓여 있는 것으로서 학교교육을 수행목표의 달성을 위한 객관적인 과정으로 축소시키고, 학생들을 도구적으로 범주화/상품화시킨다. 결과적으로 맥도널드는 주류 교육학의 공학적인 사고에서 벗어나 구성적인 교육과정 모형과 그에 따른 미학적인 합리성을 옹호하고, 나아가 미학적인 합리성에서 새로운 정치적, 역사적, 공학적인 가능성을 보았다.

3. 드웨인 휴브너의 공헌

오하이오 주립대학 교육과정 학회의 다른 한 명의 발표자는 컬럼비아 대학의 교수였던 드웨인 휴브너Dwayne Huebner였다. 맥도널드James Macdonald와 함께 위스콘신 대학에서 버질 헤릭Virgil Herrick의 지도를 받았던 휴브너는 교육과정의 재개념화에 공헌했다. 휴브너는 통계처리에 의해 논문을 완성하고 박사학위를 받은 뒤에 모순되게도 그 자신이 받았던 교육과 주변의 교육적인 상황을 비판하기 시작했다. 따라서 그는 다시 신학과 철학을 공부하고 그 결과를 교육과정 연구에 적용했다. 1963년, 휴브너는 「인간이 인간과 관계를 맺는 새로운 방식New Modes of Man's Relationship to Man」을 발표하면서 교육과정의 관심사를 학문의 구조에서 사람이 서로 관계를 맺는 방식으로 전환하려 했다. 그는 인본주의 심리학과 실존주의에 의존했고, 나중에 재개념주의자들이 관심을 갖게 되는 몇 가지 주제들을 선점했다. 그중 하나가 '교육과정과 언어'의 문제였다. 또한, 휴브너는 그의 「학문분야로서의 교육과정Curriculum as a Field of Study」(1966)에서 네 가지 급진적인 명제를 내놓았다. 첫째, 교육과정의 개념은 인간의 정신human spirit이 아닌 공학적인 기술technique과 연계되는 경향이 강하다. 둘째, 교육과정 분야가 목적이나 목표로 환언되는 가치체계에 지나치게 의존하는 것은 잘못이다. 아울러 학습도 너무 강조하고 있다. 셋째, 교육과정의 오개념을 바로잡기 위해 교육적인 활동을 가치 있게 여기는 교육학적인 환경을 설계해야 한다. 그리고 넷째, 교육과정의 설계는 본질적으로 정치적인 과정으로서 그것을 통해 교육과정의 실무자들은 정의로운 교육환경을 만들기 위해 노력해야 한다. 휴브너는 맥도널드와 아이즈너Elliot Eisner가 주장했듯이 교육과정 이론과 설계의 모형으로서 예술을 강조했다. 교육적인 환경과 활동은 인간이 지금 어떤 존재이고, 앞으로는 어떤 존재가 될 것인가라는 현재와 미래의 문제를 상징하고 있고, 상징성에 입각한 설계는 예술의 대상이기 때문이다. 휴브너는 교육과정 분야에 새로운 용어들을 소개하면서 학문적으로 공헌했다. 휴브너가 1960년대에 발표했던 여러 논문들은 정치학, 언어, 의미, 순간성, 심리적인 사고, 철학과 같은 제목들을 담고 있고, 이것은 그가 맥도널드와 마찬가지로 주류 교육과정학의 과학적인 접근과는 다른 새로운 교육과정의 문헌을 창조하는데 이바지했다는 것을 말한다. 그가 관심을 가졌던 분야는 언어분석, 실존주의, 현상학, 신학, 정치학 등이었다. 특히, 교육과정의 정치학과 관련해 휴브너는 그의 제자였던 마이클 애플Michael Apple을 통해 재개념주의자들에게 영향을 주었다. 휴브너는 맥도널드와 함께 1970년대에도 계속해서 영향력을 행사했다.

4. 로스 무니와 폴 클로의 공헌

오하이오 주립대학의 교수였던 로스 무니Ross Mooney와 폴 클로Paul Klohr는 주류 교육과정학에 맞서 독자적인 활동을 전개했다. 먼저 무니는 교육과정과 창의성의 문제를 탐구했다. 무니는 학교가 진정한 의미에서 삶의 정신이 충만한 장소가 되었을 때 학생들의 창의성도 증가한다고 주장했다. 한편 같은 대학의 클로는 1965년에 ASCD의 교육과정 위원회에 참여했고, 1967년의 오하이오 주립대학의 교육과정 학회를 주관했다. 클로는 그가 배출한 학생들[3]을 통해 간접적으로 영향력을 행사했다.

....

3 대부분이 교육과정 재개념화 운동과 직·간접적으로 관계를 맺었다.

5. 엘리어트 아이즈너의 공헌

스탠포드 대학의 교수였던 엘리어트 아이즈너Elliot Eisner는 우리가 '미학적인 텍스트로서의 교육과정'이라 부르는 교육과정의 문헌을 창조하는데 결정적인 역할을 담당했다. 그가 1971년에 발표한 논문인 「당신은 무지개를 어떻게 측정할 수 있는가?How Can You Measure a Rainbow?」는 행동주의의 지배하에 있던 교육과정, 수업, 평가에 대한 당시의 커가는 불신과 회의를 단적으로 보여주는 예였다. 아이즈너는 시험, 점수, 측정과는 다른 종류의 평가의 개념과 수단이 가능함을 주장했다. 그의 이러한 주장은 교육과정의 평가와 이론에 새로운 시각을 제공했다. 1990년대에 이르러 맥도널드James Macdonald가 죽고, 클로Paul Klohr가 은퇴하고, 휴브너 Dwayne Huebner가 종교교육에 헌신하면서, 아이즈너만이 1960년대 교육과정 학자들 가운데 유일하게 남아 연구 활동을 이어갔다.

6. 막신 그린의 공헌

컬럼비아 대학의 교수였던 막신 그린Maxine Greene은 처음에 TCR Teachers College Record의 편집을 돕고, 문학철학, 예술과 미국교육, 철학·문학·시각예술, 비평과 현대예술을 가르쳤다. 그린은 초기의 대표작인 『공립학교와 개인적인 전망: 교육과 문학 속에서 찾아지는 미국인The Public School and the Private Vision: A Search for American in Education and Literature』에서 미국문화 속에서의 학교교육의 가능성을 살펴보았다. 그린은 인문학, 특히 문학을 공부함으로써 학생들이 의미의 상실에 맞서 싸울 힘을 얻게 된다고 주장했다. 그린은 결코 스스로를 재개념주의자로 부르지 않았지만, 그녀의 작품들은 교육과정의 재개념화에 큰 영향을 미쳤다.

7. 허버트 클리바드의 공헌

교육과정 역사가인 허버트 클리바드Herbert Kliebard는 교육과정에 대한 과학적인 관리와 학문중심적인 접근을 비판했다. 그는 근대성에 바탕을 두는 교육의 생산모형에 문제를 제기했다. 클리바드의 관찰에 따르면, 20세기 초반의 교육과정 이론은 기업체의 관리모형에 기반을 두는 것이었다. 특히, 그는 과학적인 관리모형이 프랭클린 보비트Franklin Bobbitt와 같은 초기의 교육과정 학자들에게 끼친 영향을 검토했다. 클리바드는 과학적인 관리모형의 영향력이 1960년대에 다시 강해졌고, 이러한 경향은 1970년대에도 지속될 것이라고 예측했다. 클리바드는 교육과정 분야의 탈역사적인 관점을 비판했다. 다른 학문들에서 진보는 현재와 과거 간의 대화를 통해 이루어진다. 그런데 교육과정 분야에는 이러한 대화가 없다. 오늘날 교육과정 분야는 세대 간의 지식이나 대화보다 새로움과 변화를 무비판적으로 맹종한다. 클리바드는 교육과정 분야의 탈역사주의적인 경향이 교육과정의 개념을 관료화, 규격화, 낱알화하여 언제나 '새롭게' 보이도록 한다고 주장했다. 클리바드는 20세기 처음 50년 동안 교육과정 분야를 지배했던 과학적인 사유체제에 맞서 20세기 후반기에는 새로운 교육과정 패러다임이 등장하기를 바랐다. 그의 바람은 1960년대 말과 1970년대 초에 교육과정을 재개념화하는 운동과 함께 실현되었다.

8. 교육과정의 재개념화

1960년대 미국에서는 국가 주도로 교육과정을 개혁하려는 운동이 대세를 이루었다. 제롬 브루너Jerome Bruner를 필두로 일군의 학자들은 학문의 구조에 기반을 두는 교육과정 이론을 개발했고, 그것은 과학적인 것으로 당연시되었다. 한편 교육과정의 구조이론에 비판적이었던 몇몇 교육학자들은 개별적이고 산발적으로나마 교육과정과 수업의 행동주의적인 모형에 반기를 들었다. 여기에는 앞서 살펴본 것처럼 맥도널드James Macdonald, 휴브너Dwayne Huebner, 클리바드Herbert Kliebard, 아이즈너Elliot Eisner, 그린Maxine Greene, 클로Paul Klohr 등이 포함되었다. 그들은 행동주의, 과학주의, 양화된 지식체계, 비인간적인 기술·공학, 학교의 억압적이고 소외적인 관료주의를 공격했다. 특히 교육의 행동주의적인 목표, 학문중심적인 교육과정, 표준화된 평가체제를 비판했다. 인권운동, 반전시위, 반문화운동과 같은 1960년대의 일련의 정치적이고 문화적인 사건들은 주류 교육과정학에 반기를 드는 사람들을 한데 모으고 그들의 저항을 조직화하는데 이바지했다. 존 홀트John Holt, 이반 일리치Ivan Illich, 조나단 코졸Johnathan Kozol, 허버트 콜Herbert Kohl 등은 학문중심적이고 행동주의적인 학교교육에 맞서 대중운동을 이끌었던 사람들이고, 애브라함 매슬로우Abraham Maslow와 칼 로저스Carl Rogers로 대표되는 인본주의 심리학과 마르크스주의와 연계되는 정치이론에 대한 관심이 고조되었다. 이러한 맥락에서 학교교육을 재개념화하는 대안적인 운동이 시작되었다.

재개념화 운동의 발흥[1]

1. 배경

교육과정의 재개념화는 주류 교육과정학[2]에 대한 도전이었다. 전통적으로 교육과정 연구는 학교 교육과정을 개발하고 관리하는데 관심이 있었다. 이와는 달리 재개념주의자들은 교육과정 연구의 목적을 교육과정의 개발과 관리가 아닌, 교육적인 경험에 대한 학문적인 또는 이론적인 이해에서 찾았다. 이런 관점에서 재개념주의자들은 교육의 정치적, 문화적, 성적性的, 역사적인 측면에 관심을 가졌다. 지난 30년 남짓 교육과정 분야는 학교 교육과정의 개선이라는 실천적인 과업으로부터 이론적인 '거리두기'를 시도해 왔다. 그 결과 오늘날 교육과정 분야는 이론적, 역사적, 연구중심적인 학문으로 재정립되는 과정에 있다.

2. 인물

우리는 교육과정의 재개념화와 관련하여 드웨인 휴브너Dwayne Huebner와 제임스 맥도널드James Macdonald의 이름을 기억해야 한다. 그들은 재개

---

1 William Pinar, "The Reconceptualization of Curriculum Studies," in William Pinar ed., *Contemporary Curriculum Discourses: Twenty Years of JCT* (New York, 1999), pp. 483-497.
2 행동주의적인 목표, 계획, 평가의 지배를 받는다.

념주의에 대한 학문적인 논쟁이 시작되기 전부터 랄프 타일러Ralph Tyler 식의 교육과정 연구를 비판하고, 교육과정의 이론적인 토대를 행동주의 심리학이 아닌 인문학과의 연대 속에서 견고히 하려 했다. 휴브너는 컬럼비아 대학에서, 맥도널드는 위스콘신 대학과 노스캐롤라이나 대학에서 이러한 선구적인 작업을 시도했다. 그밖에 막신 그린Maxine Greene과 엘리어트 아이즈너Elliot Eisner는 '재개념주의자'라는 타이틀은 거부했지만, 그들의 학문적인 노력은 교육과정의 재개념화에 공헌했다.

교육과정의 재개념화는 1973년에 뉴욕주州 로체스터 대학에서 열린 학회로부터 시작했다. 윌리엄 파이너William Pinar는 휴브너, 맥도널드, 그린 등 약 150명의 교육학자를 초대해 교육과정 이론을 정치적이고 문화적인 영역과 결합해 논의하는 담론의 장을 열었다. 이 로체스터 대학의 학회는 교육과정 연구에 대한 사람들의 관심을 불러일으키는데 성공했다. 이후 매년 학회가 열렸고, 1978년에 파이너는 교육과정의 재개념화와 관련된 잡지인 JCT[3]를 발행할 수 있었다.

3. 전개

교육과정의 재개념화를 주장하는 사람들은 크게 두 부류로 나누어졌다. 하나는 마르크스주의에 입각해 사회적인 해방을 추구하는 거대담론의 주창자들이었고, 다른 하나는 개인의 실존적인 해방[4]에 관심을 갖는

---

3 The Journal of Curriculum Theorizing의 약자이다. 파이너는 1999년에 JCT의 20주년을 기념하는 책자를 출판했다.
4 개인의 존재론적인 의미 추구.

사람들이었다. 재개념주의 안에서의 지류 형성은 종종 대학들 간의 경쟁과 갈등으로 이어졌다. 일반적으로 컬럼비아 대학과 위스콘신 대학이 한 축을, 그리고 오하이오 주립대학과 로체스터 대학이 다른 한 축을 이루었다. 전자는 이른바 마르크스주의자들의 온상이었고, 후자는 인문주의자들의 거점이었다.

1973년에서 1976년까지 초기의 재개념화는 전통적인 교육과정 이론에 저항하는 성격이 짙었다. 그러나 교육과정의 재개념화와 관련된 연구물들이 쌓이면서 전통에 대한 비판으로부터 독자적인 탐구로 학문적인 지평이 넓어졌다. 교육과정의 재개념화는 하나의 뿌리에서 나온 단일한 운동이 아니었다. 그보다 전통적인 교육과정 이론의 탈이론적이고 탈역사적인 관점에서 벗어나 교육과정 분야를 재개념화하려는 일군의 학자들[5]의 노력을 집합적으로 일컫는 말이었다.

4. 주제

재개념주의자들은 교육을 정치·경제적인 관점에서 탐구하는데 관심이 있었다. 마이클 애플Michael Apple과 헨리 지루Henry Giroux가 이러한 접근을 대표하는 학자들이다. 교육과정 문제와의 관계는 애플의『이데올로기와 교육과정Ideology and Curriculum』(1979)과 지루의『이데올로기, 문화, 학교교육의 과정Ideology, Culture and the Process of Schooling』(1981)에 등장하는 "잠재적 교육과정", "헤게모니", "재생산", "저항이론", "이데올로기", "문화" 등의 용어로부터 유추할 수 있다. 재개념주의자들은 정치적인

....

5 서로 다른 지적인 배경과 탐구 주제를 가지고 있다.

주제 다음으로 교육을 여성주의적인 관점에서 탐구하는데 관심이 있었다. 이러한 관점에서 윌리엄 파이너William Pinar의 제자들인 마들렌 그루메Madeleine Grumet와 자넷 밀러Janet Miller의 연구는 중요하다. 그루메는 『상한 우유: 여성과 수업Bitter Milk: Women and Teaching』(1988)에서, 밀러는 『침묵을 깨는 소리: 여성, 자서전, 교육과정Sounds of Silence Breaking: Women, Autobiography, Curriculum』(2005)에서 교육의 과정에 나타난 여성들의 경험6을 분석했다.

재개념주의자들이 관심을 갖는 세 번째 주제는 교육의 현상학적인 탐구이다. 교육과정의 이론과 실제에 대한 현상학적인 탐구와 관련해 캐나다 앨버타 대학을 중심으로 활동하는 학자들인 테드 아오키Ted Aoki, 막스 반 매넌Max van Manen, 데이빗 스미스David Smith, 테란스 카슨Terrance Carson 등의 작업은 중요하다. 위에서 언급한 주제들 외에 재개념주의자들7은 교육과정에 대한 자서전적인 연구, 역사적인 연구, 탈구조주의적인 연구, 성性에 대한 연구 등으로 오늘날 차츰 탐구영역을 넓혀가고 있다.

....

6 여성들의 형상image과 목소리voice.
7 처음에는 전통적인 교육과정 이론을 비판하는데 관심이 있었다.

재개념주의를 비판하며[1]

전통적인 교육과정 담론에서 이론과 실제의 관계는 매우 밀접하다. 교육과정 이론은 학교교육의 실제를 개선하는 '실천적인 쓸모'에 의해 가치를 인정받기 때문이다. 이와는 달리 재개념주의자들은 교육과정 이론과 학교교육 실제 간의 의식적인 "거리두기"를 시도한다. 이것은 교육과정의 패러다임이 "개발development"에서 "이해understanding"로 전환되었음을, 또 교육과정의 탐구영역이 학교교육의 문제에서 생활경험의 모든 현상으로 확장되었음을 의미한다.

교육과정 분야는 원래 학교 교육과정을 효과적으로 통제하기 위한 행정적인 이해관계로부터 시작했다. 전통적으로 교육과정 연구는 학교 현장에서 발생하는 갈등과 마찰을 줄여 교육과정을 효율적으로 관리·운영하고, 나아가 새로운 교육과정을 개발·적용하는데 초점을 맞추었다. 교육과정 연구자들은 교육실제에 종사하는 사람들을 도와 학교교육의 실천적인 문제를 해결하는데 관심이 있었다. 교육과정 이론 역시 합리적인 목표-수단 모형에 따라 학교 교육과정의 개발-실행-평가를 유지·향상시키는데 목적을 두었다. 그러나 재개념주의자들은 교육과정 이론을 학교실제로부터 해방시킬 것을 주장했다. 이것은 교육과정 연구가 관료주의적이고 도구주의적인 교육과정의 개발/실천 패러다임에서

....

1 William Wraga, "Extracting Sunbeams out of Cucumber: The Retreat from Practice in Reconceptualized Curriculum Studies," *Educational Researcher* 28, no. 1 (January-February 1999): 4-13.

벗어나 개인의 내적이고 존재론적인 경험을 이해하는 방향으로 나아가야 함을 의미한다. 이와 같은 개인적인 교육과정의 이론화 작업은 "쿠레레currere"로 알려진 자서전적이고 정신분석적인 탐구방법을 통해 수행된다. 이 경우 학교 밖의 생활경험을 포함하는 개인의 모든 경험은 교육과정의 중요한 탐구주제가 된다. 교육과정을 "삶의 여정course of one's life"으로 이해할 때 교육과정 연구의 대상은 개인적인 생활경험 전반으로 넓어지기 때문이다.

교육과정 분야가 학교교육의 질을 제고하는 역사적인 임무를 대신해 개인적인 의식 또는 주관성을 새로운 과제로 강조할 때, 교육과정 이론은 근대의 과학주의적인 사고에 집착하면서 이론을 통한 실제의 기계론적인 구원을 목표로 하지 않는다. 오히려 교육과정 이론은 교육적인 경험에 대한 간학문적인 연구를 강조하면서 교육의 존재론적인 의미와 관련된 광의의 문화비평에 관심을 갖는다. 이것은 재개념화된 교육과정 이론이 기술공학적인 지식을 생산하면서 학교실제에 대한 통제력을 강화하려는 개발론자의 관점으로부터 자유롭다는 사실을 암시한다. 이런 맥락에서 교육과정 이론가는 교육과정 개발자가 제안하는 실천적인 지침들을 반성적으로 검토해야 한다. 동시에 교육과정 이론가는 대안적인 가능성을 제시하면서 존재하는, 또는 개발된 교육과정의 당위성에 계속해서 의문을 제기해야 한다. 교육과정 이론은 교사와 행정가들에게 교육활동에서 당연시하거나, 아니면 간과하기 쉬운 문제를 재고하는 숙의의 시간을 제공해야 하기 때문이다.

교육과정 연구에서 이론과 실제의 결별은 교사들에게 교육실제와 관련된 이론을 탐구하는 기회를 부여한다. 학교교육의 실제를 개선하는 일이 현장교사들의 몫이 된 이상 교육과정 이론가들은 교사들에게 가르침의 맥락과 의미를 숙의하는 학문적인 공간을 제공해야 한다. 바꾸어 말하면, 교사들은 이론의 도움을 받아 그들의 일상적인 무미건조함과 버거움으로부터 탈출해 교사로서의 일과 삶에 대해 새로운 지식과 이해에 도달할 수 있어야 한다. 이러한 목적을 달성하기 위해 이론은 교사들에게 학교현장으로부터 분리된 "안전한" 공간을 마련해주고, 그 안에서 교사들이 교육과정과 가르침에 대한 자기충족적인, 비판적인, 창의적인 사고를 진행하도록 한다.

그 결과 교사들은 가르침의 어려움과 복잡함에 대해 숙고하기도 하고, 교육실천에 관한 새로운 시각을 형성하기도 하며, 현재의 자기억압적인 학교구조로부터 벗어나 보다 생명력 넘치는 새로운 세상의 가능성을 그려보기도 한다. 교사들이 그들의 일상을 한 걸음 떨어져 이론적으로 바라볼 때 교사들은 관습적인 사고와 행동에 묻혀 있었던 가르침의 의미를 새롭게 찾아낼 수 있고, 그것을 통해 교육실제에 활력을 불어넣을 수 있다. 부연하면 이론은 교사들에게 교육의 실제를 관조할 수 있는 기회를 제공함으로써 그들을 "생각하는 일"로 안내한다. 그렇다면 이론가들은 이론과 실제의 거리를 유지하면서 실천가들에게 봉사할 수 있다. 그러나 엄밀하게 말해 이론은 특정 상황에 대한 반성적인 사고를 유도하면 될 뿐, 그 상황을 직접적으로 개선할 책임은 없다. 이런 맥락에서 교육과정은 학교 교육과정과 동일한 것이 아니다. 교육과정 이론은 교육과정 개발이나 교육과정 실천과는 별개로 존재한다. 마치 경제학자가 국가경제의 개선에 직접적으로 책임이 있지 않은 것처럼, 교육과정 학자도 학교교육의 개선에 직접적으로 책임을 지지 않는다.

교육과정 이론가가 교육과정의 실천적인 문제를 해결하는 일에서 면책될 때, 우리는 전통적인 이론과 실제의 관계를 재고해야 한다. 교육과정 이론가는 더 이상 실제의 개선이라는 "신성한" 의무를 혼자 짊어지지 않는다. 그보다 교육과정의 개발과 실천을 책임지는 학교교사들과 새로운 동료관계를 형성하고, 그들의 우호적인 요청에 따라 이론적인 논의의 장을 펼친다. 이제 교육과정 이론가는 교육과정 개발자나 학교교사가 자신의 이론적인 담론에 귀를 기울이지 않는다고 낙담해서도, 또 그러한 경우 학교교육의 실패에 대해 비난을 받아서도 안 된다. 교육과정 이론가는 학교실제로부터 완전히 등을 돌리기보다 교육적인 현상/경험 일반에 대한 간학문적인 이해를 추구하면서 자신의 이론적인 지식이 존중되는 상황에서만 실제와 관계를 맺어야 한다.

교육과정 이론가의 교육실제로부터의 해방은 재개념화된 교육과정 이론의 핵심인 동시에 비판의 대상이다. 재개념주의자들은 교사가 교육과정 이론에 대한 주체적인 탐구를 통해 실천적인 지혜를 갖출 것을 가정한다.[2] 그러나 교사가 교육과정 이론가의 체계적인 안내 없이 독립적으로 교육현상에 대한 비판적인 이론화 작업을 수행할 수 있을지 여전히 의문이다. 비판자들은 교육과정의 재개념화가 겉으로는 전통적인 시각[3]을 부정하고 있지만, 정작 스스로는 또 다른 전문가와 비전문가의 권위적인 관계를 형성하고 있다고 진단한다. 교육과정 이론가는 "치료하는 의사"로서 "치료받는 환자", 즉 교사가 찾아올 때 지적인 우월성을 드러내기 때문이다.

마지막으로 교육과정의 재개념화에 내재하는 지적인 엘리트주의와 그것의 딜레마를 생각해 보자. 재개념주의자들은 원래 이론적인 탐구를 실제의 개선보다 높게 평가하면서 교육학의 학문적인 위상 제고에 관심이 있었다. 그러나 대학의 전통적인 엘리트들은 이러한 재개념화의 취지

----

2 교사는 교육실제의 개선에 관심 있는 교육과정 이론가의 도움을 종속적인 위치에서 일방적으로 수용하는 일을 거부해야 한다.
3 교육과정 이론가를 조언을 하는 '남성'으로, 교사를 조언을 받는 '여성'으로 간주하는 이분법적인 사고.

에 공감하지 않는다. 대학에서 교육학은 여전히 교육실제의 개선을 위한 학문적으로 덜 엄격한, 실천적인 분야에 불과하다. 흥미롭게도, 이러한 전통적인 잣대로는 "엉성한" 재개념화 논의가 교육과정의 개발자나 학교교사들에게는 매우 이론적인/학문적인 접근으로 보인다. 교육과정의 재개념화는 이론의 실제에 대한 책임을 면제하면서 교육과정 분야를 이론적인 담론의 장으로 만들고, 그 속에서 교육과정 이론가는 학문적인 우월성과 자기충족적인 나르시시즘narcissism에 빠져 스스로를 교육실천의 문제로부터 소외 또는 변두리화시킨다.

오늘날 재개념화된 교육과정 이론은 대학에서 "엄밀한 학學"으로서의 위상 확보에 실패했음은 물론 교육실제의 개선과도 직접 관련이 없는 애매모호한 처지에 있다. 이런 모순적인 상황에서 재개념주의자들은 교육과정 연구에서 이론과 실제의 결별이 갖는 의미가 무엇인지 그들 스스로 "재개념화"하고, 나아가 교육과정 이론가들은 교육경험의 이론화 작업과 학교실제의 개선 사이에서 다시 교육과정 연구의 학문적인 정체성을 찾기 위해 노력해야 한다.

재개념화를 위한 변론[1]

현대사회에서 학교는 교육과정 이론가들의 지배를 받지 않는다. 실제적인 의미에서 학교의 개혁[2]은 정부차원에서 이루어지며, 이 경우 대학의 교육과정 학자들은 주도적인 역할을 담당하지 못한다. 오늘날 교육과정 분야는 복잡하고 경쟁적인 정치·문화적인 영역으로 간주되고, 교육과정을 관료주의적인 절차에 따라 개발하는데 익숙한 대학의 교육과정 학자들은 그들의 전문성을 주장하는데 한계가 있다.

최근에 교육과정 교수들이 경험하는 학문적인 정체성의 위기는 대학의 교육과정 학자들과 학교의 교사들이 "대등한 동료관계partnership"를 형성함으로써 해소할 수 있다. 복잡하고 다양한 학교상황과, 개발보다 이해를 중시하는 새로운 교육과정 패러다임으로 의해 교육과정 학자들은 "남성적인" 우월성과 지배성을 상실한다. 물론 교육과정 학자들이 교사와 학교의 문제에 관심을 두지 않거나 영향력을 포기하라는 말은 아니다. 그보다 전통적으로 지배를 받는, "여성적인" 위치에 놓여 있던 학교교사들에게 교육과정을 주관적으로 해석할 수 있는 자유와 지적인 공간을 내어주라는 말이다. 교사의 개인적이고 의식적인 해석 작업은 교육과정을 이론적이고 학문적으로 이해하려는 다방면의 노력[3]을 포함

---

1 William Pinar, "Response: Gracious Submission," *Educational Researcher* 28, no. 1 (January-February 1999): 14-15.
2 교육과정의 개혁을 포함한다.
3 숙의, 자기반성, 이야기, 성과 인종의 정치학, 현상학과 해석학, 해체주의, 자서전, 미학, 국제관계 등.

한다.

교육과정은 단순히 학교에서 제공하는 교과서, 안내서, 또는 목표 진술서를 의미하지 않는다. 교육과정은 교사와 학생들이 교실에서 교과서를 매개로 나누는 '복잡한 대화'이다. 교육과정 학자들은 그들이 만든 이론이 실제를 지배하고 안내해야 한다는 "남성적인" 소명 의식을 버려야 한다. 이것은 교육과정 학자들이 다음의 사실을 인정하는 것을 말한다— '현장의 교사들은 더 이상 그들의 지시와 충고를 진심으로 수용하거나 따르지 않는다.'

이러한 변화된 환경에서 교육과정 전문가들의 과업은 무엇인가? 확실한 것은 대학의 교육과정 교수들[남성들]이 학교의 교사들[여성들]에게 구체적인 행동지침을 내리는 것, 그로 인해 이론이 실제에 대해 남성적인 우월성을 확보하는 것이 교육과정 학자들의 과업이 아니라는 사실이다. 흔히 교사들은 교육과정 전문가들에게 무엇을 해야만 하는지 묻는다. 그러나 이 경우에도 이것이 교사들의 "의식적인" 의문에서 비롯된 것인지, 아니면 그들의 권위에 대한 "무의식적인" 저항의 표현인지 의심해야 한다.

결국 오늘날 대학의 교육과정 학자들은 학교교사들에 대한 그들의 남성적인 우월성을 상실했다. 교육과정 교수들은 학교교사들을 학문적인 동료로 인정하고, 그들과 함께 교육과정의 이론적인 반성화 작업을 전개해야 한다. 대학의 학자들은 전통적인 이론의 실제에 대한 지배, 즉 남성의 여성에 대한 우월성을 기각하는 한편, 교육과정 이론의 영역에서 남성[교수]과 여성[교사]의 민주적인 공존을 모색하는 한다. 이제 여성은 남성에게 복종할 의무도 필요도 없다. 그보다 동등하고 상호존중하는 민주적인 동료관계 속에서 교수와 교사는 아이들과의 복잡한 대화, 즉 교육과정의 세계로 들어가야 한다.

쿠레레

"쿠레레"와 교육과정의 재개념화

—

"쿠레레" 방법론

"쿠레레"와 교육과정의 재개념화[1]

'교육과정curriculum'이라는 말에는 많은 의미가 담겨있다. 일반인들은 교육과정을 일련의 학습 과정a course of study, 특히 그 안에 명시된 내용 materials or artifacts을 가리키는 말로 사용한다. 마우리츠 존슨Mauritz Johnson 과 같은 이론가들은 교육과정을 의도한 학습결과intended learning outcomes에 한정한다. 또, 학습의 과정에 주목하면서 교육과정을 교육education과 동일 시하는 이론가들도 있다. 다른 여러 이론가들에게 교육과정은 주로 학습 내용 및 수업 전략의 설계design, 계획planning, 개발development을 의미한다. 그밖에 교육과정을 수업instruction이나 평가evaluation와 구분하지 않고 사 용하는 이론가들도 있다.

재개념주의자들은 교육과정이라는 말을 확대·해석한다. 그들은 교육 과정curriculum의 라틴어 어원인 쿠레레currere의 의미에 주목한다.[2] 그들은 쿠레레를 '경주로'라는 관찰가능하고, 외재적이고, 공공연한 개념으로부 터 해방시킨다. 그들은 쿠레레를 '경주로 달리기'라는 개인적인 경험 individual experience으로 재개념화하고, 그러한 교육적인 여정educational journey 또는 순례pilgrimage의 본질을 탐구한다. 그 과정에서 그들은 다른 지적인 전통들과 간학문적인 대화를 나누고 교육현상에 대한 비평 작업 을 시도한다.

....

1 William Pinar, "*Currere*: Toward Reconceptualization," in William Pinar ed., *Curriculum Theorizing: The Reconceptualists* (Berkeley, 1975), pp. 396-414.

2 라틴어 *curriculum*의 의미를 영어로 풀이하면 running; a contest in running, race; raceground, course, lap; a racing chariot 등이다.

이러한 관점에서 교육과정은 단순히 목표를 설정하고 내용을 설계하고 결과를 평가하는 조작적인 분야가 아니다. 고유한 탐구영역과 고유한 탐구방법이 있는 지적인 학문이다. 쿠레레는 교육과정 분야의 핵심 개념으로서 교육적인 경험에 대한 존재론적, 현상학적, 정신분석적인 연구를 의미한다.

기존의 교육과정 질문들과 달리 쿠레레의 질문들은 다음과 같다. '왜 나는 댈러웨이Dalloway부인에게는 공감이 가고, 브라운Brown 부인에게는 그렇지 않은가?' '내면의 우울함은 어떻게 떨쳐낼 수 있으며, 그 어둠과 밝음의 본질은 무엇인가?' '왜 나는 도리스 레싱Doris Lessing은 읽고, 아이리스 머독Iris Murdoch은 읽지 않는가?' '왜 나는 그러한 작품들을 읽는가?' '왜 생물학이나 환경학에는 관심이 가지 않는가?' '왜 누구는 문학 공부에, 누구는 물리학 공부에, 누구는 법학 공부에 마음이 끌리는가?' '사람마다 마음의 구조가 서로 다르기 때문에 그러한 것인가?' '그렇다면 마음의 구조는 어떻게 이루어져 있고, 그 안의 어떤 인자가 지적인 관심 또는 무관심을 설명하는가?' '왜 나는 수년간 장 폴 사르트르Jean Paul Sartre에 심취했고, 뒤이어 마르크스주의에, 그리고 나서 선불교에 관심을 가졌는가?' '어떤 정신적인 또는 환경적인 조건, 아니면 그 둘이 서로 결합해 나의 지적인 행동의 원인cause과 순서timing를 결정했는가?' '어떤 교사들이 나를 그러한 지적인 분야로 데려갔고, 그러한 현상은 어떻게 설명할 수 있는가?' '왜 나는 교사가 되었고, 무엇이 나를 교사로 만들었는가?' '가르침과 공부에 대한 나의 관심의 본질은 무엇인가?' '교사로서 산다는 것이 나의 내면의 삶과 어떠한 관계가 있는가?'

위의 질문들은 쿠레레의 연구를 제안한다. 우리가 연구를 통해 얻는 정보는 쿠레레에 대한 지식이다. 그것은 개인의 여정 또는 순례에 대한 본질적인 지식이다. 비록 뿌리는 다른 곳에 있어도, 그것의 나무와 꽃은 그 자체로 의미가 있다.[3] 그것은 또 다른 종種이나, 그 자체로 하나의 학學이다.

---

3 쿠레레 탐구의 간학문적인 특징을 말한다. 여러 학문의 도움을 받아 쿠레레를 이해한다는 것으로서 다양한 학문을 '뿌리' 삼아 쿠레레의 '나무'를 키우고 의미의 '꽃'을 피우는 일이다.

"쿠레레" 방법론[1]

1. 회귀回歸

쿠레레 방법의 첫 번째 단계는 회귀regression이다. 우리는 과거로 돌아가 '있는 그대로'의 과거와 현재의 주변을 맴돌고 있는 과거를 표현한다. 이를 통해 과거의 '나'는 현재 안으로 들어와 현재의 '나'를 설명한다. 우리는 현재에 존재하는 동시에 과거에 존재한다. 현재는 장막에 가려져 있지만, 과거는 분명하고 확실하다. 우리는 과거의 위치를 통해 현재의 위치를 확인할 수 있다. 위치성location은 정체성identification을 의미하고, 과거에 대한 괄호치기bracketing를 의미한다. 괄호치기는 일반적으로 눈에 띄지 않고, 당연시하는, 그래서 우리가 잊기 쉬운 것을 주의 깊게 들여다보는 작업이다. 과거가 현재가 됨에 따라 현재의 숨은 모습이 드러난다. 우리의 목표는 과거로부터의 해방과 현재 안에서의 자유이다. 이를 위해 우리는 먼저 과거 속으로 들어가야 한다.

회귀의 어원 regradi는 '뒤back'를 뜻하는 re와 '가다to go'는 gradi가 결합한 단어이다. 간단히 말해 '회귀'는 '뒤로 가다'를 의미한다. 우리는 뒤로 돌아가 그곳에서 잠자고 있는 과거를 발견한다. 과거의 문이 열리고 그곳에서의 삶이 보인다. 그렇다고 과거를 두려워할 필요는 없다. 우리는 온전히 과거에 들러붙어 있는 것이 아니므로 과거의 위협으로부터 자유

---

1 William Pinar, "The Method," in William Pinar and Madeleine Grumet eds., *Toward a Poor Curriculum* (Dubuque, 1976), pp. 51-65.

롭다. 현재의 '나'와 과거의 '나'가 완전히 일치하지 않는 까닭에 우리는 과거를 관찰할 수 있다. 우리 자신이 과거에 어떻게 행동했는지 관찰하는 것, 이것이 바로 회귀의 목표이다. 교육적인 경험과 관련시켜 말하면, 쿠레레 방법의 첫 단계에서는 과거의 학창생활로 되돌아가 그곳에서 우리를 가르쳤던 교사들, 우리가 읽었던 책들, 우리가 경험했던 소소한 사건들을 다시 관찰하고 기록하며, 나아가 그 과거의 기억에 현재의 반응을 덧붙인다.

예컨대 당신은 초등학교 시절로 되돌아간다. 초등학교 교실로 들어가 과거의 교사들과, 과거의 당신과, 과거의 친구들과 재회한다. 특히 당신이 무엇을 했고, 그것을 어떻게 했는지 기억해본다. 처음부터 당신은 학교의 일상에 매어 살았는가? 아니면, 자주 공상의 나래를 펼쳤는가? 당신의 상상력에 날개를 달아 주었던 수업과 교사가 있었는가? 다음은 중고등학교 차례다. 계속해서 과거의 당신을 관찰한다. 과거의 그 교실에서 그 교사와 함께 있던 당신을 기억하고, 특정 교과목에 대한 당신의 반응과 그것에 대한 교사의 대응, 그리고 부모의 간섭, 다시 당신의 반응 등을 기억의 전면으로 불러온다. 이와 똑같은 방식으로 대학생활로 회귀한다. 당신이 그 대학, 그 전공을 선택한 이유는 무엇이었는가? 왜 당신은 이 과목을 수강 신청했고, 그 교수의 강의를 들었는가? 왜 당신은 도서관에서 공부를 했고, 기숙사로 들어가기 위해 애썼는가? 왜 당신은 대학원에 진학했고, 어떻게 교수가 되어 지금 이 자리에서 강의를 하고 있는가? 갑자기 과거와 현재가 겹치면서 현재의 순간이 나타난다. 당신은 과거에서 다시 현재로 돌아온다.

회귀의 단계에서 우리는 관찰한 것을 해석해서는 안 된다. 해석은 우리가 과거에 머무르는 일을 방해하기 때문이다. 그보다 과거를 있는 그대로 종이에 기록하고 개념화해야 한다. 그 과정에서 과거는 현재에 투영되고, 언어는 과거에 대한 투박한 사진을 완성한다. 우리는 그 사진을 들고 구석구석 열심히 살피면서 우리의 반응을 기록해야 한다. 과거에 대한 현재의 반응은 나중에 완성될 두 번째 사진, 즉 현재의 일부를 이룬다. 여기에 미래에 대한 반응과 현재에 대한 독립적인 서술이 더해지면, 현재의 사진이 완성된다. 회귀는 과거로 돌아갔다가 다시 현재로 돌아오는 단계까지를 말한다.

2. 전진前進

쿠레레 방법의 두 번째 단계는 전진progression이다. 전진의 어원 pro-gradi는 '앞before'를 뜻하는 pro와 '가다to go'는 gradi가 결합한 단어이다. 이 단계에서 우리는 아직 오지 않은 것, 아직 실재하지 않는 것을 본다. 우리는 현재에 투영된 미래를 본다. 이러한 미래는 현재의 삶에 영향을 준다.

어슴푸레한 방에 혼자 들어가 편안해 보이는 의자를 끌어다가 책상 앞에 앉는다. 잠시 눈을 감고 숨을 고른다. 몇 번 천천히 깊게 숨을 들이마신다. 명상을 통해 마음을 가다듬은 뒤에 우리는 미래를, 내일을, 다음 주를, 다음 몇 달을, 다음 학기를, 다음 3년을 생각한다. 우리의 관심이 교육적인 경험에 있기 때문에, 우리는 당신의 지적인 관심 그리고 당신의 일과 관계된 문제들에 주의를 기울인다. 당신은 자유로운 연상을 통해 마음속에 떠오른 것들을 기록해야 한다. 당신의 지적인 관심이 어디를 향해 가고 있는지, 이러한 진화하는 관심과 당신의 개인적인 삶이, 다시 이 둘과 진화하는 역사적인 상황이 어떤 관계에 있는지 인식해야 한다. 당신의 지적인 관심과 역사적인 상황은 서로 의존 상태에 있을 가능성이

크다. 만일 교사라면, 가르치는 일에, 학생들과 동료 교사들과의 관계에, 특히 감정적이고 지적인 내용에 집중하고, 이 모든 것이 어디를 향해 가고 있는지 알아야 한다. 그래야만 당신은 미래를 그려볼 수 있을 것이다. 그것은 1년 후의 모습일 수도, 또 몇 년 후의 모습일 수도 있다.

전진의 단계에서 중요한 것은 자유연상free associate이다. 합리적인, 비판적인 사고는 내려놓아야 한다. 자유연상을 통한 미래의 모습이 논리적이지 못하다고 결론을 내려서는 안 된다. 이 단계에서 우리는 아직 분명하지 않은 가려진 미래상을 허용해야 한다. 미래를 상상하는 일은 평온한 상태에서 해야 한다. 그 과정을 강제해서는 안 된다. 부담은 자료를 왜곡할 뿐이다. 마음이 움직이면 의자에 앉아 미래의 상태에 거주하라. 몇 날 며칠을 그렇게 해도 좋다. 아니, 몇 주, 몇 달에 걸쳐 그렇게 해도 좋다. 긴 호흡을 두고 행해진 연상 작업은 일시적인 감정 또는 지적인 선입관을 통한 왜곡의 가능성을 줄인다. 그래서 더 그럴듯하게 보이고, 더 영속적인 미래의 사진이 완성되어 나온다. 이러한 미래에 대한 예견과 함께 전진의 단계는 끝난다.

3. 분석分析

쿠레레 방법의 세 번째 단계는 분석analysis이다. 우리가 앞의 두 장의 사진을 눈앞에서 치우면, 남는 것은 무엇인가? 그것은 현재의 '나'를 기술하는 일이다. 이때 과거와 미래의 모습은 제거한다. 단지 그것들에 대한 반응만을 포함한다.

대부분의 사람들에게 현재는 그들의 개별적인 특성과 상관없이 제도권 안에서의 생활과 맞물려 돌아간다. 특별한 역사적인 상황, 구체적인 거주 공간, 주변의 동료들과 학생들이 당신의 현재를 구성하고, 우리의 지적인 관심을 결정하며, 우리의 정서적인 상태에 영향을 미친다.

지금 우리의 마음을 잡아끄는 생각들과 연구 분야들은 무엇이고, 그 반대로 우리가 하기 싫은 것들은 무엇인가? 그것들의 목록을 만들어라. 이때 기술만 할 뿐, 해석은 금물이다. 마치 사진기라도 있는 것처럼, 현재 있는 그대로의 우리의 모습을 사진으로 찍어라. 그리고 이러한 행동에 대한 당신의 반응을 추가하라.

개념화를 통한 기술 작업은 전체로부터 부분을 드러내 보여준다. 분석의 어원 analysis는 '완전히up' 또는 '철저하게throughout'를 뜻하는 ana와 '느슨해지다/자유로워지다loosing'의 lysis가 결합한 단어이다. 개념화는 경험으로부터의 분리 또는 이탈이다. '있는 것what is', '있었던 것what was', '있을 수 있는 것what can be'에 대한 '괄호치기'를 통해 우리는 그것들로부터 느슨해지고, 그것들로부터 자유로워지며, 그 결과 현재와 미래를 더 자유롭게 선택하게 된다.

이제 세 장의 사진을 함께 놓고 보아라. 과거의 사진, 미래의 사진, 현재의 사진, 그것들은 무엇인가? 그것들의 개별적인 특징은 무엇인가? 그것들이 들려주는 존재론적인 이야기ontological theme의 본질은 무엇인가? 왜 그것들은 지금 여기 그러한 모습들로 존재하고 있는가?

분석이 이 정도에 이르면, 우리는 교육과 직접적으로 관련이 없는 해석의 틀을 이용해 쓸모 있는 자료들을 얻을 수 있다. 예를 들어 정신분석 시스템, 게슈탈트Gestalt 시스템, 정치·사회적인 시스템을 돋보기 삼아 관찰을 시도할 수 있다. 이러한 렌즈들을 통해 보이는 모습에 주목하고, 그렇게 해서 나온 해석들에 주의를 기울여라. 얼마나 그럴듯한가? 얼마나 완벽한가? 얼마나 현재를 밝게 비추어 주는가?

해석적인 개요는 현재를 더 잘 보여주어야 한다. 그것은 생생한 현재를 추상적인 자아들로 둘러싸서는 안 된다. 그것은 개념적인 영역에서 현재의 일부다. 뇌가 몸의 일부일 뿐, 몸이 뇌의 일부가 아닌 것과 같은 이치다. 비유하면, 자전적 현재가 개념적인 시스템의 일부가 아니라, 그 시스템이 현재의 일부다.

세 장의 사진, 즉 과거·현재·미래를 병치並置, juxtapose시켜 놓는다. 그리고 묻는다. 그것들 간의 복잡하고 다차원적인 상호 관계는 무엇인가? 미래는 어떻게 과거에 존재하고, 과거는 미래에, 그리고 현재는 미래와 과거 모두에 존재하는가?

4. 종합綜合

쿠레레 방법의 네 번째 단계는 종합synthesis이다. 종합의 어원 syn-tithenai는 '결합하여together'를 뜻하는 syn과 '놓다place'의 tithenai가 결합한 단어이다.

모든 것을 제쳐놓고 거울을 들여다보듯 우리 자신을 구체적으로 응시하라. 순간에 집중하면서 나타나는 존재의 실체에 주목하라. 그것은 누구인가who is that? 당신 자신의 목소리로, 현재의 의미meaning of the present는 무엇인가?

내 학문적인 작업이 현재의 '나'에 공헌하는 바는 무엇인가? 그것은 현재의 상황을 밝게 만드는가, 아니면 어둡게 만드는가?

우리의 지적인 관심은 현재의 '나'를 자유롭게 만드는가? 그것은 우리의 존재론적인 성장을 허용하고 북돋는가? 그것은 우리 전공 영역의 개념적인 정교화와 엄밀함에, 또 그 지적인 분야와 '나'의 상생적인 관계에 이바지하는가? 그것은 우리의 존재를 새로운, 한 차원 높은 지평으로 끌고 갈 수 있는가?

　종국에 어떠한 개념적인 형태가 나타나는가? 우리는 괄호를 침으로써 개념적인 것에서 벗어나 있었던 것을 그대로 살펴보고 그것이 우리의 심리적, 물리적, 존재론적인 조건과 어떤 관계에 있는지 알 수 있는가? 그것이 우리의 삶의 형식과 어떤 관계에 있는지 알 수 있는가? 이것은 우리의 공적이고 사적인 모습, 내적인 삶, 외부적으로 식별 가능한 행동 그리고 우리 의식의 흐름과 그 내용을 포함한다.

　우리의 모든 사고, 감정, 행동은 육체적인 몸 안에서 그리고 몸을 통해서 발생한다. 몸이 우리를 구성하는 전부이므로, 몸 안에서 몸을 통해서 발생하는 것이 식별 가능한, 의미 있는 전부가 될 수 있다.

　자아는 물리적인 형태로 존재한다. 지력 역시 자아의 일부로서 물리적인 형태 안에 거주한다. 그러므로 자아는 지력으로부터 나오는 개념이 아니다. 지력은 자아의 부속물이다. 지력은 몸처럼 그것을 통해 자아와 세상을 접할 수 있는 매개물이다. 더 이상 나는 내 마음과 완전히 일치하지 않는다. 내 마음은 단지 나의 한 부분과 일치할 뿐이다.

　마음을 원래의 위치로 되돌려 놓고, 나는 현재의 상황을 개념화한다.

　나는 결합하여 놓여지고, 종합의 단계는 끝난다.

03

탈비판적인 재개념화

교육과정, 주관적인 의식의 세계[1]

　학생들의 입장에서 교육과정은 흔히 학교에서 배워야 하는 교과, 사회적으로 용인된 지식의 구조, 또는 복잡한 의미의 영역을 뜻한다. 그런데 학교에서 가르치는 교과, 지식, 의미 등은 학생들의 개인적인 삶과는 크게 관계가 없고, 따라서 학생들은 그것들을 이해하지 못하는 경우가 대부분이다.

　그렇다면 학생들은 존재하는 교육과정을 그들 자신의 의식에 따라 재창조해야 한다. 이러한 재구성의 과정을 통해 교육은 비로소 의미 있는 일이 되기 때문이다. 이를 위해 학생들은 지금까지 당연시했던 주변 세상과의 관계를 반성하고, 그것에 주관적인 의미를 부여함으로써 그들의 삶을 새롭게 구성해야 한다. 이것은 학생들이 타인에 의해 주어진 세상이 아닌 스스로 구성한 세상에서 의식적인 삶을 사는 것을 말한다.

　이런 맥락에서 우리는 미리 처방된 교육과정을 완성된 지도에, 학생을 여행객에 비유할 수 있다. 낯선 도시에 도착한 사람은 길을 찾기 위해 지도를 참고한다. 그런데 완벽하게 그려진 지도가 있다 하더라도, 그것은 제작자의 의도와 달리 이방인에게는 길을 안내할 수도 또 길을 잃게 할 수도 있는 불안한, 불확실한 안내서에 불과하다. 마찬가지로 아무리 완벽하게 개발된 교육과정이라 할지라도 교육과정 계획자의 의도와 달리 그것은 그 자체로 학생들에게 배움의 길을 보장하지 못한다. 여기서

1　Maxine Greene, "Curriculum and Consciousness," *Teachers College Record* 73, no. 2 (December 1971): 253-269.

배움은 학생들이 주어진 지식의 구조, 즉 교육과정을 그들 자신의 주관적인 삶의 세계로부터 재구성하면서 새로운 의미를 창조하는 일이다.

학생들이 교육과정[2]을 만나는 방식을 이방인이 길을 찾기 위해 지도를 참고하는 방식에 비유할 때, 우리는 교육과정을 "완성된 실재"가 아닌 "가능성의 의식"으로 이해해야 한다. 교사는 학생들이 그들의 주관성에 의해 교육과정을 재구성하는 일을 허용해야 한다. 그렇지 않고 교육과정이 학생들의 삶과 괴리된 채 그들의 의미 추구와 관계없는 일이 된다면, 그것은 단지 관념의 유리성 같은 소외된 체계에 불과할 것이다. 주어진 교육과정으로부터 새로운 의미를 창조하기 위해, 즉 배움을 경험하기 위해 학생들은 주변 세상에 마음을 열고, 있을 수 있는 의문을 이해하기 위해 노력해야 한다. 이런 그들에게 필요한 것은 자신의 현재 상황에 대한 반성적인 지식이다. 이에 교사는 학생들이 현재의 문제를 비판적으로 의식하면서 그들의 주변 세상을 새롭게 알아갈 수 있도록 도와주어야 한다.

학생들이 배움에 이르는 길은 그들의 삶이 거주하는 세상에 대한 반성으로부터 시작한다. 만일 학생들이 외부에서 주어진 교육과정에 만족하거나, 아니면 최소한 그것을 무비판적으로 수용한다면, 그들은 자기 자신과 그들의 고유한 가능성으로부터 소외된다. 배움으로 가는 길에서 방황하고 해를 입으며, 외부의 조건에 의해 통제되고 훈련된다. 간단히 말해 배움은 일어나지 않는다. 이제 그들이 할 수 있는 일은 눈앞에 놓여 있는 타인[들]의 의식체계인 교육과정을 무의미하게 암기하는 것뿐이다. 반면에 학생들이 올바른 배움의 길에 이르기 위해서는 낯선 도시의 이방인처럼 주어진 지도로부터 새로운 의미를 창조하기 위해 노력해야 한다.

....
2 사회적으로 처방된 지식으로서의 교육과정.

이를 위해 학생들은 그들의 주관적인 의식의 세계로 들어가 그로부터 주변의 사물들을 새롭게 바라보아야 한다. 이러한 내적인 여행의 도달점은 주관적인 경험을 통해 새로운 앎에 도달하는 것, 즉 세상에 대한 의미를 재구성하는 일이다.

물리적으로 견고해 보이는 세상으로부터 벗어나 인간 본연의 의식과 존재론적인 상태로 되돌아가는 것은 학생들이 사회적으로 구성된 지식의 구조를 권위적으로 수용하는 일에 반대하면서 그것을 그들의 원초적인 경험 안에서 새롭게 종합하는 일이다. 이러한 노력은 교사가 학생들을 보편적인 객체로, 교육과정을 미리 존재하는 객관적인 실재로 보는 관습적인 시각에 의문을 제기한다. 배움의 목적은 학생들 개인의 자기완성을 돕는데 있으므로 학생들은 의미의 원천인 그들의 내적인 세계에 주목하면서 진정한 의미에서 자아-정체성을 찾아야 한다.

결국 교육의 과정을 몰개성적이고 강제적인 사회화의 과정으로 보는 관점은 재고해야 한다. 교사는 교육과정이 갖는 강제성에 의해 그 자신이 '사회적인 실재'[3]를 학생들에게 강제하고 있는 것은 아닌지 반성해야 한다. 아울러 학생들의 원초적인 의식을 진지하게 고려하면서 교육과정을 강제된 실재가 아닌 학생들 개인의 주관적인 경험으로 재해석해야 한다. 이 새로운 지평 안에서 교사는 학생들이 그들의 개인적인 세계와 관련해 의문을 제기하고, 현재의 상황을 확인하고, 그렇게 함으로써 학생들 스스로가 그들 자신의 지평을 재창조하도록 돕는 역할을 한다. 결국, 우리는 교육과정의 사회적인 강제성을 기각하고, 교육과정을 학생들의 주관적인 의식에 의해 지식을 재구성하는 존재론적인 가능성으로 재개념화해야 한다.

....

3 교육과정을 개발하는 과정에서 결정된다.

교육과정 언어와 교실 속 의미[1]

1. 공학적인 언어

공학적인 언어는 도구주의적인 합리성[2]에 기초한다. 경제적인 모형에서 목적, 목표, 결과를 행동주의적인 언어로 세밀하게 표현하는 것은 중요하다. 활동은 이미 기술된 목적이나 목표를 달성하기 위한 수단으로 계획되기 때문이다. 이러한 관점에서 학교교실의 활동은 심리적이고 사회적인 언어에 의해 정당화되고 통제된다. 다시 말해 목표는 개인이 바라는 현재와 미래의 사회적인 전망으로부터 나오고, 그것은 심리적이고 행동주의적인 용어로 표현된다. 특히, 학습과 관련된 개념, 기술, 능력, 태도와 같은 심리적이고 행동주의적인 언어는 목표달성을 위한 활동들을 도출하는데 유용하게 사용된다.

목표-수단을 강조하는 교육과정의 사고는 목표달성에 필요한 모든 물적·인적자원의 사용을 강조한다. 교사는 가용한 학습기재를 총동원하고, 주어진 물적·인적자원의 유용성을 높이기 위해 노력한다. 이처럼 교육자원의 투입-산출 과정의 효율성을 극대화하기 위한 조직적인 통제가 공학적인 언어의 핵심을 이룬다. 이때 평가는 질quality 관리를 위한 조치이다. '평가'라는 이름으로 산출물에 대한 검사를 시행한다. 그러나

---

1 Dwayne Huebner, "Curricular Language and Classroom Meanings," in James Macdonald and Robert Leeper eds., *Language and Meaning: Papers* (Washington, 1966), pp. 8-26.
2 인간의 목적 합리적인 행위를 말한다. 목적 달성을 위한 최적의 수단을 강구하여 실행에 옮기는 것으로서 목적과 수단이 모두 과학적인 지식에 의존한다.

평가는 결과에 대한 승인을 넘어 궁극적으로 활동의 질을 통제하는 일이다.

공학적인 가치와 경제적인 합리성은 교육과정 분야에 유효하고 필요한 사고방식이다. 학교는 인적자원의 효율적인 개발을 통해 사회의 유지와 발전에 공헌하는 기술공학적인 역할을 담당해야 한다. 그러나 우리는 교육과정의 사고가 다른 방향으로도 가능하다는 사실을 인정해야 한다. 모든 것을 하나의 이론적인 모형에 제한하려 할 때 우리는 인간 삶의 복잡하고 다양한 경험적인 의미를 올바르게 이해하지 못하는 위험에 빠지기 때문이다.

2. 정치적인 언어

두 번째는 정치적인 언어이다. 정치적인 언어는 교사가 누군가에게 영향을 주는 권력과 통제의 위치에 있다는 가정에서 출발한다. 교사의 영향력은 주변 사람들이 교사의 가르치는 활동과 지도력을 어떻게 평가하느냐에 달려 있다. 교사는 교실 안의 활동들을 교장, 장학사, 학부모, 동료교사, 대학교수의 인정과 지지를 많이 받는 방향으로 조직한다. 교사가 교실 안의 교육활동을 권력이나 통제와 같은 정치적인 관점에서 가치평가 하는 일이 나쁜 것만은 아니다. 교사는 잘 가르치기 위해 타인에 대한 최소한의 영향력과 타인으로부터의 최소한의 믿음과 존중을 확보해야 한다. 교육과정 전문가도 일의 효율성을 높이는데 필요불가결한 권력이나 권위를 가져야 한다.

교육은 정치적인 가치를 포함하며, 교사 역시 정치적일 수밖에 없다. 교사의 교육활동에는 지역공동체의 정치적인 입장이 어느 정도 반영되기 마련이다. 정치적인 언어가 옳지 못하거나 비도덕적이라고 볼 이유는 없다. 오히려 그것은 교사의 개인적인 영향력과 책무성을 높이기 위해 필요하다. 다만, 권력과 권위가 책임 있고 창의적인 영향력을 행사하기 위한 수단이 아닌 그 자체로 목적이 되었을 때 우리는 도덕적으로 옳지 못한 결과를 목격한다.

3. 과학적인 언어

오늘날 교육과정의 사고를 지배하는 것은 과학적인 언어이다. 과학적인 활동은 경험적인 토대 위에서 새로운 지식을 생산한다. 교육활동의 가치는 교육이 생산하는 지식과 관계된다. 교사, 교육과정전문가, 교육연구자는 항상 교육활동에 대한 확실한 주장을 바란다. 그들은 수업상황을 구성해 새로운 가정들을 검증하고, 그렇게 새로운 사실들을 생산한다. 공학적인 언어가 학생들의 변화를 극대화하는 일이라면, 과학적인 언어는 교사나 교육자를 위한 지식과 정보를 극대화하는 일이다.

과학적인 언어는 과학적인 방법에 근거한다. 과학적인 방법은 통제된 실험 계획을 따른다. 학생들은 새로운 상황에 놓이고, 그들의 자극-반응 형태는 관찰 대상이다. 교사는 특정 개인에 대한 정보를 더 많이 얻기 위해 교실 안의 교육활동을 조작하고, 그 과정에서 학생들을 대상으로 새로운 교수전략을 실험적으로 처치하면서 수업자료와 목표에 대한 유용한 정보, 조건, 사실들을 발견한다. 결국 교육과정 연구는 과학적인 방법을 사용해 처방된 교육과정에 대한 교사와 학생들의 반응체계를 파악하는 일이다.

과학적인 언어는 교육과정 언어에 관한 논의에서 없어서는 안 된다. 새로운 과학적인 사실들과 주장들이 존재할 때, 교육활동은 주변 세상과

보조를 맞출 수 있다. 특히 교사가 학생들의 학습과정을 정확하게 이해할 때 수업활동은 더욱 효과적이다.

4. 미학적인 언어

미학적인 언어는 교육과정의 사고에서 변두리에 위치한다. 미학적인 활동은 상징적이고 예술적인 의미와 관계된다. 교실 안의 교육활동을 미학적인 관점에서 평가하기 위해 우리는 다음의 세 가지 요소를 고려해야 한다. 미학적인 가치를 구성하는 첫 번째 요소는 정신이다. 무엇보다도 교육활동은 유용성의 세계로부터 벗어나 정신적인 세계로 입문해야 한다. 이것은 현대사회의 기능주의적, 공리주의적, 도구주의적인 이념으로부터의 탈출을 의미한다. 교육활동은 물질적인 생산과 소비의 세계로부터 자유로운 인간의 정신적인 삶과 미학적인 가치인 아름다움을 목적으로 한다.

미학적인 언어를 구성하는 두 번째 요소는 전체와 통합에 대한 존중이다. 기능적인 파편의 세계를 부정하는 미학적인 활동은 전체의 균형, 조화, 통합을 추구한다. 또한 그것은 만족, 평화, 통일의 원천이 된다. 이런 관점에서 교실 속 교육활동의 가치는 한편에서는 전체적인 균형과 통합의 관점에서, 다른 한편에서는 평화와 만족의 관점에서 평가될 수 있다.

미학적인 언어를 구성하는 세 번째 요소는 상징적인 의미이다. 미학적인 활동은 인간 삶의 현재와 미래의 의미를 상징적으로 보여준다. 마찬가지로 교육적인 활동은 인간의 삶을 반영하는 의미[들]에 입각해 평가될 수 있다. 이러한 미학적인 관점에서 진리는 곧 삶의 의미이다. 오늘날 교실현장에서 찾아지는 의미 없는, 틀에 박힌 활동들은 현대사회의 기술 공학적인 메마름을 잘 보여준다. 이와는 달리 미학적인 준거에 따르면 교육활동의 가치는 교사와 학생들이 교실에서 느끼고 경험하는 의미들을 상징화하는 일과 관계된다.

"교육의 미학적인 논거"

① 지식은 혼돈의 조각들을 질서 있게 모아 놓은 것에 불과하다. 교육적인 활동에서 질서는 있어야 하나, 그렇다고 지식에 내재하는 혼란을 학생들에게 감추어서는 안 된다.

② 교실 안에서 교사와 학생들은 공리주의적인 원칙이나 사회의 물질적인 요구로부터 벗어나 지식의 순수함과 아름다움을 그 자체로 즐길 수 있어야 한다. 학생들은 지식을 자유롭게 사용하면서 자신들의 존재감을 높이고, 세상에 대한 그들의 감수성을 깊게 하여 미래의 가능성을 실현해야 한다.

③ 미학적인 가치평가에서 지식은 권력이 아닌 아름다움과 관계된다. 학생들은 지식을 추구하는 과정에서 인간의 미적인 가능성에 이바지할 수 있는 그들의 내적인 가능성을 비판적으로 인식해야 한다.

④ 심미적인 활동과 마찬가지로 교육적인 활동에서도 지식은 인간의 의미[3]에 대한 상징이다. 미학적인 형태의 지식은 인간의 내부감정과 외부세계에 대한 반응의 표시이다.

⑤ 미학적인 지식은 비평활동을 포함한다. 교사와 학생들의 말과 행동은 예술적인 비평의 대상이다. 교사와 학생들은 대화를 통해 상호비평의 과정에 참여한다.

....

3 인간이 삶의 과정에서 발견하는 진리.

5. 윤리적인 언어

현대사회에서 윤리적인 언어는 미학적인 언어만큼이나 등한시된다. 윤리적인 관점에서 교육활동은 인간과 인간의 만남이다. 이러한 만남의 가치는 형이상학적이고 종교적인 언어를 통해 드러난다. 윤리적인 가치는 교육활동을 다른 목적을 위한 수단으로 간주하지 않는다. 교육활동을 다른 가치의 실현과 연계하지도 않는다. 교육활동은 그 자체로 가치가 있다.

이런 관점에서 삶의 본질은 인간과 인간의 만남에 있으며, 그 만남으로부터 삶의 의미가 나온다. 만남은 변화를 일으키는 것도, 권위를 높여주는 것도, 새로운 지식을 확인하는 것도, 더해 다른 어떤 것을 상징하는 것도 아니다. 만남은 지금 여기에 있는 일이다. 현재에 존재함에 인생의 의미가 있다. 만남은 현재의 삶을 사는 방식이다. 교육과 관련해 생각해 보면 학생은 통제나 이용의 대상이 아닌, 만남의 주체가 되어야 한다. 교육이 교사와 학생 간의 인간적인 만남의 과정일 때 교육활동의 가치는 서로 상대방의 존재를 인정하고 참된 의미에서 현재의 삶을 사는데 있다.

"교육의 윤리적인 논거"

① 반응능력: 인간은 자유롭게 반응하는 존재이다. 인간은 주변에 반응하면서 세상의 창조과정에 참여한다. 인간의 반응능력을 현재의 틀에 제한하려는 시도는 인간의 미래에의 가능성을 부정하는 일이다. 한편 언어는 인간이 세상에 반응하는 가장 기본적인 형식이다. 새로운, 아직 관례화되지 않은 언어의 사용은 세상의 창의적인 열림에 이바지할 수 있다. 마찬가지로 교육에서 학생들의 자유로운 언어사용과 반응으로부터

미래의 새로운 가능성이 열린다.

② 대화, 영향, 약속: 인간은 지식을 통해 세상에 반응하는 능력과 책임을 제고할 수 있다. 이런 관점에서 지식은 세상을 이해하기 위한 교사와 학생들 간의 대화의 방식이다. 교사는 지식의 언어나 상징체계에 관해 경험이 많은 사람으로서 세상에 대한 학생들의 인식에 비판적으로, 그러나 미래지향적으로 영향을 미친다. 지식은 교사와 학생들 간의 책임 있는 교육관계의 형성을 위한 수단이다. 교사는 지식을 매개로 세상에 대한 새로운 반응능력과 새로운 대화의 가능성을 열어주는 사람으로서 학생들에게 지식이 세상과 관계를 맺는 새로운 방식을 제공해 줄 것이라고 약속한다.

③ 관용: 교사는 실수의 가능성을 인정해야 한다. 교사는 과거의 실수로부터 자신과 타인을 자유롭게 하는 관용의 가르침을 받아들여야 한다. 관용은 인간을 과거로부터 탈출시켜 미래의 새로운 가능성으로 안내한다. 교사는 관용의 정신 속에서 현재에 대한 영향력을 높일 수 있고, 학생들은 주변에 자유롭게 반응하면서 미지의 세계를 향해 창의적으로 나아갈 수 있다. 교사에게는 관대함 속에서 교실활동의 충만함을 이끌 수 있는 용기가 있어야 한다.

교육과정의 실행을 다시 생각함[1]

교육과정을 실행하는 전형적인 시나리오는 다음과 같다. 우선 정부의 교육과정 기관에서 학교의 교사들과 대학의 교수들을 소환한다. 그리고 소환된 교과 전문가들과 교육학 교수들은 교과별로 교육과정을 개발한다. 그들은 지표검사pilot test를 통해 교육과정을 부분적으로 수정한다. 이렇게 개발된 교육과정은 단위 학교들에 획일적으로 공급되고, 교사들은 개정된 교육과정 지침을 숙지하기 위해 단기간에 스트레스와 불안을 감내하며 집중적으로 노력한다. 한편 정부의 교육과정 기관에서는 표준화된 검사를 통해 새로 만들어진 교육과정에 대한 학생들의 성취도를 측정하고, 그것을 바탕으로 교사가 교육과정을 실행하는 능력을 평가한다.

지금까지 이와 같은 교육과정의 실행 절차는 으레 따라야만 하는 당연한 것으로 인식되고, 그것에 의문을 제기하는 일은 금기시되었다. 그런데 위의 시나리오는 과연 교육과정을 실행하는 유일한 모형인가? 교육과정을 계획하고 실천하는 다른 시나리오는 존재할 수 없는가? 우리는 교육과정 실행과 관련된 서로 다른 두 개의 모형인 도구주의적인 행동[2]과 상황-맥락적인 실천[3]을 비교·검토해 봄으로써 위의 질문에 답할 수 있다.

먼저, "도구주의적인 행동instrumental action"으로서 교육과정의 실행은

---

1 Ted Aoki, "Curriculum Implementation as Instrumental Action and as Situational Praxis," in William Pinar and Rita Irwin eds., *Curriculum in a New Key: The Collected Works of Ted T. Aoki* (Mahwah, 2005), pp. 111-123.

2 지배적인 관점.

3 대안적인 관점.

근대 산업사회의 생산-소비 패턴에 근거한다. 전문가인 교육과정 생산자들교과개발자들은 비전문가인 교육과정 소비자들일반교사들과 학생들에게 교육과정을 공급한다. 이런 "가진 자"와 "갖지 못한 자"를 구분하는 이원론적인 사고에서 실행의 문제는 종종 "지침communiques"의 문제가 된다. 즉, 전문성을 가진 사람이 전문성을 갖지 못한 사람에게 효율적인 지침을 내려 합리적이고 체계적인 변화를 끌어낸다.

이러한 관점에서 유능함은 곧 기술공학적인 방법을 뜻한다. 교사는 교육과정을 효율적으로 통제하고 관리하는 요령을 터득함으로써 유능한 교육과정의 실행자가 된다. 하지만, 교육과정의 실행을 위한 방법적인 지식이 인간의 능력을 도구주의적인 이성과 도구주의적인 행동으로 제한하고, 그 결과 교사는 규정에 의해 생각하고 행동하는 무기력한 기계와 같은 존재로 전락한다.

교육과정의 실행을 도구주의적인 행동으로 이해하는 관점은 데카르트Descartes 이후 서구의 주지주의적인 전통에 근거한다. 골자는 문제와 갈등을 정확한 수량화와 체계적인 의사결정에 바탕을 두는 유목적적이고 합리적인 행동을 통해 관리할 수 있다는 생각이다. 이와 같은 공학적인 세계관은 실재에 대한 중립적인 해석을 통해 사회·문화적인 가치들에 대한 이념적인 논의를 효과적으로 차단할 수 있어서 위험하다.

한편 이성적인 도구주의는 중앙집권적인 관리를 교사와 학생들의 삶으로 확장시키는데 이론적인 정당성을 제공한다. 오늘날 교육과정의 문제는 하나의 프로그램을 만들어 그것을 실행에 옮기는 단선적인 실천의 문제로 인식되곤 한다. 그리고 이러한 경향은 기술공학적/방법론적인 사고에의 중독과 비즈니스/관리적인 사고의 발달에 힘입어 강화된다. 그런데 도구주의적인 행동으로서 교육과정의 실행은 교사가 교육과정을 주관적으로 해석하는 활동을 최소화하고, 그에 비례해 교실에서 교사 존재의 '인간다움'도 사라진다. 교사가 유능한 도구주의적인 실행자가 되는 것은 내적인 주관성을 외면하고 외적인 효율성만을 쫓는 기술적인 관리자가 되는 것을 의미하기 때문이다.

지금까지 교육과정의 실행을 이성적인 도구주의의 관점에서 검토했다. 이 경우 교육과정의 실행은 객관화되고, 그것은 목표-수단 모형에 따른 기계적인 활동으로 구성된다. 또한 교육과정의 실행에서 유능함은 통제, 효율성, 확실성과 같은 기술공학적인 준거에 의해 평가된다.

이러한 도구주의적인 행동으로서 교육과정의 실행은 다음과 같은 몇 가지 특징을 가진다.

① 교육과정 실행은 교육과정 A를 설치하는 일이다.

② 교사는 교육과정 A를 교실 안에 확실하고 효과적으로 위치시킨다.

③ 교육과정은 교사들이 제공하고 학생들이 소비하는 상품과 같다.

④ 훌륭한 교사는 교육과정 A를 충실하고 효율적으로 설치하는 사람이다.

⑤ 도구주의적인 패러다임에서는 교육과정의 실행을 인과관계로 설명한다.

⑥ 교육과정 실행자로서 교사의 주관성은 부적절하다. 교육과정 실행은 객관적인 과정이다.

⑦ 실행은 계획된 교육과정을 행동으로 옮기는 일이다. 교육과정 실행은 이상적인 이론을 실제에 적용하는 것과 같다.

⑧ 교사는 교육과정 A를 실행하면서 그 완성도를 모母교육과정과 비교·점검한다.

이와는 달리 "상황-맥락적인 실천situational praxis"으로서 교육과정의 실행은 교실 안에서의 교사와 학생들의 인간적인 경험에 바탕을 둔다. 교육과정의 실행은 교사와 학생들의 삶의 세계와 관련된다. 이 경우 실행은 교사들의 상황-맥락적인 실천으로 정의되고, 그것은 주체가 객체와 반성적으로 관계를 맺는 앎의 방식, 즉 "프라시스praxis"를 의미한다.

프라시스는 이론과 실제를 이분법적으로 구분하지 않고 그것들을 변증법적인 통합의 관계로 이해한다. 즉, 인간의 총체적인 활동으로서 실천은 "반성적인 활동" 또는 "활동에 대한 반성"을 의미한다. 프라시스는 실천적인 앎의 방식으로서, 이론과 실제의 엄격한 구분 하에 이론적인 지식이 실제적인 행동을 지배하는 전통적인 주지주의로부터 탈피해 새로운 지적인 패러다임으로 나아갈 것을 제안한다.

실행을 프라시스, 즉 상황-맥락적인 실천으로 이해하기 위해 우리는 다음과 같은 탈도구주의적인 가정들을 수용해야 한다. 첫째, 교육과정을 실행하는 교사는 그 자신과 학생들의 존재론적인 성장에 관심을 갖는 인간이다. 둘째, 교사는 주체적인 변화를 이끄는 실천가로서 교육과정을 내적인 지평으로부터 해석하면서 상황에 창조적으로 거주한다. 셋째, 교육은 가치중립적이지 않다. 오히려 교육과정의 실행은 정치적인 활동으로서 사회구속적인 맥락에서 논의되는 권력과 통제의 문제이다.

상황-맥락적인 실천의 관점에서 교사는 교육과정을 통해 그 자신과 학생들로 이루어진 교실 속 삶의 세계로 들어간다. 그 안에서 교사와 학생들은 해석적인 활동을 통해 교육과정의 의미를 변증법적으로 형성한다. 이것은 교사와 학생들이 개별적으로 또 집합적으로 창조하는 상황-맥락적인 의미이다.

결국 교사는 교실이라는 공간 안에 자신을 위치시키면서 학생들과 또 교육과정과 주관적인 경험을 할 수 있어야 한다. 단선적인 도구주의는 교육경험의 내적인 질퍽함과 풍부함을 담아내기에 부족하며, 교실은 교사-교육과정-학생 간의 상호변증법적인 관계가 맺어지고 풀리는 역동적인 장소이기 때문이다. 상황-맥락적인 실천에 바탕을 두는 교육과정의 실행은 교사와 학생들의 상호이해와 상호주관성에 관심을 갖고, 교사의 유능함을 학생들과의 의사소통의 정도와 반성적인 사고의 능력에 따라 평가한다.

이러한 상황-맥락적인 실천으로서 교육과정의 실행을 교실 안의 교육적인 실재와 관련지어 생각해보면 다음과 같다.

① 교육과정 실행은 교육과정 A에 대한 이해를 깊게 하는 일이다.
② 교육과정 실행자로서 교사는 교육과정 A를 상황에 맞게 변형시킬 줄 알아야 한다.
③ 교육과정 A는 해석이 필요한 텍스트이다. 교사는 텍스트에 대한 비판적인 반성을 통해 교육과정과 그 자신을 상황-맥락적으로 변화시켜야 한다.
④ 교사는 교육과정 A를 공연하는 배우와 같다. 교사는 자신의 행동을 둘러싼 가정들을 숙고해야 한다.
⑤ 이론과 실제는 변증법적인 관계에 있다. 교육과정의 실행은 교육과정의 "계획plan"과 교육과정의 "적용in-use" 간의 관계를 비판적으로 반성하는 일이다.
⑥ 교육과정의 해석자로서 교사는 교육과정 A를 주관적으로 실행한다.
⑦ 교육과정의 실행을 교사와 학생들의 의식적인 삶과 관련해 질적으로 평가한다.

복잡한 대화로의 회귀[1]

오늘날 학교교사들은 교육적인 책무성[2]에 짓눌려 있다. 그들은 교육과정의 문제를 표준화된 시험의 문제로 인식하고 시험에 중요한 내용만을 가르친다. 교육을 시험 성적과 일치시키는 교육과정은 교사를 정부의 개혁에 봉사하는 기술자로, 학교를 기술과 지식의 공장으로 전락시켰다. 그 결과 교사는 교육내용, 교육방법, 교육평가에 대한 학문적인 통제력을 상실했고, 교육과정에 대한 전문성과 윤리적인 책임을 포기했다.

이러한 교육의 "악몽"으로부터 깨어나기 위해 교사는 어떻게 해야 하는가? 교사는 비판적인 자기인식과 간학문적인 지식을 통해 교육과정에 대한 주도권을 되찾아야 한다. 이것은 기술자가 아닌 교사로서의 직업을 되돌려 받기 위한 '지성주의' 프로젝트이다. 교사는 지속적인 자기반성을 통해 교육의 "복잡한 대화complicated conversation" 속으로 들어가야 한다. 그리고 끊임없이 자신을 돌아보고 솔직하게 대처함으로써 그 자신의 교사로서의 전문성과 존엄성을 높여야 한다.

'복잡한 대화'란 헤어날 수 없도록 뒤엉킨 학문적인 지식, 주관성, 사회를 통해 교육과정을 설명하려는 노력이다. 그것은 현대교육에 팽배해 있는 반지성주의[3]를 반대하면서 교육이라는 광범위한 영역을 교육적인 경험에 대한 간학문적인 연구[4]로 재구조화한다.

....

1 William Pinar, "Introduction," in *What Is Curriculum Theory*? (Mahwah, 2004), pp. 1-14.
2 학생들의 학업성취에 대한 책임.
3 정치적인 사회화와 공리적인 직업주의가 교육[학]적인 논의를 대신하는 현상.

'복잡한 대화'는 수업이 아닌 교육과정의 개념이다. 교육과정에 대한 비정형화된 형식인 "쿠레레*currere*"는 수업과 교육과정에서 주관적인 의미를 중요시하면서 교사에게 속도를 늦추고, 과거로 돌아가며, 미래를 상상하도록 한다. 또한 깊고 풍부한 자기이해를 위해 천천히, 스스로의 용어를 통해 미래의 환상과 과거의 경험을 분석하고 현재에 숨어 있는 것을 밖으로 드러내도록 한다.

우리는 자기이해에 초점을 맞춘 쿠레레의 자서전적인 방법을 통해 학교를 이윤을 내는 사업장으로, 교사를 공장의 근로자로 간주하는 현대 교육의 잘못된 악몽에서 깨어난다. 이때 교사의 역할은 자신의 교과를 이론적으로 발전시키고, 학생들이 이해하는 바를 복잡하게 만들고, 학생들이 숨쉬고 자발적으로 공간을 창조하고 주관적인 목소리를 내도록 돕고, 학생들이 과거-현재-미래의 연속적인 시간의 관계 속에서 가르치고 배우는 것, 즉 교육의 의미를 독자적인 방식으로 이해하도록 독려하는 데 있다.

이런 맥락에서 교사는 개혁이라는 이름으로 현 체제와 공모하면서 교육에 대한 반지성주의로 침몰하지 말아야 한다. 학교에서 가르치는 교과의 기능적인 전문가로 만족해서도 안 된다. 교사는 교육의 주체이자 지식인으로서 학교를 창의성, 박식함, 간학문적인 지성주의를 위한 교육의 장으로 전환하기 위해 가시적으로 행동하는 정부와 전문기관의 유혹을 뿌리치고, 복잡하나 불가능하지 않은 교육 본연의 대화로 몰입해야 한다. 교사는 과거로 회귀하고 미래로 전진하는 과정을 통해 자아가 확장되고 복잡하게 되는 것을 경험하고, 궁극적으로 자기이해의 순간을 거쳐 개인과 전문적인 직업인으로서 자기동화를 이끌어내야 한다.

....

4 인문학, 예술학, 사회과학을 포괄하는 탐구 양식.

교육과정 탐구

정치적인 재개념화

교육과정의 정치학[1]

1. 낭만적인 비판가들

교육과정 분야에 "낭만적인 비판가들Romantic School Critics"이라고 불리는 일군의 학자들이 있다. 그들은 아이들의 삶과 마음에 관심을 갖는다는 점에서 인간적이고, 기존의 교육과정 개혁[2]과 교육과정 자체를 믿지 않는다는 점에서 회의적이다. 그러나 보통의 교사들은 이들의 주장에 공감하지 못한다. 왜냐하면 학생들 대부분은 학교생활을 잘하고 있는 것처럼 보이기 때문이다. 가난해서 학교에 다니지 못하는 아이들 외에 게으르고, 배우려는 의지가 없고, 머리가 나빠서 공부를 따라가지 못하는 소수의 아이들만이 학교에서 실패할 뿐이다. '문제'는 학교 '안'에 있고, 따라서 학교를 뜯어고치고 학습 준비성을 높이고, 빈곤을 퇴치하면, 아이들의 학교생활은 개선될 수 있다. 반면에 아무런 문제도 없는 '정상적인' 학교들은 미래의 국가 일꾼들을 길러내는 본연의 과업에 더욱 힘써야 한다.

그러나 낭만적인 비판가들의 생각은 다르다. 그들은 아이들 대부분이 학교에서 실패하고 있다고 진단한다. 주거 밀집지역에 위치한 학교를 다니는 아이들도, 게토ghetto에 위치한 학교를 다니는 아이들도 모두 학교에서 공부의 참된 의미를 배우지 못한다. 오늘날 학교는 점차 학생들과

---

1 Donald Bateman, "The Politics of Curriculum," in William Pinar ed., *Heightened Consciousness, Cultural Revolution, and Curriculum Theory* (Berkeley, 1974), pp. 54-68.
2 1960년대 국가 주도의 교육과정 개혁을 말한다. 지식의 구조를 강조하는 제롬 브루너Jerome Bruner 식의 학문중심 교육과정 담론이다.

교사들이 서로를 믿지 못하는 '감옥'으로 변해가고 있다. 학생들은 오로지 '정답'을 찾아 다음 단계로 나아가는 일에만 몰두한다. 그 과정에서 학생들은 생각을 해서도, 의문을 가져서도, 도전을 해서도 안 된다.

그러다가 학생들이 '반기'를 드는 순간이 찾아온다. 그들은 의미를 묻는다. 이들의 외침은 낭만적인 비판가들의 주장에 힘을 실어 준다. 이반 일리치Ivan Illich와 같은 비판가들은 이윽고 학교의 폐지를 주장할 수 있다. 물론 현실성 없는 주장이고, 이 말이 무엇을 의미하는지 불확실하다. 그러나 일리치의 주장에는 분명 마력이 있다. 사람들의 마음을 끌고 그들을 새로운 지평으로 안내한다.

낭만적인 비판가들은 건강하지 못한 사회에서 건강한 교육을 바라는 것이 모순임을 지적한다. 참된 의미에서 교육은 학교가 아닌 사회에서 이루어진다. 단순히 학교를 개혁하는 일보다 사회 전체를 건강하게 만드는 일이 중요하다. 교육이란 사회의 질적인 변화를 위한 행동이다. 그러나 낭만적인 비판가들은 그러한 변화를 위한 행동이 구체적으로 무엇인지 처방하기보다 사회가 곧 학교라는 입장을 견지한다. 그들은 인간이 자유롭게 보고, 묻고, 생각하고, 선택하고, 행동하는 사회를 만드는 일이 우리 시대의 주된 사회적, 정치적, 교육적인 과제라고 주장한다.

그런데 오늘날 학교는 이러한 역할을 전혀 수행하지 못한다. 자연스레 우리의 관심은 학교로부터 사회 일반으로 전환된다. 학교교육에 막대한 자금을 쏟아 부어도 사회적인 약자의 상황이 나아지지 않는 이유는 무엇인가? 우리는 그 답을 현 시대의 지배domination 논리에서 찾을 수 있다. 부유한 사람이 가난한 사람을 지배하고, 주류 인종이 비주류 인종을 지배하고, 남성이 여성을 지배하고, 교사가 학생을 지배하는 논리 말이다. 지배의 위치에 있는 사람들은 권력을 유지할 수 있는 방안을 찾아야 한다. 그들은 흔히 제도권을 이용하며, 그중 하나가 바로 학교이다. 사회가 억압된 상태에 있을 때, 권력자들은 "지배 교육학dominant pedagogy"에 의존해 피지배자들을 길들이고, 그것을 통해 자신들의 권력을 지탱한다. 파울로 프레이리Paulo Freire의 표현에 따르면, 지배 교육학은 현실을 신화화하고, 인간의 존재 방식을 왜곡하고, 대화의 가능성을 차단하면서 인간이 참된 의미에서 인간이 되는 것을 가로막는다.

한편 현실로부터 신화성을 제거하고, 대화를 통해 실제로 나아가고, 학생들의 비판적인 사고를 중시하는 "해방 교육학liberating pedagogy"이 존재한다. 해방 교육학은 실제에 대한 반성과 행동을 통해 참된 인간되기와 창의적인 변혁을 꿈꾼다. 억압받는 위치에 있는 사람들은 먼저 그들이 억압받고 있다는 사실을 깨달아야 하고, 이러한 비판적 인식을 토대로 억압적인 사회 현실과 그것의 수용을 가르치는 학교교육의 비인간성을 폭로할 수 있어야 한다. 그래서 지금 진행 중인 교육과정 개혁이 현 질서의 유지·존속을 위한 것인지, 아니면 변화와 개혁을 위한 것인지 비판적으로 의식해야 한다.

지배 교육학은 현실을 신화화한다. 그러나 해방 교육학은 현실로부터 신화성을 제거한다. 세상에 중립적인 것은 없다. 당연히 정치적이지 않은 것도 없다. 그렇다면, 자라나는 세대가 어떻게 기존 체제 안으로 흡수되고 통합되는가? 신화는 어떻게 유지되고, 우리는 신화성을 어떻게 해체할 수 있는가? 이러한 문제들에 답하기 위해서는 교육과정의 정치적인 담론에 주목해야 한다.

2. 교육과정의 정치학

학교교육은 중립적이지 않다. 학교교육은 권력을 가진 사람들이 계획하고 운영하는 기관에서 행해진다. 학교교육은 권력을 가진 사람들의 이익에 봉사하고, 아이들에게 사회적으로 미리 할당된 위치place[3]를 받아들일 것을 가르친다. 간단히 말해 학교는 아이들을 노동시장으로 내보내는 전달 경로이며, 그 과정에서 아이들은 학교에서의 성공과 실패에 따른 결과인 '사회 속 지위'를 수용하는 것을 배운다. 아이들은 학교생활을 통해 의사집 아들과 딸이 의사가 되고, 사장집 아들과 딸이 사장이 되는 것을 배운다. 동시에 노동자의 아들과 딸이 노동자가 되고, 실업자의 아들과 딸이 실업자가 되는 것을 배운다. 노동시장에서 아이들의 계급화는 학력을 통해 이루어진다. 아이들의 학교 성적표는 그들이 장차 어디로 가서 어떤 일을 해야 하는지 설명해 준다. 시험 점수가 높은 아이들은 상급 학교로 진학을 하고, 시험 점수가 중간인 아이들은 노동시장으로 편입되며, 시험 점수가 낮은 아이들은 실업자 군으로 전락한다. 이러한 일련의 과정을 부드럽고 수용 가능한 것으로 만들기 위해 아이들은 그들에게 할당된 노동을 정당화하는 문화적인 가치cultural values를 내면화해야 한다. 교육과정의 목적은 바로 이러한 과업을 수행하는데 있다.

학교 교육과정은 중립적이지 않다. 학교교육이 봉사하는 문화와 교육과정으로 선별된 문화적인 내용은 정치적인 이해관계를 반영한다. 의식 있는 역사가, 소설가, 시인, 뉴스 앵커, 교과서 집필자, 교육과정 연구자들은 세계 도처에서 벌어지고 있는 대량학살, 인종주의, 성차별, 구조적인 기아와 아사, 제3세계의 착취, 종교적인 테러, 불법적인 내전 등을 외면하지 못한다. 이러한 사건들을 인식하는 것 자체가 우리 시대의 작가, 교사, 교수, 연구자들에게는 하나의 정치적인 행동-정치적인 검열과 비겁함을 포함하는-이다. 만일 외국에서의 침략 전쟁을 우수한 인종이 인류의 진보

....

3 성적, 인종적, 경제적, 직업적인 위치.

를 위해 벌이는 영웅적인 노력으로 서술하는 문화적인 내용이 있다면, 그것은 힘없는 민족들을 억압해 이익을 얻으려는 제국주의자들의 편리에 부합한다. 만일 돈과 권력이 없는 사람들을 선천적으로 무능하고 나쁜 사람들로 묘사하는 문화적인 내용이 있다면, 그것은 지배계급과 기존의 권력 구조에 봉사한다. 만일 가정에 얽매이거나 전업 주부가 되는 것을 거부한 여자들을 비정상적인 사람들로 간주하는 문화적인 내용이 있다면, 그것은 남성 우월주의를 반영한다.

이처럼 지배 교육학의 교육과정은 정치적이다. 우리 시대의 지배 교육학은 한편으로는 교묘하고도 노골적으로, 다른 한편으로는 권한을 행사하거나 고의적인 누락을 통해 인종주의, 성차별주의, 계급주의를 가르친다. 예를 들어 교육과정은 원폭을 투하한 B-52폭격기 조종사들을 영웅으로 묘사할 만큼 노골적으로 정치적일 수 있다. 그러나 교육과정은 넌지시 정치성을 드러낼 수도 있다. 특히, 문학의 경우가 그러하다. 일례로 아일랜드의 혁명에 관한 윌리엄 예츠William Yeats의 시는 학교에서 자주 강독된다. 아이들은 수많은 농부와 노동자의 삶과 죽음의 문제를 예츠가 말한 "끔찍한 아름다움의 탄생A Terrible Beauty Is Born"이라는 미학적인 순간으로 희석시켜 배운다. 이와 대조적으로 아일랜드의 혁명에 관한 베르톨트 브레히트Bertolt Brecht의 시는 학교에서 전혀 읽히지 않는다. 예츠의 귀족적인 시가 개인적인 영웅주의와 미학적인 아름다움을 담고 있다면, 브레히트의 대중시「후대에게To Posterity」는 혁명전쟁의 가혹한 현실을 노래하고 있기 때문이다.

같은 맥락에서 '개혁'이라는 이름으로 진행되는 대규모 정부 프로젝트는 정치적인 성격이 짙다. 정부의 재정 지원을 받는 연구자들은 지배 교육학의 틀 속에서 사회·교육적인 불평등을 해소하기 위한 광범위한 프로그램들을 계획한다. 이들의 노력은 궁극적으로 실패한다. 아예 문제

자체를 건드리지 않거나, 근본적인 해결책을 제시하지 못한다. 사회적인 압력에 어쩔 수 없이 게토에 위치한 도시 빈민학교들을 연구하고, 그곳의 저소득층 아이들이 학업적인 실패를 경험하고 있다는 진부한 사실을 발견한다. 그러면서 재빨리 학교와 사회의 관계를 포착하고 학교에서의 성공이 곧 사회에서의 성공을 의미한다고 말하면서 학교에서의 실패를 막으려면 게토를 모두 없애야 한다고 제안한다. 아울러 저소득층 아이들이 학교에서 실패하는 이유를 환경적으로 열등한 상태에 있기 때문이라고 진단하고, 아이들의 학업 준비성을 높여줄 수 있는 보상교육com- pensatory education을 계획한다.4 이와 관련해 정책 입안자들은 문화적으로 결핍된 저소득층 아이들에게 중산층의 예절, 습관, 언어 등을 가르치는 것이 학교와 사회에서의 성공에 도움이 된다고 주장한다. 그러나 파울로 프레이리와 같은 비판교육자는 이러한 보상교육을 '문화적인 침략'으로 규정한다. 주류 문화가 비주류 문화를 침략해서 전자의 세계관을 후자에 강제로 이식시키기 때문이다.

지배 교육학은 견고하다. 그것은 도처에서 목격되며 상·하급 모든 기관에 침투해 있는 것처럼 보인다. 문제의 근원에는 인종주의, 성차별주의, 계급주의와 같은 뿌리 깊은 사회적인 가치들이 자리 잡고 있다. 우리의 의식 깊은 곳에 존재하는 이러한 편견들 때문에 개혁은 문제의 변죽만 건드릴 뿐, 근본적인 원인을 제거하는데 실패한다. 심지어 인문주의 교육조차 겉으로는 늘 매력적으로 보이지만 실상은 계급주의, 인종주의, 상업주의, 남성주의, 관료주의, 제국주의 등을 말없이 넌지시 받아들인다.

....

4 보상교육에는 재학 중인 저소득층 아이들의 자존감을 높여주고 잠재능력의 실현을 목표로 하는 '업워드 바운드Upward Bound'와 취학 전 아이들의 문화실조cultural deprivation를 치유하기 위한 '헤드 스타트Head Start'가 있다.

인문주의 교육은 처음부터 정치와는 무관한 모양새를 취하면서 이념적인 것들에 대한 언급을 터부시하고, 이러한 무관심으로부터 그것들을 수용한다. 물론 인문주의 교육은 과학적인 모델을 거부하면서 올바른 방향을 제시한다. 애브라함 매슬로우Abraham Maslow와 같은 인문주의 교육자들은 실증주의적, 행동주의적, 객관주의적인 접근이 잘못된 것이라고 말한다. 객체와 사물에 대한 강조와 가치중립적인 태도는 인간을 연구하는데 부적합하기 때문이다. 그들의 대안은 인문주의 교육이다. 인문주의 교육은 심미적인 아름다움을 뛰어넘어 자아실현self-actualizing을 목표로 한다. 인문주의 교육은 의지가 강하고 마음이 건강한 아이들, 자기의 삶을 스스로 결정하는 자유롭고 합리적이고 책임감 있는 아이들을 길러낸다. 이러한 아이들은 사회를 변화시키는 능동적인 주체가 되고, 그들의 안정된 정신 상태는 영혼의 평화와 사회의 조화로 이어진다.

인문주의 교육은 매력적이다. 인문주의 교육이 표방하는 숭고한 가치와 자아실현의 이상은 너무나도 인간적이다. 그러나 여기에 덫catch이 있다. 인문주의자들은 이러한 사실을 알고 있으면서도 말하지 않는다. 인문주의 교육의 낭만적인 수사rhetoric 이면에 존재하는 함정은 자아실현이 안정, 속함, 존엄, 사랑, 존중과 같은 덕목들이 충족된 뒤에 비로소 가능하다는 점이다. 인문주의 교육은 행복의 조건을 모두 갖춘 '정상적인' 아이들을 대상으로 한다. 확실히 인문주의 교육은 억압받는 위치에 있는 '비정상적인' 아이들에게는 적합하지 않다. 아니, 억압받는 위치에 있는 아이들은 인문주의 교육과 어울리지 않는다고 말해야 옳다.

학생과 교사들이 느끼는 만족의 정도가 학교를 평가하는 주요 잣대라면, 인문주의에 바탕을 두는 학교개혁은 필요하다. 그러나 그것만으로 충분하지 못하다. 겉으로 보이는 피상적인 증상이 완화되었다고 상황이 본질적으로 나아진 것은 아니다. 해방 교육학의 관점에서 통폐합, 분권화,

성과계약, 보상교육, 다중언어주의, 실험학교, 감수성 훈련, 독서치료, 인문주의 교육과 같은 '완곡한' 개혁 프로그램들은 문제의 근본 원인을 해결하지 못한다. 개혁자들은 항상 그들이 제안한 것 이상을 주장하는 잘못을 범한다. 말로는 학교를 행복한 장소로 만드는 개혁을 한다고 하면서, 실제로는 본질에서 벗어나 독서교육, 인종교육, 가정교육 등을 주장한다. 심지어 작금의 개혁이 사회의 안녕을 해치지 않고, 부모와 교사와 학생들의 삶을 짧은 시간 안에 행복하게 만들어 줄 수 있다고 주장한다.

물론 개혁의 효과가 전혀 없는 것은 아니다. 그러나 개혁은 어디까지나 지배 교육학의 신화를 구성하는 일부이다. 진정한 의미에서 개혁과 같은 것은 존재하지 않는다. 왜냐하면 말 그대로 개혁이 이루어지면 대중들의 해방이 뒤따르고, 그렇게 되면 개혁의 신화성이 깨지면서 지배 교육학 안의 많은 일감이 사라지기 때문이다.

아이들을 노동시장의 미리 결정된 자리로 이동시키고, 그 일을 당연시하고 정당화하는 작업이 지배 교육학의 큰 부분을 차지한다. 그러나 이러한 길들임에서 벗어나려는 저항도 있다. 가령 교육과정에 대한 성적, 인종적, 계급적인 분석은 현실로부터 신화성을 제거하는데 이바지한다. 결국, 우리의 학교들과 대학들, 우리의 개혁자들과 정책 결정자들, 우리의 언론인들과 교육과정 개발자들은 기존 질서의 유지·존속에 골몰하겠지만, 그럼에도 '지식knowledge'의 확산을 막을 방법은 없다. 이제 이러한 지식을 붙잡고 일어나 문제problem의 일부로 남을 것인지, 아니면 해결solution의 대열에 동참할 것인지 결정해야 한다.

교과서와 문화정치학[1]

  실재reality는 사회적으로 구성된다. 학교를 예로 들어 설명하자면, 특정 그룹의 사람들에게 학교교육은 민주주의 사회로 나아가는 동력이다. 그러나 또 다른 그룹의 사람들은 학교교육을 아주 다르게 인식한다. 사회통제를 위한 수단으로 이해한다. 특히, 이들은 학교교육의 역할과 관련해 중요한 사실 하나를 지적한다. 허버트 스펜서Herbert Spencer의 오래된 질문인 "어떤 지식이 가장 가치 있는가?"의 이면에 "누구의 지식이 가장 가치 있는가?"라는 비판적인 질문이 숨어 있다는 점이다.

  학교에서 통용되는 사회적으로 "적법한legitimate" 지식에 관한 연구는 그동안 꾸준히 진행되었다. 오늘날 우리는 지식과 사회의 관계를 비판적으로 바라볼 수 있다. 그러나 학교에서 '그 누구whose'의 문화를 직접적으로 전달하는 "교과서the textbook"에 관한 연구는 상대적으로 소홀했다. 여기서 교과서를 연구한다는 것은 정부기관에서 흔히 수행하는 기술·경험적인 분석을 의미하지 않는다. 그보다 학교교육의 불평등한 측면과 이념적인 측면을 밝히려는 문화·정치적인 성격이 짙다.

  교과서는 단순히 사실을 전달하는 인위적인 창조물이 아니라 정치·경제·문화적인 활동, 투쟁, 타협의 산물이다. 사회를 실제로 구성하는 사람들이 그들의 관심에 따라 교과서를 입안하고, 계획하고, 저술한다. 교과서는 시장, 자원, 권력의 정치·경제적인 메커니즘 속에서 출판되고,

....

1 Michael Apple, "The Text and Cultural Politics," *The Journal of Educational Thought* 24, no. 3A (December 1990): 17-33.

그 안에 담긴 내용과 전달 방식 등에서 의견을 달리하는 사회단체들, 교사들, 학생들은 서로 갈등과 저항의 관계를 형성한다.

학교 교육과정이 중립적인 지식으로 구성된다는 생각은 순진하다. 사실, 학교에서 인정하는 적법한 지식은 사회의 다양한 계급, 인종, 성性, 종교 단체들 간의 복잡한 권력관계와 투쟁의 결과이다. 교육은 권력과 불가분의 관계에 있다. 교육과 권력의 관계는 사회적인 변혁기에 더욱 분명하게 감지된다. 그러한 관계는 여성, 소수인종, 그 밖의 사람들이 자신들의 역사와 지식을 학교 교육과정에 포함시키기 위해 투쟁한다는 사실에서 알 수 있다. 물론 사회 지배층을 이루는 사람들도 그들의 이해관계에 따라 학교교육의 목적, 내용, 과정의 결정에 헤게모니를 행사한다.

"공식적인 지식official knowledge"에 관한 논쟁[2]은 복잡하고 난해한 정치·경제·문화적인 관계와 역사를 반영한다. 이를 둘러싼 교과서에 관한 논쟁은 종종 넓은 의미에서 권력관계를 보여준다. 교과서에는 가장 가치 있다는 내용이 실리고, 그것은 쉽게 사람들 간의 의견 불일치와 갈등으로 이어진다. 교과서는 또한 그 자체로 중요하다. 교과서는 내용과 형식을 통해 실재를 구성하는 특정한 방식을 의미한다. 특히, 교과서는 방대한 양의 지식을 선별하고 조직하는 특정한 방식을 보여준다. 교과서는 "선별의 전통selective tradition"을 반영한다. 교과서에는 '누군가'의 선택, '누군가'의 적법한 지식, '누군가'의 문화자본에 의한 억압이 들어있다.

교과서는 확실히 미래에 관한 메시지이다. 교육과정의 일부를 구성하는 요소로서 교과서는 사회의 조직된 지식체계를 포함한다. 교과서에는 사회가 적법하고 사실이라고 인정한 지식이 담겨있다. 교과서는 지식, 문화, 신념, 도덕에 관한 사회의 통상적인 패러다임을 재창조함으로써

---

2 교과서에 포함할 지식을 결정하는 논쟁.

진리의 정착을 돕는다. 문제는 교과서를 창조하는 주체가 사회가 아니라는 사실이다. 즉, 사회 전체를 대신해 특정 그룹의 사람들이 교과서의 창조를 주도한다. 그들은 '우리'라는 용어를 사용하면서 보편적인 합의가 이루어진 것처럼 말하나, 실제로는 특정 계층의 이해관계에 충실한 공식적인 지식을 창조할 뿐이다.

교과서가 사회 전체가 아닌 일부의 필요와 이익을 대변하는 것은 책을 출판하는 일의 상업적인 특성 때문이다. 책은 단순히 문화적인 창조물이 아니다. 책은 또한 경제적인 상품이다. 이런 관점에서 교과서는 지식과 정보를 전달하는 역할 외에 그 자체로 시장에서 매매되는 상품의 가치를 지닌다. 교과서의 출판은 국내외 시장에서의 수요와 공급의 논리에 귀속되고, 정치적으로도 매우 가변적이다.

교과서는 복잡한 정치·경제적인 역학을 반영한다. 교과서를 출판하는 일은 흔히 매우 경쟁적이다. 자본주의 사회에서 교과서의 생산은 상업적인 일로 간주된다. 어떤 책을 얼마 동안 출판할 것인지 경제적인 계산이 뒤따른다. 한편 교과서의 출판에는 정치적인 논리가 작용한다. 그것은 주로 교과서의 대량구입과 관련된 정부와 지역교육청의 정책으로 구체화된다. 교과서에 담겨있는 내용의 정치적이고 이념적인 특성이 교과서의 구입에 영향을 미친다는 것은 자명하다.

국제적인 수준에서의 정치·경제적인 상황이 또한 교과서의 출판에 영향을 준다. 거대자본이 전 세계의 교과서 시장을 경제적으로 독점하고, 문화적인 헤게모니[3]가 세계 다수의 학생들의 교육적인 삶을 지배하는 현실에서 문화자본을 소유한 '중심국'과 그렇지 못한 '주변국' 간의 공식

....

3 다국적기업을 앞세운 의사소통, 출판 시장의 경제적인 독점, 제3국가의 엘리트들에 대한 정치·문화적인 통제 등으로 확보되는 힘을 말한다.

적인 지식과 교과서를 둘러싼 복잡한 관계와 갈등은 계속된다.

교과서의 정치학에서 우리의 관심을 끄는 것은 권력의 문제이다. 교과서는 생산 과정에서 그 사회의 지배적인 가치와 서로 얽히는 정치적인 맥락성을 특징으로 한다. 교과서에 관한 논쟁은 문화정치학의 형식을 띤다. 교과서의 문제는 적법한 지식과 권력 사이의 관계를 살펴보는 이론적인 측면과 지식과 권력의 관계를 실제로 교과서에 반영하는 실천적인 측면을 모두 아우른다.

교과서 안에는 획일적인 규칙과 억압적인 요소가 들어있다. 교과서는 교사와 학생들의 삶을 통제하는 관료주의적인 관심에서 비롯된 인위적인 창조물이다. 교과서는 교사와 학생들의 몸과 마음에 의무감, 도덕성, 문화적인 교정을 강제하는 이념적인 장치이다. 하지만 교과서에는 저항과 해방의 가능성도 잠재되어 있고, 역사적으로 많은 교사들이 표준화된 교과서의 지배를 비판했다.

교과서에 관한 투쟁은 학교에서 누가 교육과정을 통제해야만 하는가의 문제와 연결된다. 정치적인 성향의 교사들은 학교에서 가르치는 것에 모종의 영향력을 행사하려 한다. 이것은 민주적인 권리를 향한 투쟁으로 여겨진다. 교사들은 행정적인 관료주의자들이 선호하는 공장식 학교운영에 맞서 싸워야 한다. 그들의 목표는 친기업적인 행정가들이 가진 수업과 교과서에 대한 권력을 약화시켜 교사들에게 교과서를 선택할 수 있는 자유를 되돌려 주고, 교사들의 학교에서의 민주적인 권리/권력을 증진시키는데 있다. 만약 그렇게 하지 못한다면, 교사들은 소외된 공장노동자들처럼 관리와 통제의 대상으로 전락한다.

교육은 계층, 성, 인종의 분화과정과 밀접한 관계에 있지만, 그렇다고 교과서가 문화적인 지배를 겉으로 드러내거나 오롯이 지배계급의 지식만을 포함한다고 가정할 수는 없다. 현실은 더욱 복잡하다. 학교에서 전달하는 지식의 선정과 조직이 이데올로기적인 과정이며, 그것이 사회의 특정 계급과 단체의 이익에 봉사한다는 사실은 더는 새롭지 않다. 우리의 관심을 끄는 것은 학교에서 가르치는 지식이 사회 지배층의 지식을 거울처럼 그대로 반영하는 것은 아니라는 점이다. 문화적인 결합은 지배문화의 계속성과 모순성을 함께 반영하면서 그 문화의 도덕적인 당위를 끊임없이 재창조하고 재정당화하는 역동적인 과정이다. 최소한 민주주의 국가에서 교육과정을 만드는 과정은 강제적이지 않다. 오히려 교육과정은 치열한 논쟁, 협상, 주도권 다툼의 소산이며, 그 과정에서 비주류의 지식과 관점이 주류담론의 울타리 속으로 병합됨으로써 사회 지배층의 헤게모니적인 통제는 더욱 강해진다. 교과서의 경우 비주류계층이 자신들의 지식과 문화의 적법성을 주장하기 위해 투쟁하는 것과 별도로 교과서의 생산을 지배하는 것은 어디까지나 주류계층의 이념적인 틀이다. 교과서를 출판하는 사람들은 책 속에 지배계급의 이념적인 요소들을 많이 포함시킨다. 물론 교과서 안에 다른 이념적인 요소들이 전혀 없는 것은 아니다. 그것들에 대한 깊고 자세한 서술이 담겨있지 않을 뿐이다. 교과서 안에서 주류문화는 비주류문화와 타협하거나 그것을 언급하면서 존속하는 한편, 비주류의 요소들은 지배계급의 가치와 밀접하게 결합해 주류전통 속으로 사라져버린다.

가끔씩 사람들은 정치, 경제, 문화적으로 민주적인 삶이 가능한 완전히 다른 종류의 공간을 창조한다. 이런 경우에, 교육은 새로운 지식과 도덕이 오래된 지식과 도덕을 대신하는 것을 돕는다. 특히 교과서는 새로운 문화적인 실재를 대변하는 중요한 역할을 담당한다.

새로운 사회적인 맥락, 새로운 교과서의 창조, 새로운 문화의 정치학, 새로운 방식의 교과서 읽기 등은 학교를 탈권위적인 관계에 기초하는 민주적인 장소로 만드는데 공헌한다. 교사와 학생들이 교과서와 자유롭고 해방적인 관계를 맺는 것은 그들이 교과서를 자신들의 교과서로 창조할 수 있는 힘, 즉 권한을 부여받는 일이다. 그러나 문화적인 권위/통제와 결합의 메커니즘이 단번에 모두 변화될 수 있다고 생각해서는 안 된다. 주류계급의 지식과 문화가 사회 구성원 전체의 생각과 가치관을 전반적으로 지배하고 있다고 보는 것도 잘못이다. 종종 지배적인 문화와 교과서에 반하는 대안적인 문화와 교과서가 출현하지만, 여전히 많은 곳에서 '적법한' 지식의 사회적인 분배가 실제로 일어나고 있고, '공식적인' 지식의 전달과 직접적으로 관계되는 학교와 같은 국가기관이 사회를 조직하는 계급적, 성적, 인종적인 불평등에 기초해 구조화된다. 결국 학교의 문화적인 생산과정은 사회전체의 불평등한 권력관계를 구조적으로 반영한다.

한편 교과서와 교육과정에 대한 주류문화의 통제는 생각만큼 낙관적이지 않고 확실한 것도 아니다. 만일 교과서가 지배계급의 신념을 단도직입적으로 말하고 있지 않다면, 또 지배층의 문화가 모순, 틈, 대중문화의 요소를 포함하고 있다면, 우리는 교과서에 담겨있는 지식을 수학공식처럼 천편일률적으로 읽어 내려갈 수 없다. 그보다 교과서 읽기의 복잡성과 그 의미의 다중성에 직면하고, 교과서의 의미는 반드시 그 안에 내재하는 것이 아니라는 후기 구조주의자들의 주장을 반복한다. 의미는 교과서와 그것을 읽는 사람 간의 상호작용의 산물이며, 교과서는 누가, 언제 읽느냐에 따라 그 의미의 해석이 달라진다는 말이다. 교과서에 하나의 의미만 있는 것이 아니라면, 가용한 모든 해석의 틀을 사용해야 한다. 의미는 여러 개일 수 있으며, 서로 다른 의미들 사이에 모순적인 관계가 성립할 수도 있다. 우리는 교과서에 대한 '개인적인' 읽기를 통해 그것의 의미를 주관적으로 해석해야 한다.

교과서 분석 작업은 "누구의 지식whose knowledge"이 교과서 안에 반영되어 있는가의 문제가 간단치 않음을 보여준다. 우리는 교과서 "안에in" 있는 적법한 지식이 고스란히 전달되었는지이러한 일이 실제로 가능하더라도 의심한다. 교사들이 교과서에 담겨있는 공식적인 지식을 가르칠 때, 학생들은 그들의 계급적, 인종적, 성적, 자서전적인 역사를 교실 안으로 가지고 들어와 교과서의 '적법한' 지식을 선별적으로 수용, 재해석, 또는 거부한다. 학생들은 처방된 지식을 쑤셔 넣을 수 있는 쏘시지 주머니가 아니다. 그들은 교육의 의미를 능동적으로 구성하는 활동적인 존재들이다.

교사와 학생들이 교과서를 읽는 방식은 크게 세 가지다. 첫째, 교과서의 표면적인 가치와 메시지를 그대로 수용한다. 둘째, 적법한 지식의 뉘앙스에 약간 저항을 하나, 교과서에 대한 전반적인 경향과 해석에는 타협하고 동조한다. 셋째, 교과서의 지배적인 경향과 해석에 반대해 공식적인 지식과의 관계에서 스스로를 억압받는 자로 재위치시킨다. 여기서 중요한 것은 교과서의 해석이 복잡하고 다양해 교사와 학생들도 교과서에 대한 반응을 그들 나름대로 [재]구성한다는 점이다. 그들은 주어진 교과서의 수동적인 수용자들이 아닌, 자신들의 계급적, 인종적, 성적, 종교적인 경험에 기초해 교과서를 생생하게 [재]해석하는 사람들이다.

교과서가 학년별로 표준화된 교재를 가리키던 소설을 포함한 대안적인 교재를 말하던 그 안에는 문화정치학의 복잡한 이야기가 담겨있다. 교과서는 권위를 나타내기도 하고, 자유를 의미하기도 한다. 민주적인 성향의 교육자들은 자신들의 과제가 정치적인 것임을 비판적으로 인식해야 한다. 지배계급에 속한 사람들은 사회기관을 통해 그들의 물질적인 토대와 구조를 재생산하고, 사람들의 마음에 그들의 문화자본을 이식한다. 그러나 대중문화의 조직적인 능력과 지배이념의 해체를 위해 투쟁하고 저항하는 일반대중의 힘을 과소평가해서도 안 된다. 우리는 문화적인 권위, 적법한 지식, 학교의 공식적인 교육과정에 반영되어 있는 규범과 가치를 통해 교과서를 둘러싼 권력의 부정적인 의미와 긍정적인 의미를 함께 이해할 수 있고, 나아가 학교에서 실제로 불평등한 관계를 경험하고 있는 교사와 학생들의 희망과 꿈을 진지하게 성찰할 수 있다.

결론적으로, 교과서는 사회의 권력관계를 반영한다. 바람직한 권력은 사회의 전 구성원이 그들의 의미와 가치를 창조하는, 재창조하는 삶의 조건과 관계된다. 그것은 또한 소수의 지적인 엘리트가 아닌 사회적인 다수가 중요한 의사결정에 참여할 수 있는 민주적인 과정을 만드는데 관심이 있다. 이를 위해 불평등한 권력, 부, 시간 등 민주적인 의사결정에 방해가 되는 물리적인 요소들은 제거해야 한다.

교육과정과 수업의 통제[1]

　전통적으로 학교에서는 가부장적인 질서 아래 남성들이 지배권을 행사했다. 그러나 현대 자본주의 사회에서 남성교장과 여성교사들 간의 수직적인 관계에 바탕을 두는 가부장적인 통제[2]는 효율성이 떨어지는 것으로 여겨진다. 학교에서 남성과 여성의 관계는 효율성을 증진시키는 방향으로 재설정되고, 합리성을 강조하는 공학적인 통제가 종래의 가부장적인 통제를 대신한다.

　문제는 학교에서의 공학적인 통제가 교사들의 프롤레타리아화pro-letarianization를 촉진한다는 점이다. 교육과정의 도구주의적인 재구조화[3]는 교사들이 가르치는 일을 자율적이고 창의적으로 해나가는 것을 방해한다. 그것은 말하자면 자본주의 사회에서 노동자들이 소외[4]를 경험하는 것과 같다.

　학교와 교육과정에 대한 공학적인 통제는 국가주도로 이루어진다. 학교는 국가기관state apparatus으로서, 그곳에서의 교육은 국가의 이념에 따라 특정한 방향으로 진행된다. 이때 학교의 교사들이 정부가 처방한

1　Michael Apple, "Controlling the Work of Teachers," in David Flinders and Stephen Thornton eds., *The Curriculum Studies Reader* (New York, 2004), pp. 183-197.
2　성性에 기초한 학교 권력과 노동의 분화.
3　조직적인 관리체계, 행동주의적인 교육과정, 처방된 수업자료, 표준화된 평가 등을 특징으로 한다.
4　노동의 결과, 노동의 과정, 동료노동자들, 노동자 자신의 본성으로부터 이탈하는 현상.

정책들을 수동적으로 따르기만 하는 것은 아니다. 교사들의 교직에 대한 일상적인 관심과 이해관계는 종종 효율성의 제고라는 국가의 일반적인 방향과 배치된다. 모든 교사가 학교수업을 효과적으로 조직하려는 국가의 의도에 동의하는 것은 아니며, 교육과정과 수업을 합리적인 절차에 따라 구조화하는 시도가 언제나 성공하는 것도 아니다. 오히려 적지 않은 비효율, 갈등, 저항의 요소들이 남아 있음에도 불구하고 그러한 시도는 교육에 대한 과학적인 관리와 통제의 이데올로기를 '적법한' 것으로 만드는데 효과적이다. 이 새로운 형태의 통제가부장적인 통제와 대비되는 것으로서는 기술공학적인 학교교육의 모형5을 사용하는 국가차원의 거시적인 간섭을 통해 개별 교사들의 저항을 무력화시키고 그들의 일상적인 삶을 보다 효율적인 형태로 조직하고 통제하는데 공헌한다.

교육과정과 수업에 대한 공학적인 통제가 이루어지는 학교에서 교사들은 주로 학생들의 교과 성취도를 평가하고 기록하면서 시간을 보낸다. 그들은 평가와 기록에 필요한 행정적인 업무를 처리하느라 바쁘고, 표준화된 수업방식을 따르느라 창의적으로 가르치지 못한다. 그 결과 자신들의 일로부터의 이탈, 즉 소외를 경험한다. 그렇다고 교사들이 이러한 상황에 수동적으로 대처하는 것만은 아니다. 많은 교사가 공학적인 통제에 맞서 다양한 방식으로 저항한다. 그들은 주어진 교육목표를 상황에 맞게 수정하는가 하면, 가끔씩 표준화된 평가를 시행하지 않기도 하며, 일상의 기계적인 분주함에서 벗어나 학생들과 자유롭게 대화를 나누기도 한다. 하지만 수업에 대한 기술공학적인 통제와 교사들의 '프롤레타리아화'가 견고히 진행되는 현시점에서 이러한 소극적인 저항만으로 교사

······························

5 행동주의 목표, 개별화된 수업과 교육과정, 성취도 검사로 이어지는 표준화된 관리체계.

들이 가르치는 일의 주도권을 되찾을 수는 없다. 그러한 저항은 일상에 지친 교사와 학생들에게 잠시 휴식 시간은 벌어줄 수 있을지 몰라도 문제의 근본적인 해결에는 도움이 되지 못한다.

일각에서는 교육과정과 수업에 대한 공학적인 통제가 교사들의 전문성professionalism을 높여준다고 생각한다. 교사들이 공학적인 기술technique을 사용하면서 교육과정과 수업을 효율적이고 효과적으로 관리할 때 그들의 전문성, 즉 책무성이 올라간다는 주장이다. 교사들은 공학적인 준거와 평가에 기초해 오랜 시간 열심히 일하고 모든 일을 합리적으로 처리함으로써 책임을 완수하고 교사로서의 전문성을 높이려 한다. 그러나 전문성은 이념적인 개념이다. 우선 전문성은 국가의 교육에 대한 전방위적인 간섭을 정당화하려는 개념이다. 다음으로 전문성은 교직의 다수를 차지하는 여성교사들의 노동력을 통제하려는 개념이다. 마지막으로 전문성은 자본주의 사회에서 시장의 논리를 교육의 영역에 적용하면서 교사들의 프롤레타리아화를 효과적으로 옹호하려는 개념이다.

결국 공학적인 관리기술을 통한 전문성의 신장은 국가의 관료주의 체제에 의한 교사들의 직업적인 이탈, 즉 가르치는 일로부터의 소외를 초래하고, 교직에서의 성性의 정치학을 반영한다. 그것은 부모들의 압력과 교사들의 도구주의적인 성향 등 교육내부의 요소들과 관계가 있음은 물론 교사들의 채용 문제와도 결부된다. 특히 채용시장의 규모가 작을 때 교사들은 관료주의적인 학교체제에 대한 저항을 포기하고, 그들의 의지와 상관없이 공학적인 통제가 이루어지는 학교를 선택한다.

다시 저항의 문제로 돌아가, 교사들은 대체로 관리자로서의 역할을 불편해한다. 그들 스스로가 엄격한 체제 속에 갇혀 있다고 느끼는가 하면, 이러한 행정적인 설계 속에 중요한 무엇이 빠져있다고 생각한다. 그러나 낭만적인 인식만으로는 충분하지 않다. 도구주의적인 합리주의가 수업과 교육과정에 주는 영향을 비판적으로 인식하고, 나아가 교사들의 노동과정에서의 소외와 남성교장과 여성교사들 간의 불평등한 계급적, 성적인 지배관계를 이해해야 한다. 학교에서의 노동의 과정, 합리성, 성의 문제 간의 복잡한 역학과 이념적인 특성을 밝히는 일은 교사들의 도덕적, 정치적인 해방을 위한 저항의 출발점이다.

05

세계화와 교육과정 연구

세계화, 교육, 교육과정

—

교육의 상업화

세계화, 교육, 교육과정[1]

세계화는 무엇이고 세계화 현상이 교육과 교육과정 연구에 주는 시사점은 무엇인가? 세계화는 우리시대의 대표적인 키워드keyword로서 21세기 인간의 삶과 교육의 문제를 이해하는데 핵심적인 단서를 제공한다. 우리는 세계화 현상을 바르게 이해하고, 나아가 세계화를 교육/교육과정 연구와 상호 연계시켜 탐구할 필요가 있다.

오늘날 '세계화'는 언론매체와 학문적인 담론 모두에서 빈번하게 사용되는 단어이다. 그것은 흔히 '신자유주의 세계화neo-liberal globalization'라 불린다. 신자유주의 세계화는 우리시대의 지배적인 세계화 담론으로서 그 기원을 1980년대 말의 냉전종식과 그에 따른 서구식 자본주의 시장질서의 세계적인 팽창에서 찾는다. 그러나 역사적으로 조금 더 거슬러 올라가 보면 작금의 경제적인 세계화는 1980년 초의 영국과 미국 정부의 신자유주의 시장개혁에서 비롯되었다. 차이가 있다면 냉전 종식 후 영·미식 신자유주의 경제정책은 IMF나 세계은행과 같은 친시장적인 국제기구의 도움을 받아 전지구적으로 확산되었다는 정도다.

20세기 말 세계 자본주의의 비전은 신자유주의라는 경제이론에 바탕을 두고 있다. 신자유주의는 밀턴 프리드만Milton Friedman과 프리드리히 하이에크Friedrich von Hayek의 자유주의 사상에 기초하는 것으로서 시장과 경쟁의 원칙에 입각해 경제체제의 질을 향상하려는 이론이다. 신자유주의

....

1 David Smith, "Curriculum and Teaching Face Globalization," in William Pinar ed., *International Handbook of Curriculum Research* (Mahwah, 2003), pp. 35-51.

의자들은 국가의 시장에의 간섭을 최소화하는 한편 개인의 경쟁적인 이익추구는 극대화한다. 이를 위해 민영화, 자율화, 규제철폐와 같은 작은 정부/큰 시장을 표방하는 정책들을 시행한다. 궁극적으로 자유방임적인 사회분위기 속에서 시장과 국가 간의 경계를 흐릿하게 만들어 글로벌 경제의 성립, 즉 자유시장의 원칙에 따르는 세계의 경제적인 통합을 완성하는데 목적이 있다.

이런 시장의 세계화는 교육의 신자유주의적인 재구조화를 불러왔다. 글로벌 자본주의의 출현으로 말미암아 교육은 세계시장에서 경쟁력 있는 인적자원을 육성하는 일이 되었고, 기존의 국가중심적/중앙집권적인 교육정책도 친시장적/분권적인 교육정책으로 바뀌었다. 신자유주의 교육개혁의 특징을 정리하면 다음과 같다.

① 교육은 비즈니스이다. 학교 환경을 상업적으로 재구조화하고, 학교 교육의 질을 측정 가능한 결과나 산출물을 통해 결정한다.

② 정부는 양화된 실적 중심의 평가와 차등적인 재정지원으로 학교들 간의 경쟁을 촉진한다.

③ 학부모들의 학교 선택권을 존중하면서 교육을 민영화/시장화한다. 교육의 공급자인 교사들은 고용불안과 상호경쟁에 종속된다.

④ 단위학교의 자율성과 재량권이 증가하고 교육과정의 분권적인 관리 모형을 채택하지만, 학교운영과 교육과정 전반에 대한 행정적인 권위는 여전히 중앙정부에 귀속된다.

⑤ 세계시장에서 국가경쟁력을 확보하는데 필수적인 교과목들을 선별해 재정 지원을 집중한다.

⑥ 교육은 인적자원개발 모형을 취한다. 인간은 자본이고, 교육과정과 수업은 글로벌 시장에 필요한 노동력을 제공하는 수단이다.

한 마디로 신자유주의는 자유시장의 논리 속에서 유능한 소수의 자본적인 이익을 대변하는 이념적인 기제이다. 신자유주의적인 세계질서 하에서 시장적/자본적인 경쟁력이 떨어지는 '사회적 다수social majority'는 설 자리를 잃고, 이들 '무능한' 대중들의 삶은 적절한 사회적인 보호장치 없이 적자생존의 법칙으로 내몰린다. 교육적인 관점에서 자본주의의 세계화는 세계시장에서 경쟁할 수 있는 지적인 엘리트의 육성에 관심을 갖고, 그렇기에 다수의 보통 아이들의 교육받을 권리를 침해할 소지가 다분하다. 신자유주의 사회에서 교육은 수월성의 추구와 평등권의 보장 사이에서 화해할 수 없는 차이와 간극, 즉 딜레마에 빠질 수 있다. 이런 비판적인 관점에서 우리는 신자유주의 세계화에 대한 수용과 저항의 담론을 전개하고, 나아가 새로운 종류의 세계화 논의에 주목해야 한다.

새로운 세계화 담론은 지구촌 사람들이 신자유주의 세계화에 반응하는 다양한 방식을 아우른다. 여기에는 시장의 세계화에 대한 수용과 저항의 행동이 모두 포함된다. 우선 앵글로-아메리칸 축에 속한 사람들은 신자유주의 논리에 기초하는 경제적인 세계화를 역사적인 흐름으로 당연시한다. 그들은 자본주의적인 세계화의 이면에 놓여 있는 복잡성, 모순, 저항의 당위는 이해하지 못한다. 신자유주의 세계화를 옹호하는 입장에서는 언론에 대한 정치·경제적인 통제를 강화하면서 시장의 세계화가 초래하는 여러 가지 부정적인 결과들을 은폐·축소한다. 그러나 경제이론에만 국한해 보더라도 신자유주의 세계화는 오늘날 보편성을 주장하기가 어렵다. 세상에는 경제통합을 설명하는 다른 형태의 담론들이 존재하기 때문이다. 예컨대 경제성장과 사회보장을 함께 추구하는 스웨덴, 프랑스, 독일과 같은 유럽형 모형과 유교식 사회통합의 전통이 남아 있는 일본, 중국, 한국의 동아시아 모형을 대안으로 제시할 수 있다.

교육적인 관점에서 우리는 싱가포르의 예를 통해 교육에서 시장과 전통의 조화를 가늠해보고, 아프리카와 중남미 국가들의 예를 통해 경제적인 세계화가 문화식민에 미치는 영향을 목도한다. 특히, 후자의 경우 시장의 세계화가 제3세계 국가에 초래하는 공교육의 붕괴와 그에 따른 저항의 필요성을 극명히 보여준다.

오늘날 신자유주의 세계화에 대한 지구촌 사람들의 저항은 점차 커지고 있다. 교육과 관련해 저항의 요지는 공교육의 체제를 사회적인 권리로 보호하고, 이를 위해 자본의 논리에 따른 공교육의 상업화와 [해외]다국적기업에 의한 [지역]교육의 인수와 시장적인 재구조화를 비판하는데있다. 현대사회에서 세계시장의 요구로 공교육이 몰락하는 것은 인간의 지식과 이성의 제도적인 기반이 무너지고 그 자리를 무지와 탐욕의 상업적인 논리가 대신하는 것을 의미한다.

자본주의의 세계화가 저항에 직면하는 또 하나의 이유는 인간이 단순히 경제적인 동물만은 아니기 때문이다. 인간의 행복과 번영이 늘 자본축적의 정도에 비례하는 것은 아니다. 시장의 세계화는 인간 삶의 여러 가지 가치 중에 단지 '경제적인' 가치만을 강조한다. 우리는 신자유주의 세계화가 불러오는 시장적인 가치와 탈시장적인 가치 간의 긴장관계로부터 어떻게 새로운 미래를 열어갈 수 있고, 이를 위한 교육[학]적인 조건은 무엇인지 숙고해야 한다.

특히 지속가능한 인간의 미래와 관련해 새로운 종류의 글로벌 대화를 열고, 그것의 교육[학]적인 조건을 창출해야 한다. 주지하듯, 자본의 세계화와 그에 따른 교육적인 처방은 성인중심적이다. 친시장적인 사회에서 아이들은 어른들의 욕구충족을 위한 대리인, 미성숙하고 불완전한 존재, 이념적인 꼭두각시, 과학적인 연구와 관리의 대상이다.

여기서 우리는 신자유주의 세계의 특징인 강자의 자기이익 논리를 본다. 성인인 교사와 부모가 약자인 아이들을 일방적으로 통제한다. 시장적인 삶의 방식은 나와 타인, 강자와 약자, 성인과 아동, 발달과 미발달과 같은 이분법적인 결정론을 강요하면서 세상을 개인주의적이고 투쟁적인 장소로 파악한다.

이러한 신자유주의의 논리로부터 자유로운 세계를 건설하기 위해서는 '나', '성인', '발달'과 같은 중심부centre가 '타인', '아동', '미발달'과 같은 주변부periphery를 일방적으로, 즉 단선적으로 규정하는 근대적인 패러다임을 극복해야 함은 물론 세계화 시대에 새로운 비전이나 방향을 설정하기 위해 나와 타인, 성인과 아동, 발달과 미발달이 서로 대화의 관계를 맺는 해석학적인 조건을 창출해야 한다. 이런 관점에서 성인들과 아이들의 의사소통 공간space에 주목하는 교육학은 세계화와 교육과정의 논의에 이바지한다. 우리는 성인들과 아이들이 함께 살아가며 서로의 삶을 공유하는 교육적인 방법과 관련해 "이해의 지평을 공유하는 교육과정과 교육curriculum and pedagogy as a sharing of the horizons of understanding"과 "평화로 입문하는 교육과정과 교육curriculum and pedagogy as being oriented to peace"을 생각해 볼 수 있다.

(1) 이해의 지평을 공유하는 교육과정과 교육

교사와 학생들의 자서전적인 이야기들과 그것들 간의 차이와 간극을 서로 인정하고 존중한다. 사람은 모두 자신만의 삶의 이야기가 있다. '타인'의 주관적인 삶의 경험에 대한 '나'의 관심과 경청은 '나'와 '타인' 간의 교육학적인 관계를 형성하는 출발점이다. 교사와 학생들은 그들의 교육적인 여행에서 자서전적인 반성을 통해 차이를 자각하고, 그로부터 관용과 수용의 정신을 배운다. 그들은 서로 다름을 마음 깊이 인식하고 상이한 지평 간의 이해의 융합/순환을 추구함으로써 열린 대화의 교육-나와 타인 간의 사회·심리적인 거리를 줄이는-을 실천한다. 그렇게 함으로써 교사-학생의 관계를 헤게모니와 권력에 따른 주종관계가 아닌 믿음과 돌봄의 인간적인 관계로 인식한다. 서로 다른 이해를 공유하는 교실에서는 '차이'를 부각하고 직면하는 방법을 통해 나와 타인에 대한 역사적인 인식을 개선하고, 열린 역사의 개념 위에서 공평하고 정의로운 세상을 구상하고, 희망적인 미래로 나아간다. 세계화 시대에 인식의 지평을 확장할 수 있는 또 다른 방법은 과거의 불의와 잘못에 대한 국제적인 배상이다. 이것은 금전적인 배상이 아니라, 역사적으로 억압받았던 민족들의 종속의 기억을 회복하고 그것을 전지구적으로 공론화하는 '교육과정 배상'이다. 이러한 교육적인 배상은 인류에게 더 나은 세상, 새로운 비전을 제시할 수 있다.

(2) 평화로 입문하는 교육과정과 교육

배움을 통해 세상 속 나의 존재를 깨닫고 나와 세상 간의 본질적인 관계를 깊게 이해한다. 이것은 신자유주의 논리에 따라 개인적인 쾌락과 욕망을 쫓는 교육과 다르다. 평화를 지향하는 교육은 상업적인, 경제적인 이익에 의한 갈등이나 투쟁 대신 상대방에 대한 지속적인 관심과 배려를 통해 나와 타인[2] 간의 조화와 공생을 추구한다. 배움의 과정에서 나와 타인 간의 장벽을 허물어 나와 타인이 하나가 되는 세계로 입문하고, 이를 위해 자기충족적인 성취보다 타인의 삶에 대한 경청과 기다림을, 세상 속 존재로서 세상에 속함을, 그리고 세상에서 타인과 더불어 자기 자신을 드러내는 일을 강조한다. 평화로 입문하는 교육과정은 타인, 즉 다른 사람, 낯선 전통, 심지어 적대적인 대상으로 구성된다. 진정한 의미에서 배움은 내[지식]와 타인[무지]의 경계를 넘어 그 경계 사이에 거주하는

---

2 여기서 타인은 자연을 포함하는 광의의 개념이다.

법을 깨닫는 일이다. 교실이 평화를 추구하는 장소가 되려거든 교사와 학생들이 자신들의 정체성을 타인과의 관계 속에서 찾아야 한다. 학교는 차이와 간극에 대한 성찰의 장소, 해석학적인 화해와 돌봄의 장소이다. 학급규모와 같은 물리적인 요건이 갖춰지면, 교사는 해석학적인 지식을 통해 학생들에게 삶의 본질적인 개방성과 교육의 대화적인 성격을 보여주어야 한다. 교사의 입과 귀는 조화를 이루고, 교육과정은 학생들의 삶과 직결되는 생생한 인간적인 주제와 쟁점을 아우른다. 미리 정해진 교육의 목적이 교육의 과정을 획일적으로 통제하기보다 교실 안에서 보이는 완전함과 불완전함, 드러남과 아직 드러나지 않음 사이의 긴장을 새로운 교육적인 가능성으로 전환해야 한다.

오늘날 차이와 간극의 학문으로서 해석학은 보편적이고 단선적인 신자유주의 세계화의 논리에 맞서 새로운 글로벌 대화의 가능성을 제시한다. 해석학적인 해명은 나의 이야기도, 또 타인의 이야기도 완전한 이야기가 아님을 인정하는 가운데 나와 타인이 함께 잘 살 수 있는 더불어 속함의 지혜를 실천한다. 반면에 신자유주의 세계화의 핵심적인 가치인 경제적인 결정주의는 인간의 다른 표현 양식인 미학적, 종교적, 이타적인 삶의 방식을 억압하는 것으로 치부된다.

결론적으로 말해 우리는 탈상업적인 교육/교육과정의 조건을 창출해야 한다. 이것은 나와 타인 간의 인간적인 관계에 기초하는 새로운 교육학의 출현이다. 교사와 학생들은 인격을 수련하고, 다양한 삶의 방식을 존중하고, 세상 속의 존재론적인 관계를 이해하는 것은 물론 세상 속 지혜를 쫓는 참된 배움의 관계 속에서 시장적인 결정주의3를 벗어나 아직 알려지지 않은 가능성을 찾아 미지의 여행을 떠나야 한다.

....

3 나와 타인 간의 엄격한 분리와 양자 간의 갈등과 지배관계를 당연시하는 구조.

교육의 상업화[1]

공교육은 비판적인 사고, 지식, 가치 등을 가르치면서 학생들을 활동적인 민주시민으로 길러내는 역할을 담당한다. 학교교육은 사회의 공적인 선이자 기본적인 권리로서 민주적인 가치를 기업의 문화와 상업적인 가치보다 우선시한다.

학교는 민주주의 사회의 척도이다. 학교는 자라나는 세대에게 시민적인 가치의 중요성을 일깨우고, 그들의 삶에 영향을 주는 사회적인 의사결정에 비판적으로 참여할 것을 가르친다. 학교는 또한 민주적인 사회관계를 저해하는 인종적, 사회적, 경제적인 불평등을 해소하기 위해 노력한다. 그러나 오늘날 공교육의 민주적인 가치는 시장 자본주의의 거센 도전에 직면했고, 학교는 점차 상업적인 논리에 귀속되고 있다.

현대사회에서 거대자본은 언론과 여론에 대한 지배를 통해 학교를 상업화하고, 학생들의 삶을 시장문화에 종속시킨다. 시장문화는 민주주의의 개념을 소비의 개념과 동일시하면서 학생들의 정체성 형성에 영향을 준다.

친기업적인 사회에서는 상업적인 문화가 공적인 문화를, 시장의 언어가 민주주의의 언어를 대신한다. 자유시장의 이념이 시민사회를 잠식해 학교교육의 역할은 '민주적인 시민'의 양성에서 '민주적인 소비자'의 양성으로 변질된다. 학교구성원의 정체성 형성에도 상업주의가 크게

....

1 Henry Giroux, "Education Incorporated?" *Educational Leadership* 56, no. 2 (October 1998): 12-17.

영향을 미친다.

학교교육의 기업적인 재구조화 속에서 학생들은 경제적인 관점에서 이윤과 효과성을 극대화하는 시장의 논리에 익숙해진다. 학교는 민주주의의 초석이라기보다 이익을 추구하는 투자의 장이다. 학생들은 학교에서 자신들의 시장적인 가치를 높이기 위해 노력한다. 교육은 사회적인 진보가 아닌 상업적인 투자를 위한 '요소'로서 시장에서 더 나은 선택을 할 수 있는 재력과 권력을 가진 지배계급의 학생들에게는 밝은 미래를 약속하는 기회이지만, 그렇지 못한 학생들에게는 소외와 변두리화를 촉진하는 불평등한 사회적인 기제에 불과하다.

교육의 시장화 담론은 자유, 개인주의, 소비자의 권리와 같은 민주적인 원칙들을 표방한다. 그러나 그것은 민주적인 원칙들을 의미 있고 실천적으로 만드는데 필요한 폭넓은 역사적, 사회적, 정치적인 맥락을 제공하지 못한다. 말하자면, 교육의 민영화와 학교 선택의 자유를 주장하는 사람들은 개인적인 선택과 경제적인 권력 간의 '불편한' 관계를 해명하지 않으며, 공교육의 실패와 그 원인에도 관심이 없다. 그들은 실업, 빈곤, 인종주의, 흐트러진 학교조직, 불평등한 학교재정 같은 문제들을 외면한다.

교육에서 상업적인 접근은 참여하는 능력, 사회적인 정의, 민주적인 관계와 같은 전통적인 교육학적인 가치들을 배제하고, 그 자리를 냉랭한 기업가 정신과 사회적인 무관심의 논리로 채운다. 교육의 시장주의자들은 공교육의 위기, 특히 정부의 예산삭감에 따른 재정적인 위기와 그 틈바구니를 비집고 들어온 기업문화의 관계를 쟁점화하는 일을 거부함으로써 학교현장에서 교육학적인 윤리와 가치가 사라지는 것을 방관한다.

기업문화는 학교 속 공간과 교육과정의 상업화에서 목격된다. 재정적인 어려움 때문에 많은 공립학교가 교내의 정해진 공간에서 기업의 상품판매와 포스터 광고를 허용하고, 그로 인해 코카콜라, 펩시, 나이키, 할리우드와 같은 거대자본이 학교의 울타리 안으로 들어온다. 학교들은 기업이 무상으로 제공하는 교구재와 교육과정 자료집을 채택하는 유혹에 빠지기 쉽다. 이러한 교육과정 '상품'에는 기업의 로고나 안내책자가 함께 들어있다. 미래의 '고객들'인 학생들에게 친기업적인 이미지와 상품에의 친숙함을 심어주기 위함이다.

시장문화가 사회질서를 지배함에 따라 시장적인 가치market value와 민주적인 가치democratic value 사이에 긴장관계가 조성된다. 민주적인 가치들[2]이 모두 사라진다면, 학생들은 경제적인 계산만을 일삼는 기계와 같은 존재로 전락하고, 공적인 삶에 대한 무관심은 통제할 수 없다.

통제할 수 없는 상업적인 권력은 위험하다. 이윤을 극대화하고 비용을 극소화하는 기업의 논리는 인간성의 상실과 자연의 파괴로 이어지기 쉽다. 상업문화는 스스로 제어가 안 되는 특징이 있고, 자본축적의 논리는 종종 의식주와 같은 인간의 기본적인 생활에까지 침투한다. 그렇다면, 우리는 시장문화에 재갈을 물릴 수 있는 강하고 민주적인 시민사회의 형성에 뜻을 모아야 한다. 공교육의 위상을 재정립함으로써, 교육을 통해 민주주의 사회의 핵심적인 덕목인 정의와 평등을 쟁점화하고, 민주주의 사회에서 중요한 비판적인 대화와 논의, 그리고 의사결정의 능력을 가르쳐야 한다. 사회의 구성원 모두가 학교에서 사용하는 언어, 학교에서 맺어지는 사회적인 관계, 학교교육과 관련된 정책 등을 주의 깊게 검토해야 하지만, 특히 교사들은 권력이 지식을 생산하는 방식을 분석하고, 사회의 일반적인 가치를 가르침으로써 시민적인 자질이 기술공학적인 기술로 전락하는 것을 막아야 한다. 교사들은 또한 학교교육이 자유

----

2 정의, 자유, 평등, 존중 등.

freedom와 연대solidarity³ 간의 화해를 모색하는 과정임을 비판적으로 인식하고, 나아가 공교육의 시장적인 재구조화에 맞서는 대안적인 교육모형을 제시하기 위해 교육정책과 교실활동 간의 유대를 견고히 하면서 자유와 정의 그리고 민주주의의 범위를 넓혀나가야 한다.

교육은 도덕적이고 정치적인 실천으로서 특정한 형태의 사회적인 삶과 공동체적인 비전을 가정한다. 우리는 공교육의 문제를 규범적이고 정치적인 측면에서 접근하면서 학교교육이 민주시민의 육성에 공헌할 수 있는 가능성을 논해야 한다. 학교교육은 학생들에게 사회적인 현안에 대한 관심을 불러일으키고, 문제해결에 필요한 지식, 능력, 태도 등을 가르쳐야 한다. 학교는 오늘날 몇 안 남은 공적인 공간으로서 그 안에서 학생들은 민주적인 삶의 방식을 배우고, 그것을 직접적으로 경험함으로써 공적인 의사결정에 능동적으로 참여할 수 있는 능력과 소양을 길러야 한다.

기업의 학교공간에의 침투와 교육과정의 상업화, 그리고 학생들의 소비자로서의 정체성에 맞서 교사들은 공교육의 중요성을 강조하고, 학생들에게 민주적인 사회에서 시민적인 권리가 무엇인지 알려주어 그들이 민주적인 삶의 방식⁴을 희망하고 꿈꾸도록 도와야 한다.

교육의 상업화는 민주주의의 위기를 초래한다. 그러나 위기는 또한 교사들에게 새로운 기회이다. 교사들은 교육을 통해 민주적인 삶의 방식을 널리 퍼트리고, 나아가 경제적인 정의와 문화적인 다양성을 증진시켜야 한다. 이는 교사들이 교육을 민주시민의 양성을 위한 정치적인 과정으

---

3 자유와 연대는 서로 모순관계에 있는 것처럼 보인다.

4 의식주 문제의 해결, 사회보장제도의 확립, 정치적인 의사결정에의 참여, 공공질서의 유지, 공적인 봉사 등.

로 인식하면서 시장권력5에 저항하는 것을 말한다.

교사들은 교육의 기업적인 논리에 저항해야 한다. 그것이 그들을 단순 기술노동자들6로 치부하기 때문이다. 교육과정과 수업의 공학적인 모형7도 교육의 효율성과 질을 앞세워 교사들의 지적인 정체성을 심각하게 훼손한다. 사실, 민주주의 사회에서 교사들은 공적인 지식인으로서 사고하고 행동할 수 있는 권위와 자율성을 가져야 한다. 교사들은 스스로 주어진 상황에 맞게 교육과정을 만들고, 그것을 토대로 학생들과 살아있는 대화를 나누어야 한다. 그 과정에서 교사와 학생들은 지역공동체의 현안을 논의하고, 해결책을 찾아보고, 의사결정에 참여하는 등 민주적인 삶의 방식을 경험해야 한다.

민주주의 사회에서 교사들은 개인적으로 지식인인 동시에 사회적으로 공복公僕이다. 교사들은 공학적인 전문성을 주장하기에 앞서 사회의 양심세력으로서 지성적인 의무를 다해야 한다. 이러한 관점에서 가르침은 기술공학적인 행위를 넘어 도덕적이고 정치적인 활동, 즉 학생들을 도덕적이고 정치적인 딜레마8로 초대하는 일이다.

교사들은 학교의 상업화, 수업의 상품화에 맞서 조직적으로 저항해야 한다. 먼저, 동료교사들과 학생들에게 교육의 기업적인 재구조화가 초래하는 잠재적인 위험9을 알리는 한편, 탈기업적인 교재와 교육과정의 개발에도 적극적으로 나서야 한다. 그러고 나서 자본주의와 탈자본주의 간의

5 인간을 소비자로, 민주주의를 시장문화의 하부가치로 폄하한다.
6 동일한 일을 계속해서 반복적으로 시행하는 사람들.
7 교사가 미리 처방된 교육과정을 학생들에게 전달하고, 표준화된 검사를 통해 학업성취도를 획일적으로 평가하는 모형.
8 사회적인 지평에 생동감을 불어 넣는 긴장과 갈등의 상황.
9 학교공간의 시장화와 학생들의 소비자화.

오래된 투쟁의 역사를 상기시키고 지금의 친기업적인 시장문화가 '당연한' 것도, 논의의 '끝'도 아니라는 사실을 공론화해야 한다. 일단 시장가치의 역사적인 필연성에 의문을 제기했다면, 다음 단계는 그러한 문제의식을 정책으로 전환하는 일이다. 이를테면 공립학교에서 기업의 상업적인 광고를 금지하고, 자판기를 포함한 직접적인 상품판매를 금지하며, 상업적인 관심에서 기증된 각종 교육과정 자료의 사용을 금지하는 식이다. 아울러 교사들은 공립학교에서 시장적인 공간을 제한하는 탈상업적인 교육헌장을 제정할 수 있다.

교육의 상업화에 저항하기 위해 교사들은 다방면에서 지역공동체와 협력해야 한다. 정치권에 재정적인 도움도 요청해야 한다. 공립학교는 사회의 공적인 선을 추구하는 국가기관이므로 정부의 안정적인 재정지원은 반드시 필요하다. 공립학교들이 부족한 재정을 사적인 이윤을 추구하는 기업의 후원과 광고로 충당한다면, 학교교육의 시장화, 상업화는 불가피하다.

공립학교에서 교육은 민주주의의 의미와 원칙을 가르치는 일이다. 공립학교에서는 민주적인 공동체, 시민의 권리, 공공의 선이 시장적인 관계, 이기적인 소비자의 욕구, 사업적인 관심보다 중요하다. 오늘날과 같은 친시장적인 사회질서 하에서 민주적인 삶의 방식은 어려운 것이겠지만, 교사들은 공립학교를 사회적인 선으로 간주하고, 그곳에서의 교육적인 책임을 민주주의를 위한 투쟁의 일환으로 이해해야 한다.

교육과정 탐구

교육과정과 교사

교사가 교육과정을 만났을 때[1]

교사 앞에는 두 개의 교육과정 세계가 열려 있다. 하나는 가르치는 일과 관련된 물리적인 세계로서 학교교실 안의 책상, 벽, 칠판, 마루, 학습자료 등을 아우른다. 다른 하나는 학생들이 교실로 들어왔을 때 생겨나는 살아있는 경험의 세계이다. 이것은 물리적인 교실환경이 역동적인 교육상황으로 전환되는 것을 말한다. 우리는 전자를 "계획으로서의 교육과정curriculum as plan"으로, 후자를 "생생한 경험으로서의 교육과정 curriculum as lived experience"으로 부른다.

계획으로서의 교육과정은 학교 밖의 '교육과정 전문가'가 개발하여 학교 안의 교사들에게 획일적으로 제공하는 가르치는 텍스트text로서의 교육과정이다. 교육과정의 계획자들은 흔히 그들이 개발하는 텍스트가 가치중립적이고 보편적인 특성을 지닌다고 주장한다. 그러나 그들의 가정과 달리 텍스트로서의 교육과정은 개발자의 관점과 이해관계를 반영할 수밖에 없다. 계획으로서의 교육과정은 지식, 교사, 학생에 대한 특정한 방식의 이해를 일반화, 즉 강제한다.

계획으로서의 교육과정은 교사를 교육과정의 도구주의적인 전달자로 규정한다. 새로운 교육과정이 등장하면 교사는 그것과 관련된 세미나에 참석해 교육과정을 실행하는 방법을 배운다. 이때 교육과정의 개발자들

---

1 Ted Aoki, "Teaching as Indwelling Between Two Curriculum Worlds," in William Pinar and Rita Irwin eds., *Curriculum in a New Key: The Collected Works of Ted T. Aoki*, (Mahwah, 2005), pp. 159-165.

은 중요한 사실 하나를 간과한다. 복잡하고 다양한 교실상황에서 교사의 가르치는 기술은 교사 자신의 실천적인 경험으로부터 나온다는 점이다. 가르치는 일이 교사의 존재론적인 경험을 반영한다면, 교육과정의 개발자들은 가르침이 단순한 방법론적인 전달행위를 넘어 근본적으로 존재의 한 양식임을 기억해야 한다. 이런 비판적인 시각에서 우리는 교사가 만나는 다른 하나의 교육과정 세계인 생생한 경험으로서의 교육과정에 대한 논의를 시작할 수 있다.

생생한 경험으로서의 교육과정은 교사가 학생들과 매일 얼굴을 맞대고 살아가는 역동적인 경험의 세상으로서의 교육과정이다. 교사는 학생들이 저마다 독특한 학교생활의 이야기를 들려준다고 생각하고, 학생들과의 반복적인 만남을 통해 그들이 인간적이고 고유한 존재들이라는 사실을 깨달아야 한다. 생생한 경험으로서의 교육과정 세계에서 교사는 교육상황을 독립된 정체성, 즉 '이름'을 가진 학생들로 이루어진 세상으로 이해한다. 그런데 학생들의 존재론적인 고유성은 외부의 교육과정 계획자의 추상적이고 탈맥락적인 언어와 마주쳤을 때 갑자기 사라져버린다. "얼굴 없는faceless" 사람들을 위해 개발한 일반화된 텍스트로서의 교육과정은 학생들의 유일무이한 삶의 경험과 그것으로부터 나오는 생명의 빛을 소멸시킨다.

교사는 학교의 '공식적인' 교육과정을 학생들에게 가르칠 책임이 있지만, 적법한 텍스트로서의 교육과정이 학생들 개개인의 고유한 존재양식을 부정하는 획일적인 교육과정임을 잊지 말아야 한다. 교사는 형식적인 계획으로서의 교육과정과 생생한 경험으로서의 교육과정 사이에서 긴장tension을 느끼며 살아가는 존재이다.

교사는 교육상황에 내재하는 긴장을 인식하면서 가르치는 일을 존재의 한 방식으로 이해해야 한다. 학교교실에서 공식적인 교육과정을 실행할 뿐만 아니라, 학생들 개개인의 존재론적인 경험에도 주목해야 한다. 이때 전자는 제도권에 속한 교사의 법적인 책무성과 관련되며, 후자는 학생들을 새로운 가능성의 세계로 안내하는 교사의 교육학적인 존재양식과 관련된다. 교사는 계획으로서의 교육과정과 생생한 경험으로서의 교육과정 모두에 관심을 기울여야 한다. 이것은 교사가 두 개의 교육과정 세계 사이에 존재함을 의미하는데, 사이에 위치하는 것은 "간 공간zone of between"에 내재하는 긴장을 제거하기보다 긴장과 함께 거주하는 문제이다. 교사는 학생들에게 가르쳐야만 하는 고정된 문서를 주어진 상황에 따라 역동적으로 해석함으로써 계획으로서의 교육과정과 살아있는 경험으로서의 교육과정 사이에 창의적으로 거주해야 한다. 교사는 일반화된 문서로서의 교육과정을 단순히 학생들에게 전달하는 기술공학적인 실행자가 아니라 가르치는 행위를 교실 안의 살아있는 상황에 조율해 공식적인 텍스트를 창의적으로 해석하는 예술가이다.

교사가 실용적인 학급 관리자나 효과적인 교과 전달자의 역할을 넘어 학생들의 고유한 이름을 기억하고 그들의 생생한 경험의 목소리를 경청하는 참된 교육 실천가가 되었을 때, 교사는 가르침을 존재의 한 방식으로 이해하면서 스스로 가르침의 삶을 살고 교사로서의 존재론적인 가치를 높임으로써 가르침의 질을 높인다.

교사가 계획으로서의 교육과정과 살아있는 경험으로서의 교육과정 사이에 거주하면서 가르침의 삶을 사는 현상은 다음과 같다.

① 교육과정 이해의 지평을 계획으로서의 교육과정으로부터 생생한 경험으로서의 교육과정으로 확대한다. 교사는 가르치는 일에 대한 방법론적인 이해를 넘어 가르치는 일을 철학적으로 성찰한다.
② 교사가 계획으로서의 교육과정과 생생한 경험으로서의 교육과정

사이에 거주하는 일은 하나의 교육과정 세계를 위해 다른 하나의 교육과정 세계를 포기하는 양자택일 식의 논리가 아니다. 교사가 간 공간에 위치하면서 두 개의 교육과정 인식 간의 상승적인 융합을 도모하고, 그것을 통해 새로운 교육과정 이해의 지평을 여는 변증법적인 과정이다.

③ 교사로서 살아가는 것은 계획으로서의 교육과정과 생생한 경험으로서의 교육과정 사이에서 긴장을 느끼는 일이다. '긴장'이라는 단어에는 그것이 주는 부정적인 이미지 외에 새로운 가능성도 담겨 있다. 교사는 일반화된 텍스트의 세계와 실제 살아 움직이는 상황적인 세계 사이에 위치하면서 교육적으로 의미 있는 존재론적인 질문들을 성찰할 수 있다. 간 공간에 거주하는 것은 긴장 속에서 새로운 가능성을 보고, 교사로서의 존재론적인 정체성과 가르침의 의미에 대해 반성하는 일이다.

④ 계획으로서의 교육과정과 생생한 경험으로서의 교육과정 사이의 공간은 교사가 가르침의 삶을 사는 장소, 교사와 학생들의 만남의 장소, 희망과 믿음과 돌봄의 장소, 궁극적으로 진정한 교육을 실현하는 인간적인 장소이다.

⑤ 교사의 교육과정적인 삶, 즉 교사가 계획과 경험이라는 두 개의 교육과정 세계 사이에서 긴장을 경험하는 삶은 교육과정 개발이 교육현상의 고유성에 대한 깊은 이해를 동반하는 작업임을 암시한다. 교육과정 개발자에게는 가르침의 상황맥락적인 특성에 대한 교육적인 감수성과 교사와 학생들의 삶의 이야기에 대한 존재론적인 경청이 필요하다.

창의적인 해석자로서의 교사[1]

　일반적으로 교육과정의 설계 과정에서 교사는 새로 개발한 교육과정을 학생들에게 실행하는 사람이다. 이때 "실행implementation"은 "재생reproduction"과 같은 말이다. 교육과정의 실행자로서 교사는 주어진 교육과정을 학생들에게 그대로 전달하는, 즉 재생하는 기술공학적인 행위자이다.

　교육과정 실행에 관한 전통적인 이해는 교육과정 사고의 획일적인 동질화를 초래해 교사가 교육현장의 다양하고 생생한 경험의 목소리에 귀를 기울이는 것을 방해한다. 이러한 비판으로부터 교육과정 실행에 관한 새로운 이해가 필요하다.

　하나의 가능성은 교육과정의 실행을 교육과정의 해석으로 재개념화하고, 교사를 일반화된 텍스트인 교육과정을 상황에 따라 달리 해석하는 창의적인 예술가로 평가하는 일이다. 교사는 기계의 재생 버튼과 같은 존재가 아니다. 교육과정의 도구주의적인 상품-생산 모형에 얽매이지도 말아야 한다. 교사는 창의적인 해석 능력을 발휘해 주어진 교육과정에 생기를 불어넣으면서 교육과정을 존재론적이고 예술적으로 경험해야 한다.

　교육과정을 존재론적이고 예술적으로 경험하는 것은 추상적이고 이론적인 교육과정의 '제국주의'적인 통제에서 벗어남을 의미한다. 교사

1　Ted Aoki, "Inspiriting the Curriculum," in William Pinar and Rita Irwin eds., *Curriculum in a New Key: The Collected Works of Ted T. Aoki* (Mahwah, 2005), pp. 357-365.

는 전통적인 지식/학문중심의 교육과정에서 해방되어 합리성의 신화[2]에 집착하지 않고, 교육과정에 대한 기술공학적인 경험[3]에 매몰되지 않으며, 교육의 공리주의적인 사고에 반해 교육과정을 탈시장적으로 경험한다.

교육과정을 지식이나 기술을 통해 경험하지 않을 때 교사는 교육과정을 남은 하나의 가능성, 즉 인간을 통해 경험한다. 여기서 인간은 자기충족적인 원자적인 개인도, 자기이익을 쫓는 이기적인 개인도 아니다. 세상을 총체적으로 경험하면서 삶과 인간에 대한 존재론적인 의미를 찾는 참된 의미에서의 인간이다.

교사는 교육과정과 창의적인 관계를 맺기 위해 학생들의 존재와 성장에 주의를 기울이고, 교육을 형식적인 도야나 실용적인 훈련으로 보는 관점에서 벗어나 교육 본연의 모습인 인간화의 과정에 주목한다. 교사는 교육과정의 실행자로서 교과지식의 전달과 같은 기본적인 의무를 수행하는 한편, 교육과정의 예술적인 실행자로서 교과지식을 학생들의 고유한 경험과 창조적으로 결합시킴으로써 그들의 존재론적인 성장을 안내한다.

인간은 자신의 존재를 타인의 관점에서 바라볼 수 있을 때 비로소 인간이 된다. 인간은 고립된 섬과 같은 낱알의 존재가 아니다. 인간은 타인과 관계를 맺는 윤리적인 존재로서 타인에 대한 인정과 배려 속에서 세상 속 개인으로 살아간다. 인간이 존재론적으로 성장한다는 것은 타인과 함께 인생의 파고를 헤쳐나가며 새로운 가능성의 세계를 경험하는 일이다.

....

2 학교교육의 합리주의적인 목적.
3 교육의 유용성 논리를 따른다.

교육에서는 추상적인 사고능력의 배양이나 실용적인 지식/기술의 습득보다 타인과의 조화로운 관계 맺기가 중요하다. 학교는 타인과의 의사소통을 위한 삶의 공간이다. 가르침은 지식이나 기술을 전달하는 재생적인 행위가 아닌 근본적으로 타인과 관계를 맺는 존재의 한 방식이다. 교사는 교육과정의 실행자로서 텍스트로서의 교육과정을 주어진 교육상황 속에서 창의적으로 [재]해석하면서 학생들의 존재론적인 성장4을 돕는다.

교사는 흔히 교과내용을 잘 전달했을 때 성공적으로 책임을 완수했다고 생각한다. 여기서는 가르치는 일을 "전쟁놀이war game"에 비유할 수 있다. 교사는 미리 주어진 목표를 달성하기 위해 가장 효과적인 전략과 전술을 개발하고, 그것을 단계별로 실행에 옮긴다. 목표를 달성하면 승리하고, 그렇지 못하면 패배한다. 그러나 교육과정에 대한 이런 합리주의적인 이해는 교사가 교육과정과 관계를 맺는 여러 가지 방식 중에 단지 하나일 뿐이다. 주지하듯, 교육과정의 해석적인 실행자로서의 교사는 교육이 보다 깊은 의미에서 인간의 존재양식과 관련되며, 가르치는 행위가 본질적으로 교육과정을 교육상황 속 고유한 경험에 조율하는 일임을 자각한다.

오늘날 학교는 점차 유용성의 원칙에 귀속되고, 그 정도에 비례해 교사와 학생들은 교육과정의 시장화 또는 상업화를 경험한다. 공리주의적인 관점에서 학교는 미래의 직업획득을 위한 준비의 장소이다. 학생들은 시장의 논리에 따라 자신들의 상품가치를 높이는 일에 몰두한다. 작금의 친시장적인 교육환경에서 교사를 창의적인 예술가로 이해하는 교육과정 담론이 중요한 이유는 그것이 현대사회가 잊고 있는 하나의

----

4 타인과 의미 있는 교육[학]적인 관계를 맺는 일.

사실을 우리의 기억 전면으로 불러오기 때문이다.-가르침이란 삶의 본질에 관한 깊은 성찰로부터 시작해 교육적인 상황을 창조적으로 [재]해석하는 예술적인 행위이며, 궁극적으로 새로운 존재론적인 가능성을 열어주는 인간적인 행위이다.

교육과정의 "즉흥연주"[1]

현대 교육과정 담론은 목적과 목표, 과정과 산물, 성취와 평가와 같은 수행중심적인 단어들로 가득하다. 이것은 근대성의 주요 특징인 도구주의instrumentalism를 반영하면서 교육과정을 목표-수단 모형에 입각한 효율적인 결과 산출의 과정으로 이해한다. 이러한 교육과정 사고는 교육의 기술공학적인 측면을 지나치게 강조한 나머지 교사와 학생들의 생생한 경험과 그 안의 다양한 삶의 목소리를 경청하지 못하는 문제가 있다.

교육과정의 개발-실행-평가로 이어지는 단선적인 패러다임은 교육현장의 상황맥락적인 특수성과 가르침의 존재론적인 의미를 드러내 보여주는데 한계가 있다. 우리는 교육과정의 "즉흥연주improvisation"라는 개념을 통해 오늘날 교육과정 사고에 만연해 있는 기계론적인 합리주의를 극복하는 하나의 대안을 제시할 수 있다.

교육과정의 즉흥연주는 교사가 교육현장의 리듬에 맞추어 교육과정을 즉석에서 작곡·연주함으로써 교육상황에 생기를 불어넣는 일이다. 교사는 생생한 경험으로서의 교육과정의 세계에 주목하고, 주어진 상황에서 자신과 학생들의 "지금"의 생활경험을 감지함으로써 교실 안의 역동성에 따라 가르치는 일을 즉흥적으로 새롭게 구성할 수 있다.

교사는 주어진 교육과정을 충실하게 설치하는 도구주의적인 대리인이

---

1 Ted Aoki, "Sonare and Videre: A Story, Three Echoes and a Lingering Note," in William Pinar and Rita Irwin eds., *Curriculum in a New Key: The Collected Works of Ted T. Aoki* (Mahwah, 2005), pp. 367-376.

아니었을 때 비로소 교육과정 실행의 의미를 반성한다. 그리고 가르치는 행위와 관련된 교실 안의 존재들, 즉 그 자신과 학생들의 존재론적인 의미를 되묻고 가르침을 존재의 한 방식으로 이해한다.

교사는 가르침 본연의 문제인 "존재"로 회귀하면서 교육과정의 "개발", 교육과정의 "실행", 교육과정의 "통합", 교육과정의 "지침"과 같은 도구주의적인 언어의 사용을 비판적으로 재고한다. 이는 교사가 현대교육의 도구주의적인 시각-공학적인 정신에 사로잡혀 모든 것을 "어떻게 할 것인가"라는 방법론적인 질문에 귀속시키는 관점-을 탈피해 생생한 경험으로서의 교육과정의 세계에, 그 안에 있는 인간이라는 존재에 관심이 있음을 방증한다.

교사는 교육과정이라는 말을 관리나 운영 같은 행정적인 용어가 아닌 의미 있는 삶의 경험을 내포한 실존적인 용어로 사용하고, 이를 위해 기술적인 요령이나 테크닉과 관련된 공학적인 언어[2]를 대신해 교실 안의 생명성과 교사와 학생들의 존재론적인 의미를 반영할 수 있는 새로운 교육과정의 용어를 창조해야 한다.

교육과정의 즉흥연주는 교사에게 교육과정의 즉석연주를 위한 공간을 내어줌으로써 교사가 교육상황의 생생한 부름에 응하며 새로운 존재론적인 가능성을 창조하는 일이다. 교사는 객관적인 "눈videre"을 통해 학생들을 통제하는 교육과정의 과학적인 통합논리에서 벗어나 "귀sonare"를 열고 교실에서 들려오는 서로 다른 삶의 목소리를 경청하면서 즉석에서 "다음합성polyphonic"의 교육과정 연주를 할 수 있어야 한다.

교사는 주체가 객체를 감시하는 시각적인 교육과정의 세계에 의문을 제기하는 한편, 청각적인 교육과정의 세계에 주의를 기울여야 한다. 교육

....

2 교수·학습과정의 효율성 제고에 유용한 언어.

현장에서 들려오는 역동적인 박자와 리듬에 맞춰 가르침을 생생한 삶의 경험으로 전환하고, 시각과는 다른 존재양식인 청각에 거주공간을 내주면서 눈이 미치지 못하는 곳에서 귀를 통해 교육적인 리듬의 박자를 들어야 한다. 그렇게 함으로써, 가르침의 과정에서 시각논리와 청각논리 간의 공존을 통해 "보는보이는 것"의 과학적이고 객관적인 교육과정과 "듣는들리는 것"의 시적이고 음악적인 교육과정 사이에 조화를 이루어야 한다.

"교육과정의 즉흥연주"는 교사교육의 본질로서 가르침의 존재론적인 의미와 교사의 정체성에 대한 탐구를 부각시키고, 그에 비례해 교육에서의 과학적/방법론적인 사고의 한계를 보여준다. 아울러 교사 본연의 과업이 주어진 교육과정을 기술공학적으로 수행하는 일을 넘어 가르침의 시적인 운율에 따라 다음多音을 허락하는 교육과정을 작곡하는 일에 있음을 암시한다.

교사들의 목소리를 경청하라[1]

　개혁은 현재의 상황을 개선하기 위한 의식적인 노력이다. 개혁은 종종 합의된 위기감에서 비롯된다. 우리는 1980년대 캐나다 앨버타주州를 예로 들어, 공교육의 위기와 교육과정의 개혁, 그리고 그 과정에서 야기되는 교사의 정체성 문제를 비판적으로 논의할 수 있다.

　1970년대 말과 1980년대 초에 입안되어 1980년대 말까지 단계적으로 일선 학교에 적용했던 앨버타주의 새로운 교육과정은 시장중심적인 개혁의 산물이었다. 1960년대 식의 자유분방한 학교체제에서 교육의 질적인 저하와 학생들의 학력붕괴가 불가피하다는 대중적인 위기감은 교육과정의 친시장적인 변화, 즉 목표-수단의 모형에 따른 교육과정의 엄격한 실행을 용인하는 결과를 낳았다.

　앨버타주의 새로운 교육과정은 교육에 대한 공리주의적인 접근을 특징으로 했다. 공교육의 질을 향상시키기 위해 과학적인 관리모형을 학교교육에 적용했다. 교육의 투입과 산출과정에서 시장적인 유용성, 즉 효율성, 효과성, 경제성을 강조함으로써 교육과정에서 최대의 생산효과를 창출했다. 시장적인 표현을 빌리면, 앨버타주의 교육과정 개혁은 학생들을 "자원"에, 학교를 "생산"에, 그리고 평가를 "완제품 검사"에 비유했다.

　앨버타주의 교육부는 학생들의 기초학력을 높이기 위해 학업성취의 기준을 강화했다. 교육의 책무성 또는 수월성의 논리가 중심교과, 표준화

1　Terrance Carson, "Hearing the Voices of Teachers," *Alberta Teachers Association Magazine* 70, no 2 (1990): 21-25.

된 점수, 공적인 평가체제를 정당화했다. 학생들은 기초지식을 습득하는데 충실할 뿐만 아니라 교육적인 수월성도 추구했다. 앨버타주의 교육부는 표준화된 교과서의 제공, 새로운 교수-학습 자료의 개발, 교사교육의 전문화, 일괄적인 성취도 검사 등 교육과정을 경제적으로 실행하기 위한 인적/물적인 비용을 산출하고 집행했다.

1980년대 앨버타주의 교육과정 개혁은 보수적인 색채가 짙은 그 시대 북미의 신우파적인 세계관을 반영한다. 그것은 '경쟁적인 시장주의'를 모토motto로 적자생존의 세상에서 개인과 국가가 살아남기 위해 교육의 수월성을, 교육을 통한 유능한 인적자원의 육성을 추구했다. 이러한 정책적인 수사rhetoric 아래 교육과정의 계획-실행-평가는 교육기회의 확대보다 교육성취도의 강화에, 또 미래지향적인 가능성보다 현실에 안주하는 처방이나 집행에 초점을 맞추었다.

교육과정의 친시장적인 활동은 종종 의도하지 않은 부정적인 결과를 초래한다. 특히, 교육과정을 개혁하면서 교사의 존재론적인 정체성이 위험에 직면한다. 교육과정의 투입과 산출과정에서 그 사이에 위치하는 교사는 크게 주목을 받지 못한다. 교사는 단순히 지시를 받고 결과를 산출하는 관료주의적인 대리인에 불과하다. 교사의 가르치는 행위는 새로운 교육프로그램을 받아, 그것을 설치하고 작동하며, 궁극적으로 표준화된 검사를 통해 학생들의 성취도를 측정하는 기계적인 일로 전락한다.

교사는 교육과정의 효율적인 실행과 학생들과의 교육학적인 관계 사이에서 딜레마를 느낀다. 교사가 교육현장에서 경험하는 긴장과 갈등은 곧 존재론적인 질문으로 이어진다. 이때 가르침을 교사와 학생의 교육학적인 관계에 바탕을 두는 삶의 방식으로 이해하는 일은 중요하다. 교육과정 실행을 둘러싼 엄격한 정책적인 처방과 표준화된 평가는 교사와 학생들이 교실에서 경험하는 희망, 기쁨, 절망과 같은 교육적인 생명성을 앗아갈 뿐이다.

우리는 교실현장에서 들려오는 교사들의 목소리에 귀를 열고 교육과정 실행과 교육과정 경험 간의 모순적인 관계에 주목하면서 교육과정 개혁과 관련된 교사의 역할을 재고해야 한다. 교사는 더 이상 무기력한 inert 정부의 꼭두각시가 아니다. 교사는 교육과정의 정책적인 변화에 민감하게 대처함은 물론 교육현장의 복잡한 삶의 이야기도 경청해야 한다. 교사는 학생들과의 교육학적인 관계를 존중하면서 교육의 수월성/책무성을 추구해야 한다.

시대의 요구에 따라 교육과정을 개혁하고 교사가 새로운 프로그램을 효율적으로 실행하고 관리하는 일은 필요하다. 그럼에도, 교사는 교육과정의 투입-산출 모형에서 등한시하는 교실 안의 생생한 경험의 목소리에 주목해야 한다. 진정한 의미에서 가르침이란 계획으로서의 교육과정을 충실하고 기계적으로 실행하는 일이 아니다. 그보다 처방된 교육 프로그램을 주어진 상황에 따라 창의적으로 해석하면서 교실 안의 구성원 모두가 의미 있는 교육과정을 경험하는 일이다.

우리는 교육과정 개혁을 논하면서 교사를 처방된 교육 프로그램을 단순히 실행에 옮기는 기술자로 보는 견해를 재고하고, 가르치는 일에 대한 관료주의적인 시각을 넘어 사려 깊고 협동적인 반성과 행동을 위한 새로운 교육[학]적인 가능성을 탐색해야 한다. 가르침은 차이와 더불어, 차이 속에서 살아가는 삶/존재의 한 방식이다. 교사는 존재의 장인 교실에 거주하며 그 안에서 벌어지는 다양한 가능성으로부터 주어진 교육과정을 창의적으로 재해석해야 한다. 그래야만 가르치는 행위는 획일적인 준거에 의해 교실 안의 차이를 무시하거나 제거하는 처방적인 공학으로 전락하지 않으며, 교사는 교육과정 개혁의 담론 속에서 창의적인 해석자로서 자신의 고유한 존재론적인 정체성을 주장할 수 있다.

교육과정 분야의 미래

교육과정 연구의 현주소

—

학교교육의 새로운 방향

교육과정 연구의 현주소[1]

역사적으로 교육과정 분야는 행동주의, 실증주의, 과학주의의 지배를 받았고, 그러한 전통은 여전히 유효하다. 그러나 최근에 공학적이고 관리적인 교육과정 모형에 대한 비판의 목소리가 있다. 그 특징을 정리하면 다음과 같다.

① 과학적인 인식론은 교육에 관한 다른 방식의 이해를 억압한다. 교육 연구에서 과학적인 가정은 문제의 범위를 제한하고 앎의 준거를 처방하는 이론적인 지침이다. 측정이 가능하지 않은, 즉 과학적인 해결을 벗어난 문제는 지적으로 적절하지 못하다.

② 과학적인 연구는 교육현상을 일반화하여 기술, 설명, 예측하는데 관심이 있다. 사회과학에 바탕을 두는 공학적인 지식이 교육실제를 통제하고, 사회과학의 방법론을 교육과정의 개발과 수업에 적용한다. 교육 현장에서는 주로 단선적인 교육과정, 도구주의적인 수업, 생산적인 평가 등이 성행한다.

③ 과학적인 접근은 규격화된 결과에 집착한다. 학생들의 성취도에 대한 과학적인 평가[2]는 표준화된 항목을 표준화된 방법에 의해 측정한다. 평가는 학생들을 차등화하는 기능을 한다. 모든 학생이

....

[1] Elliot Eisner, "The Curriculum Field Today: Where We Are, Where We Were, and Where We Are Going," in *The Educational Imagination: On the Design and Evaluation of Programs* (London, 1985), pp. 1-20.

[2] 교육심리학에 이론적인 토대를 둔다.

동일한 과제를 수행하기 때문에 그들 간의 유의미한 차이가 발생하고, 통계상의 수치가 평가의 타당도와 신뢰도를 결정한다. 공학적인 평가는 교육학적인 평가[3]와는 다른 것이며, 이러한 획일적인 평가모형 하에서 진정한 의미에서의 개별화된 수업은 이루어지지 않는다.

④ 교육과정의 개발 과정에서 학생들의 역할은 배제된다. 학생들의 참여는 곧 교육실제에 대한 통제, 관리, 평가의 어려움/복잡함을 의미한다. 학생들의 '목소리'는 시스템의 혼란을 초래할 뿐이다. 이런 수동적인 조건 아래에서 학생들은 외부의 조치를 기다리는 무기력한 존재로, 통계적으로 의미 있는 결과를 얻기 위한 처리의 대상으로 전락한다.

⑤ 통제와 측정을 중시하는 교육과정은 복잡한 과제를 작은 행동 단위로 쪼개고, 그 과정에서 교육과정의 많은 부분을 학생들에게 의미 없는 것으로 만든다. 만일 우리의 관심이 통제와 측정된 결과에 있다면, 그것을 위해 고도로 분리·정의된 과제들에 주목하고 과제별 목표달성의 여부를 하나의 과제가 끝날 때마다 평가하는 방법이 가장 좋다.

⑥ 교육/교육과정의 연구와 저술에서 냉랭하고 비인간적인 어휘를 목격한다. '과학적인' 언어에 대한 선호는 메마른 감정표현으로 이어진다. 시적인 감수성과 열정은 사라진다. 가치중립적이고 공학적인 언어를 권장하면서 학생이 아닌 대상, 가르침이 아닌 처리, 판단이 아닌 측정, 결과가 아닌 산물이라는 말을 즐겨 쓴다. 연구는

....

3 학생들마다 평가의 유형을 달리하면서 학생 개개인의 긍정적인 특성을 개발하는데 관심이 있다.

객관적인 것으로서 1인친 단수나보다는 3인칭 단수그것, 또는 1인칭 복수우리를 사용한다. 차갑고 냉정한 객관성은 빈약하고 무감각한 언어의 사용을 통해 가르침과 배움의 과정에 없어서는 안 되는 생명성과 예술성을 소진시킨다.

교육의 실제와 연구에서 과학의 무익함과 한계에 대한 비판은 교육과 교육과정의 미래를 논의하는 출발점이 된다. 우리는 과거와 현재 상황에 대한 불만으로부터 교육의 문제를 새롭게 개념화하고, 교육의 쟁점을 새롭게 형성하고, 교육의 목적을 새롭게 설정한다. 이때, 필요한 것은 교육적인 대화를 위한 실천적인, 즉 가시적이고 유용한 모형이다. 우리는 1930년대 진보주의와 1960년대 자유주의의 함정인 '낭만적인 몽매주의'[4]에 빠지지 말아야 함은 물론 교육의 문제를 탐구하면서 인간의 모든 능력을 고려해야 한다. 교육적인 앎이 하나의 인식론적인 가정에 지나치게 의존할 때 그와 다른 새로운 지적인 가능성은 시야에서 사라진다. 우리는 사회과학에 포함되는/포함되지 않는 모든 방법을 사용해 학교현상을 기술, 해석, 평가할 수 있어야 한다.

앞으로 교육/교육과정 연구는 단일 담론에 의한 교육실제의 획일적인 지배[5]에서 벗어나야 한다. 우리는 교육적인 경험의 풍부함과 세밀함을 담아낼 수 있는 다양한 연구방법에 주목하고, 교육/교육과정과 관련된 새로운 패러다임, 모형, 가정의 출현에 학문적인 역량을 모아야 한다.

① 새로운 패러다임은 앎에 대한 다양한 표현방식을 허용하고 인정하

---

4 지적인 노력 없이 애매모호한 수사에 심취하는 경향.
5 교육에 대한 과학적인 담론이 대표적이다.

는 평가방법을 가정한다. 현재의 평가방법에서 강조하는 문자언어와 수학적인 능력은 단지 특정문화의 표현방식일 뿐, 결코 문화 전체를 대표하는 표현방식은 아니다. 한 예로, 우리는 학생들에게 예술적인 표현의 기회를 주는 평가방법을 생각해 볼 수 있다. 예술적인 표현방식 또한 지적으로 타당하지 않다고 볼 이유가 없다. 평가는 어디까지나 목적을 달성하기 위한 수단에 불과하다. 평가방법이 목적의 실현에 방해가 되어서는 안 된다.

② 새로운 인식은 가르침의 예술적인 지평을 포함한다. 교사를 주어진 가정에 따라 행동하는 과학자로 보는 모형은 가르치는 행위를 단지 부분적으로 설명할 수 있을 뿐이다. 우리는 수업이론과 학교행정의 논의에서 다음과 같은 문제들에 관심을 가져야 한다. 가르침의 예술적인 의미는 무엇인가? 교사와 학교행정가는 행동의 기초가 되는 감정적인 표현을 어떻게 사용하는가? 가르침의 일상적인 측면, 또 그것의 정교하고 창의적인 측면은 무엇인가?

③ 우리는 학교조직의 문제와 교육과정의 문제를 따로 분리해 생각하는 경향이 있다. 이것은 오랜 전통이어서 오늘날 교육기관에 속한 사람들 대부분은 이러한 이분법적인 문화에 익숙하다. 그러나 우리는 학교교육의 지적이고 실질적인 변화를 위해 교육과정, 수업, 학교조직, 학교운영 간의 상호관계 및 상호작용을 인정해야 한다. 특히, 교육과정을 학교교육의 나머지 부분과 격리해 연구할 때 우리는 학교의 본모습을 이해하지 못한다.

④ 아이들이 학교에서 겪는 모든 경험[6]을 이해할 수 있는 방법을 개발해야 한다. 교육 연구의 행동주의적/실증주의적인 전통은 경험을

....

6 밖으로 드러나 보이는 행동에만 국한되지 않는다.

불가지不可知한 것으로 간주하고, 아이들의 관찰 가능한 행동에 주목한다. 이러한 접근도 나름대로 이점이 있기는 하지만, 분명한 것은 행동이 모든 것을 말해 주지는 않는다는 사실이다. 흔히 학생들은 교사들이 가르치는 것 이상으로 배우고, 교사들은 그들이 아는 것 이상을 가르친다. 우리는 학교가 형식적으로 가르치는 것과 학생들이 외면적으로 행동하는 것에 만족하지 말고, 학생들이 실제로 배우고 경험하는 것의 본질이 무엇인지 탐구해야 한다.

⑤ 경험에 대한 새로운 이해를 위해서는 행동주의 심리학의 지배에서 벗어나 대륙철학이 제공하는 경험과 의미에 관한 깊은 사색에 동참해야 한다. 이를테면 예술비평은 교육현상/경험의 탐구를 위한 다른 하나의 유용한 통로이다. 그것은 가르침의 예술적인 의미와 교육과정 실행의 상황적인 특성을 이해하는데 도움이 된다.

학교교육의 새로운 방향[1]

'교육개혁'이라는 이름으로 학교현장에 합리주의 원칙을 도입한다. 모든 학교를 규격화하여 서로 비교한다. 양화된 실적을 기준으로 학교의 순위를 매긴다. 실적이 좋은 학교는 보상을 받지만, 실적이 나쁜 학교는 불이익을 받는다. 이러한 종류의 학교개혁은 주변에서 흔히 볼 수 있다. 합리적인 절차를 통해 학교교육의 질을 개선하는 것이 핵심이다. 여기서 말하는 '합리적인 절차'란 무엇인가? 주요 특징은 다음과 같다.

① 합리주의는 의도한 결과의 명확성을 특징으로 한다. 교육활동의 결과를 표준과 항목으로 분명하게 제시한다. 표준을 통해 교육의 가치를 일반적으로 진술하고, 항목을 통해 교육의 결과를 구체적으로 나타낸다. 표준과 항목은 교육의 합리적인 실행을 위해 반드시 필요하다. 합리적인 절차란 목표를 세우고 그에 따라 결과를 산출하는 과정을 말한다.

② 합리주의는 양화된 척도를 이용해 산물이나 실행의 질을 측정하는 특징이 있다. 세상을 기술하는 하나의 방식으로서 양화된 척도는 측정의 객관성, 엄밀함, 정확함을 증가시키는 방법이다. 양화된 척도는 교육 분야에서 없어서는 안 되는 것이나, 그렇다고 모든 경우에 적합한 것도 아니다. 특히 표준이 매우 일반적이고 이념적이었을

....

1 Elliot Eisner, "What Does It Mean To Say a School Is Doing Well?" *Phi Delta Kappan* 82, no. 5 (January 2001): 367-372.

때 양화된 척도는 한계를 드러낸다.

③ 합리적인 절차는 교육의 실제를 통제하고 예측하는 능력과 관계된다. 그러나 학교교육의 결과를 객관적으로 알 수 있다는 합리주의적인 가정은 여전히 문제가 있다.

④ 합리주의는 상호작용을 등한시한다. 상호작용은 학교교실 안의 물리적인 조건과 그 안에 거주하는 사람들의 개인적인 특성을 설명한다. 의미는 경험/현상에 대한 개인적인 해석으로부터 나오고, 개별성에 대한 고려가 교육에 대한 합리적인 평가나 판단을 복잡하게 만든다. 특히 교육의 결과가 학생들이 경험/현상에 부여하는 주관적인 해석을 포함할 때 합리적인 예측은 더욱 어렵다.

⑤ 합리주의는 비교를 조장한다. 비교는 같은 단위로 잴 수 있다는 것, 즉 통약성commensurability을 전제로 한다. 그런데 통약성은 서로 다른 교육과정을 운영하는 학교들 간의 비교에는 적용하지 못한다. 이러한 사실로부터 학교들을 동일하게 비교하고 일반적으로 평가하는 합리주의 원칙은 개별 학교의 특수성과 교육과정의 고유성을 인정하지 않는 것으로 볼 수 있다.

⑥ 합리주의는 외부적인 보상을 통해 행동에 동기를 부여한다. 학교는 교육수요자의 구매에 의존하는 비즈니스가 된다. 적자생존의 원칙에 따라 학교는 효과적인 결과, 즉 높은 시험점수를 생산하기 위해 노력하고, 이에 실패하면 교육시장에서 사라진다.

교육개혁에 대한 합리주의적인 접근은 교육과정의 협소화를 초래한다. 교육과정의 협소화는 학교에서 시험과 관련된 교과만을 가르치는 현상이다. 학교교육에서 시험이 가장 중요한 요소일 때 교육과정은 흔히 '중심교과'와 '주변교과'로 양분된다. 중심교과는 시험에 나오는 핵심적인 과목들을 지칭하는 반면에, 주변교과는 시험과 상관없는 '변두리' 과목들을 의미한다. 이러한 논리라면, 좋은 학교란 시험을 보는 중심교과를 잘 가르치는 학교이고, 그렇지 못한 학교란 시험과 직접 관계가 없는 주변교과의 교육에 열심인 학교이다.

학교에서 합리성의 원칙을 따르면 학생들의 시험점수에 민감하고 취득 점수의 높고 낮음에 따라 교육의 질을 판단한다. 교육의 과정에서 표준, 항목, 양화된 척도를 강조할 때 학교교육이 직면하는 심각한 문제로는 교실 안에서의 교육적인 대화의 상실, 교사의 소외, 교사와 학생들의 점수조작 등이 있다.

합리주의적인 문화에서는 학교체제의 개선을 위해 표준을 마련하고 항목을 세분화하고 시험을 어렵게 만든다. 학교는 외부에서 정한 양화된 목표를 달성하기 위해 가장 효율적인 수단을 강구한다. 이러한 목표-수단 모형에서 교사와 학생들은 교육을 합리적으로 계획하고 정해진 절차에 따라 기계적으로 움직인다.

학교교육의 합리주의적인 재구조화는 학교의 지적인 풍토를 훼손할 수 있다. 특히 교육의 상품화를 불러온다. 교육은 인간자본을 생산하는 경제적인 기제로서 세계시장에서 경쟁할 수 있는 유능한 인적자원의 양성을 목적으로 한다.

교육은 개인의 자아실현과 관련된 미묘하고 복잡한 과정이다. 학교에서 학생들은 서로 다른 적성과 능력에 따라 다양한 교육 프로그램을 경험할 수 있어야 한다. 이를 위해 합리적인 절차에 의해 축소된 교육과정을 확대하고 표준화된 평가점수에 의해 왜곡된 교육 본연의 목적으로서의 삶과 학습 간의 대화를 복원해야 한다. 우리가 궁극적으로 원하는 것은 새로운, 보다 인간적인 학교의 모습이다. 이것은 위험, 불확실성, 호기심, 새로움, 미결정, 도전과 같은 덕목들에 바탕을 두는 지적탐구가 가능한 학교를 말한다. 주요 특징은 다음과 같다.

① 학생들은 학교교실에서 배운 내용을 학교 밖의 삶의 문제에 적용할수 있다. 학생들은 학교교육을 통해 주어진 문제를 해결하는 도구주의적인 능력이 아닌, 새로운 문제를 제기하는 지적인 능력을 개발한다. 그렇지 않고 학생들이 단순히 시험 점수를 높이기 위해 공부한다면, 그것은 말하자면 '전투'에서는 이기나 '전쟁'에서는 지는 꼴이다. 우리는 학교에서 배운 내용이 삶으로 전이되었는지 예의 주시해야 한다. 학교교육의 성공은 학생들이 살아가면서 하고 싶은 것을학교에서 배운 것을 통해 할 수 있느냐에 달려 있다.

② 학생들은 학교에서 타인들과 함께 공부하고 살아가는 방법을 배워야 한다. 학교는 학생들의 배움의 공동체이자 삶의 공동체이다. 그곳에서 학생들은 서로 협력하면서 공동의 관심사를 논하는 한편개인들의 이기적인 자기이익 추구는 최소화해야 한다. 학생들은학교라는 공적인 공간에서 공동의 프로젝트를 만들어 서로 더불어속함으로써 인간의 사회적인 삶을 경험할 수 있어야 한다.

③ 학교에서 학생들은 시험점수가 아닌 내면적인 흥미에 따라 학습을경험할 수 있어야 한다. 학생들은 서로 소질과 적성이 다르다. 참된의미에서 교육은 학생들의 개별성을 실현하는 과정이다. 우리는학교교육에서 무엇이 정말로 중요한지 깊게 생각하고 교육적으로중요한 것을 정책적으로 우선시하는 사회적인 분위기를 만들어야한다.

④ 평가라 함은 보통 교사의 학생 평가를 말한다. 이때 시험점수가객관적인 평가도구로 준용된다. 학교교육에서 소홀한 것은 학생들의 자체평가이다. 학생들이 학교의 평가 과정에 참여하여 그들

스스로 교육의 과정을 결과를 평가하는 일은 중요하다.

⑤ 학교교육의 성공은 학생들의 만족에 달려 있다. 만족은 학생들의 행위를 설명한다. 학생들은 배움 자체가 좋아 학교교육에 만족할 수 있다. 학생들은 배움의 행위 자체는 즐겁지 않으나, 그 결과가 심리적인 행복감을 주어 학교교육에 만족할 수 있다. 학생들은 학습에 따른 외적인 보상 때문에 학교교육에 만족할 수 있다. 마땅히 학생들은 학교교육의 '여정journey' 자체에서 기쁘고 즐거워야 한다. 이것은 어렵고 도전적인 과제이지만, 그렇다고 학교교육이 과정상의 만족을 추구하는 일을 그만두어서는 안 된다.

⑥ 학교야말로 교사 전문성을 개발하는 장소이다. 교사교육은 대학에서 몇 년 동안 교직 프로그램을 성공적으로 이수했다고 끝나지 않는다. 진정한 의미에서 교사가 전문성을 개발하는 곳은 학교현장이다. 교사들은 일상적인 가르침의 삶을 통해 교사로서의 직업적인 전문성을 높인다. 학교는 교사교육의 중심지가 되어야만 교사와 학생 모두에게 도움을 주는 전문적인 장소로 거듭날 수 있다.

III
에세

교육과정 탐구

01

나의 이야기

프롤로그

1. 키런 이건

  내 박사학위 논문에는 다섯 명의 심사위원 이름이 적혀 있는데 그중에 한 명이 배희순 박사Dr. Heesoon Bai이다. 그녀는 한국계 캐나다인으로 사이먼프레이저 대학에서 교육철학을 가르치는 여성학자이다. 나는 논문심사를 전후로 지도교수였던 카슨 박사Dr. Carson와 함께 배희순 박사를 몇 번 만났는데 지금 기억에 서로 간의 의사소통은 주로 영어로 했었던 것 같다. 생각에 따라서는 좀 이상한 일이기도 하지만, 어떻게 보면 당연한 일이기도 했다.

  배희순 박사가 근무하는 사이먼프레이저 대학은 캐나다 서부의 브리티시컬럼비아주州에 위치하고 있다. 이 대학의 교육학과는 꽤 이름이 알려져 있는데, 특히 분석철학자인 키런 이건Kieran Egan의 존재는 무게감이 있다.

  이건은 영국의 런던 대학을 졸업하고, 미국의 코넬 대학에서 교육철학 전공으로 박사학위를 받았다. 나는 그의 학문적인 정체성을 교육과정 철학에서 찾아야 한다고 생각한다. 이건은 '런던 서클London Circle'의 학풍에 따라 '지식과 교육과정'의 문제를 논리실증주의적이고 분석적으로 탐구하는데 관심이 있었기 때문이다.

  1978년에 이건은 「교육과정이란 무엇인가?What Is Curriculum?」라는 논문을 발표했다. 이 논문에는 그의 분석철학자로서의 모습이 잘 담겨있다. 이건은 '교육과정이란 무엇인가'라는 매우 논쟁적인 질문에 답하기 위해

'교육과정curriculum'의 라틴어 어원을 추적하고 있기 때문이다.

이건은 '교육과정curriculum'이 '달리기a running', '경주a race', '코스a course', '경주-코스race-course', '경력a career'을 의미하는 라틴어 단어로부터 직접 이월되었다는 사실을 주장한 후, 라틴어 'curriculum'의 의미가 무엇인지 분석하고자 했다. 이를 위해 그는 고대 로마의 정치가, 철학자, 웅변가였던 마르쿠스 키케로Marcus Cicero의 작품들에 주목했다.

이건은 키케로가 '교육과정'이라는 말을 사용한 두 개의 고대 문헌을 찾아냈다. 먼저, 키케로는 그의 「라비리오 변론Pro Rabirio」에서 "*Exiguum nobis vitae curriculum natura circumscripsit, immensum gloriae*[Nature has confined our lives within a short space, but that for our glory is infinite]"라고 적었다(10.30). 다음으로, 키케로는 그의 『노년에 관하여De Senectute』에서 "*Hae sunt exercitationes ingenii, haec curricula mentis* [These are the spurs of my intellect, the course of my mind runs on]"라고 적었다 (11.38).

이건의 해석에 따르면, 첫 번째 문헌에서 사용된 '교육과정curriculum'은 "우리가 살아가는 한시적인 공간space, 일이 벌어지는 범위confines, 그리고 내용과 대비되는 것으로서 그릇container"을 의미하고, 두 번째 문헌에서 사용된 '교육과정curricula'은 "그[키케로]가 배우는 것들, 즉 내용"을 의미한다. 요약하면 라틴어의 '교육과정'은 '기간'과 '내용'을 의미하는 단어이다.

> "교육과정curriculum"은 …… 처음에 경주로race-course와 지적인 경주running to intellectual pursuits를 의미했다. 그러다가 일이 일어나는 한시적인 공간temporal constraints을 나타내고, 다시 그 제한된 범위 안에서 발생하는 일들things을 가리켰다. …… 우리는 경주로와 관련된 질문들-'경주는 얼마나 오랫동안 계속되는가?' '그 과정에서 어

떤 장애물들을 만나는가?'-을 지적인 교육과정에 대해서도 확대해 물을 수 있다-'지적인 경주는 얼마나 오랫동안 지속되는가?' '지적인 교육과정은 어떤 내용들로 구성되는가?'[1]

오늘날 '교육과정curriculum'의 라틴어 의미는 영·미권을 대표하는 두 사전에 반영되어 있다. 옥스퍼드Oxford 사전에서 'curriculum'이라는 단어는 "A course; spec. a regular course of study or training, as at a school or university"로 정의되어 있다. 한편, 웹스터Webster 사전에서 'curriculum'이라는 단어는 "a. A course, esp., a specified fixed course of study, as in a school or college, as one leading to a degree. b. The whole body of courses offered in an educational institution, or by a department thereof;-the usual sense"로 정의되어 있다.

....

1 Kieran Egan, "What Is Curriculum?" *Journal of the Canadian Association for Curriculum Studies* 1, 1 (2003/1978), p. 10.

고전의 향기

1. 허버트 스펜서

　19세기 영국의 사회진화론자인 허버트 스펜서Herbert Spencer는 1860년에 그의 『교육론Education: Intellectual, Moral, and Physical』을 출판했다. 여기에는 그 제목이 암시하고 있는 것처럼 지력교육, 도덕교육, 신체교육에 관한 내용이 담겨있고, 이 책의 서문 격으로 교육과정을 공부하는 사람이라면 한 번 정도 들어보았을 「어떤 지식이 가장 가치 있는가?What Knowledge Is of Most Worth?」라는 글이 실려 있다.

　스펜서는 이 책을 구성하는 네 개의 장이 그가 1854-1859년 사이에 『웨스트민스터리뷰Westminster Review』, 『노스브리티시리뷰North British Review』, 『브리티시쿼터리리뷰British Quarterly Review』에 기고했던 네 편의 논문이라는 사실을 밝혔다. 스펜서는 처음부터 그의 네 편의 논문을 한데 묶어 책으로 출판할 생각이었던 것 같다. 그러나 『노스브리티시리뷰』의 편집장이 이 잡지에 실린 논문의 재출판을 금지해 스펜서는 어쩔 수 없이 그의 책을 영국이 아닌 미국에서 처녀 출판할 수밖에 없었다.

　스펜서의 「어떤 지식이 가장 가치 있는가?」는 몇 가지 점에서 교육과정 전공자들의 관심을 불러일으킨다. 우선, 스펜서는 지식의 상대적인 가치를 주장하면서 당시 유행하던 고전교육의 절대성을 부정했다. 그는 "완전한 생활complete living"이라는 공리적인 잣대에 입각해 지식의 가치를 상대적으로 결정하려 했다. 그 결과 교육과정을 인간의 삶을 이루는 주요 활동들로 구성했다.

첫 번째는 자기보존self-preservation에 직접적으로 공헌하는 활동들이다. 두 번째는 생활필수품을 확보함으로써 자기보존에 간접적으로 도움이 되는 활동들이다. 세 번째는 자녀양육과 교육을 목적으로 하는 활동들이다. 네 번째는 적절한 사회·정치적인 관계를 유지하는 일과 관계된 활동들이다. 다섯 번째는 기호와 감정의 고양을 위한 여가시간의 잡다한 활동들이다.[1]

다음으로, 교육과정 전공자들은 스펜서의 질문에 답을 하고 싶을 것이다. 스펜서는 과연 어떤 지식을 가장 가치 있게 생각했을까? 그의 '판결verdict'은 간단명료했다.

우리가 처음에 제기했던 의문-'어떤 지식이 가장 가치 있는가?'-에 대한 공통된 답변은 '과학Science'이다. 이것이 최종 판결이다. 직접적인 자기보존이나 건강한 생활을 유지하는데 가장 중요한 지식은 과학이다. 생계문제의 해결이라는 간접적인 자기보존을 위해 가장 가치 있는 지식은 과학이다. 부모로서의 의무를 잘 수행하는데 적절한 지침을 제공하는 것은 과학이다. 현재와 과거의 국가생활에 대한 해석을 통해 시민[들]의 행동을 바르게 통제하는 것은 과학이다. 각종 예술의 완벽한 창조와 최고의 향유를 위해 반드시 갖추어야만 하는 지식은 과학이다. 지적, 도덕적, 종교적인 도야를 목적으로 가장 유효한 학습도 다시 말하지만 과학이다. …… 우리는 과학을 공부하는 것이 가장 넓은 의미에서 위의 모든 활동을 가장 잘 준비하는 일이라는 사실을 깨닫는다.[2]

....

1 Herbert Spencer, *Education: Intellectual, Moral, and Physical* (New York, 1860), pp. 13-14.
2 Spencer, *Education: Intellectual, Moral, and Physical*, pp. 84-85.

오늘날 스펜서의 오래된 질문은 심각한 도전에 직면해 있다. 마이클 애플Michael Apple과 같은 비판이론가는 스펜서의 "어떤 지식이 가장 가치 있는가?What Knowledge Is of Most Worth?"라는 중립적인 질문 이면에 "누구의 지식이 가장 가치 있는가?Whose Knowledge Is of Most Worth?"라는 이념적인 질문이 숨어 있다는 사실을 폭로하고 있고, 데이빗 스미스David Smith와 같은 해석학자는 스펜서의 질문을 "지식은 얼마나 가치 있는가?How Much Is Knowledge Worth?", 또는 "지식이 가치의 최종 판결자인가?Is Knowledge to Be the Ultimate Arbiter of Worth?"라는 철학적인 질문들로 재개념화할 것을 주장하고 있다.

결국 스펜서의 질문은 150년이라는 세월의 무게를 버거워하고 있으며, 그의 질문은 현대 교육과정 논의의 종착점이 아닌 출발점이 되어야 한다. 그리고 새로운 교육과정 담론은 스펜서의 판결대로 '지식'의 벽장에 갇혀 있는 것이 아닌, 아직 알려지지 않은 새로운 가능성을 탐구하는 '지혜'의 공간으로 열려 있어야 한다.-*Magis magnos clericos non sunt magis magnos sapientes.*[3]

2. 프랭클린 보비트

내 연구실 문을 열고 들어가면 좌측에 일렬로 책장이 늘어서 있다. 그 중간쯤에 위치한 서가의 맨 윗 단에는 내가 최근에 구입한 하인리히 페스탈로치Heinrich Pestalozzi의 전집 여덟 권이 웅장하게 놓여 있다. 이

....

3 중세 속담이다. 나중에 라블레Rabelais와 몽테뉴Montaigne 같은 인문주의자들이 인용 하면서 널리 알려졌다.

두툼한 하드백 옆에는 펭귄Penguin 출판사가 펴낸 지그문트 프로이트 Sigmund Freud 전집시리즈가 열 권 남짓 진열되어 있다. 이 정도면 책장의 한 칼럼은 더 이상 공간이 남지 않는다. 그런데 페스탈로치와 프로이트 사이의 자투리 공간에 책이 한 권 더 꽂혀 있다. 오래전에 발간되어 책 제목과 저자 이름이 멀리서는 잘 식별이 되지 않는다. 그러나 이 낡은 책의 빛바랜 푸른 색 표지를 자세히 들여다보면, 곧 'THE CURRICULUM'과 'FRANKLIN BOBBITT'라는 글자가 눈에 들어온다.

나는 교육과정 과목을 가르치면서 늘 이 학문의 짧은 역사를 언급한다. 이때 나는 1918년에 출판된 프랭클린 보비트Franklin Bobbitt의 『교육과정 The Curriculum』을 기점으로 교육과정학이 시작되었다고 설명한다. 물론 보는 관점에 따라, 교육과정 분야의 시작을 허버트 스펜서Herbert Spencer의 질문-"어떤 지식이 가장 가치 있는가?"-에서 찾기도 하고, 제시 뉼런Jesse Newlon의 교육과정 개발 노력에서 찾기도 한다. 또, 랄프 타일러Ralph Tyler 의 논거를 그 시작점으로 보는 경우도 있다. 그러나 나는 '교육과정'이라 는 단어를 책 제목으로 처음 사용한 보비트의 책으로부터 교육과정의 학문적인 기원을 말하는 것이 더 설득력 있다고 생각한다.

보비트의 『교육과정』은 이 책이 갖는 역사적인 중요성에 비해 소홀히 다루어지고 있다. 우리나라의 경우 아직 번역본이 나오지 않았고, 이 책의 원본을 소장하고 있는 대학 도서관도 한두 곳에 불과하다. 거의 모든 대학의 교육과정 강의에서, 또 임용시험을 준비하는 입시학원에서 보비트의 『교육과정』은 언급되는데, 정작 학생들과 교사들은 이 책을 직접 읽어보지 못하는 실정이다. 그렇다면 보비트의 책이야 말로 회자膾 炙되나 읽히지 않는 교육과정학의 '고전'인 셈이다.

보비트는 시카고 대학의 교육행정 교수 직분으로 『교육과정』을 출판 했다. 이것이 의미하는 바는 무엇일까? 우선, 교육과정은 당시 독립된 학문분야라기보다는 교육행정의 하위분과에 불과했다는 점이다. 다음으로, 보비트의 교육과정 개념이 다분히 행정적인 필요와 연계되어 있었다는 점이다. 사실, 보비트는 당시 성행하던 '과학적인 관리'의 개념을 학교행정에 적용해 조직의 효율성을 증대시키는데 관심이 있었다. 그의 중심적인 논지는 간단했다.

> 한 조직의 지도자나 감독관은 그 조직이 추구하는 목적을 명확하게 정의하고 목적을 달성하기 위해 조직 내의 모든 구성원의 일을 조정하며 일을 하는 최선의 방법을 찾아내 이러한 방법의 사용을 독려해야 한다.[4]

내가 보기에는 보비트의 책뿐만 아니라 그의 삶도 소홀히 다루어지고 있는데, 우리는 그의 삶의 흔적을 잘 모르기 때문이다. 보비트는 1876년 인디애나주州 남부의 마운트 스털링이라는 조그만 마을에서 태어났다. 중산층의 기독교 가정에서 자란 보비트는 교사가 되기를 희망하면서 1898년에 인디애나 대학에 입학했다. 그는 클락 대학의 스탠리 홀Stanley Hall 교수로부터 학위를 받고 인디애나 대학에서 교수생활을 하던 일군의 학자들, 즉 윌리엄 브라이언트William Bryant, 엘마 브라이언트Elmar Bryant, 존 벅스트롬John Bergstrom, 어니스트 린들리Earnest Lindley 밑에서 철학, 교육학, 심리학 등을 공부했다. 보비트은 대학을 졸업하고 1902-1907년까지 필리핀으로 파견되어 아시아의 새로운 요양지에 아메리카America의 정신을 불어넣는 '성공적이지 못한 일'을 수행했다. 필리핀에서 돌아온 후

....

4 Franklin Bobbitt, "The Supervision of City Schools: Some General Principles of Management Applied to the Problems of City-School Systems," In *Twelfth Yearbook of the National Society for the Study of Education* (Chicago, 1913), Part I, p. 7.

보비트는 2년만인 1909년에 클락 대학에서 철학박사 학위를 받았다. 그리고 서른두 살의 젊은 나이로 시카고 대학으로 건너가 교육사를 강의했다. 그는 얼마 지나지 않아 교육행정 교수가 되었고, 이때부터 예순다섯 살에 은퇴할 때까지 시카고 대학에서 오랫동안 안정적이고 성공적인 학자의 삶을 살았다.

내가 지금 쓰고 있는 이 책은 강원대학교 신임교수 연구지원비의 산물이다. 나는 원래 보비트의 전·후기 교육과정 사고를 비교하는 논문을 쓰려 했다. 그러다가 중간에 계획이 변경되어 논문이 아닌 책을 쓰게 되었고, 지금처럼 교육과정 사상가에 대한 짧은 글 모음집을 만들게 되었다. 이제 이 작업이 거의 마무리 되는 시점에서 나는 내 마음의 빚으로 남아있는 2년 전 최초의 계획으로 회귀한다. 오래전에 주문해 놓은 두 권의 박사학위 논문-Franklin Bobbitt의 교육과정이론 연구, The Educational Ideas of John Franklin Bobbitt-을 읽으면서 영혼의 청산을 위한 프로젝트를 시작해야겠다. 금년에 내가 해야 할 적지 않은 일들 가운데 하나이다.

3. 랄프 타일러

랄프 타일러Ralph Tyler는 교육과정 분야의 '거장'이다. 알프레드 화이트헤드Alfred Whitehead는 서양철학이 플라톤Platon의 주해라고 말했다. 같은 맥락에서, 나는 교육과정학이 타일러의 주해가 아닐까 생각한다.

타일러는 1902년 시카고에서 의사의 아들로 태어났다. 그러나 아버지가 의사를 그만두고 네브라스카주州에서 목회자가 되었기 때문에, 그는 도안 대학에서 물리학과 수학을 공부하고, 네브라스카 대학에서 과학교육 전공으로 석사학위를 받았다. 타일러가 본격적으로 교육학을 공부하기 시작한 것은 1926년에 시카고 대학의 교육학과에 진학하면서부터이다. 1927년에 박사학위를 받은 타일러는 노스캐롤라이나 대학과 오하이오 주립대학의 교수를 거쳐 1938년에 시카고 대학의 교육학과 교수가 되었다. 1952년에 타일러는 스탠포드 대학의 행동과학연구소로 자리를 옮겨 1967년에 퇴직할 때까지 근무했다. 퇴직 후에도 타일러는 왕성하게 활동했는데, 이 시절 그는 주로 교육평가에 관심이 있었다.

타일러의 이름을 유명하게 만든 것은 그가 1949년에 출판한 『교육과정과 수업의 기본원리Basic Principles of Curriculum and Instruction』라는 책이다. 이 책에는 타일러의 논거로 알려진 교육과정의 네 가지 질문이 담겨 있다.

학교교육의 목표는 무엇인가?
What educational purposes should the school seek to attain?

목표달성에 유용한 학습경험은 어떻게 선정하는가?
How can learning experiences be selected which are likely to be useful in attaining these objectives?

학습경험은 어떻게 효과적으로 조직할 수 있는가?
How can learning experiences be organized for effective instruction?

교육목표가 달성되었는지 어떻게 평가하는가?
How can the effectiveness of learning experiences be evaluated?

타일러의 책은 전체 분량이 128쪽에 불과한 작은 책이다. 타일러는 그의 책의 절반가량을 첫 번째 질문인 교육목표의 선정 문제에 할애했다.

이것은 타일러의 교육과정 도식에서 목표가 차지하는 비중이 높다는 것을 의미한다. 타일러는 교육목표 선정의 세 가지 원천으로서 학습자의 필요, 사회의 필요, 교과의 필요를 꼽았다. 이어 타일러는 철학과 심리학이라는 두 개의 필터를 통해 교육목표를 가다듬으려 했다. 그의 견해에 따르면, 철학은 '가치'의 잣대로, 심리학은 '가능성'의 잣대로 활용할 수 있다.

일단 교육목표를 선정하고 나면, 다음으로 교육목표를 진술하는 방식이 뒤따른다. 타일러는 가장 효과적인 목표 진술의 방법과 관련해 다음과 같이 말했다.

> 목표object는 학생에게 가르칠 유형의 행동behavior과 그 행동이 담고 있는 내용content-또는 생활영역-을 모두 식별할 수 있는 용어로 표현하는 것이 가장 좋다. 명확한 인상을 주고 수업 프로그램을 개발하는데 지침을 제공하는 다수의 목표 진술들을 살펴보면, 그것들이 실제로 목표의 행동적인 측면과 내용적인 측면을 모두 포함하고 있음을 알 수 있다.[5]

타일러의 '행동+내용'의 교육목표 진술방식은 그의 학생이었던 벤자민 블룸Benjamin Bloom에 의해 더욱 구체화되어 1956년에『교육목표 분류학: 지적인 영역Taxonomy of Educational Objectives: Handbook 1: Cognitive Domain』의 탄생으로 이어졌다. 또, 1964년에 블룸은 데이빗 크라스월David Krathwohl과 버트럼 마시아Bertram Massia와 함께 교육목표 분류학을 정의적인 영역까지 확장했다.

....

5 Ralph Tyler, *Basic Principles of Curriculum and Instruction* (Chicago, 1969/1949), pp. 46-47.

다시 타일러의 논거로 돌아와, 타일러는 그의 책의 후반부에서 학습경험을 선정하고 조직하는 문제와 학습경험을 평가하는 문제를 다루었다. 이때 전자는 교육목표를 중심으로 교육과정을 개발하는 모형과 관계되며, 후자는 교육목표를 중심으로 교육과정을 평가하는 모형과 관계되었다.

나는 타일러가 두 가지 점에서 교육과정 분야에 공헌했다고 생각한다. 첫째, 그는 교육과정을 개발하는 합리주의적인 논거를 제시했다. 둘째, 그는 교육평가를 교육목표의 성취를 확인하는 과정으로 개념화했다. 물론 타일러의 교육과정 개발 모형은 '이론적'인 것으로 비판받을 수 있고, 그의 교육평가 개념 역시 교육의 결과만을 강조한 것이라고 비판받을 수 있다. 그러나 나는 타일러의 논거가 사람들의 비판을 불러일으킨다는 점에서, 또 그로부터 새로운 찬/반 논쟁이 촉진된다는 점에서 그의 논의가 여전히 유효하다고 생각한다.

선구자들

1. 제임스 맥도널드

의식은 인간 존재의 본질적인 영역이다. 타인들의 압제로부터 개인의 해방을 추구하는 일은 사회·경제적인 구조의 변화뿐만 아니라 태도, 가치, 도덕, 관점의 변화도 수반한다. 교육과정 분야의 교사이자 연구자로서 우리는 의식의 영역에 영향력을 행사한다.
......

이러한 까닭에 우리는 지금보다 조금 더 겸손하고, 평소 옳다고 믿는 것을 계속해서 실천에 옮겨야 한다. 그리하여, 에리히 프롬 Erich Fromm이 '믿음을 실천하는 의지'로 정의한 인간 희망의 완전한 실현을 위해 노력해야 한다. 설령 그것을 이 세상에 살아 있는 동안 이루지 못한다 하더라도 말이다.

제임스 B. 맥도널드

1925-1983

1983년 가을에 발행된 JCT 제5권, 제4호의 시작부에는 다음과 같은 짧은 문구가 있다. "우리의 친구이자 동료였던 제임스 맥도널드 James Macdonald의 죽음을 애도한다. 1983년 11월 21일." 이로부터 약 1년 뒤인 1984년 11월 2일 오하이오주州 버가모 Bergamo에서 교육과정의 이론과 실제에 관한 학회가 열렸고, 버니스 울프슨 Bernice Wolfson은 맥도널드의 삶과 업적을 기리는 분과회의를 계획했다. 윌리엄 파이너 William Pinar는 이 날 오후에 발표한 논문들을 한데 모아 JCT 특집호 제6권, 제3호를 발행했고, 그 서문에 다음과 같이 적었다. "우리는 제임스 맥도널드의 업적과 삶을 기억하는 특집호를 발행하게 됨을 영예롭게 생각한다. 그는 매우 중요한 인물이었고, 이것은 여기에 논문을 기고한 동료 학자들이 증명하는 사실이다." 맥도널드를 기념하는 JCT 1985년 가을호에 실린 논문들의 제목과 저자는 다음과 같다.

There Is a River: James B. Macdonald and Curricular Tradition
Michael W. Apple

The Work of James B. Macdonald: Theory Fierce with Reality
Madeleine R. Grumet

The Redemption of Schooling: The Work of James B. Macdonald
Dwayne Huebner

Tomorrow the Shadow on the Wall Will Be That of Another
Alex Molnar

A Prayerful Act: The Work of James B. Macdonald
William F. Pinar

Reflections in Early Childhood Education
Bernard Spodek.

Curriculum and the Morality of Aesthetics
Susan W. Stinson

The Personal and Professional Journey of James B. Macdonald

Melva M. Burke

다시 이로부터 10년 뒤인 1995년에 맥도널드의 주요 논문 11편이 아들인 브래들리 맥도널드Bradley J. Macdonald의 손을 거쳐 책으로 출판되었다. 정치학자인 브래들리는 선친의 에세이 모음집 『이론, 신념의 행동: 제임스 맥도널드의 논문 선집Theory as a Prayerful Act: The Collected Essays of James B. Macdonald』(1995)을 헨리 지루Henry Giroux, 윌리엄 파이너William Pinar, 드웨인 휴브너Dwayne Huebner와 같은 교육과정 학자들의 조언과 도움을 받아 완성했다. 브래들리는 (1) 맥도널드의 사상 전반을 이해하는데 도움이 되는 논문, (2) 출판 당시 독창적이었고 사람들의 흥미를 유발했던 논문, 그리고 (3) 현대 교육과정 논의에 공헌할 수 있는 논문을 가려 뽑아 그의 아버지의 교육과정 저작집을 구성했다. 그 안에 수록된 맥도널드의 논문 열한 편의 제목과 발표 연도는 다음과 같다.

An Image of Man: The Learner Himself (1964)

The School as a Double Agent (1971)

A Vision of a Humane School (1971)

A Transcendental Developmental Ideology of Education (1974)

Curriculum and Human Interests (1975)

The Quality of Everyday Life in Schools (1975)

Living Democratically in Schools: Cultural Pluralism (1977)

Value Bases and Issues for Curriculum (1977)

Curriculum as a Political Process

Curriculum, Consciousness and Social Change (1981)

Theory, Practice and the Hermeneutic Circle (1981)

휴브너와 함께 맥도널드는 1960년대와 1970년대 교육과정 재개념화 운동의 선구자라 불릴 수 있는 인물이다. 맥도널드는 위스콘신-매디슨 대학에서 철학박사 학위를 받았다. 그의 지도교수는 버질 헤릭Virgil Herrick이었다. 1956-1957년에 맥도널드는 텍사스-오스틴 대학의 교육과정 교수가 되었다. 이후 1957-1959년까지 뉴욕 대학의 초등교육학과 교수, 1959-1972년까지 위스콘신-밀워키 대학의 교육과정학과 교수, 그리고 1972-1983년 11월까지 노스캐롤라이나-그린스보로 대학의 교육학 교수로 활동했다.

맥도널드의 교육과정 사고는 네 가지 단계를 거치면서 학문적으로 성장했다. 우선, 맥도널드는 그의 시대에 성행하던 과학주의scientism의 영향을 받았다. 그러나 그는 곧 과학적인 태도에서 벗어나 인문주의humanism로 방향을 선회했다. 그 과정에서 맥도널드는 개인의 특성을 중시하는 인문주의person-centred humanism와 사회·정치적인 맥락을 강조하는 인문주의sociopolitical humanism의 두 단계를 경험했다. 마지막으로 맥도널드는 선험주의transcendentalism의 단계에 이르러 영혼의 의미와 문화 혁명의 가능성을 탐구했다.

맥도널드는 교육과정의 핵심적인 질문으로 '우리가 함께 살아가는 방식'을 꼽는다.-'How Shall We Live Together?' 이러한 질문에 답하기 위해 맥도널드는 1960-1970년대 교육과정 분야를 지배하던 학문중심 교육과정 논의를 비판했다. 그러면서 그는 1970년대의 교육과정 재개념화를 위한 새로운 주제들을 제안했다. 맥도널드는 교육과정의 정치적, 자서전적인 탐구를 주장했고, 이를 위해 마르크스주의와 현상학과 같은 유럽의 지적인 전통에 주목할 것을 요구했다. 흔히 교육과정의 재개념화를 '실존적 재개념화'와 '구조적 재개념화'로 구분할 때 전자는 교육과정의 자서전적인 탐구와 연결되고, 후자는 교육과정의 정치적인 탐구와 연결된다. 결국, 맥도널드의 탐구 주제는 큰 맥락에서 교육과정 재개념화 운동의 방향, 즉 교육의 개인적이고 사회적인 해방과 일치한다고 볼 수 있다. 아래 인용문에는 교육과정을 개인의 자아실현과 사회의 정의실현을 위한 관점에서 탐구하려는 맥도널드의 인간적인 모습이 담겨 있다. 이것은 교육을 기계적이고 공학적인 일을 넘어 윤리적이고 종교적인 행위로 이해하려는 신념의 표출이기도 하다.

> 교육은 단순히 적합한 개념적인 도식 안에서 해결해야 할 일련의 문제들이 아니다. 오히려 교육은 도덕적인 기획이다. …… 개인의 완성, 교육의 완성, 사회의 완성을 위한 노력은 멈추지 말아야 한다. 이를 위해 끊임없는 자기 갱신과 세상사에 대한 재평가는 필수적이다. 우리의 바람은 개인이 갖고 있는 창의적인 재능을 사회 구성원 모두가 함께 나눌 수 있는 중요한 가치로 승화시키는데 있다.[1]

2. 드웨인 휴브너

월리엄 파이너William Pinar는 드웨인 휴브너Dwayne Huebner의 저술들을 한 권의 책으로 엮어 내면서 그 서문에서 다음과 같이 말했다.

> 1969년 가을학기에 나는 티처스 칼리지Teachers College에서 드웨인 휴브너와 공부할 수 있는 특권을 누렸다. 당시 롱아일랜드 포트

---

1 James Macdonald, "Autobiographical Statement." In William Pinar ed., *Curriculum Theorizing: The Reconceptualists* (pp. 3-4) (Berkeley, 1975), p. 4.

워싱턴의 폴 슈라이버 고등학교에서 영어를 가르치고 있던 나에게 이것은 긴 여정을 요했다. 우선 나는 롱아일랜드 철도를 이용해 맨하튼으로 왔다. 그러고 나서 지하철을 타고 시가지에 있는 티처스 칼리지에 도착했다. 하지만 이 얼마나 멋진 일인가! 거대한 강의실에서 70여명의 다른 사람들과 함께 나는 한 비상한 인물이 말하는 모습을 지켜보았다. 대다수는 그의 말을 이해하지 못했다. 그러나 모두가 그의 말에 매료됐다. 우리는 지금 가장 뛰어나고 학식 있는 사람과 같이 있다는 것을 알았다.[2]

파이너는 그에게 교육과정 이론을 가르쳐 주었던 폴 클로Paul Klohr의 권유로 휴브너의 강의를 듣게 되었다고 말한다. 파이너는 25년이 지난 지금, 휴브너를 교육과정 분야의 핵심적인 인물로 간주한 클로의 판단이 옳았음을 인정한다. 파이너는 크게 두 가지 이유를 제시한다. 첫째, 휴브너는 '교육과정 정치학'이라는 그동안 교육과정 분야에서 다루지 않았던 영역을 개척한 사람이었다. 둘째, 휴브너는 교육과정 연구에 현상학적인 접근을 소개한 선구자적인 인물이었다.

교육과정을 정치적인 관점에서 연구하는 대표적인 학자로 마이클 애플Michael Apple을 꼽을 수 있다. 그런데 흥미로운 것은 애플이 휴브너의 학생이었다는 사실이다. 파이너가 엮은 휴브너의 에세이 모음집을 읽다 보면 「정치학과 교육과정Politics and the Curriculum」(1962)과 「정치학과 교육과정Politics and Curriculum」(1964)이라는 두 개의 유사한 제목의 논문을 만난다. 이 두 개의 논문에서 휴브너는 이데올로기, 권력, 의사결정, 민주주의, 엘리트와 같은 정치적인 용어들을 사용하고 있고, 이것은 교육과정을

2 William Pinar and Vikki Hillis eds., *The Lure of the Transcendent: Collected Essays by Dwayne E. Huebner* (Mahwah, 1999), p. xv.

정치적인 텍스트로 이해하려는 1970년대 애플의 시도와 일맥상통한다.

1967년에 클로는 오하이오 주립대학에서 교육과정 학회를 주관했다. 이 학회에서 휴브너는 「교육과정과 인간의 유한성에 대한 관심Curriculum as Concern for Man's Temporality」이라는 논문을 발표했다. 이 논문은 현상학을 교육과정 분야에 소개하는 것으로 유명하다. 휴브너는 인간의 유한성이라는 개념을 교육과정 논의에 적용해 미래의 목적과 과거의 행동에 집착하는 교육과 추상적이고 일반적인 형태나 조건을 설명하는 학습을 비판한다. 휴브너가 보기에 교육과정은 인간의 유한성을 인식하는 역사적인 담론이며, 또 '세상-속-존재'인 인간이 주변과 변증법적인 관계를 맺는 정치적인 담론이기 때문이다.

휴브너의 자서전적인 글을 읽어 보면 그는 노동자 계급의 부모를 둔 우울한 아이였다. 휴브너는 원래 물리, 화학, 수학과 같은 자연계 과목들에 뛰어난 능력을 보였다. 그는 텍사스 A & M 대학에서 전자공학을 공부했고, 장차 핵물리학을 공부할 생각이었다. 그러나 휴브너의 인생 항로는 교육학을 공부하는 방향으로 전환되었고, 시카고 대학에서 초등교육학을 전공한 뒤 2년여 초등학교 교사생활을 했다. 이후 휴브너는 위스콘신 대학에서 버질 헤릭Virgil Herrick의 지도를 받으며 박사학위를 받았다. 티처스 칼리지에서 교수생활을 시작한 것은 1957년부터인데, 이 무렵 휴브너는 실존주의 철학과 종교적인 연구에 관심을 가졌다. 특히 그는 현상학, 해석학, 비판이론 등을 공부하면서 기존의 실증주의적이고 행동주의적인 교육과정 연구를 비판하고, 새로운 대안적인 교육과정 담론을 제시하려 했다. 휴브너의 공학에서 교육학으로, 과학에서 인문학으로의 개종은 외롭고 긴 여행journey이었음이 틀림없다. 그러나 그의 신념은 분명했고, 오늘날 나는 그의 학문적인 외도가 옳았다고 생각한다.

그 여행은 때때로 외로웠다. 그러나 방향은 옳았다고 느낀다. 비록 도착지가 "미지의 구름Cloud of Unknowing"에 가려 잘 보이지 않았지만 말이다. 나는 교육과정 연구자의 과학적인 사고 방식이 동양과 서양의 서로 다른 중요한 지적인 전통교육실제에 크게 영향을 주는과의 단절을 가져온다고 확신한다. 전자가 아직 약속한 바를 실행에 옮기지 못하고 있는 반면, 후자는 교육에 관한 실천적인 담론에 심오한 영향을 끼친다.[3]

지난 번 대학원 면접에서 한 지원자가 교육과정 분야를 전공하고 싶다고 말했다. 그래서 나는 그 지원자에게 '교육과정 재개념화'에 관해 얼마나 알고 있는지 물었다. 그녀의 입에서는 곧 '윌리엄 파이너'와 '질적연구'라는 단어가 나왔다. 그래, 이제 사람들이 파이너의 이름 정도는 알고 있구나. 그런데 정작 파이너가 교육과정 분야의 거장이라 손꼽는 휴브너의 이름은 언제쯤 사람들의 입가에 오르내릴까? 올해 면접에서 내가 휴브너라는 이름을 물어봐야 하는 이유이다.

3. 막신 그린

우리는 교육과정학과에서 토론회를 가졌다. 참석자 모두는 자신의 관점에서 중요하다고 생각하는 것을 발표했다. 나는 「교육과정과 의식Curriculum and Consciousness」을 선보였다. 이 논문 때문에 빌[윌리엄] 파이너는 나를 1973년 로체스터 창립학회에 초대했다.[4]

---

3 Pinar and Hillis, *The Lure of the Transcendent*, p. 449.

4 Maxine Greene, "Maxine Greene and James Macdonald: Two Views of Curriculum Reconceptualization," Interviewed by B. J. Benham, mimeographed 1976, pp. 2-3.

막신 그린Maxine Greene이라는 이름은 나에게 「교육과정과 의식Curri-culum and Consciousness」의 저자로 친숙하다. 나는 앨버타에서 대학원 공부를 할 때 이 논문을 처음 읽었는데 교육과정을 '개인의 주관적인 의식'의 문제로 이해하는 그린의 논의는 나에게 새롭고 흥미로웠다. 교육과정을 랄프 타일러Ralph Tyler의 합리주의 논거에 따라 연구하는 사람들에게 그린은 분명 '낯선' 인물이다. 그린은 '재개념주의자reconceptualist'라는 타이틀을 거부했는데, 그녀는 스스로를 어느 하나의 고정된 범주category 속에 가두어 놓는 일에 반대했기 때문이다. 그렇다면 나는 그린의 교육과정 재개념화 운동에의 공헌과 별개로, 그녀의 학자로서의 정체성은 자유롭게 열어 두어야 한다고 생각한다.

　　나는 내 자신을 분류하는 일이 불가능에 가깝다고 생각한다. 나는 교육과정 분야의 사람이 아니며, 그래서 "재개념주의자"라는 말은 나에게 적합하지 않다.[5]

　그린은 버나드 대학에서 역사와 철학을 공부했다. 2차 세계대전이 끝난 후, 그린은 이혼과 재혼을 겪으면서 대학원 공부를 시작했다. 그녀는 뉴욕 대학에서 교육사·교육철학 강의를 들으면서 교육학에 입문했다. 그린은 뉴욕 대학에서 교육철학 전공으로 석사학위를 받았다. 그녀의 논문은 철학과 문학을 주제로 하였다. 이후 그녀는 영문학과에서 강의를 하고, 철학박사 학위를 받은 후 몽클레어 주립대학의 영문학과 교수로 임명되었다. 다시 뉴욕 대학으로 돌아온 그린은 영문학, 교육이론 등을 가르쳤다. 또, 시간적인 간극을 두고 하와이 대학과 브루클린 대학에서

....

5　Greene, "Maxine Greene and James Macdonald," p. 3.

문학, 역사, 교육철학을 가르쳤다.

1963년부터 그린은 교육철학회 활동을 본격적으로 시작했고, 1965년 TCRTeachers College Record의 편집장이 되면서 컬럼비아 대학과 연을 맺었다. 그녀는 영문학과 소속으로 문학철학, 예술과 미국교육, 철학, 문학, 예술비평 등을 가르쳤다. 또, 그녀는 사회철학, 비판이론, 현대교육철학, 실존주의, 미학 등을 강의했다.

1984년에 그린은 미국교육학회AERA의 학회장이 되었다. 미국교육학회 31년 역사상 최초의 여성 학회장의 탄생이었다. 또, 그녀의 인문주의적인 관심은 탈행동주의적이고 탈실증주의적인 교육학 논의를 증진시키는 데 공헌했다. 그린의 리더십은 1980년대 레이건 정부Reagan administration의 교육정책에 반기를 드는 '위험한' 것으로 간주될 수도 있었으나, 그녀의 공식적/비공식적인 '교육 살롱educational salons' 활동은 궁극적으로 미국교육계를 더욱 풍요롭게 만드는데 일조했다.

앞서 언급했듯이, 그린의 지적인 관심은 그녀의 전공인 교육철학에만 국한되지 않았다. 이것은 그녀의 학자로서의 정체성이 문학, 철학, 역사, 교육, 미학 등 다양한 분야에 걸쳐 존재한다는 사실을 의미한다. 윌리엄 파이너William Pinar의 부연 설명을 들어보자.

> 그녀의 학문적인 작업-문학, 철학, 이론사회, 여성, 인종으로 구성된-은 뛰어난 깊이와 놀라운 지적인 범위를 보여주면서 전통적인 학문 간의 경계를 허물어뜨린다. 뉴욕의 지식인으로서 …… 막신은 지성intellectuality을 정치적인 참여, 비판적인 탐구, 문화적인 비평의 문제와 상당히 많이 연관시켜 생각한다. 그리고 그녀의 열정적인 정신세계를 표출하는 수단으로서 글쓰기 작업에 천착한다. [막신은] 교육학이라는 광범위한 영역에서 '그 마지막 지식인'으로서 우리 대다수의 마음속에 자리 잡고 있다. 결국 우리는 그녀의 학문적

인 계승자가 되어야 하지 않을까? …… 막신 그린은 전설이다.6

위의 인용구에서 파이너는 그린의 학문적인 정체성을 '뉴욕의 공적인
지식인a New York public intellectual'이라는 다소 생뚱맞은 비유를 들어 설명한
다. 그러나 그의 이러한 시도는 그다지 적절한 것 같지 않다. 파이너
자신이 토로하듯, 그린에게 정체성identity은 어느 하나의 고정된 그릇에
담기지 않는 다양하고 현재 진행형의, 또 미래를 지향하는 '불완전함'에서
비롯되는 '가능성'의 의미를 담고 있기 때문이다.

> 내가 마지막으로 막신을 본 것은 1996년 6월 27일 목요일이었다.
> 그날 아침 그녀는 루이지애나 주립대학에서 강연을 했다물론 처음은
> 아니었다. 힐 메모리얼의 옛 도서관 건물에 사람들이 빼곡히 들어찼
> 다. 그녀는 현재 자신이 갖고 있는 열정에 관해 이야기했다. 이제
> 여든 번째 생일을 맞이하는 그녀에게 '열정'은 무엇일까? 나는 스스
> 로에게 물었다. 그녀는 마치 이 방에 단 둘이100명의 청중이 아닌 있는
> 것처럼 "내가 지금까지 해왔던 모든 것의 의미는 무엇인가?"라고
> 그녀의 속내를 털어놓았다. 현재의 상황을 개괄할 때 그녀는 비판
> 적이었다. …… 연설이 거의 끝나갈 무렵, 그녀는 잠시 멈춘 채 우리
> 를 바라보았다. 그녀의 입에서는 "나는 누구인가?"라는 말이 나왔
> 다. 이것은 한편으로는 우리에게, 다른 한편으로는 그녀 자신에게
> 건넨 말이었다. 그녀는 "나는 아직 미완성의 존재I am who I am not
> yet"라고 읊조렸다. '아직'이라는 문구가 여전히 내 귓가를 맴돈다.
> 막신 그린은 여전히 불완전한 존재이다. 그리고 그녀 자신의 불완
> 전함에 대한 의식이 우리를 현재의 부족함에서 미래의 가능성을
> 향해 나아가도록 한다.7

....

6 William Pinar ed., *The Passionate Mind of Maxine Greene: "I Am ... Not Yet"* (Bristol,
   1998), p. 5.

4. 엘리어트 아이즈너

엘리어트 아이즈너Elliot Eisner의 『교육적 상상력The Educational Imagination』은 몇 가지 점에서 교육과정을 공부하는 사람들에게 일독을 권해볼 만한 책이다. 우선 요즘처럼 교사되기 힘든 시절에 '임용고시'를 준비하는 학생들은 이 책의 5장을 읽어보아야 한다. 그 안에서 소개하는 영null 교육과정의 개념이 시험에 자주 출제되기 때문이다.

다음으로, 대학원에서 교육과정 분야를 전공하는 학생들, 특히 현장교사들은 이 책의 1장을 눈여겨보아야 한다. 그 안에서 아이즈너는 'Where We Are, Where We Were, and Where We Are Going'이라는 매우 수사학적인 표현을 쓰면서 교육과정학의 새로운 비전을 논의하고 있다. 아이즈너는 교육과정 연구가 행동주의, 실증주의, 과학주의의 전단적인 지배에서 벗어나 앞으로는 교육적인 경험의 풍부함과 세밀함을 담아낼 수 있는 다양한 연구방법들에 주목해야 한다고 주장했다. 특히, 아이즈너는 교육과정을 미학적인 텍스트로 이해하면서, 가르침의 예술적인 의미를 강조했다.

한편, 대학에서 교육과정 과목을 가르치는 사람에게 아이즈너가 그의 책 4장에서 시도한 교육과정의 철학적인 유형화 작업은 쓸모가 있다. 이것은 교사가 교육과정을 바라보는 특정한 시각을 형성하는데 도움을 주기 때문이다. 실제로, 나는 아이즈너가 그의 학생인 엘리자베스 밸런스와 함께 개발한 '교육과정 오리엔테이션 프로파일Curriculum Orientation Profile'을 사용해 수업에 참여한 교사들이 인지발달, 공학, 자아실현, 사회적응/재건, 학문적인 합리주의의 다섯 가지 유형 중에 어떤 종류의 교육

....

7 Pinar, *The Passionate Mind of Maxine Greene*, p. 1.

과정을 개인적으로 선호하는지 확인할 수 있었다.

　최근에 우리나라에서 교육의 질적연구에 대한 관심이 높아지면서 아이즈너에 대한 관심도 함께 높아지고 있다. 미국 시카고의 유태인 가정에서 태어난 아이즈너는 어려서부터 미술에 남다른 재능을 보였다. 루스벨트 대학에서 미술과 교육학을 함께 공부한 후, 아이즈너는 일리노이 공과대학에서 디자인을 전공해 석사학위를 받았다. 잠시 시카고의 공립학교에서 교편을 잡은 후, 그는 당시 교육학으로 유명했던 시카고 대학에서 박사학위를 받았다. 아이즈너는 시카고 대학의 교육학과에서 약 3년간 교수생활을 한 후, 1965년부터 스탠포드 대학의 교육학과와 미술학과에서 교수로 재직했다.

　아이즈너는 오늘날 미국을 대표하는 교육학자 가운데 한 명이며, 나는 그의 교육학적인 비전이 그 자신의 미술에 대한 오랜 관심과 열정을 반영하는 것이라고 생각한다. 아이즈너의 학문적인 관심은 미술교육, 교육과정학, 질적탐구의 세 가지 영역에 집중되는데, 그것들은 서로 독립적으로 존재하는 것이 아니라 그의 탈행동주의적이고 탈실증주의적인 태도에 공통으로 기반을 둔다. 아이즈너의 학문적인 비전의 종착점은 교육현상을 새로운 예술적인과학적인 것과 대비되는 것으로서 앵글을 통해 바라보는 것이며, 그의 바람은 다음의 인용구 속에 잘 담겨있다.

　　교육 분야가 …… [새로운] 아이디어를 추구할 것인지 아니면 놀던 방죽에 그대로 머물 것인지 앞으로 두고 보면 알 것이다. 최소한 나에게는 지금까지 놀던 방죽에 남아 있기보다 새로운 바다로 나가 항해하는 것이 훨씬 흥미로운 일이다. …… 적어도 우리들 중 몇몇은 이런 새로운 해류를 해도에 그려 넣고 바람이 어떤지도 살펴보기를 바란다.[8]

재개념화

1. 윌리엄 파이너

내가 앨버타 대학에서 박사학위를 거의 끝마칠 무렵 지도교수인 테란스 카슨Terrance carson이 하루는 내 연구실로 찾아왔다. 카슨 박사는 2주 뒤에 윌리엄 파이너William Pinar가 에드먼튼을 방문한다고 말하면서 파이너가 주관할 대학원 세미나에 참석할 수 있는지 물었다. 그때 나는 박사학위 논문 최종 구두시험을 얼마 안 남긴 시점이어서 부정적인 답변을 주었다. 특히, 나는 희망자 중에 추첨을 통해 참석자를 정한다는 카슨 박사의 말이 귀에 거슬렸다. 파이너가 아무리 '이름'있는 교육과정 학자라 하더라도 세미나의 참석 인원을 제한하는 것은 '권위적'인 처사였기 때문이다.

결국 나는 파이너의 세미나에 참석하는 기회를 놓쳤다. 지금 생각해 보면 미련이 남는 일이기도 하나, 당시의 내 상황에서 그렇게 판단할 수도 있었다고 생각한다. 얼마 전에 내가 편집위원으로 있는 학회로부터 내년 봄에 국제 학술대회를 개최할 것이고, 외국의 초청학자 중에 파이너가 포함될 것이라는 소식을 들었다. 지금 계획대로라면, 나는 파이너가 발제하는 날 토론자로 참여할 예정이고, 내가 다시 '핑계'를 내지 않는 한 이번에는 파이너를 만날 것 같다.

....

8 Elliot Eisner, *The Enlightened Eye: Qualitative Inquiry and the Enhancement of Educational Practice* (New York, 1991), 『질적연구와 교육』, 박병기 외 옮김 (서울, 2001), 411쪽.

1947년에 태어난 파이너는 1960년대 오하이오 주립대학을 다녔다. 대학 3학년 때 파이너는 전공을 음악에서 영어로 변경했다. 그리고 부전공으로 심리학과 교육학을 공부했다. 이 대학의 교수였던 폴 클로Paul Klohr와 도널드 베이트만Donald Bateman은 파이너의 지적인 성장에 큰 영향을 미쳤다. 대학을 졸업한 파이너는 롱아일랜드로 옮겨가 뉴욕 인근의 고등학교에서 2년 동안1969-1971 영어를 가르쳤다. 이때 파이너는 클로의 주선으로 티처스 칼리지에서 드웨인 휴브너Dwayne Huebner의 강의를 들었다. 그러나 여름이 되면 오하이오로 돌아와 학위논문에 전념했다. 그 결과 파이너는 오하이오 주립대학에서 1970년에 석사학위를, 1972년에 박사학위를 받았다. 그리고 1972년에 로체스터 대학의 교육과정학과 교수가 되었다. 이후, 파이너는 루이지애나 주립대학에서 오랫동안 교수 생활을 하면서 교육과정 재개념화와 관련된 학문적인 활동을 했다. 파이너는 현재 캐나다 브리티시컬럼비아 대학의 교육과정연구학과CUST 교수로 있다.

윌리엄 파이너, 교육과정 전공자인 내가 자주 접하는 이름의 하나이다. 파이너는 교육과정 재개념화 운동과 불가분의 관계에 있는 인물이다. 시작은 1973년 로체스터 대학의 학회였다. 1978년 JCTJournal of Curriculum Theorizing의 탄생과 1999년 JCT의 20주년을 기념하는 일도 파이너의 몫이었다. 막신 그린Maxine Greene, 드웨인 휴브너Dwayne Huebner, 테드 아오키Ted Aoki의 이름 또한 파이너의 손을 거쳐 세상 사람들의 기억 속에 안착되고 있다. 그런데 정작 파이너 자신의 이름을 역사의 수레바퀴에 새기는 작업은 그동안 소홀했다. 파이너의 교육과정 분야에의 공헌에 비추어 아이러니가 아닐 수 없다. 다만, 파이너의 학문 활동이 여전히 유효한 현실에서 나는 그가 아직 '무대'에서 퇴장할 준비가 되어있지 않다고 생각한다.

나는 지난 학기 대학원 코스에서 파이너의 『교육과정 이론이란 무엇인가?What Is Curriculum Theory?』를 읽었다. 이 책을 통해 나는 학생들이 쿠레레currere로 명명되는 교육과정의 자서전적인 탐구방식자기반성을 통한 체계적인 연구을 이해하고, 그 바탕 위에서 교육과정을 자기이해와 사회재건을 위한 주관적이고 정치적인 "복잡한 대화complicated conversation"로 재개념화할 것을 요구했다. 이것은 1970년대 이후 교육과정 분야의 새로운 연구동향을 탐색하는 일이다. 파이너는 지난 30년 동안의 교육과정 연구의 변화된 관심사를 다음과 같이 요약했다.

> 1) 교육과정 연구에서는 교육과정을 사회공학이나 사업모델로 파악하는 관점에서 벗어나 '이해'의 프로젝트로 인식한다. 이는 대화로서의 교육과정 개념을 포괄한다. 2) 교육과정은 지적인 독립성과 이해를 향한 학문적인 영역을 확립한다. 또한 인문학, 예술 분야의 연구와 이론에 기초하며, 사회과학이나 행동주의 과학에 기반을 두지 않는다. 3) 수업공학에 기반을 둔 교수에 대한 강조에서 벗어나, 지역학, 여성학, 젠더연구, 문화연구와 같은 간학문적인 접근을 시도한다.[1]

앨버타에서 대학원 공부를 하면서 내가 얻은 가장 큰 수확 중 하나는 교육과정 재개념화 운동에 대한 이해였다. 그리고 앞서 언급했듯이, 교육과정 재개념화 운동은 자연스럽게 '윌리엄 파이너'라는 이름과 연계된다. 물론 파이너 이전에도 교육과정의 전통적인 개발 논의에 대한 비판이 없었던 것은 아니다. 그러나 그 저항을 체계적으로 조직하고 외부에 알리는데 파이너만큼 영향력을 행사한 인물도 없다. 요즘, 대학에서 강의

---

1 William Pinar, *What Is Curriculum Theory?* (Mahwah, 2004), 『교육과정이론이란 무엇인가?』, 김영천 옮김 (서울, 2005), 41-42쪽.

를 하면서 나는 앨버타 시절보다 더 '교육과정 재개념화'의 매력에 빠져 있다. 이런 나를 '신실한' 개발론자들은 '딜레탕트dilettante'라고 부를지 모르겠다. 하지만 나에게 교육과정은 파이너가 잘 지적했듯이, 허구적인 보편주의에 맞서 주관성을 찾는 정치적인 과정이며, 이를 위해 학교교육은 사업적인 사고생산자가 소비자에게 무엇인가를 제공해야 한다에서 벗어나 자서전적인 역사와 반성을 위한 지적인 공간으로 재개념화되어야 한다.

2. 자넷 밀러

나는 자넷 밀러Janet Miller가 윌리엄 파이너William Pinar의 학생이었다는 사실은 알고 있었다. 그러나 그녀가 이혼 직후, 7년 간의 고등학교 영어 선생 노릇을 그만두고 대학원에 진학했다는 사실은 몰랐다. 밀러는 1973-1974년에 로체스터 대학에서 대학원 공부를 하면서 처음으로 막신 그린Maxine Greene의 글들을 읽었다. 1973년의 로체스터 대학, 젊고 의욕적인 파이너의 모습과 미국 전역에서 온 150명 남짓한 '개혁' 성향의 교육과정 학자들이 교육과정 이론의 재개념화를 모토motto로 학회를 열었고, 이후 교육과정 분야는 '개발development'에서 '이해understanding'로 패러다임의 전환을 경험했다.

바로 이 무렵, 밀러는 미국 북동부의 "낯설고 추운 도시"에 혼자 남아 앞으로 어디서 어떻게 살아야 할지 막연해 하면서 그녀의 대학원 공부를 시작했다. 그리고 지도교수였던 파이너의 안내를 받으며 그린의 작품들을 재개념화의 맥락 속에서 읽어 내려갔다. 밀러는 1973년 로체스터 대학의 교육과정 학회에서 그린을 직접 보고, 그녀의 모습과 철학을 다음과 같이 묘사했다.

나는 막신을 처음 만났고 그녀가 교육과정 재개념화와 관련된 학회에서 논문을 발표하는 것을 들었다. 막신은 뉴욕 스타일의 검은색 정장을 입고 그녀의 말에 리듬을 실으면서 주기적으로 천장을 응시했다. 막신은 교육과정을 정치적이고 개인적으로 개념화하는 일이 필요함을 천명했다. 그녀에게 교육과정의 개념화는 익숙한 일상에 이방인의 낯선 시각을 들여와 우리가 살아가는 세상을 탐구적이고 경이롭게 바라보는 수단이었다.[2]

밀러에게 막신은 좋은 역할 모델이었다. 전직 영어 선생인 밀러와 문학철학을 공부한 그린은 서로 비슷한 점이 있었다. 또, 그들은 여성이면서 공부를 하는 학자들이었다. 밀러가 관심을 가졌던 여성학자의 정체성 identity 문제는 그린이 존재론적이고 현상학적인 관점에서 제기했던 문제이기도 했다.

그린은 '여성' 그리고 '학자'로서 그녀의 '삶의 이야기 life story'가 하나의 고정된 삶의 이야기가 아님을 강조한다. 그녀의 삶의 이야기는 미리 알려지고 결정되어 있는 것이 아닌 지금 진행 중에 있는 불완전한 것이다. 밀러의 분석에 따르면, 그린은 그 '불완전함'으로부터 자기 자신과 세상에 대한 앎에 도달하고자 했으며, 이것은 그녀가 자아에 대한 하나의 참된 이야기만을 당연시하는 규범적인 시각에서 벗어나 자유롭고 비판적인 시각에서 자아 정체성의 문제를 접근했음을 의미한다.

막신은 …… 부정, 단절, 모순을 어렴풋이 감지한다. 이것은 속함과 배제됨을 함께 바라는 여성으로서, 교육철학을 관습적인 방식에

....

2 Janet Miller, "Autobiography and the Necessary Incompleteness of Teachers' Stories," in William Ayers and Janet Miller, eds., *A Light in Dark Times: Maxine Greene and the Unfinished Conversation* (pp. 145-154) (New York, 1998), pp. 145-146.

서 벗어나 과감하게 실행하는 대학교수로서, 그리고 문학 읽기를
통해 자신과 세상에 대한 어떤 하나의 고정된 시각을 타파하려는
학자로서 그녀가 자기 "자신"에 관해 경험하는 "불완전함"이다.[3]

같은 맥락에서, 밀러는 '완전하고 의식적인 자아'의 개념을 근대의
산물로 간주하면서, 자아의 불완전함에 바탕을 두는 탈근대적인 자서전
에 주목했다. 밀러는 자아를 열려 있고 비어 있는 사회적, 역사적, 문화적
인 텍스트로 개념화했는데, 그녀는 채워져 있지 않은 불완전한 공간으로
부터 새로운 자서전적인 탐구가 가능하다고 보았기 때문이다.

교육적인 관점에서, 밀러는 자아를 어떤 고정된 또는 미리 결정된
틀 속에 끼워 넣으려는 시도에 반대했다. 교육에서 자서전적인 탐구는
미지의 가능성을 찾아 떠나는 끝없는, 복잡한 자아 형성의 과정이며,
이것은 그린의 표현을 빌리면 '불완전함 속에서 가능성'을 보려는 시도이
기 때문이다.

> 교육에서 자서전autobiography은 우리가 그렇지 않았다면 도달할
> 수 없던 장소에 우리를 데려다주는 하나의 수단이다. 이것은 우리
> 자신과 우리 일에 관한 놀라움, 병치竝置, 모순, 그리고 불완전한
> 이야기들을 고찰하는 형식과 문맥을 모두 제공해 준다.[4]

---

3 Miller, "Autobiography and the Necessary Incompleteness of Teachers' Stories," p.
  148.
4 Miller, "Autobiography and the Necessary Incompleteness of Teachers' Stories," p.
  152.

3. 마이클 애플

우리 대학의 대학원 교수요목을 보면 '잠재적 교육과정'이라는 강좌가 있다. 영문명은 'Latent Curriculum'이다. 그런데 '잠재적'이라는 말은 또한 'Hidden'이라는 단어로 표기할 수 있다. 여기서 'Latent'과 'Hidden'의 차이는 무엇일까? 나는 전자가 잠재적 교육/교육과정의 기능주의적인 측면을, 후자가 갈등주의적인 측면을 강조하는 것이라고 생각한다.

잠재적 교육과정이 사람들의 관심을 불러일으킨 것은 1968년 필립 잭슨Philip Jackson이 『아동의 교실생활Life in Classrooms』을 출판하면서부터 이다. 이 책에서 잭슨은 학교생활 중에 잘 알려지지 않은 잠재적 교육의 중요성에 관해, 학교교실 안에서 일어나는 사소한 일들이 아이들의 교육적인 삶에 미치는 영향에 관해 말했다. 잭슨은 아이들이 학교에서 규칙을 지키고 교사의 명령에 복종하고 '군중' 속에서 살아가는 방법을 은연중에 배운다고 주장했다. 그러면서 그는 아이들이 학교생활에 적응하기 위해 보이는 각종 전략은 그들 스스로를 보호하기 위한 것이며, 이것은 불가피한 사회화의 과정임을 강조했다.

1970년대 접어들면서 정치적인 성향의 교육학자들은 잠재적 교육과정을 잭슨의 연구보다 비판적인 관점에서 접근했다. 마이클 애플Michael Apple은 그의 「잠재적 교육과정과 갈등의 본질The Hidden Curriculum and the Nature of Conflict」에서 과학 교과와 사회 교과를 예로 들어 학교교육의 숨은 기능을 들여다보았다. 먼저, 애플은 과학 교과가 "객관적인 준거 objective criteria"와 "경험적인 증거empirical verification"에 입각해 아이들에게 정답과 오답이 있는 이분법적인 사고를 강제하고, 그 과정에서 아이들은 과학적인 지식을 둘러싼 갈등과 투쟁의 역사를 비판적으로 인식하는 것 없이 비현실적인 과학관과 기존 질서에 순종하는 보수적인 태도를 은연중에 습득한다고 주장했다.

학교에서 가르치는 과학적인 지식은 그것이 출현한 과학계의 구조와 그에 대한 비판적인 행동을 포함하지 않는다. 학생들은 과학계의 권력과 경제적인 구조가 실제로 분배되는 방식을 이해하지 못한다. 학생들은 그들의 삶과 자신들의 교육적, 경제적, 정치적인 상황을 지배하는 간주관적인 갈등에 대한 무언의 가설tacit assumptions을 '적법한 것'으로 의심 없이 수용한다. 학생들은 비현실적인 과학관을 배울 뿐만 아니라, 개인 간의 또는 집단 간의 비판적인 논쟁과 갈등이 과학의 발전에 얼마나 중요한지 이해하지 못한다. 이러한 상황이 학생들의 경제적·정치적인 패러다임으로 일반화되었을 때, 그것은 학생들의 묵시적默示的인 태도를 강화시킨다.[5]

이어 애플은 사회 교과가 아이들을 기존의 사회질서에 '행복'하게 '협조'하는 체제순응적인 존재들로 교육하는데 일조한다고 주장했다.

대다수의 사회과 문헌에서는 사회를 기본적으로 협력적인 제도로 받아들인다. 교실 안을 오랫동안 관찰하다 보면 유사한 관점이 드러난다. 그렇게 되는 이유는 아마도 무의식적으로 갈등이, 특히 사회적인 갈등이 우리가 사회라고 부르는 사회적인 관계망의 주요 특징이 아니라는 가정 때문이다. 일반적으로 사회의 모습을 묘사할 때, "행복한 협조happy cooperation"를 정상적인 것으로 최선은 아니라 해도 간주하는 암묵적인 합의가 있다. 그러나 사회가 협력적인 제도설령 모두가 협력하며 살아간다 하더라도라는 명제의 사실적인 가치는 경험적으로 입증할 수 없다. 가치에 대한 인식이 우리가 갖고 있는 의문이나 학생

5 Michael Apple, "The Hidden Curriculum and the Nature of Conflict," *Interchange* 2, 4 (1971), p. 32.

들을 위해 계획하는 경험을 결정하기 때문이다. 교육적인 경험은 근본적으로 보수적인 관점을 강조하는 것처럼 보인다.[6]

애플은 컬럼비아 대학의 티처스 칼리지에서 교육과정 연구Curriculum Studies를 전공하여 교육학 박사학위를 받은 후, 1970년부터 현재까지 위스콘신 대학에서 교육과정 및 교육정책 과목들을 가르치는 교육과정 사회학자이다. 애플의 저작들은 비교적 일찍부터 우리나라에 소개되었다. 『교육과 권력Education and Power』, 『이데올로기와 교육과정Ideology and Curriculum』, 『문화 정치학과 교육Cultural Politics and Education』 등이 대표적이다. 애플은 또한 1980년대 우리나라를 방문해 진보 성향의 교직원 노조를 지지한 것으로 유명하다. 교육사회학 전공자들이 애플을 갈등론적인 시각에서 접근하는 것과 별개로 교육과정 전공자들은 애플을 교육과정의 재개념화, 그 중에서도 구조적 재개념화의 관점에서 연구한다.

나는 작년에 출판한 교육과정 개론서에서 애플의 글을 두 편 소개했다. 「교과서와 문화 정치학The Text and Cultural Politics」은 교과서를 둘러싼 복잡하고 다양한 정치적, 경제적, 문화적인 의미들을 다루고 있고, 「교사의 일을 통제하기Controlling the Work of Teachers」는 교육과정과 수업에 관한 기술공학적인 통제와 그에 대한 저항의 논리를 기술하고 있다.

최근에 우리 주변에서 일어나고 있는 일들을 보면서 나는 애플의 위의 논문들을 다시 한 번 뒤적여 본다. 정권이 바뀔 때마다 교과서의 내용을 개정하려는 정치적인 움직임 속에서, 또 그에 맞서는 여러 가지 사회적인 저항 속에서 "학교 교육과정이 중립적인 지식으로 구성된다는 생각은 순진하다"라는 애플의 주장은 꽤 설득력 있어 보인다. 그뿐인가, 정부정

....

6 Apple, "The Hidden Curriculum and the Nature of Conflict," p. 33.

책에 반한다는 이유에서 민주적인 의사결정 체제를 무시한 채 교사들에게 중징계를 내리는 우리의 교육현실 앞에서 관료주의적이고 기술공학적인 교사 통제를 비판한 애플의 주장은 선구적이다. 과연, 교사는 어떠한 존재인가? 교사는 '왜'라는 의문을 갖고 살아서는 안 되는 존재인가? 교사의 주관적이고 의식적인 '사고'는 금기시되어야 하는가? 마틴 하이데거Martin Heidegger의 말을 곱씹어 보게 만드는 대목이다. "우리로 하여금 생각하게 하는 이 시대에 가장 생각하게 하는 일은 우리가 여전히 생각하지 않는다는 사실이다."

4. 헨리 지루

오늘 아침에 CNN 뉴스를 보니 온통 새로 취임하는 대통령 이야기였다. 사람들의 인터뷰 내용에는 미결정된 미래에 대한 새로운 기대와 열정으로 가득했다. 실로 오랜만에 미국에 민주당 정권이 들어선다. 냉전 종식 후 지구상의 초강대국으로 미국의 위상은 재정립되었고, '강한' 미국을 외치는 공화당 정권은 '팍스 아메리카나Pax Americana'를 실현하는 듯 했다. 그러나 반미를 외치는 세계의 수많은 사람에게 '아메리칸American'이라는 단어는 '오만한' '이기적인' '탐욕스러운'을 의미하는 형용사로 쓰였고, 미국은 더 이상 '신세계'가 아니었다. 이런 미국에 '변화'를 외치는 혼혈 대통령이 탄생하려 한다. 그는 'We Can Walk Together!'라는 새 시대의 구호를 외친다. 사람들은 열광한다. 그들은 '나I'가 아닌 '우리We'를, 또 '혼자Alone'가 아닌 '함께Together'를 강조하는 대통령을 통해 자본주의의 길고 어두운 터널 끝에 민주주의가 있음을 절박하게 확인하고 싶은 게다.

나는 2002학년도 가을학기에 교육정책학과에서 알리 압디Ali Abdi 교수의 강의를 들었다. 그는 남아프리카 공화국 출신의 흑인교수로서 신자유주의 교육정책의 국제적인 확산을 비판하는 강의를 열고 있었다. 이 강의에서 나는 헨리 지루Henry Giroux의 지식인으로서의 양심이 느껴지는 논문을 한 편 읽었다. 9.11 사건 이후 미국사회가 강하게 우경화되는 것과 대조적으로 지루는 오히려 학교교육의 민주주의적인 재구조화를 통해 미국사회를 재건해나가야 한다고 주장했다. 글로벌 패권주의와 상업 자본주의는 향후 미국사회를 더욱 곤경에 처하게 할 것이기 때문이다. 이를 위해 지루는 학교를 시장의 논리로부터 자유로운 공적인 공간으로 재구조화하고, 학생들을 비판적이고 참여적인 시민들로 교육시켜야 한다고 주장했다. 이와 함께 정의가 강자의 논리에 종속되고 자유가 개인의 이익추구로 둔갑하는 신보수주의 미국사회에서 사회일반의 선을 추구하는 공교육의 재건과 대중문화의 교육적인 기능을 강화하기 위해 노력해야 한다고 주장했다. 논의의 귀결점은 사회적인 다수의 삶이 나아지고 그들의 목소리가 존중되는 민주주의 사회를 만들기 위해 학교가 민주주의의 '산파' 역할을 자임하는데 있다.

교육자들은 괴팍하고 노골적인 애국주의에서 완전히 자유로울 수 없다. 그러나 민주적인 관계를 열어주기보다 닫아버리는 정치적인 확실성, 교육적인 테러, 그리고 관료주의적인 구조에 맞서 저항할 수 있다. 이것은 우리에게 '정치적인 개방성politics without guarantees'-질문, 논쟁, 숙의의 과정이 불필요해 보이는 모든 형태의 지식, 가치, 실천에 대해, 또 자기 자신에게 계속해서 의문을 제기하는-을 향해 부지런히 노력할 것을 요구한다. 민주주의는 시장, 억압, 통제, 감시, 민영화와 동격의 언어가 아니다. ……

교육자들이 교실의 안과 밖 모두에서 그들의 목소리를 내는 일이 중요하다. 이것은 국가적인 위기 상황에서 활력 있고 민주적인 사회의 개념을 표출하려는 노력의 일환이다. 공적인 지식인들public intellectuals로 행동하면서 교육자들은 9.11 사건의 의미에 대한 논쟁과 대화를 위한 조건들을 창출하는데 공헌할 수 있다. 이것은 우리 조국의 세계적인 책무를 재고하는 일이다. 또한, 국가안보와 민주적인 자유 사이에 균형을 맞추는 일의 필요성과 그로부터 파생되는 딜레마를 깨닫는 일이다. 궁극적으로 민주주의 그 자체의 가능성[들]을 확장하고 심화시키는 일이다.[7]

지루는 우리 시대의 가장 영향력 있는 진보주의 교육학자 가운데 한 명이다. 주된 연구 관심은 정치, 사회, 교육, 문화 등을 모두 포함한다. 지루는 흔히 교육과정 연구의 비판적인 전통을 지지하는 저항이론가로 알려져 있다. 그러나 최근의 학문적인 행보는 미국식 자본주의의 상업성과 비도덕성을 신랄하게 공격하는 문화비평가의 모습이다. 지루의 많은 저서 중에 국내에는 『교육이론과 저항Theory and Resistance in Education』이 가장 먼저 소개되었다. 최근에는 『교사는 지성인이다Teachers as Intellectuals: Toward a Critical Pedagogy of Learning』와 『디즈니 순수함과 거짓말The Mouse that Roared: Disney and the End of Innocence』이 우리말로 옮겨졌다. 진자에는 지루의 비판주의 교육이론가로서의 모습이, 후자에는 그의 문화비평가로서의 모습이 각각 담겨있다.

지루는 1943년 미국에서 가장 작은 주인 로드아일랜드에서 태어났다. 카네기-멜론 대학에서 박사학위를 취득한 후, 지루는 1977년에 보스턴 대학의 교육학 교수가 되었다. 이후 오하이오주州에 위치한 마이애미

---

7 Henry Giroux, "Democracy, Freedom and Justice after September 11th: Rethinking the Role of Educators and the Politics of Schooling," Retrieved September 25, 2002, from http://www.tcrecord.org, p. 14.

대학과 펜실베이니아 주립대학에서 오랫동안 교육학을 강의하고 비판적인 문화연구를 진행했다. 지루는 2004년 봄 '정든' 펜실베이니아 주립대학을 떠나 캐나다 맥매스터 대학에 새롭게 정착했다. 윌리엄 파이너 William Pinar가 루이지애나 주립대학을 떠나 캐나다 브리티시컬럼비아 대학에 정착한 것도 이 무렵이 아니었는가? 기억이 확실하지 않다. 아무튼 연일 방송매체를 시끄럽게 달구는 미국의 새 대통령 취임에 즈음해 나는 파이너와 지루의 귀거래사歸去來辭를 조용히 생각해 볼 뿐이다.

앨버타의 추억

1. 테드 아오키

나는 1999년 6월 29일 에드먼튼Edmonton에 도착했다. 그해 여름 나는 대학 기숙사에 머물면서 한 유명한 교육과정 학자의 강의를 들을 수 있었다. 그의 이름은 테드 아오키Ted Aoki, 윌리엄 파이너William Pinar가 교육학 분야에 노벨상이 있다면 그 수혜자가 되어야 한다고 주장했던 인물이다.

> 나와 리타는 전집 출간을 허락해준 테드, 당신에게 고마움을 표한다. 이 에세이 모음집은 당신이 뛰어난 학자이자 이론가였으며 교육자였다는 사실을 잘 보여준다. 나는 당신의 학문적인 작업이 지금까지와 마찬가지로 앞으로도 계속 유효하다고 생각한다. 만일 교육학 분야에 노벨상이 있다면 그 수혜자는 마땅히 당신이어야 한다.[1]

아오키는 1941년에 브리티시컬럼비아 대학에서 무역학을 공부했다. 그러나 일본군의 진주만 공습이 있고 나서 아오키는 내륙지역인 앨버타로 강제 이주를 당했고, 이후 그곳에 정착하여 1945년부터 공립학교 교사로 일했고, 1949년에 앨버타 대학에서 사회과 전공으로 학사학위를

---

1 William Pinar and Rita Irwin eds., *Curriculum in a New Key: The Collected Works of Ted T. Aoki* (Mahwah, 2004), p. xvii.

받았다. 아오키는 1963년에 앨버타 대학에서 교육기초학 전공으로 석사학위를 받았고, 이듬해부터 이 대학의 중등교육학과에서 교수생활을 시작했다. 아오키는 부교수 시절인 1969년에 미국의 오레곤 대학에서 '교육과정과 수업' 전공으로 철학박사 학위를 받았다. 아오키는 1975년부터 3년 동안 브리티시컬럼비아 대학의 교육과정학과에서 교수를 지냈고, 1978년에 앨버타 대학으로 돌아와 8년 동안 중등교육학과의 학과장으로 재임했다. 1985년에 은퇴를 하면서 아오키는 앨버타 대학의 명예교수가 되었고, 1994년부터는 브리티시컬럼비아 대학의 명예교수로 활동했다.

아오키는 그 이름에서 알 수 있듯이 일본계 캐나다인이다. 그는 작고 다부진 체구에 동양인의 발음이 섞인 영어를 구사했다. 이미 대학에서 은퇴를 한 아오키는 밴쿠버에 머물면서 간혹 앨버타 대학으로 건너와 강의를 했는데, 1999년 여름에 나는 운이 좋게도 그의 대학원 강의에 참석할 수 있었다.

9년이 지난 지금 나는 아오키의 강의 내용을 모두 기억하지 못한다. 다만, 그가 수업 시간에 자주 언급했던 'CURRICULUM AS LIVED-EX-PERIENCE'라는 문구가 생각날 뿐이다. 교육과정은 흔히 학교의 교수요목a course of study과 동의어로 간주된다. 그러나 아오키는 교육과정을 문서화된 계획이 아닌 생생한 경험으로 재개념화하면서 교실 속 개인들의 삶의 의미에 주목했다.

아오키는 평생 한 권의 책도 출판하지 않은 학자였다. 따라서 아오키의 학문적인 편력을 한데 모아 출판하는 일이 필요했다. 이 일은 2005년에 윌리엄 파이너William Pinar와 리타 어윈Rita Irwin의 노력으로 성사되었다. 그들이 출판한 아오키의 글 모음집은 『교육과정의 새로운 지평: 테드 아오키 전집Curriculum in a New Key: The Collected Works of Ted T. Aoki』이라는 제목을 달고 있다.

이 책의 표제가 암시하듯, 아오키는 교육과정을 바라보는 새로운 시각을 제공하면서 교육과정 분야에 공헌했다. 책명인 "Curriculum in a New Key"는 아오키의 대표 논문인 「Toward Curriculum Inquiry in a New Key」(1978/1980)의 약식 표현이다. 이 논문에서 아오키는 위르겐 하버마스 Jürgen Habermas의 인식론적인 '삼각틀'을 교육과정 분야에 적용해 교육과정을 탐구하는 세 가지 방식을 논했다. 아오키는 기존의 교육과정 탐구가 경험분석적인 접근에 너무 지나치게 의존하고 있다는 사실을 지적하면서, 교육현상/경험을 상황해석적이고 비판반성적으로 탐구하는 새로운 시각을 제안했다. 이러한 시도는 본질적으로 교육과정의 재개념화 운동과 궤를 같이한다. 1970년대 교육과정 분야는 기술공학적인 '개발'에서 벗어나 실존적이고 구조적인 '이해'로 패러다임의 전환을 경험하였고, 아오키의 글은 새로운 교육과정 담론을 이론적으로 지지하는 것으로 볼 수 있기 때문이다.

아오키의 전집에는 그가 그동안 발표했던 스물여덟 편의 글이 실려 있다. 솔직히, 나는 아직 그 모두를 읽어보지 못했다. 단지 목차를 일견하면서 마음에 드는 글들을 선별적으로 읽을 뿐이다. 최근에 지금까지 읽은 글들을 중심으로 아오키의 교사론에 관한 논문을 한 편 발표했다. 그 속에서 나는 아오키가 제안하는 교사와 교육과정의 관계를 고찰했다. 아오키는 교사가 교실 속에서 만나는 두 개의 교육과정 세계인 '계획으로서의 교육과정'과 '생생한 경험으로서의 교육과정'을 언급하고 교사를 그 사이 공간에 거주하는 사람으로 이해한다. 교사의 간 공간의 거주자로서의 위치positionality는 주어진 교육과정을 상황맥락적으로 재해석하는 일과 관련된다. 교사는 교육과정에 생기를 불어넣음으로써 교실 속 존재들의 삶을 새로운 가능성으로 안내하는 창조적인 또는 예술적인 교육과정의 실천자이다.

2. 막스 반 매넌

앨버타 시절의 학적부를 보면 2000년 겨울학기에 EDSE 605 과목을 수강한 것으로 나와 있다. 강좌명은 「STUDIES IN PEDAGOGY」이고, 담당교수는 막스 반 매넌Max van Manen이었다.

매넌은 캐나다의 교육과정 학자로서 원래 네덜란드 출신이다. 매넌은 북아메리카 지역에 '해석학적 현상학'이라는 학문을 본격적으로 소개한 인물로 유명하다. 매넌의 존재는 앨버타 대학을 재개념화 운동의 거점으로 알리는데 공헌했다. 실제로 매넌은 재개념화 잡지인 JCT의 초대 편집위원의 한 명이었고, 1979년 겨울에 발행된 JCT의 창간호에는 마이클 애플Michael Apple, 자넷 밀러Janet Miller, 윌리엄 파이너William Pinar 등의 논문들과 함께 매넌의 논문이 한 편 실려 있다.

매넌의 첫 인상은 강렬했다. 매넌의 영어 악센트는 투박했고, 짧은 회갈색의 머리칼과 콧수염은 카리스마가 느껴졌다. 매넌의 말과 행동은 충분히 부드러웠으나, 그 이면에는 강한 개성과 의지가 숨겨져 있었다.

앨버타에 도착한지 6개월 정도 지난 나는 '막스 반 매넌'이라는 거대한 산을 마주했다. 매넌의 수업은 통상적인 대학원 수업과는 좀 달랐다. 그는 열 명 남짓의 수강생들에게 매주 영화를 한 편씩 볼 것이라고 말했다. 매넌은 주로 제3국의 낯선 영화들을 선택했다. 그는 우리에게 영화 속에서 그려지는 아이들의 생생한 경험lived-experience에 주목하고 그것의 교육적인 의미를 포착할 것을 주문했다. "교육학의 시선으로 영화보기 Seeing Cinema Pedagogically"라는 부제가 달린 EDSE 605의 교과목 개요는 다음과 같다.

이 강좌에서 우리는 교육학의 이론과 실제에 관해 공부한다. 교육학은 아이들 또는 젊은 사람들과 상호작용 하면서 [교육적으로] 적절한 것을 덜 적절한 것과 구별할 수 있는 활동적이고 반성적인 능력을 요구한다. 우리는 영화와 그 밖의 학문적인 자료들을 통해 교육학적인 개념들과 이해를 탐구한다.[2]

벌써 9년 전의 일이라 잘 기억은 나지 않지만, 매넌은 유독 '페다고지 Pedagogy' 또는 '페다고지컬 릴레이션십Pedagogical Relationship'이라는 말을 많이 사용했다. 주지하듯 페다고지는 희랍어 '페다고구스Pedagogus'에서 유래했다. 페다고구스는 자유민의 아이를 학교까지 데려가고 데려오는 일을 맡았던 노예로서 흔히 서양 고대사회에서 교사의 신분이 낮았음을 암시하는 말이다. 그런데 오늘날 페다고구스를 교복敎僕에서 아이의 동반자, 즉 아이와 동행하는 사람Accompany으로 재개념화하려는 시도가 있다. 교사는 아이에게 사회적인 실재를 강제하는 사람이 아니라 아이의 주관적인 삶의 여정을 함께하면서 아직 알려지지 않은 새로운 가능성을 향해 나아가는 '세상-속-존재In-der-Welt-sein'이다. 교사는 아이와 교육학적인 관계pedagogical relationship를 맺고 상호주관적인 의사소통의 과정을 통해 자기 자신과 세상에 대한 이해의 지평을 넓혀야 한다.

매넌의 수업에서 우리는 모두 영화를 한 편씩 발표해야 했다. 나는 「쉐도우랜드Shadowlands」라는 영화를 선택해 그 안에서 그려지는 루이스 C. S. Lewis와 조이Joy Gresham의 관계를 교육학적인 관점에서 해석했다. 골자는 독신의 옥스퍼드 대학 교수인 루이스가 미국의 유태인 이혼녀 조이를 만나 그 자신과 세상에 대한 이해를 새롭게 한다는 내용이었다. 나는 영화 속 이야기를 통해 교육이 만남encounter의 과정이라는 마틴

2 http://www.phenomenologyonline.com/max/teaching/

부버Martin Buber의 주장을 되풀이했다. 또, 교육학적인 관계는 나의 타인에 대한 존재론적인 경청에서 시작된다는 에마뉘엘 레비나스Emmanuel Levinas의 견해를 소환했다.

지난 봄 서울에서 조지 리처드슨George Richardson을 만났다. 그는 앨버타 대학 중등교육학과의 교수로서 다문화교육과 실행연구 등을 주요 관심사로 두고 있다. 나는 앨버타 대학 교수들의 안부를 물었다. 리처드슨은 이번 학기를 끝으로 매넌 교수가 정년을 맞이한다고 했다. 그렇다, 벌써 10년이 지났다. 돌이켜 생각해 보면 매넌 교수의 '현상학적인 글쓰기Phenomenological Writing'에 관한 강의를 듣지 못한 것이 아쉬움으로 남는다. 지금 내 연구실 책상 한 귀퉁이에 매넌의 책이 두 권 놓여 있다 -*Researching Lived Experience, Writing in the Dark.* 책의 목차를 펼쳐본다. 내가 원하는 내용이 모두 들어있다. 책은 그 사람의 마음을 담고 있다고 했는가! 그러나 여전히 허전함이 느껴지는 이유는 무엇일까? 어느 유행가 가사처럼 꽃보다 사람이 아름답다면, 매넌의 존재가 그의 책보다 아름답기 때문일까? 매넌 교수의 억센 얼굴과 그의 책의 세련된 표지가 오버랩 되는 순간이다.

3. 데이빗 스미스

가끔 내 전공이 무엇인지 생각할 때가 있다. 1999년 봄 춘천에서 카슨 박사Dr. Carson를 처음 만났을 때 나는 '앨버타 대학에서 공부할 구체적인 전공명이 무엇이냐?'라고 물었다. 그는 '좋은 질문'이라는 다소 궁색한 입막음에 이어 '교육과정 연구Curriculum Studies'라는 짧은, 그러나 이후 오랫동안 내 정체성을 형성할 답변을 내 놓았다.

그렇다, 나는 '공식적'으로 교육과정 전공자이다. 카슨 박사의 말대로 '교육과정 연구'가 내 전공이다. 특히, 나는 '세계화와 교육과정 연구 Globalization and Curriculum Studies'를 세부적인 탐구 주제로 갖고 있다. 여기서 세계화는 자유시장 질서의 세계적인 팽창을 의미하며, 나는 세계 자본주의의 성립이 교육과정 분야에 준 영향을 이해하는데 학문적인 관심이 있다. 세계화 현상에 대한 나의 접근은 다소 비판적이고 상황에 따라 진보적인 해석으로 읽힌다. 나는 작금의 신자유주의적인 세계화 논의가 사회 다수의 삶의 권리를 보장하는 민주적인 삶의 방식에 봉사하지 못한다고 믿는다.

내 박사학위 논문은 자본주의적인 세계화가 우리나라의 교육과정 개혁에 미친 영향을 비판적으로 논의하고, 탈시장적인 교육 담론을 철학적으로 모색하는 시도였다. 이러한 작업을 진행하면서 나는 두 명의 앨버타 대학 학자에게 빚을 졌다. 먼저, 나는 고든 랙서Gordon Laxer라는 이름을 언급해야 한다. 동구권 출신의 정치학자인 랙서는 그의 '두툼한' 좌파 성향의 세계화 강의를 통해 나에게 새로운 시각과 가능성을 열어주었다. 랙서는 '세계화'를 '글로벌라이제이션Globalization'이라는 객관적인 실재가 아닌 '글로벌이즘Globalism'이라는 전략적/이념적인 개념으로 이해할 것을 제안하면서 나의 세계화에 대한 이해의 지평을 넓히는데 결정적으로 공헌했다.

다른 한 명은 데이빗 스미스David Geoffrey Smith. 내가 앨버타에서 공부하면서 스미스를 만날 수 있었던 것은 큰 행운이었다. 나는 그로부터 배려와 돌봄의 교육학, 해석학적인 화해를 통한 이해의 삶을 배웠다. 학문적인 관점에서, 나는 스미스의 세계화 강의를 통해 랙서 식의 정치·경제적인 세계화 개념을 교육/교육과정 논의에 적용할 수 있었다. 스미스의 '세계화 1', '세계화 2', '세계화 3'의 개념은 현재 진행 중인 신자유주의 세계화의 모습, 그에 대한 저항, 그리고 새로운 대안[가능성]을 논의하는 교육과정 담론으로 각각 이해할 수 있다.

나는 박사학위 논문 외에 '세계화'를 주제로 소논문을 몇 편 출간했다. 2006년, 나는 세계화 시대에 존 듀이John Dewey의 민주주의 철학이 어떻게 다시 읽힐 수 있는지 그 가능성을 탐색하는 논문을 발표하고, 그 안에서 글로벌 자본주의 시대에 듀이가 제안하는 삶과 교육의 사회민주주의적인 담론은 재고의 가치가 있다고 주장했다. 이어 2007년, 나는 미국 스탠포드 대학의 정치학자 리처드 포크Richard Falk의 두 개의 세계화 개념을 교육/교육과정 논의에 적용했다. 이 논문에서 나는 포크의 하향식-상향식 세계화 개념이 오늘날 교육개혁 논의의 방향을 가늠해 볼 수 있는 유용한 이론적인 틀이며, 세계화 시대의 교육학적인 논의의 복잡성과 어려움을 이해할 수 있는 기회를 제공한다고 주장했다.

스미스는 중국에서 태어나 아프리카에서 유·소년기를 보내고 캐나다에서 고등교육을 받았다. 이런 그에게 세계화는 잘 어울리는 주제라고 나는 생각한다. 선교사였던 그의 아버지는 스미스에게 신실한 종교심은 넣어주지 못했다 하더라도, 그 오래전 이미 그에게 세계시민의 자질을 심어주었다. 스미스가 꿈꾸는 세계화는 서구의 권력과 헤게모니에 의한 세계의 정치적, 경제적, 문화적인 통합을 의미하지 않는다. 오히려 그는 세계의 서로 다른 문명과 국가 간의 해석학적인 화해와 대화, 또 상호존중을 통해 인류가 보다 나은 미래를 향해, 그 가능성을 향해 나아가야 한다고 보았다.

그제 신문과 방송에서 하나같이 새뮤얼 헌팅턴Samuel Huntington의 죽음을 알리는 뉴스가 나왔다. 냉전이 종식된 세상에서 이제 그 자리는 서로 다른 문명들 간의 갈등과 투쟁의 장이 될 것이라는 헌팅턴의 예언은 오늘 아침 뉴스에서 이스라엘의 폭격으로 팔레스타인 자치구에 천여

명의 사상자가 났다는 소식을 듣고 학교로 출근한 나에게 사실처럼 다가왔다. 그러나 동시에 나는 예전에 읽은 스미스의 글귀가 몇 소절 생각났다. "서로 다른 이해의 지평을 공유하는 교육과정과 교육"과 "평화로 입문하는 교육과정과 교육." 스미스는 헌팅턴이 지적한 문명의 충돌을 막기 위해서 문명 간의 차이와 편견, 선입관 등을 이해하려는 노력이 선행되어야 하며, 이를 위해 교육은 병리적인 자기중심성에서 벗어나 타인과의 관계를 존중하는 지혜로운 삶의 방식으로 전환되어야 한다고 강조했다. 타인과의 조화로운 삶을 위한 교육과 교육학, 아직 우리에게 먼 이상에 불과한 것처럼 느껴진다. 최근의 일제고사 파문을 지켜보면서 나와 다른 타인의 존재를 '인정'하는, 아니 '의식'이라도 할 수 있을지 반문해 보니 입안이 씁쓸해져 온다. 나만 그렇지 않으리라 위안을 삼아본다.

교육과정 탐구

02

타인의 이야기

가르침은 세대를 넘어

1. 랄프 타일러의 찰스 저드 이야기[1]

랄프 타일러Ralph Tyler는 찰스 저드Charles Judd와의 첫 만남을 떠올린다. 1926년 타일러는 저드의 교육학자로서의 명성에 이끌려 시카고 대학으로 왔다. 저드의 '과학적'인 지도를 받으면서 박사공부를 할 요량이었다. 타일러의 눈에 비친 저드는 큰 키에 힘 있는 꼿꼿한 모습이었고, 엄하면서도 친절한 얼굴에 염소수염을 기른 것이 꼭 당시 유럽의 대학교수 같았다.

타일러는 저드에게 자기가 네브라스카 대학에서 과학교육을 전공하였고, 그곳 학과장이 시카고 대학에서 교육학을 공부할 것을 추천하였다고 말한다. 타일러는 네브라스카 시절 교육학 강의들을 이미 여러 번 들었고, 수중에 돈도 넉넉지 않아 박사공부를 가급적 빨리 끝마쳤으면 좋겠다는 의견을 전달했다. 이에 저드는 시카고 대학에서는 학생들에게 강의를 강제하지 않으며, 학생의 학습 정도가 학과에서 정한 학위수여 기준을 충족한다면 바로 졸업할 수 있다고 말했다. 강의는 어디까지나 학생들에게 학습의 기회를 제공하는 것에 불과하다는 설명이었다.

타일러는 9월 1일에 시카고에 도착한지라 학기가 시작하는 9월말까지 시간이 있었다. 타일러는 저드에게 이 기간 동안 무엇을 하면 좋을지

---

1 Ralph Tyler, "Charles Hubbard Judd: As I Came To Know Him," in Craig Kridel *et. al.* eds., *Teachers and Mentors: Profiles of Distinguished Twentieth-Century Professors of Education* (New York, 1996) pp. 19-28.

물었는데, 저드는 타일러에게 어학 시험프랑스어와 독일어을 볼 것을 주문했다. 일단 어학 시험을 통과하면, 수료자 신분으로 전환되어 학위논문 작성에 집중할 수 있고, 개인적인 학습과 졸업시험에 필요한 강의들을 선택하여 들을 수 있기 때문이다. 저드는 바로 해당 부서로 전화를 걸어 타일러의 어학 시험 일정을 잡아주었다.

타일러는 이런 저드의 모습이 마음에 들었던 것 같다. 그의 박사과정에 대한 설명은 명료했고, 학생 질문에 답하는 방식 또한 재빠르면서도 군더더기 없는 것이 매우 유익했기 때문이다.

타일러는 또한 저드의 강의가 매우 명료하고 잘 조직되어 있으며 일반 법칙에 충실하였다고 회고한다. 타일러는 저드가 독일 라이프치히 대학에서 빌헬름 분트Wilhelm Wundt의 지도로 사회심리학을 공부하여 박사학위를 받았고, 예일 대학 시절 심리학 실험실을 열어 인간행동의 일반 법칙을 연구하였으며, 시카고 대학에서는 교육심리학 강의를 통하여 인간 학습을 일반화하고 교육목표를 몇 가지로 범주화하는데 관심이 있었다고 말한다.

타일러는 저드의 심리학 수업을 듣는 학생들은 모두 인간 학습을 일반화하는 실험을 제각기 수행해야만 했다고 증언한다. 타일러는 이것을 저드 수업의 가장 큰 특징으로 꼽는다. 저드에게 교육학은 학교 안팎에서 일어나는 학습에 대한 관찰과 실험에 근거하는 과학이었던 셈이다.

타일러는 저드 교육학의 또 하나의 특징으로 대학의 연구자 집단과 학교의 교사 및 행정가 집단 간의 적극적인 협업을 꼽는다. 한 예로, 시카고 지역의 중등학교 교장 중에 저드의 졸업생들로 구성된 '저드 클럽'은 매달 한 번씩 저드를 비롯한 대학 교수들과 정기적으로 모임을 갖고 교육 현안을 생산적으로 논의했는데, 이는 대학에서의 교육학 연구가 학교현장과 밀접한 관계를 맺어야 한다는 저드의 신념 때문이었다.

다시 수업 장면으로 돌아와, 타일러는 저드가 위에서 말한 실험 과제 말고도 매주 학생들에게 글쓰기 숙제를 부과하였다고 말한다. 타일러는 저드의 목적이 글을 통한 이해력과 명료함의 계발이었다고 설명한다. 저드는 소위 '방법'이라는 것을 싫어했던 것으로 보이는데, 잘 이해하고 있다면 쉬운 말로 설명할 수 있다고 생각했기 때문이다. 타일러는 저드가 학생들의 보고서를 일일이 읽고 그들이 다시 답해야 하는 질문들을 달아 되돌려주어서 주차가 거듭될수록 글의 완성도가 높아졌다고 말한다. 타일러는 저드의 이러한 방법이 매우 도움이 되었다고 회고하고, 자신도 나중에 이와 똑같은 방식으로 대학원생들을 지도하였음을 고백한다. 학생들의 수준과 그들의 연구 주제를 파악하는데 이보다 좋은 방법이 없다는 이유에서였다.

타일러는 저드를 엄한 교사로 기억한다. 타일러는 게으르고 대충 생각하는 습성을 가진 학생들은 저드의 수업을 통과하기 어려웠을 뿐만 아니라, 그의 지도 학생으로 남아있기도 힘들었다고 말한다. 저드는 줄곧 나태하고 진지하게 사고하는 모습을 보이지 않는 대학원생들은 주저 없이 내쫓았기 때문이다. 타일러가 말하는 'FBJFired by Judd 클럽'이다. 'FBJ 클럽'에 속한 학생들에게 저드는 차갑고 인간미 없는 교수로 통했다. 그러나 최소한 타일러가 보았을 때 저드는 학생들에게 무턱대고 냉랭하거나 불친절하지 않았다. 그는 단지 게으르고 생각할 줄 모르는 자들에게만 단호한 모습을 보였을 뿐, 부지런하고 똑똑한 학생들을 가르치고 돕는 일에는 누구보다 열심이었다. 타일러는 저드의 수업에서 살아남은 학생들은 매달 한 번씩 그의 집에서 저녁식사를 하면서 사회적인 쟁점을 논의하였고, 나아가 저드 자신이 활동하고 있던 각종 교육 단체들에 참여할 수 있는 기회를 얻었다고 말한다.

타일러는 저드가 교육학을 사회과학의 일환으로 간주하였고, 그 결과

시카고에서의 교육학 연구는 경험적인 성격이 짙었다고 회고한다. 저드
는 날카로운 지성만큼이나 말솜씨도 뛰어났던 것으로 보인다. 타일러는
1927년 노스캐롤라이나 지역 교육협의회와 1928년 보스턴 전미 교육자
모임에 참석했다가 좌중을 사로잡는 저드의 빼어난 연설을 들었다고
술회한다.

타일러는 저드가 일선 학교와 지역 교육청을 넘어 대학 행정가들에게
남긴 영향도 지적한다. 타일러는 하버드 대학 총장 제임스 코난트James
Conant의 1933년 방문과 시카고 대학 총장 로버트 허친스Robert Hutchins의
1948년 강연을 소개하면서 저드가 1930년부터 가시화된 미국 대학들의
조직 재정비에 일익을 담당했음을 암시한다.

타일러는 저드를 사회의식이 강한 인물로 묘사한다. 타일러는 저드가
1930년대 경제공황기에 젊은 세대를 위한 국가 수준의 프로그램 기획에
깊은 관심을 보였고, 은퇴 후에는 2차 세계대전 동안 군인들을 교육하는
일에 참여했다고 말한다.

이런 저드를 세상은 신실한 교육 정치가의 모습으로 기억할지도 모르
겠다. 그러나 타일러가 기억하는 저드는 어디까지나 통찰력 있는 교사이
자 친절한 멘토였다.

2. 데이빗 크라스월의 랄프 타일러 이야기[2]

데이빗 크라스월David Krathwohl은 시카고에서 고등학교를 다니던 1939

2 David Krathwohl, "Lessons Learned from Ralph W. Tyler," in Craig Kridel *et. al.*
   eds., *Teachers and Mentors: Profiles of Distinguished Twentieth-Century Professors
   of Education* (New York, 1996), pp. 29-44.

년 랄프 타일러Ralph Tyler의 이름을 처음 들어보았다고 회고한다. 크라스월은 타일러가 오하이오 주립대학의 평가 전문가로서 시카고 대학 입학시험을 '개선'하는 임무를 띠고 있었다고 말한다. 당연히 지역 교사들의 시선은 곱지 않았다. 타일러가 모두에게 익숙한 에세이 시험을 선다형 방식으로 바꾸려 했기 때문이다. 크라스월은 타일러의 평가문항 개발 작업을 '8년 연구the Eight Year Study'의 일환으로 설명하고, 그 과정에서 8년 연구의 배경, 경과, 결과, 의의 등을 간단히 기술한다.

이제 크라스월은 우리에게 친숙한 타일러의 모습을 소개한다. 크라스월은 1934년 강의 실러버스로 처음 사용되었던 타일러의 『교육과정과 수업의 기본원리Basic Principles of Curriculum and Instruction』가 1949년 책자로 발간되어 교육과정 분야의 고전이 되었음을 일러준다. 그러나 크라스월은 곧 타일러의 평가에 대한 관심으로 회귀하여 8년 연구에서의 학생 평가 척도, 벤자민 블룸Benjamin Bloom의 교육목표 분류학 작업, 전국 단위의 학교성취도 평가 등에서의 타일러의 역할을 설명한다.

잠시 크라스월은 타일러의 소년 시절로 돌아가 그가 학교를 싫어했고, 학교교육을 통해 얻는 것이 없다고 생각하여 결국에는 학교를 반나절만 다니고 나머지 시간은 인근 낙농업체에서 일을 하였다고 말한다. 이 이야기를 통해 크라스월은 타일러가 나중에 훌륭한 사람으로 성장했다는 사실이 학교에서 곤란을 겪는 모든 총명한 아이들에게 시사하는 바가 있기를 바란다.

크라스월은 타일러가 작은 체구에 일찍부터 머리가 벗겨지기 시작했다고 말한다. 그는 타일러를 매우 매력적인 사람으로 묘사한다. 특히 그의 웃는 모습과 반짝거리는 눈이 인상적이라고 부연한다. 이런 외모적인 특징 외에 크라스월은 타일러의 출중한 능력을 몇 가지로 정리한다.

우선 크라스월은 타일러가 사태를 파악하고 조직하여 말하는 능력이 탁월했다고 증언한다. 이는 1942-1943년에 블룸의 대학생 인턴으로 일하면서 먼발치에서 바라본 타일러의 업무 처리 능력에 대한 크라스월의 개인적인 회상이다.

크라스월은 또한 타일러를 매사 긍정적이었던 사람으로 기억한다. 크라스월은 이런 타일러를 싫어할 사람이 어디 있겠냐고 반문하면서도, 당시 시카고 대학의 분석적이고 비판적인 학풍 속에서 어떻게 이처럼 나긋나긋한 인물이 살아남고, 아니 성공할 수 있었는지 의아해 한다.

크라스월은 타일러의 평가가 워낙 후한 편이어서 사람들은 오히려 그가 조금이라도 부정적인 뉘앙스를 풍긴 대목이 어디 없는지 주의 깊게 살폈다고 말한다. 크라스월에게 타일러는 분명 모든 일을 좋게 보는 사람이었다. 크라스월은 한 번은 타일러가 대뜸 자기에게 학위논문 출판 계획을 물어 와서 놀랐고, 다른 한 번은 국가교육연구위원회의 좌장인 타일러가 신출내기 학자들의 연구 제안서도 꼼꼼히 들여다보는데 놀랐다고 회고한다.

같은 맥락에서 크라스월은 타일러가 주변 사람들의 장점을 찾아내 칭찬하고 격려하는 능력이 뛰어났고, 그 때문인지 모르겠지만 그의 주변에는 유독 대성한 사람들이 많았다고 말한다. 크라스월은 타일러와 만나 재능을 꽃피운 인물들의 목록을 작성하면서 벤자민 블룸Benjamin Bloom, 리 크론바크Lee Cronbach, 버질 헤릭Virgil Herrick, 조셉 슈왑Joseph Schwab, 힐다 타바Hilda Taba, 허버트 텔렌Herbert Thelen, 필립 잭슨Philip Jackson 등 쟁쟁한 이름들을 열거한다.

주지하듯, 타일러는 대학 안팎에서 많은 직책을 맡았다. 그러다보니 보조 인력들과 업무를 나누고 그들에게 책임을 위임하는 일이 불가피했다. 크라스월은 2차 세계대전이 끝나고 시카고에서 대학원 생활을 이어갔다. 이때 그는 주로 블룸의 연구보조원으로 활동하며 타일러의 업무도

도왔다고 회고한다. 크라스월이 기억하는 타일러는 대학원생이라도 한 번 일을 맡기면 그에게 전권을 위임하는 사람이었다. 당연히 일을 맡아하는 입장에서는 최대한 책임감 있게 업무를 처리하려고 노력하고, 이것이 타일러가 사람을 다루는 또 하나의 뛰어난 능력이었다고 크라스월은 말한다.

다음으로 크라스월은 타일러의 기억력을 높이 평가한다. 크라스월은 타일러가 기억하는 능력이 뛰어났기 때문에 많은 행정 업무와 자문 역할을 동시다발적으로 수행할 수 있었다고 말한다. 그는 또한 타일러가 관여했던 많은 교육 기관과 연구 프로그램이 그의 뛰어난 기억력 덕분에 역사의 뒤안길로 사라지지 않고 오늘날 우리에게 그 중요성을 알릴 수 있었다고 단언한다.

물론 예상치 못한 일도 있었다. 크라스월은 타일러의 강의가 미리 준비한 노트 없이 즉석에서 이루어졌다고 증언한다. 그러나 타일러의 기억력이 너무 좋다보니 그의 강의는 똑같은 주제라면 그가 예전에 써놓은 글을 거의 토시하나 틀리지 않고 그대로 되풀이했다. 보통은 교수들이 매년 똑같은 강의 노트를 사용해서 벌어지는 일이지만, 흥미롭게도 타일러의 경우에는 그의 훌륭한 기억력이 문제였다. 그밖에도 기억력 좋은 사람이 늘 그렇듯 타일러도 지칠 줄 모르는 이야기꾼이었다고 크라스월은 귀띔한다.

크라스월은 타일러의 위의 장점들을 염두에 두고 그가 내용을 정리하고, 합의를 도출하고, 문제를 해결하는 능력이 남들보다 뛰어났다고 말한다. 그러다보니 그는 늘 각종 회의를 주재하고, 정부를 비롯한 여러 단체에 자문을 제공하느라 바빴다. 크라스월은 무려 여섯 명의 대통령이 타일러의 의견을 구했다고 으름장을 놓지만, 사실 지근거리의 블룸과 크라스월도 그들의 분류학 작업의 진척 정도를 그에게 스스럼없이 묻곤

했다. 크라스월이 기억하는 타일러는 외부 일정이 없는 날이면 기꺼이 대학원생들에게 시간을 할애했고, 가끔은 일요일에도 학교에 나와 밀린 잡무를 처리했다.

크라스월은 타일러가 스스로를 전문적인 교사보다는 사회과학자로 보기를 좋아했다고 말한다. 물론 그는 교사출신의 교수로서 교육학과에서 오랫동안 가르치고 일했다. 그러나 그는 동시에 사회과학부의 학장을 역임하면서 심리학, 사회학, 경제학과 같은 일반 학문들과 도서관학, 사회복지학, 교육학과 같은 전문분야들을 아우르는 폭넓은 개념을 정립할 수 있었고, 이때의 경험을 바탕으로 행동과학연구소나 국가교육아카데미와 같은 사회과학적인 성격이 짙은 교육연구기관의 설립을 추진할 수 있었다는 것이 크라스월의 설명이다.

타일러에게 교육학은 사회과학의 하나였다. 그의 이러한 시각은 시카고 대학의 독특한 학제에 기인했다. 크라스월은 당시 시카고 대학의 교육학과 교수 대부분이 사회과학 분야의 교수직을 겸하고 있었다는 사실을 지적한다. 이는 타학문분야와 동떨어져 지내는 다른 대학의 교육학과 교수들과는 확연히 다른 모습이었다. 물론 행정상의 성가신 문제들도 있었다. 그러나 이점이 더 많다는 것이 크라스월의 판단이다. 즉, 교육학 교수들이 인접 분야의 최근 동향을 접할 수 있었고, 나아가 보다 유능한 인재를 교육학 교수로 채용할 수 있었다. 이처럼 시카고에서 교육학과 사회과학 간의 연대를 강조한 것은, 짐작컨대 교사 양성은 교육학과만의 책임이 아닌 대학 전체의 공동 관심사라는 이 대학의 오랜 신념 때문으로 보인다.

크라스월은 타일러의 성공 원인을 타고난 재능보다는 후천적인 노력에서 찾는다. 목사 집 아들인 타일러에게서 프로테스탄트 직업윤리를 보았던 것인데, 크라스월은 타일러의 말년 인터뷰를 인용하면서 그가 하루를 마감하기 전에 되뇌었다는 세 가지 질문, 즉 '오늘 나는 무엇을 배웠는가?' '그것은 무슨 의미였는가?' '나는 그것을 어떻게 사용할 수 있는가?'를 소개한다. 그밖에도 크라스윌은 타일러가 타인의 재능을 발굴하는 역할을 자임함으로써 자신의 능력을 십분 발휘하는 메타인지적인 지능이 뛰어난 사람이었다고 평가한다.

크라스윌은 타일러가 아흔두 살에 숨을 거두기까지 그의 지적인 태세에 흐트러짐이 없었다고 증언한다. 일례로 크라스윌이 한 번은 블룸의 분류학 관련 글을 쓰면서 타일러에게 의견을 묻자 그는 평소와 다름없이 이 주제에 대한 자신의 학문적인 관심과 긍정적인 견해를 담아 답장을 보냈다. 다만 생의 마지막 순간이 가까워지자 타일러는 유독 젊은이들에게 이번이 마지막이라는 생각으로 평소와 달리 강한 어조로 그의 삶의 지혜를 부지런히 전달했다고 크라스윌은 말한다.

크라스윌은 타일러가 그의 학생들의 기억 속에 살아 있고, 그가 남긴 많은 지적인 유산들이 세상에 회자되며, 앞으로도 그가 생전에 관여했던 각종 프로그램 및 기관들을 매개로 우리 곁을 지킬 것이라고 믿는다.

3. 로린 앤더슨의 벤자민 블룸 이야기[3]

로린 앤더슨Lorin Anderson은 미네아폴리스의 1월 어느 날 아침 벤자민 블룸Benjamin Bloom에게서 전화를 한 통 받는다. 이때 앤더슨은 4년 동안의

---

3 Lorin Anderson, "Benjamin Bloom, Values and the Professoriate," in Craig Kridel *et. al.* eds., *Teachers and Mentors: Profiles of Distinguished Twentieth-Century Professors of Education* (New York, 1996), pp. 45-54.

중등학교 수학 교사 생활을 청산하고 시카고 대학의 박사과정에 지원한 상태였다. 블룸은 전화를 걸어 구두로 합격을 통지했다.

3월이 되자 앤더슨은 '왜, 나를 뽑았을까?'라는 궁금증을 안고 시카고로 건너가 신입생 오리엔테이션에 참가한다. 그곳에서 그는 캘리포니아에서 안식년을 마치고 시카고로 돌아온 블룸이 급하게 대학원생을 구했고, 그 과정에서 자기에게 우연찮게 기회가 주어졌음을 깨닫는다.

앤더슨은 블룸과의 첫 만남에서 블룸이 앉아 있는 자리 뒷벽에 걸려있는 사진 한 장이 눈에 들어왔다고 말한다. 당시에 그는 그 사진 속 인물이 누구인지 몰랐다고 고백한다. 블룸의 어깨 위 너머에서 그를 쳐다보고 있던 사람은 다름 아닌 랄프 타일러Ralph Tyler였다.

물론 그날 대화는 블룸이 앤더슨에게 자신의 연구 프로젝트를 소개하는 성격이 짙었다. 앤더슨은 블룸의 설명이 어찌나 열정적이었는지 그는 확실히 생계형 교수는 아니었다고, 아니 연구가 그의 삶의 전부인 사람 같았다고 회고한다.

앤더슨은 가을 학기가 시작할 때까지 블룸의 책 다섯 권을 모두 읽었는데, 그는 글의 주제가 상반되는 측면이 있어서 놀랐고 교육에 대한 확고한 신념이 인상적이었다고 소회를 밝힌다. 그러나 진짜 공부는 학기가 시작되면서부터였다. 그는 몇 달 지나지 않아 블룸의 숨은 보석과 같은 글들을 읽어볼 기회를 얻고, 그로부터 자신의 연구 방향과 논문 주제를 결정하였다고 말한다.

앤더슨이 전하는 블룸과의 첫 수업은 이러했다. 수업은 아침 8시에 시작했다. 학생들 대부분이 깨어있지도 않을 시간이었다. 수업은 완전학습mastery learning의 원칙을 따랐다. 목표를 명확히 진술했고, 학습은 단계별로 진행되었다. 각 단계마다 형성평가가 뒤따랐다. 답지에는 답안작성 공간과 함께 오답 시 참고할 교재와 참고자료의 해당 페이지가 표시되어 있었다. 평가방식은 상대적인 우열이 아닌 미리 정해진 준거에 따랐다. 한 마디로, 블룸은 평소 자기가 가르쳤던 대로 수업을 했던 것이라고 앤더슨은 말한다.

앤더슨은 첫 학기에 블룸이 주관했던 평가와 통계 관련 비공식 세미나에 참석했던 기억을 떠올린다. 그는 블룸이 출판을 앞둔 자신의 원고를 들고 와서 세미나 참석자들에게 비평을 부탁했다고 말한다. 앤더슨은 그동안 누구도 교수의 글을 비판적으로 읽어볼 것을 요구한 적이 없기에, 또 다른 참석자들과 마찬가지로 고등학교 시절부터 암기식 교육에만 익숙한지라 이런 블룸의 요청이 매우 낯설고도 신기했다고 털어놓는다. 그리고 이 한 번의 과제를 수행하면서 '분류학The Taxonomy'의 의미를 더욱 명료하게 이해할 수 있었다고 첨언한다.

앤더슨은 시카고에서 블룸의 수업과 그가 진행하는 비공식 세미나를 세 번씩 더 들었고, 블룸의 연구보조원으로 시간의 대부분을 도서관에서 자료를 찾으며 보냈다고 말한다. 학위논문을 준비하면서는 블룸에게서 자료 처리 능력과 논리적인 글쓰기를 배웠지만, 앤더슨은 그 과정에서 적지 않은 시행착오를 겪었음을 숨기지 않는다.

앤더슨은 지도교수로서의 블룸을 이해심이 많은 사람으로 평가한다. 그러나 이러한 인간적인 면모와 별개로 그는 블룸의 가치중립적인 태도에는 반대한다. 그의 눈에 블룸은 너무나도 확신에 차 있는 행동주의자였고, 이런 이유로 일각에서는 그를 '교육을 망칠 사람'으로 내다본다.

그렇다고 블룸 입장에서 종교적인 예정설이나 사회진화론을 수용했을 리 만무하다. 앤더슨의 중재안은 블룸이 경험적인 증거를 통해 제안한 '가능한 것'과 비판자들이 주장하는 '가능할지도 모르는 것' 사이에는 분명 차이가 있다는 것 정도이다.

한 번은 앤더슨이 블룸의 어느 책 서문을 쓰다가 그를 '항상 낙천적인 사람'으로 언급했는데, 그러자 블룸이 바로 자기가 언제나 그런 것은 아니라고 고쳐 말했다고 한다. 앤더슨은 블룸이 교육의 미래에 대해 장밋빛 환상에 빠져 있지 않았을 뿐만 아니라, 그의 기본 개념과 원리들을 학교에 얼마나 성공적으로 적용할 수 있을 지에 대해서도 매우 비판적이었다고 증언한다.

앤더슨은 블룸의 완전학습 개념과 분류학 원리가 단지 기초적인 능력 습득에나 적합한 것이라는 비판가들의 목소리를 전하는 한편, 이러한 비판에 맞서 블룸이 진행했던 재능 발달에 대한 연구를 소개한다. 블룸에 따르면, 특정 분야에서 뛰어난 업적을 남긴 사람들은 그들의 타고난 특질과 별개로 오랜 시간 각고의 노력으로 차이를 만들어냈다. 한 마디로 본성보다는 양육의 산물이라는 주장이다.

블룸하면 가장 먼저 떠오르는 것이 교육목표 분류학이다. 앤더슨 역시 블룸의 학생으로서 이 점을 의식했던 것으로 보인다. 시카고를 떠나 사우스캐롤라이나에 처음 정착했을 때부터 앤더슨은 블룸의 그림자에서 자유롭지 못했다고 토로한다. 모두가 그를 분류학에 정통한 사람으로 간주했기 때문이다.

사실 분류학은 앤더슨이 시카고로 건너오기 15년도 더 전에 만들어진 것으로서 그와 직접적으로 관련이 없다. 그러나 분류학의 40년 회고는 앤더슨의 몫이었다. 1994년 앤더슨은 『블룸의 분류학: 40년의 여정Bloom's Taxonomy: A Forty-year Retrospective』을 편찬하면서 직접 블룸의 입을 통해 분류학의 기원, 핸드북 개발, 현장 적용 사례 등을 소개하고, 나아가 분류학에 대한 좁은 해석과 기계적인 적용을 경계하는 우려의 목소리를 전한다.

다음으로 앤더슨은 블룸의 완전학습 개념에 주목한다. 그는 완전학습 프로그램이 오늘날에도 여전히 유효하지만, 그러한 접근이 행동주의적이고 집단주의적이라고 이맛살을 찌푸리는 사람들도 있다고 말한다. 그는 사람들이 블룸의 주장대로 '모두가 배울 수 있고, 모두가 배워야만 한다'라고 생각하는 것은 아니며, 아이들을 교육하는 일상과 타협하면서 '완전'이라는 수식어가 빠지는 경우가 비일비재함을 지적한다. 그렇지만, 앤더슨은 요즘처럼 부침이 심한 교육 시장에서 하나의 원리가 지난 수십 년의 세월을 견뎌내며 여전히 사람들의 입에 오르내린다는 사실 하나만으로 충분히 가치를 입증한 것이라고 본다.

마지막으로 앤더슨은 블룸의 재능 개발 모형을 설명한다. 그는 블룸의 연구 결과를 몇 가지로 정리한다. 첫째, 모든 학생을 대상으로 재능 개발이 가능하다. 재능은 타고난 특질이 아니다. 둘째, 재능 있는 아이들을 빨리 알아보고 적절한 학습 환경을 제공하는 것이 중요하다. 셋째, 재능은 공유할 것이 아니라 보호해야만 하는 소중한 자산이다. 앤더슨은 블룸의 모델이 천부적인 재능을 타고난 소수의 아이들에게는 적용할 수 없다는 것을 인정한다. 그러나 절대 다수의 일반 아이들의 능력을 개발하는 모형으로는 가치가 있다고 주장한다.

앤더슨은 블룸이 사변적인 추측에 근거하기보다 경험적인 증거를 수집하여 교육 문제를 풀어가는 사람이었다고 말한다. 그는 블룸이 교육을 개인적이고 사회적인 문제 해결의 강력한 동인으로 보았음은 말할 것도 없고, 그가 시의적절하게 교육 이슈를 끄집어내고 방대한 양의 정보를 합리적인 개념적 틀 속에서 종합하는 능력이 탁월한 사람이었다고 칭송한다. 그런 사람이었기에 그의 교육에의 공헌분류학, 완전학습, 재능개발모형이 가능했다는 말이다.

그밖에도 앤더슨은 블룸과 관련된 몇 가지 일화를 통해 그의 인간적인 면모를 소개한다. 먼저, 앤더슨은 자신의 결혼식 이야기를 들려주며 블룸이 자신의 '보스' 이상으로 가족 같은 사람이었다고 말한다. 계속해서 어느 대학원 지원생과의 인터뷰 내용을 인용하면서 블룸의 '일터'에 대한 자부심이 남달랐음을 암시한다. 시카고 대학을 국내도 아닌 세계 최고의 대학으로 치켜세웠기 때문이다. 끝으로, 앤더슨은 그의 아킬레스건이라 할 수 있는 '블룸의 학생'이라는 꼬리표에 대해 말한다. 앞에서도 언급했듯이, 그에게는 늘 블룸의 그림자가 드리웠다. 앤더슨은 자신의 심경을 블룸에게 토로한 적이 있는데, 블룸은 사람이 결국 자신의 업적으로 평가를 받는 것이지 누구의 '아이'가 중요한 것이 아니라고 말했다.

앤더슨은 시카고로 건너올 때부터 블룸에게 마음의 빚이 있었던 것처럼 보인다. 블룸이 평범한 학교교사 출신에 대학시절 학점도 특출나지 않은 그에게 공부할 기회를 주었다고 생각해서다. 그러나 오리엔테이션 기간에 이 문제를 단도직입적으로 묻자, 블룸은 학적부 속 앤더슨은 자기가 원하는 것을 잘하고 나머지도 크게 문제가 없는 학생이라고 대답했다. 앤더슨의 생각처럼 블룸이 그를 믿었다면, 그것은 어디까지나 그의 가능성을 믿었던 셈이다.

앤더슨이 말하는 블룸은 참된 의미에서 교사였고, 타일러의 학생답게 경험적인 역량이 매우 뛰어난 연구자였으며, 다방면의 독서와 인간의 가능성에 대해 끊임없이 질문을 제기했던 사람이었다. 다만 블룸의 대학원생 그룹이 소수에 불과하여 그의 지식과 지혜를 널리 공유하지 못함을 앤더슨은 못내 아쉬워한다.

앤더슨은 사우스캐롤라이나로 떠나기 전 블룸과 가졌던 고별 만남을 추억한다. 그는 블룸이 자기에게 '그저 그런run-of-the-mill' 교수로 살지 말 것을 당부했다고 말한다. 그날 블룸의 입에서 나왔던 말, 즉 열심히 연구하여 그 성과를 세상에 알리고, 새로운 이론적인 틀을 만들어 교육에 대한 이해의 지평을 넓히고, 학생들을 가르치는 일에 매진하라는 요구는 어찌 보면 그가 공유하고 싶었던 이상적인 교수의 모습이었는지 모른다.

아무튼 앤더슨은 시카고에서 2년 남짓 대학원 공부를 하면서 강의만 듣고 논문만 쓴 것이 아니라, '교수가 되는 법'을 또한 배웠다. 그것도 최고의 교수 중 한 명으로부터 말이다.

사회적 책무성에 대하여

1. 엘리자베스 브래디의 힐다 타바 이야기[1]

엘리자베스 브래디Elizabeth Brady는 힐다 타바Hilda Taba와의 인연을 인터그룹intergroup 프로젝트와 관련지어 설명한다. 1945-1948년까지 미국 교육위원회는 전후 교육 재건 사업의 일환으로 이 프로젝트를 진행했다. 이 시절 브래디는 시카고 대학에서 중등학교 교사들을 위한 워크숍에 참여하면서 타바를 처음 보았고, 그곳에서 석사학위 공부를 하면서 그녀를 자주보았으며, 궁극적으로 인터그룹 프로젝트의 멤버로서 타바와 함께 일을 하였다고 회상한다.

브래디가 전하는 타바의 첫 인상은 다음과 같다. 타바는 매우 에너지가 넘치는 열정적이고 활동적인 사람이었다. 그녀의 지칠 줄 모르는 삶의 템포로 말미암아 때론 오해가 생기고 친구들과 프로젝트 멤버들이 혀를 내두르곤 했다. 인상착의를 설명하면, 작은 키에 활달한 모양새로 언제나 개성 넘치는 옷을 입고 다녔다. 늘 시선은 다음 종착지를, 다음 임무를 향해 있었다. 아이디어를 내기 좋아했고, 주변 사람들과 온갖 주제로, 가령 진행 중인 프로젝트, 사회의 주요 현안, 대학 내 정치 등에 대해 줄기차게 이야기하고, 또 가끔은 논쟁에 열을 올리기도 했다.

---

1 Elizabeth Brady, "Hilda Taba: The Congruity of Professing and Doing," in Craig Kridel *et. al.* eds., *Teachers and Mentors: Profiles of Distinguished Twentieth-Century Professors of Education* (New York, 1996), pp. 59-69.

이어 브래디는 인터그룹 프로젝트를 개괄하면서 '내부자'의 관점에서 타바를 소개한다. 그녀는 타바가 해당 지역을 방문하여 직접 프로젝트를 소개하는가 하면, 그곳 학교 시스템과 지역 실정에 대해 배우려는 의지도 남달랐다고 회고한다. 이때의 경험이 훗날 그녀의 교육과정 텍스트 작업에 소중한 자산이 되었음은 말할 것도 없다.

타바는 또한 인터그룹 프로젝트가 지향하는 인간관계에 대한 교육을 몸소 실천했던 것으로 보인다. 가깝게는 프로젝트 멤버들에게 자신의 거처를 개방했고, 멀게는 유럽에서 미국으로 건너온 그녀의 가족과 지인들에게 새로운 보금자리를 제공했다. 그녀 자신이 에스토니아 출신의 이방인이었기에 타인의 어려움에 귀 기울이고 사람들을 곁에 두고 싶어 했는지도 모른다.

브래디가 들려주는 타바의 다음 인생 기착지는 샌프란시스코였다. 1951년 인터그룹 프로젝트가 종료되자 타바는 샌프란시스코 주립대학으로 자리를 옮겼고, 그곳에서 남은 15년의 세월을 보냈다. 브래디는 그녀가 구경한 타바의 '네 번째' 집을 묘사한다. 뉴욕과 시카고 시절의 아파트나 농장과 달리 예쁜 정원에 금붕어가 노니는 연못이 있고 인테리어가 멋진 그야말로 '집'이었다. 브래디는 타바가 클래식 애호가이며 거실 장에 퀼트 이불이 잔뜩 쌓여 있어서 그녀의 집을 자주 찾던 지인들은 아예 마룻바닥에 이불을 깔아놓고 음악을 듣거나 자기 집 마냥 부엌과 정원을 오가며 음식을 만들고 집안 곳곳에서 벌어지는 열띤 대화에 참여했다고 그 시절을 회고한다.

타바의 집 이야기를 조금 더 하자면, 브래디가 알고 있는 타바의 집은 모두 네 군데였다. 첫 번째 집은 뉴욕의 널찍한 아파트였다. 인터그룹 프로젝트의 본부가 뉴욕에 있었기 때문에 타바는 이 도시에 거처를 정하고 그곳에 연고가 없는 프로젝트 멤버들과 가족처럼 지냈다. 브래디는 자기 남편이 이 집에서 생애 첫 크리스마스 칠면조를 구웠다고 자랑한다. 두 번째 집은 시카고 대학 근처의 넓은 아파트였다. 이 대학에 인터그룹 센터가 새롭게 만들어지면서 타바는 시카고에 숙소를 마련했다. 브래디 는 1950년경 미국으로 건너온 타바의 가족들이 여기에 보금자리를 마련 했다고 말한다. 세 번째 집은 시카고 외곽의 농장이었다. 처음에는 주말 별장이었고 나중에 타바의 식구들이 한동안 머물렀다. 브래디는 프로젝 트 멤버들이 주말이면 이 매력적인 시골 아지트에 모여 일도 하고 추억도 만들었다고 회고한다. 네 번째 집은 위에서 소개한 샌프란시스코 교외의 저택이었다.

다시 인터그룹 프로젝트로 돌아와 브래디는 이때의 경험을 매우 유익 하고 만족스러운 것으로 자평한다. 그러나 타바가 부담스럽고 강압적이 고 어려운 사람이라는 세간의 평가도 잊지 않는다. 물론 브래디가 가까이 에서 보았던 타바는 또 다른 모습이었다. 그녀는 타바를 가부장적이고 관료주의적인 조직 문화에 반대했던 민주적이고 공정한 사람으로 묘사 한다. 타바가 중시한 원칙은 사람들 개개인을 존중하고 그들 각자의 의견을 가치 있게 여기는 가운데 협력을 통해 상생하는 것이었다고 브래 디는 말한다.

브래디는 타바에게 특별히 제자라고 할 만한 사람들이 없어서 오히려 그녀를 따르는 사람들이 많았다고 주장한다. 브래디는 타바의 성격이나 일하는 스타일이 권위적인 것하고는 거리가 멀어서 사람들이 그녀를 특정 계보의 영두로 삼거나 지식의 아이콘으로 추종하는 것을 바라지 않았다고 말한다.

그럼에도, 브래디는 타바를 자신의 멘토로 간주한다. 브래디는 타바를 만나 그녀처럼 살고 일하는 방식이 의미 있다는 것을, 이런 식의 생각과 목적이 중요하다는 것을, 삶의 자세와 일하는 모습이 일관될 수 있다는 것을 배웠다고 말한다.

마지막으로, 브래디는 그녀뿐만 아니라 다른 이들에게도 크게 영향을 주었던 타바의 유산을 네 가지로 정리한다. 첫 번째는 특정 아이디어가 누구의 것인지 따지지 말고 그런 아이디어를 다수가 공유하면서 자유롭고 개방적으로 논의하는 것이 중요하다는 타바의 신념이다. 이는 오로지 누가 무엇을 가장 먼저 출간했는지에만 정신이 팔려 모두 앞으로만 전진하는 오늘날 대학 사회의 경쟁적이고 성과중심적인 풍토와 좋은 대조를 이룬다는 것이 브래디의 평가이다.

두 번째는 브래디가 타바의 세미나에서 처음 들었던 '부수적인 학습concomitant learning'의 개념이다. 타바는 우리가 학습의 모든 차원을 아우르는 의식적이고 의도적인 계획을 수립하지 않으면, 학습자들은 본래의 의도나 바람과는 다른 태도, 감정, 사고방식 등을 부수적으로 습득할 수 있다고 경고하였는데, 브래디는 특히 인터그룹 교육에서 이런 문제가 발생할 수 있음에 주목한다.

세 번째는 타바의 귀납적인 접근이다. 브래디는 타바의 교육과정 개발 과정을 친숙한 것으로부터 시작하여 점차 새로운 것을 알고 새로운 수준의 이해에 도달하는 귀납적인 것으로 설명한다. 주지하듯, 타바의 『교육과정 개발: 이론과 실제Curriculum Development: Theory and Practice』(1962)는 20세기 중반의 가장 중요한 교육과정 텍스트의 하나였다. 브래디는 이 책의 제목과 관련된 일화를 들려준다. 그녀는 타바가 원래 책의 제목으로 '교육과정 개발의 과정The Process of Curriculum Development'을 염두에 두고 있었다고 증언한다. 그런데 그보다 몇 해 전에 출간된 제롬 브루너Jerome Bruner의 책이 '교육의 과정The Process of Education'이라는 제목을 달고 있어서 타바가 마음을 고쳐먹었다고 설명한다. 가뜩이나 교육학을 독립된 연구 분야로 간주하지 않는 브루너와 같은 심리학자가 제목만 보고 그녀

의 책을 자기 책에서 파생된 것쯤으로 치부해 버릴지도 모른다는 생각에
서였다. 흥미로운 점은 브루너가 아닌 타바야말로 '교육의 과정'에 조예
가 깊은 정통 교육학자였다는 사실이다. 브래디는 타바가 존 듀이John
Dewey의 학생이었음은 물론 그녀가 이미 30년 전에 『교육의 역동성The
Dynamics of Education』(1932)을 출판한 신실한 교육학자였음을 상기시킨다.

네 번째는 협동학습에 대한 타바의 관점이다. 브래디는 타바가 단지
학습의 방편으로만 협동학습을 주장한 것이 아니라 그것을 매개로 학습
공동체의 형성이 가능하다는 점을 강조했다고 말한다. 타바에게 협동학
습은 사회변화를 위한 공동의 노력을 의미했다.

브래디는 타바가 늘 위에서 말한 방식대로 일을 하였을 것이라고 생각
한다. 그녀가 타바를 만나기 전에도, 그녀와 인터그룹 프로젝트를 함께
할 때도, 샌프란시스코에서 만년을 보냈을 때도 말이다. 그리고 그 결실을
꼭 자기가 보지 못한다 하더라도 언젠가 그러할 것이라고 믿고 묵묵히
자신의 몫을 다했을 사람이라고 덧붙인다.

2. 케네스 와인트라우트의 보이드 보드 이야기2

케네스 와인트라우트Kenneth Winetrout는 보이드 보드Boyd Bode를 인간적
이고 민주적인 사회를 꿈꾸었던 사람이자 삶의 문제에 충실한 교육 시스
템을 바랐던 사람으로 소개한다. 보드는 그가 원하는 사회와 교육 시스템

---

2 Kenneth Winetrout, "Boyd H. Bode: The Professor and Social Responsibility," in
   Craig A. Kridel *et. al.* eds., *Teachers and Mentors: Profiles of Distinguished
   Twentieth-Century Professors of Education* (New York, 1996), pp. 71-79.

에 반하는 것들에는 '절대적'이라는 수식어를 붙였고, 그러한 장애물들을 제거하기 위하여 대화의 방법을 사용했다.

와인트라우트는 보드의 대화술이 소크라테스Socrates 식의 문답법을 닮았다고 회고한다. 보드는 미리 정해진 각본 없이 소크라테스식 대화와 질문을 통해 학생들을 생각하는 일로 안내했다. 그러다보니 보드가 온전히 강의만 하는 경우는 매우 드물었다고 와인트라우트는 증언한다. 오히려 보드는 강의를 하다말고 수시로 길고 짧게 학생들과 대화를 주고받았는데, 어떤 때는 수업 시간에 학생 한 명이나 여럿, 아니면 반 전체와 줄기차게 대화만 한 적도 있었다고 말한다.

와인트라우트는 보드가 학생들과 나누는 대화를 마틴 부버Martin Buber 의 '나-너I-Thou' 식의 대화와는 다른 것으로 묘사한다. 그가 기억하는 보드는 일단 대화를 시작하면 심문 투의 질문들로 상대를 매몰차게 몰아붙이는 사람이었다. 그러나 폐부를 찌르는 날카로움만 있었던 것은 아니어서 자기가 너무 쏘아붙였다 싶으면 어느새 크게 헛기침을 하고 너털웃음을 터뜨리며 긴장을 누그러뜨렸다고 부연한다.

자주 큰 소리로 헛기침을 하고 껄껄거리는 사람, 그게 바로 학생들이 알고 있는 보드의 모습이었다고 와인트라우트는 전한다. 그의 눈에 보드는 어디까지나 선한 사람, 친절한 교수, 뛰어난 사상가였다. 특히 언어 사용이 매력 있고, 유쾌하고, 철저하고, 예리했던 사람이었다.

와인트라우트는 보드를 오하이오의 윌리엄 킬패트릭William Kilpatrick과 조지 카운츠George Counts로 부르고, 어느 정도 존 듀이John Dewey의 기운도 서려있었다고 말한다. 그에게 보드는 이들 세 사람을 한데 합쳐 놓은 모습이었지만, 최소한 교실 장면에서 해롤드 앨버티Harold Alberty나 로라 저브Laura Zirbes만큼 영향력 있는 교사는 아니었다.

그럼에도, 와인트라우트는 큰 키에 구겨진 파란색 정장을 입고 머리는 너저분한 보드가 어디에서든 존재감을 드러냈다고 넌지시 말한다. 이어 보드가 어떤 사람이었는지 우리에게 알려준다. 보드는 잡다하게 여러 가지 일을 벌이는 사람이 아니었다. '개혁' 운운하며 강연이나 하며 돌아다니는 사람도 아니었다. 그에게는 조지 카운츠처럼 새로운 사회질서에 대한 청사진이 없었다. 당연히 교육과정 개혁에 대한 구상도 없었고, 전해줄 새로운 방법론도 없었다.

보드의 사생활 역시 베일에 싸여 있어 우리가 와인트라우트로부터 입수하는 정보는 그에게 아들이 있었고, 딸은 아버지의 뒤를 이어 교육철학을 공부했으며, 그 자신은 야구광이었다는 정도이다.

분명, 보드에게는 비전과 사명이 있었다. 글머리에서도 밝혔듯 보드는 '절대적'인 것들에 맞서 싸웠다. 이를 위해 보드가 대화의 방법을 사용했음은 주지의 사실이다. 와인트라우트는 반세기 넘게 회자되는 보드의 유명한 대화 몇 가지를 소개한다. 보드는 자신의 학생과 대화를 하든, 적과 대화를 하든, 친구나 동료와 대화를 하든 하나같이 절대적인 것에 반하는 '성전'을 치열하게 치러냈다. 보드처럼 타협을 모르는 사람과 대화를 하려면 마음을 단단히 먹어야 하겠지만, 그의 신실한 사명을 잘 알고 있는 사람이라면 그 자체로 훌륭한 학습경험이었다.

잠시 와인트라우트는 1930년대 교육학계의 상황으로 회귀하여 당시 두 부류의 학자들이 있었다고 말한다. 하나는 워렛 차터스Werrett Charters처럼 연구와 방법론을 강조하는 사람들이었고, 다른 하나는 철학과 이론을 중시하는 사람들이었다. 와인트라우트는 보드를 후자의 그룹에 넣는데, 아이러니하게도 세상은 그를 진보주의 교육을 대표하는 철학자로 기억하고 있어 흥미롭다.

와인트라우트는 보드를 먼 과거의 몇몇 기억 속 인물로 묘사하는 데서 벗어나 그가 남긴 지적인 유산에 주목한다. 그는 책을 매개로 세대를 이어온 보드의 영향력을 추적한다. 교실에서 보았던 보드와 책에 살아남아 있는 보드가 서로 다른 사람이 아니라면, 우리는 보드의 책을 통해 그의 교실 세계를 엿볼 수 있다.

와인트라우트가 소개하는 책은 출판과 동시에 화제와 논란을 불러일으켰던 『기로에 선 진보주의 교육*Progressive Education at the Crossroads*』(1938)이다. 그는 보드의 책이 그때나 지금이나 사람들로 하여금 민주주의 사회에서 교육의 역할이 무엇인지 고민하도록 하고, 나아가 교육과 교육하는 사람들의 사회적인 책무성을 환기시킨다고 말한다.

와인트라우트는 보드의 '민주주의와 교육'에 대한 논의가 절대적인 것에 반대하는 평소 신념에서 비롯된 것이라고 생각한다. 그는 보드가 학문 세계에서 '전통'이라는 이름으로 묶인된 절대주의의 망령들플라톤식 이상, 재산권, 민족주의, 인종적인 독재, 종교적인 독단 등에 도전장을 내밀었음을 암시한다. 만일 보드의 믿음대로 전통이 서구 문명에 뿌리 깊게 박혀있는 귀족적인 삶의 방식을 대변하는 것에 불과하다면, 그래서 전통과 민주적인 삶의 방식 간의 충돌이 불가피하다면, 학교는 전통의 권위를 내세울 것이 아니라 그것이 우리 행동에 미치는 결과들에 주의를 기울여야 한다.

와인트라우트는 절대주의의 환영을 걷어내는데 공헌하는 네 가지 변화에 대해 말한다. 첫째, 유동적인 세상에서 절대적인 진리를 주장하는 것이 점차 설득력을 잃고 있다. 둘째, 과학의 발달로 말미암아 전통적으로 믿어왔던 것들을 재고하려는 움직임이 있다. 셋째, 미래의 삶을 준비하기보다는 지금 여기에서의 삶을 중시하는 교육이 전통과 절대적인 것의 신화성을 제거하고 있다. 넷째, 민주주의와 학교의 이른바 '결혼'을 통해 보통 사람들이 자신들의 삶을 자각하고 그들 개개인의 목소리를 내기 시작했다.

특히 네 번째 변화와 관련해 와인트라우트는 보드의 민주주의 개념을 일견한다. 보드에게 민주주의는 일체의 권위에서 벗어나 우리의 삶을 공공의 이익과 개인의 발달을 극대화하는 방향으로 재구성하는 것을 의미했다. 얼핏 보아도 듀이가 말하는 삶의 방식으로서의 민주주의 개념과 대동소이하다. 한 걸음 더 들어가 보면, 보드의 보통 사람들에 대한 신념과 그가 말하는 민주주의와 교육의 관계가 듀이식 교육철학의 산물처럼 보인다. 이쯤에서 와인트라우트는 보드가 왕성하게 활동하던 시기가 진보주의 교육, 프래그머티즘, 듀이의 교육철학이 한창 성행하던 1920-1930년대였음을 기억해 낸다.

마지막으로 와인트라우트는 보드의 유산에 대해 말한다. 먼저 교수로서의 보드의 모습에 주목한다. 단연 보드의 대화법이 돋보인다. 그가 구사하는 개방적인 대화는 우리의 성장과 진보와 영감의 원천으로서 부족함이 없다. 다음으로 보드의 민주주의에 대한 확고한 신념이다. 그의 일반 대중에 대한 믿음은 학교의 역할이 의식적이고 민주적인 시민을 길러내는데 있음을 주지시킨다. 결국 보드의 사명은 보통 사람들과 민주주의 사회를 위해 절대적인 것에 맞서 싸우는 것이었고, 그것이 그가 후대에 전하는 메시지이기도 하다.

1. 토마스 바론의 엘리어트 아이즈너 이야기[1]

　토마스 바론Thomas Barone은 스탠포드를 선택한 이유를 그 자신의 탈기능주의적인 교육철학과 문학적인 스타일이 엘리어트 아이즈너Elliot Eisner와 잘 맞을 것이라고 생각했기 때문이라고 설명한다. 바론은 박사과정을 지원하기 전에 아이즈너의 글들을 읽어보았다고 말한다. 특히 아이즈너의 「교육목표: 도움이 되는가, 방해가 되는가Educational Objectives: Help or Hindrance?」는 당시 신성불가침으로 여겨지던 교육목표 운동의 한계를 지적하는 것으로서 바론의 뇌리에 깊이 남았던 것 같다.

　바론은 아이즈너와의 첫 만남을 1974년 늦여름으로 기억한다. 한창 기능주의 교육관이 성행하던 시절에 그러한 접근이 마음에 들지 않는다고 호기 있게 스탠포드 행을 결정한 바론이었지만, 이 눈이 초롱초롱한 대학원생도 아이즈너라는 '거산' 앞에서는 왜소한 존재에 불과했던 모양이다.

　한편 아이즈너는 우리가 알고 있는 모습 그대로였다. 교육학과 미학 사이를 오가며 예술, 교육과정, 가르치는 일, 평가 간의 상호 관련성을 탐구하고 있었다. 바론의 설명대로 아이즈너에게 교육 활동은 각종 예술

---

1 Thomas Barone, "From the Classrooms of Stanford to the Alleys of Amsterdam: Elliot Eisner as Pedagogue," in Craig Kridel *et. al.* eds., *Teachers and Mentors: Profiles of Distinguished Twentieth-Century Professors of Education* (New York, 1996), pp. 105-116.

활동과 마찬가지로 우리의 판단을 거쳐 의미를 창출하는 일이었다. 아이즈너는 예술 작업과 마찬가지로 교육에서도 최후의 결과물을 예견할 수 없다고 생각했다. 최종 비전은 예술가와 질료, 교사와 학생, 학생과 교육내용 간의 주고받는 과정을 통해 차츰 윤곽을 드러내 보일 뿐이었다. 부연하면, 예술가는 기대에 부풀어 여행을 떠난다. 청사진 따위는 없다. 길을 가다가 예기치 않은 일을 만나고 그때마다 경험의 중재로 우연과 타협을 하며 최종 비전을 만들어간다. 좋은 교사도, 열정적인 학생도, 아니 우리 세상살이 자체도 그런 것 아닌가? 툴레인 대학 도서관에서의 1년여의 탐색 끝에 바론이 마주한 아이즈너는 이렇게 되묻는 사람이었다.

바론에게 박사과정은 한 개인의 학문적인 여정이다. 외로움을 수반하는 침묵의 과정이다. 자신이 선택한 학문 분야에서 경험하는 지적인 모험이다. 진솔함을 드러내지만, 그래서 위험하다. 바론이 아이즈너의 스탠포드라는 안전한 공간을 선택한 이유이다.

바론은 박사논문을 대형 프로젝트의 일환으로 작성하는 그 시대의 관행을 비판한다. 학위논문을 쓰는 일은 지도교수의 미리 짜진 각본에 따라 퍼즐 판을 채우는 기계적인 작업이 아니라는 말이다.

그럼, 지도교수의 역할은 무엇인가? 바론은 '물러섬'의 미학을 이야기한다. 즉, 학위논문을 작성하는 학생 개인의 지난한 여정에서 지도교수는 슬쩍 비껴서서 필요할 때만 '소금'비판과 조언의 역할을 해야 한다는 것이다. 물론 아직 코스 중인 경우에는 교실 안팎에서 학생과 수시로 대화를 나누고 많은 가르침과 배움을 공유해야 한다.

바론은 먼저 아이즈너의 교실 속 풍경을 전한다. 그의 첫 번째 아이즈너 수업은 '교육과정 이론과 교육과정 변화'였다. 교육과정 입문 코스로서 아이즈너가 그의 학생이었던 엘리자베스 밸런스Elizabeth Vallance와 함께 편찬한 책을 가지고 교육과정에 대한 서로 다른 개념들을 소개하는 강좌였다. 두 번째 수업은 예술에 기반을 둔 질적연구qualitative research에 관한 것으로서 그때만 해도 아이즈너의 새로운 관심사였다.

바론이 기억하는 아이즈너의 수업은 사전 조율을 최소화한다는 특징이 있었다. 그는 아이즈너가 미리 상세한 일정, 지도, 대본 같은 것을 준비하지 않은 채, 혼자 아니면 몇몇 대학원생들과 상의하면서 앞으로 다룰 주제, 쟁점, 읽을거리 등을 확인하는 것으로서 교수요목을 대신하였다고 말한다. 진짜는 그 다음의 여정이었다. 바론은 아이즈너의 수업에서 청중 앞 배우의 독백처럼 일방적이나 지적으로 신선한 대화를 목격하였고, 나아가 교수와 학생 누구도 예상치 못한 흥미로운 관념의 골목길로 일탈을 경험하였다고 이야기한다.

이제 바론은 교실 밖으로 눈을 돌린다. 그곳에는 아이즈너의 비공식적인 모임이 있었다. 바론은 아이즈너가 대여섯 명의 박사과정 학생들과 함께 '질적연구회'를 결성하여 매주 예술적인 형태의 질적연구, 특히 예술비평과 교육비평과 관련된 주요 쟁점들을 논의했다고 증언한다. 이런 회합은 정규 코스가 아니어서 참석자들은 지도 없이 미지의 세계를 자유롭게 탐험할 수 있었고, 이때의 경험은 바론에게 스탠포드 시절 최고의 추억으로 남았다.

바론은 질적연구회의 필독서로 존 듀이John Dewey의 『경험으로서의 예술Art as Experience』(1934)을 가장 먼저 꼽는다. 이 책은 당시 아이즈너가 가장 즐겨 읽던 책이었다. 그리고 그때 이후 바론에게도 그러했다. 바론은 아이즈너가 듀이의 예술비평 개념에 근거하여 미리 정해진 결론 없이 학생들을 교육했다고 말한다. 그가 기억하는 아이즈너는 느슨한 형태의 소크라테스식 문답법에 내적인 감수성에서 비롯된 통찰과 폭넓은 외부 경험을 한데 뒤섞어 사용했다.

바론은 아이즈너와 학생들이 매주 화요일 저녁 자발적으로 질적연구회 모임을 가졌던 이유를 자신들의 삶에 대한 사랑과 그곳에서의 경험을 통한 생명성의 고양으로 설명한다. 물론 아이즈너의 경우에는 비평가 및 교사로서의 역할이 추가되었다.

바론은 이 모임의 발단을 아이즈너의 관심사를 공유하면서 인식의 지평을 넓히고 판단력을 연마하려는 학생들의 지적인 욕구에서 찾는다. 그러나 아이즈너 입장에서도 자기가 보았던 광경을 아직 보지 못한 학생들과 여행을 떠나 그 자신의 학문적인 삶을 가치 있게 만들어 주었던 경험들을 일러주고 싶었던 것 같다. 그것은 세상의 뛰어난 것들을 의식하고, 그것들을 깊이 감지하고, 넓게 인식하고, 온전히 경험하면서 삶의 진정한 가치를 비평/판단할 수 있는 '감식안'을 길러주는 여정이었다.

이어 바론은 아이즈너의 지도교수로서의 모습에 주목한다. 그는 아이즈너가 예술에 기반을 둔 질적연구라는 생경한 영역을 탐험하는 학생들에게 학문적인 대부와 같은 존재였다고 말한다. 아직 자생력이 부족한 대학원생들은 전통주의자들의 날선 공격으로부터 자신들을 보호해 주는 그늘막이 필요했고, 그 역할을 아이즈너는 기꺼이 자임했다.

이와 관련해 바론은 자신의 박사논문 심사에 대한 기억을 떠올린다. 그날의 경험은 썩 유쾌하지만은 않았던 것 같다. 그는 심사위원 중에 이른바 '사냥감을 찾아 돌아다니는' 전통주의자들이 몇몇 있었고, 예상대로 그들의 '심문'은 방법론예컨대 질적연구에서의 타당도의 의미, 객관성, 주관성 등에 집중되었다고 증언한다. 바론이 아이즈너의 학생이 아니었다면 전통주의자들은 의심의 눈초리를 누그러뜨리지 않을 태세였다. 아이즈너의 신용과 위상 덕분에 살아남았다는 소회다.

바론은 스탠포드 시절을 회상하며 확실히 혼자서는 싸울 엄두도 내지 못했을 것이라고 고백한다. 그의 곁에는 아이즈너가 있었다. 위험을 무릅쓰고 아방가르드적인 개념들을 옹호하는 지적으로 진실하고 자신이 선택한 영역에서 책임 있게 행동하는 용기 있는 멘토 말이다.

바론은 아이즈너 교육학의 핵심으로 상상력과 판단력을 꼽는다. 그는 아이즈너가 주변의 학생들과 동료들을 새로운 경지로 데려갔다고 평가한다. 그곳에서 그들이 교육과정 설계, 수업, 연구, 평가 등을 기술공학적인 수준을 넘어 예술비평적인 활동들로 이해했음은 의심의 여지가 없다.

바론에게 아이즈너는 직업적인 책임을 다하는 용감한 지적인 리더였을 뿐만 아니라, 상대방을 존중할 줄 아는 참된 의미에서의 교육자였다. 그는 아이즈너의 지적인 정중함을 다음과 같이 설명한다. 아이즈너는 주변에서 자신의 연구방법을 두고 갑론을박을 벌일 때도 관대하고 열린 자세로 상대방의 의견을 경청하는 사람이었다. 아이즈너는 타인의 몫을 빼앗아 자기 것으로 만드는 사람이 아니었다. 실제로 사회과학 연구의 희생을 담보로 예술적인 연구의 정당성을 주장하지 않았다. 그저 기존의 연구 테이블에 새로운 자리를 하나 더 마련해 줄 것을 정중히 요청했을 뿐이다.

바론은 아이즈너의 이런 지적인 리더십이 그동안 예측가능한 방향으로만 움직였던 교육 분야 종사자들에게 놀람과 경탄을 선사했고, 그의 학문적인 노력이 교육 연구의 지평 확대를 가져왔다고 말한다.

2. 윌리엄 아이어스의 막신 그린 이야기[2]

일찍이 존 듀이John Dewey가 강연하던 고색창연한 티처스 칼리지Teachers

---

2 William Ayers, "Doing Philosophy: Maxine Greene and the Pedagogy of Possibility," in Craig Kridel *et. al.* eds., *Teachers and Mentors: Profiles of Distinguished Twentieth-Century Professors of Education* (New York, 1996), pp. 117-126.

College 강당에서 윌리엄 아이어스William Ayers는 막신 그린Maxine Greene을 처음 보았다. 아이어스는 그날의 기억을 떠올린다. 이제 막 대학원에 입학한 그는 주변의 권고로 그린의 철학 강의에 참석했지만, 그녀를 만나본 적이 없는데다 옛 건물의 퀴퀴한 냄새에 강연 주제도 진부하여 별다른 기대는 하지 않았던 것으로 보인다. 다만 우연찮게 연단에서 얼마 떨어지지 않은 자리에 앉는 바람에 그린을 좀 더 가까이서 볼 수 있었다.

아이어스는 시끌벅적한 학생들 사이를 가로질러 양쪽 어깨에 수업 자료를 가득 담은 무거운 가방을 하나씩 매고 천천히 연단으로 걸어오는 그린의 모습을 기억한다. 학생들 가운데 파묻혀서인지, 아니면 어깨를 짓누르는 무거운 가방들 때문인지 그녀의 가뜩이나 작은 체구는 더 작아 보였지만, 아이어스는 이런 그녀가 무리 한가운데서 밝게 빛나는 태풍의 핵과 같은 존재였음을 잊지 않는다.

수업 장면으로 들어가면, 아이어스는 그린의 강의가 옛 친구와의 대화처럼 격식 없이 이어지다 말다를 반복하는 즉흥적이고, 친밀하고, 불완전한, 그러면서도 앞날을 내다보았다고 말한다.

그린의 주제는 '철학하기do philosophy'였다. 아이어스의 증언대로 그린에게 철학하기란 명제를 분석하거나 명료한 언어를 탐색하기보다 우리 자신의 생생한 삶과 관련된 실천적인 문제들을 제기하는 일이었다. 그랬기에, 그녀는 우리에게 뜨내기 관광객보다 진지할 것을, 관료주의와 기능주의의 가벼움을 떨쳐낼 것을 요구한다.

아이어스는 그린이 말하는 방식에서 브룩클린에서 자란 흔적을 감지하고, 그 안에 담겨있는 문학, 실존주의, 정치학을 아우르는 아방가르드적인 요소를 본다. 그리고 그녀가 담뱃내 짙은 허스키한 목소리로 전하는 분명한 목적과 열정에 주목한다.

아이어스를 매료시킨 것은 그린의 철학적인 문제의식이었다. 그것은 자유, 공정함, 권리, 비판적인 반성, 미학적인 인식, 성장 가능성, 간(間)문화적인 이해 등에 관한 질문들로 구체화되었다. 그린은 이런 철학적인 문제들로부터 학생들을 비판하고, 질문하고, 음미하고, 생각하는 작업, 즉 철학하는 일로 안내했다. 그녀에게 철학은 의식을 일깨우고, 삶의 쟁점들과 직면하고, 주변 상황에 의문을 품고, 드러나 보이는 것에 신중함을 견지하는 일이었다.

아이어스는 그린과 '철학하기'가 재밌으면서도 고단한 작업이었다고 그때를 회상한다. 무엇보다 그녀를 따라가기가 벅찼다고 토로한다. 그는 그린이 어느 것 하나 허투이 보는 사람이 아니어서 우리가 놓치는 조그만 부분까지 세밀하고 미묘하게 들여다보았다고 말한다. 또한, 그린의 왕성한 독서욕에 감탄하며 그녀의 박학다식함이 철학, 문학, 과학, 예술, 정치학, 교육학, 시, 페미니즘 등을 넘나드는 독서의 결과임을 암시한다. 아울러 그녀의 사고가 영화, 음악, 미술, 일상적인 대화, 우연한 만남, 춤, 정치적인 연대에까지 미쳐있었음에 놀라워한다. 그뿐만 아니라 그린은 자신의 다방면에 걸친 지적인 관심들을 교실 안으로 가지고 들어와서 그것들을 한데 녹여내는 재주가 뛰어났다.

그린의 수업은 그녀 자신의 생생한 경험으로부터 비롯된 것이어서 언제나 즉석에서 연주하는 것처럼 생동감 넘치고 창의적이었던 것 같다. 그러나 아이어스는 그 이면에 놓여 있는 그린의 일관된 신념과 목적을 또한 놓치지 않는다. 그는 그린의 수업이 학생들의 입장에서 저마다 상상의 나래를 펴고, 끊임없이 질문을 던지고, 열린 마음으로 대화에 참여하면서 그들이 그동안 당연시 여겼거나 아무 생각 없이 지나쳤던 문제들을 새롭게 인식하는 계기가 되었다고 말한다.

아이어스는 그린이 스스로 자기 전공이라 말했던 삶의 역동적인 상황에 주목한다. 그린은 불확실한 세상에서 학생들이 자신들의 선택에 따라 자유와 책임을 실천하는 삶을 살기를 바랐던 것 같다. 그린이 자신의 학자로서의 정체성을 어느 특정 분야에 묶어두지 않았음은 잘 알려진 사실이다. 아이어스의 기억 속 그린도 철학, 인류학, 문학, 심리학, 과학, 예술 등 다양한 장르를 유쾌하게 넘나들며 제諸학문의 경계를 흐릿하게 만드는 사람이었다. 그녀는 그것이 무엇이든지 간에 우리의 의문을 자아내고, 우리 자신의 문제를 다루고, 우리가 처한 상황과 관련된다면 탐구할 가치가 있다고 믿었다.

아이어스는 그린의 철학을 의미, 의식, 자유, 의문, 가능성, 도덕 등 몇 가지 키워드로 정리한다. 그는 그린의 수업에서 간단하고, 자명하고, 결정된 것은 하나도 없었다고 말한다. 가까이서 지켜보았던 그린은 원리, 관습, 법령 운운하는 사람이 아니었다. 자신의 세상에서 자신의 원칙만 가지고 사는 사람도 아니었다. 그녀는 각종 유행, 관습, 신조에 얽매이지 않은 채 우리의 이익, 우리의 권리, 우리의 선택에 따른 책임을 주장했던 사람이었다.

아이어스는 그린의 수업이 정해진 것에 의문을 제기하고, 당연시 하는 것에 도전장을 내밀고, 선택과 책임의 삶을 독려하는 것이었지만, 그렇다고 교실 안의 공기마저 무거운 것은 아니었다고 말한다. 오히려 그는 그린을 재치 넘치고, 재미있고, 유머 감각이 뛰어난 사람으로 묘사한다. 당연히 그녀의 수업도 종종 그러했던 것 같다.

아이어스는 그린이야말로 복잡한 세상에서 지도 없이 자신의 선택에 따라 삶을 살았던 사람이라고 평한다. 그는 그린을 가리켜 생각이 분명하고, 관점이 명확하며, 행동할 줄 아는 사람이었다고 말한다. 그녀가 세상 모든 것에 의문을 품고 세상 모든 것을 탐구하는 사람이었음은 주지한 바와 같다. 이런 사람이었으니 그녀만큼 자신이 옳다고 믿는

가치들을 주장하고 실천하는데 열심인 사람도 없었다. 그러나 그린은 그녀 자신을 당연시하며 고정된, 경계가 지어진, 한정된 틀 속에 가두는 일에는 단호히 반대했다. 실제로 그린은 여성의 권리, 평화, 환경 등을 옹호하는 입장이었지만 스스로를 페미니스트, 반제국주의자, 환경주의자로 명명하지 않았고, 교육과정 재개념화 운동에 공감하면서도 '재개념주의자'라는 타이틀은 거부하였으며, 비판교육학에 동조하면서도 '마르크스주의'라는 꼬리표는 떼어냈다.

아이어스는 나이 마흔 살에 학위나 얻을 요량으로 티처스 칼리지로 돌아왔다고 고백한다. 그는 최소한으로 학점을 채우고, 필요한 언어만 습득하여 무난히 졸업하기를 바랐다고 털어놓는다. 특별히 어려운 것도, 딱히 영양가 있는 것도, 심각한 도전도 없을 것이라고 예상했지만, 그곳에는 그린이 있었다. 그의 예상은 빗나갔다.

아이어스는 스스로를 그린의 '그저 그런' 학생이었다고 말한다. 그러나 그린에 대한 그의 평가도 그러했던 것은 아니다. 오히려 그린을 관대한 사람, 친근한 사람, 겸손한 사람으로 치켜세운다. 그러면서 이러한 자질이 그녀의 내적인 안정감, 지혜로움, 성숙함의 발로였다고 덧붙인다.

결론적으로 아이어스에게 그린과의 만남은 좋은 추억으로 남았다. 특히 그린의 학문적인 격려와 자극으로 말미암아 아이어스는 비로소 일상을 반추하며 주변을 넓고 깊게 보는 것, 즉 '철학하기'를 배웠다고 술회한다. 그 덕에 계속해서 더 많이 읽고, 더 눈을 크게 뜨고, 관습의 벽에 도전하며 아직 오지 않은 새로운 가능성을 생각하게 되었다는 말이다.

3. 데이빗 한센의 필립 잭슨 이야기[3]

데이빗 한센David Hansen은 시카고 대학에서 대학원 공부를 하면서 필립 잭슨Philip Jackson의 수업을 여섯 번 들었고, 그의 리서치 프로젝트에 보조 연구원으로 참여하였으며, 그가 주재하는 학위논문 심사를 받았다고 말한다. 한센은 잭슨을 가리켜 개인적으로는 유머 감각과 삶의 환의가 넘쳐나는 사람이었고, 교사로서는 40년이 넘게 그만의 단호한 방식으로 교수직을 수행한 사람이었다고 평한다.

한센은 잭슨의 탐구와 대화에 대한 열정이 남달랐다고 회고한다. 그는 잭슨의 교사로서의 스타일이 존 듀이John Dewey의 반성적인 사고와 닮은 구석이 있었지만, 그렇다고 소크라테스Sockrates 식의 문답법만큼 '병적'인 것은 아니었다고 부연한다.

1950년대 잭슨이 대학에 첫 발을 내딛을 때만 하더라도 그는 교실에서 주구장창 '강의'만 하는 사람이었다. 한센은 이런 그에게 변화가 꽤 일찍부터 감지되었다고 말한다. 교육심리학에 대한 지적인 관심이 시들해진 것이 발단이었다. 그러다가 잭슨이 1968년에 『아동의 교실생활Life in Classrooms』을 출간하자 모든 것이 달라졌다. 한센은 잭슨의 책으로 말미암아 수많은 교육 연구자가 실험연구의 '마법'에서 풀려나 오늘날 우리가 질적연구라고 부르는 것에 관심을 갖게 되었다고 말한다. 잭슨 개인적으로도 이 책은 교육에 대한 철학적인 관심이 그의 학문 생활의 중심을 차지하는 계기가 되었다. 자연스럽게 그의 수업 방식도 강의 중심에서

---

3 David Hansen, "In Class with Philip W. Jackson," in Craig Kridel *et. al.* eds., *Teachers and Mentors: Profiles of Distinguished Twentieth-Century Professors of Education* (New York, 1996), pp. 127-138.

학생 전체가 참여하는 토론 중심으로 바뀌었고, 교실에서 잭슨은 소크라테스처럼 외골수로 학생들을 몰아붙이지 않았어도 한센의 표현대로 꼬리 끝에 맹독성 가시가 달려 있는 가오리가 되었다.

한센은 잭슨의 수업이 언제나 질문과 함께 시작했다고 증언한다. 잭슨은 수업 시간에 다루는 개별적인 텍스트와 사상들에 대해 질문하였는데 학생들 대부분이 낯선 철학적인 질문들에 당황했다. 그럼에도 잭슨은 쩔쩔매고 있는 학생들을 대신하여 설명하는 경우가 없었다고 한다. 잭슨의 수업에서는 학생들이 입을 열고 자신들의 생각을 말하는 것 외에 다른 방법이 없었다. 일단 학생들이 그들의 의견을 제시하면 잭슨은 그것을 재진술하면서 명료하게 정리해 주었는데, 그의 이러한 능력은 학생들의 감탄을 자아낼 만큼 출중했던 것으로 보인다.

계속해서 한센은 잭슨의 토론 방법에 대하여 이야기한다. 잭슨은 항상 열린 자세로 학생들과 대화를 나누었다. 잭슨의 교실에서는 누구나 새로운 문제를 제기하고 대화의 방향을 제안할 수 있었음은 물론, 미리 정해진 수업 계획에 따라 학생들이 반드시 읽고 논의해야만 하는 중심적인 문구들과 중요한 개념들도 없었다. 한센은 잭슨과의 수업이 매번 미지의 세계를 향해 나아가는 지적인 모험과도 같았다고 회상한다. 그곳에서 학생들은 '답'을 찾기보다 '생각'하기 위해 공부했다. 교실 속 대화도 새로운 가능성을 탐구하는데 목적이 있었다. 예컨대 그들은 플라톤Platon, 루소Rousseau, 듀이Dewey가 교육에 관해 무엇을 말했는지 반복하기보다 그것이 함의하는 바를 곱씹으며 자신들의 사고를 최고로 연마했다.

한센은 잭슨의 질문들에 자극을 받은 많은 학생이 참된 의미에서 지적인 해방감을 맛보았다고 말한다. 그러나 잭슨의 가시에 찔리지 않으려고 그와 의식적으로 거리를 두는 학생들도 더러 있었다. 이런 학생들은 자신들의 옛 신념과 의견을 고수하지 않으면, 특정 작가의 경력이나 운운하고, 그도 아니면 기존의 권위 있는 해석 뒤에 숨어 교실 속 대화 자체를 회피했다. 심지어 일부는 대학원 공부가 이미 알고 있는 것을 보여주는 것일 뿐 새로운 것을 배우는 것은 아니라고 주장했다.

그러나 잭슨은 전혀 아랑곳하지 않고 텍스트 자체에만 주목하면서 교실에서 지적인 대화를 이어갔던 것으로 보인다. 한센은 이런 부류의 학생들을 다루는 잭슨의 태도가 솔직하면서도 가차 없었다고 말한다. 그렇다고 불친절했다는 것은 아니다. 잭슨은 대체로 이들의 학문적인 유기에 대한 판단을 직접 내리지 않고 반 전체의 결정으로 유예하고 대체했다. 그러나 교실 안에서 되는대로 그때그때 아무 의견이나 내놓고 스스로 만족한 듯이 살아가는 학생들에 대해서는 불같이 화를 냈다.

한센은 잭슨의 교실에서 스스로 생각할 줄 아는 것이 인생에서 부차적이 아닌 인생 그 자체라는 교훈을 얻었다. 잭슨은 텍스트 속 저자의 의도를 파악하기 위해 노력하고 교실 속 타자의 의견을 경청하면서 그들이 말하는 것에 비추어 우리 자신이 어떤 형태의 삶을 살 수 있는지 진지하게 궁리하라고 가르쳤다. 부연하면, 다른 사람들의 말에 진지하게 귀를 기울이면서 우리 자신의 사고방식과 무엇이 다른지 비판적으로 따져보아야만 새로운 아이디어와 가능성이 무엇인지 이해할 수 있다는 말이다. 이것은 우리 자신의 편향된 관점에서 텍스트를 읽는 것과는 판이하게 다르며, 전문가의 고견이랍시고 무비판적으로 수용하거나 교수의 '정답'만을 기다리는 비교육적인 태도와도 거리가 멀었다는 것이 한센의 설명이다.

자연스럽게 한센은 잭슨의 교실에 감돌던 긴장감에 대해 이야기한다. 잭슨은 지적인 분위기를 고양시키기 위해 학생들에게 오로지 텍스트의 견해에만 집중할 것을 요구했다. 그의 밀도 있는 수업에서 철학적인 질문 사이로 개인적인 일화나 진술 따위가 비집고 들어갈 틈이 없었음은 물론, 잭슨은 심지어 학생들의 이름이 아닌 성을 부르면서 그들과 일정한 거리를 유지했다. 한센은 잭슨의 의도에 의구심을 표하면서도, 그것이 지적인 생산성을 높이려는 시도였다고 설명한다. 이런 잭슨은 교실에서 친구처럼 다정하지 않았지만, 그렇다고 가부장적인 권위만 내세우지도 않았다. 한센이 기억하는 잭슨은 개인적인 판단중지 상태에서 공정한 의견을 개진하는 사람이었다. 그는 학생들을 교육하는 사람이었지 그들을 즐겁게 해주는 사람이 아니다.

한센은 잭슨이 박사과정을 지적인 과업으로 여겼고, 교육의 과정에서 학생들의 독립적인 사고와 주체적인 역할을 강조했다고 말한다. 그의 눈에 몇몇은 정말이지 잭슨의 바람만큼이나 지적으로 탁월한 학생들이었고, 꼭 그렇지 않아도 대부분은 잭슨의 수업을 통해 지적으로 진지한 학생들로 거듭났다.

그렇다고 잭슨이 교실에서 차갑고 도도한 사람이었다고 생각하면 오산이다. 잭슨은 학생들의 의견에 대해 개인적인 판단을 유보하는 태도를 보였는데 그 자신이 최종 결정권자가 되어서는 안 된다고 생각했기 때문이다. 잭슨의 수업에서는 권위가 교사 한 사람의 판결에 있었다기보다는 모두가 참여하는 대화의 장에 있었던 셈이다.

한센은 잭슨의 수업이 때론 성가실 때도 있었지만, 그래도 나름 괜찮고 흥미로웠다고 회고한다. 특히 잭슨의 가시 돋친 말이 교육 현안들에까지 미쳤을 때, 그것은 학생들에게 교육의 변죽만 건드리지 말고 그 본질로 들어가서 그들 자신의 가치와 가정을 비판적으로 반성하라는 분명한 메시지를 전달했다.

잭슨의 수업에서는 최근의 교육 연구물들을 많이 다루지 않았던 것 같다. 그 자신의 저작들도 예외가 아니어서 한센은 잭슨의 학생이었던 6년 동안 그의 많은 책과 논문을 '과제'로 읽어본 적이 한 번도 없었다고 아쉬워한다. 한센은 잭슨이 개설한 강좌들에 '교사로서의 듀이Dewey', '교사로서의 비트겐슈타인Wittgenstein', '교사로서의 워즈워스Wordsworth', '교사로서의 콜레리지Coleridge' 등이 있었다고 일러준다. 물론 잭슨은 '교육과정의 원리'나 '교육철학'과 같은 표준적인 강좌들도 열었다. 그러나 이런 강의들마저 교수요목에는 언제나 동시대 철학자들을 비롯하여 아리스토텔레스Aristoteles, 플라톤Platon, 듀이Dewey와 같은 철학자들의 이름이 빠지지 않았다.

그 이유를 한센은 잭슨의 교육 분야에의 무지나 무관심에서 찾지 않는다. 그보다 인간행동 자체에 대한 광의의 관심으로부터 잭슨의 교육과정이 인간의 일상적인 경험교육을 포함하여을 연구했던 듀이, 비트겐슈타인, 워즈워스 등을 포함했다고 설명한다. 시, 회화, 예술을 망라하는 그의 오랜 지적인 취향 역시 마찬가지였다.

한센은 또한 잭슨이 자기 자신과 그의 저작들에 특정 '상표'를 붙이려는 시도를 오랫동안 물리쳤기 때문에 자유로운 지적인 행보가 가능했다고 말한다. 잭슨은 교실에서 자신의 색깔을 드러내지 않았을 뿐만 아니라 그의 사고방식과 학자로서의 정체성도 하나의 지적인 브랜드로 수렴시키지 않았다. 한센은 이런 유보적인 태도가 사람들의 공분을 사는가 하면, 대학의 정형화된 학문 시스템에 위배되는 것이었음을 지적한다. 다만 잭슨의 너무나도 다채로운 지적인 호기심과 부산함을 하나의 그릇에 오롯이 담는 일이 역부족이었음은 시인한다.

한센의 눈에 잭슨은 간혹 수수께끼 같은 인물로 보였다. 잭슨의 교육 연구와 그 분야에의 공헌은 누구 못지않게 뛰어난 것이었지만, 정작 그의 수업에서는 현재 진행 중인 교육 연구나 이 분야의 전문적인 지식에 대한 것이 주를 이루지 않았다. 그런 것들은 학생들이 스스로 알아보거나 다른 교수들의 강의에서 공부하면 되는 '부차적'인 것에 불과했다. 한센은 잭슨의 수업이 이미 알고 있는 것이 아닌 새로운 것을 탐구하려는 지적인 호기심에 바탕을 두었다고 에두른다.

한센은 잭슨의 학문하는 자세를 간학문적인 것으로 규정한다. 그에게 학문을 한다는 것은 전공과 훈련과 소속이 상이한 연구자들이 한데 모여 지적인 대화를 나누는 일이었다. 한센은 잭슨을 따라 이러한 간학문적인 연구 모임들에 더러 참석했는데, 그곳에서 잭슨이 같은 학과 교수들과 함께 있을 때만큼이나 다른 학과 철학자들, 문학비평가들, 인류학자들과 편안한 분위기를 연출하여 자못 놀랐던 것 같다. 다시 말하지만 잭슨은 어느 한 지적인 캠프에 속하지도, 또 그것의 입장을 대변하는 사람도 아니었다. 그가 간학문적인 모임에서 편안함을 느꼈다면, 그것은 어디까지나 정신적인 수준에서의 소속감이지, 결코 물리적인 것은 아니었다.

한센은 잭슨의 사도가 아니었음을 강조한다. 잭슨이 '추종자'라는 어리석고 모순적인 존재를 용인했을 리 만무하다. 한센은 그저 학생이었다. 잭슨의 수업에서 '으르렁'대며 치열하게 대화를 나누는 여러 학생들 중 하나였다. 잭슨 역시 조련사도 사육사도 아니었다. 학생들의 지적인 야생성을 북돋는 교사였을 뿐이다. 여기에 교훈이 있다. 한센은 잭슨의 교사로서의 본보기에 주목한다. 그는 잭슨이 교실에서 끊임없이 질문을 던지며 학생들을 생각하는 일로 안내하는 역할에 충실했고, 그것이야말로 우리가 그를 닮아야할 이유라고 말한다.

한센은 잭슨의 연구실을 방문하는 것도 그의 수업만큼이나 도전적인 과제였음을 인정한다. 그렇다고 잭슨이 인상을 잔뜩 찌푸린 채 연구실 문을 열어 주었다는 것은 아니다. 오히려 한센은 잭슨의 태도가 그의 교사로서의 책임을 다하려는 듯 매우 정중하고 주의 깊었다고 회고한다. 물론 성례를 치르는 것만큼 신성한 것도 아니어서 잭슨은 종종 장난을 치기도 하고 농담을 던지기도 하였다. 하지만 교실 속 수업만큼이나 연구실에서의 대화도 지적으로 솔직하고 학생들의 반성적인 사고를 불러일으키는 교육적인 행위였음은 틀림없다.

4. 폴 클로의 로라 저브 이야기4

폴 클로Paul Klohr는 로라 저브Laura Zirbes의 학문적인 삶이 초등교육 분야의 성장과 궤를 같이했다고 생각한다. 클로는 저브를 패티 스미스 힐1Patty Smith Hill 유치원 교육의 진흥자과 같은 '불굴의 여성들'의 뒤를 잇는 2세대 여성 교육학자로 소개한다.

클로는 1946년 1월 어느 추운 아침 오하이오 주립대학에서 저브를 처음 만났다고 말한다. 클로는 덩치 큰 한 여성이 양손에 각종 우편물과 뜯지 않은 소포들을 가득 들고 '아르프스 홀'로 통하는 문을 열고 있는 장면을 목격한다.

잠시 클로는 저브 시절 오하이오 주립대학이 어떤 곳이었는지 설명한다. 클로는 이 대학의 교육관이 그곳의 전임 학장 조지 아르프스George Arps의 이름을 따서 '아르프스 홀'이라고 불린다는 사실을 귀띔한다. 클로는 아르프스가 빌헬름 분트Wilhelm Wundt 밑에서 공부했던 행동주의 심리학자로서 그 건물의 꼭대기 층을 2차 세계대전 이후 미국 심리학의 메카로 만들었다고 부연한다. 아울러 클로는 이 건물에 워렛 차터스Werrett Charters의 교육연구소가 자리 잡고 있었음에 주목한다. 차터스가 교육과

---

4 Paul Klohr, "Laura Zirbes: A Teacher of Teachers," in Craig Kridel *et. al.* eds., *Teachers and Mentors: Profiles of Distinguished Twentieth-Century Professors of Education* (New York, 1996), pp. 139-145.

정을 개발하는 과학적인 방법에 관심이 있던 사람이었음은 익히 알려진 사실이다.

클로는 저브가 아르프스 홀의 이런 지적인 분위기를 몹시 싫어했다고 전한다. 실제로 저브는 아르프스 홀의 과학적인 세상과 그녀만의 또 다른 과학적인 세상 사이에서 긴장을 느끼며 살았던 것으로 보인다. 클로는 저브의 대안이 듀이Dewey 식으로 '과학적'이었다고 설명한다. 그나마 다행이었던 것은 동료 교수들의 정중한 학문적인 태도였는데, 그로 말미암아 저브는 그들과 협력 관계를 유지할 수 있었다.

다시 아르프스 홀 출입문으로 돌아가, 클로는 저브에게 도움의 손길을 뻗쳤다. 재빨리 그녀의 짐을 덜어 들고 1층에 위치한 초등교육 센터로 함께 걸어갔다. 그때만 해도 캠퍼스에 교실이 매우 부족하고, 남성 중심의 행정 문화가 만연한 시절인지라 클로는 저브가 '행정' 쪽 사람들과 한참을 싸워서 그 건물 1층에 공간을 확보했다고 말한다.

이 우연한 만남은 곧 진지한 대화로 이어졌다. 저브는 해롤드 앨버티 Harold Alberty를 통해 클로의 존재를 이미 알고 있었다. 당시 클로는 교사 출신으로 교육과정을 공부하려고 이제 막 대학원에 입학한 상태였다. 클로는 대학원에서 교육과정을 전공하면 초중등교육과정을 모두 공부한다고 생각했다. 이런 생각은 그중 하나만을 전공으로 삼는 통상적인 사고방식과 거리가 있었다. 이러한 고민을 안고 그는 조만간 저브를 찾아가 상담을 하려 했는데, 우연찮은 기회에 그녀를 만나 이 문제로 이야기할 수 있었다.

비록 이날의 대화는 짧게 끝났지만, 저브는 클로에게 곧 있을 수업에 참여할 것을 제안했고, 클로는 저브의 제안을 수락하고 그녀의 수업 준비를 도왔다. 클로는 저브가 크리스마스 휴가 동안 뉴욕에서 수집한 예술작품 사진들을 벽면에 부치는 일을 도왔는데, 그날 저브의 수업은 시각예술을 교육과정과 접목하는 방식에 관한 내용이었다. 저브는 교육과정 설계에서 예술을 중핵core의 하나로 강조했다. 저브에게 예술은 방금 말한 시각적인 경험들뿐만 아니라 춤, 음악, 드라마와 같은 활동들을 모두 포함하는 광의의 개념이었다.

클로는 저브가 여름이면 학교를 열어 예술중심 교육과정을 실천에 옮겼고, 그것이 나중에 앨버티의 노력과 결합해 1932년 대학의 실험학교 설립으로 이어졌다고 말한다. 이 학교는 8년 연구에 참여한 학교들 가운데서도 가장 진보적이었고, 그곳의 초중등학교 교육과정을 입안했던 저브와 앨버티가 바로 클로의 박사과정 지도교수와 논문심사 위원장이었다.

클로는 교사로서의 저브를 문제해결 식의 접근을 중시했던 사람으로 기억한다. 저브는 미리 정해진 결론을 염두에 두고 학생들을 특정 방향으로 몰아갔던 것이 아니라, 그들이 스스로 생각하고 논의할 수 있도록 모든 가능성을 열어두었다. 저브의 교실은 늘 생각하고 논의할 것들로 넘쳐났고, 그 여운은 수업이 끝난 뒤에도 쉽게 가시지 않았던 것 같다. 저브는 학생들에게 개인적인 글쓰기를 권유하였는데, 클로는 이 작업이 교육은 말할 것도 없고 우리의 삶 자체를 두루 포괄했다고 회고한다. 그렇다면, 저브가 지도한 박사학위 논문들 가운데 1인칭으로 서술된 것들이 심심치 않게 눈에 띄었다는 클로의 증언은 어찌 보면 당연했다. 물론 전통적인 관점에서야 '객관적'인 3인칭 시점으로 학위논문을 작성하지 않았으니 매우 놀랄만한 사건이었겠지만 말이다.

클로는 나중에라도 저브 밑에서 공부했던 교사들은 쉽게 알아볼 수 있었다고 공언한다. 모두가 저브의 트레이드마크인 문제해결 식의 '공격'으로 무장되어 있었기 때문이다. 그뿐이랴, 그들은 교육을 지탱하는 확고한 철학적인 가치들이 몸에 배어있는 사람들이었다.

클로는 저브를 비범하고 당당한 교사로 묘사한다. 그녀는 주변에서 당연시하는 것들에 종종 도전장을 내밀곤 하였는데, 특히 학생들과 동료 교수들에게 교직의 목적을 재고하고 그 방법들을 숙고하라고 목소리를 높였다. 저브는 남성 교수들 일색에 도구주의적인 사고가 성행하던 대학 사회에서 이런 역할을 자임할 만큼 강단 있는 사람이었지만, 그녀 곁에는 보이드 보드Boyd Bode, 해롤드 앨버티Harold Alberty, 헨리 헐피쉬Henry Hulfish 와 같은 듀이 철학의 사도들이 포진해 있었다. 이들 덕분에 저브는 대학의 실험학교에서 자신의 철학에 따라 초중등교육과정을 운영할 수 있었다. 클로는 저브의 주된 활동 무대였던 이 실험학교를 대학의 지배적인 학풍에서 자유로운 하나의 섬과 같은 존재로 그린다.

클로는 저브에 대한 과장된 진술을 경계하면서 그녀의 지적인 공헌을 몇 가지로 정리한다. 우선 클로는 저브가 학교에서의 민주적인 삶의 방식에 관심이 있었다고 말한다. 저브는 듀이식 민주주의 개념에 의거해 교사와 학생, 교사와 교사, 교사와 행정가, 학교와 지역사회 간의 관계를 재설정할 것을 요구했다.

다음으로 클로는 저브가 교육의 과정을 중시했다는 점을 지적한다. 저브는 미리 설정된 목적이 과정을 통제하는 도구주의적인 사고에 반대했다. 선형적인 교육과정 개발과 기술공학적인 논거가 교사와 학생들 간의 상호작용과 그로부터 생성되는 새로운 창의적인 목적들을 억압할 소지가 다분하기 때문이다.

계속해서 클로는 저브의 예술에 대한 관심이 창의성 논의를 촉발하였다고 말한다. 특히 저브는 대학의 실험학교 교육과정을 유치원부터 12학년까지 예술중심적으로 재구성하면서 창의적인 활동이 인지적인 사고력에 미치는 영향을 주시했다.

마지막으로 클로는 저브가 항상 아이들의 발달 과업을 염두에 두었다고 말한다. 저브는 교사가 아이들을 한 해만 가르치지 말고 학년을 따라 올라가면서 여러 해 동안 그들의 성장과 발달 과정을 지속적으로 지켜보고 안내하면 좋다고 생각했다.

클로는 1948년 트루먼Truman 대통령이 저브를 가리켜 '교사들의 교사a teacher of teachers'로 명명한 일을 기억한다. 확실히 그녀는 어느 시인의 말처럼 봄날에 씨앗을 사방에 흩날리는 나무와도 같았다.

전문가의 품격과 기개

1. 아서 포쉐이의 홀리스 캐스웰 이야기[1]

1945년 여름 아서 포쉐이Arthur Foshay는 홀리스 캐스웰Hollys Caswell을 만나기 위해 캘리포니아에서 뉴욕으로 건너갔다. 포쉐이는 티처스 칼리지 연구실의 열린 문 사이로 캐스웰을 처음 보았다고 회고한다. 캐스웰은 연구실 가장 안쪽의 잘 정돈된 책상 앞에 앉아 있었다. 포쉐이는 이 유명한 교육과정 개발 전문가 밑에서 공부를 하고 싶어서 천리 길을 날아왔던 셈인데, 그의 이런 노력은 결코 헛되지 않았다.

첫 만남부터 캐스웰의 전문가다운 격식과 위엄이 포쉐이를 사로잡았다. 포쉐이는 캐스웰의 조용하면서도 명확한 지침에 따라 그해 여름을 뉴욕에서 보냈다. 캘리포니아로 돌아온 포쉐이는 오클랜드 초등학교 교장직을 1년여 휴직하고 티처스 칼리지에서의 박사공부를 준비했다.

1946년 6월 포쉐이는 캐스웰의 대학원생이 되었고, 그의 도움으로 호레이스 만-링컨 스쿨의 교감직을 수행하면서 자신의 휴직기간을 2년으로 늘렸다. 이때부터 캐스웰은 포쉐이의 삶에 지대한 영향을 미쳤다. 특히 캐스웰은 박사공부를 마친 포쉐이를 티처스 칼리지의 교수로 추천하면서 학자로서의 길을 열어주었다.

---

1 Arthur Foshay, "Hollis Caswell and the Practice of Education," in Craig Kridel *et. al.* eds., *Teachers and Mentors: Profiles of Distinguished Twentieth-Century Professors of Education* (New York, 1996), pp. 199-205.

포쉐이는 캐스웰을 만나면서 비로소 교육과 교사로서의 삶을 진지하게 성찰했다. 당시 포쉐이는 캘리포니아 대학 출신의 10년차 교사이자 교육행정가로서 그 지역 공립학교의 다양한 사람들과 문제들을 '처리'하는 노하우에 밝은 사람이었다. 이런 그가 캐스웰을 보면서 교직에서는 기술과 요령이 전부가 아니라는 사실을 깨달았다.

캐스웰은 교육을 통해 지적인 능력 개발은 물론 사회의 현안 해결과 시민의 도덕성 함양을 추구했다. 포쉐이는 캐스웰의 교육관이 그 시대를 반영하였다고 말한다. 캐스웰은 1930년대 경제공황기에 여러 주와 도시의 교육과정 프로그램들을 입안하면서 자신의 신념을 실천에 옮겼다. 캐스웰은 주변의 관념적인 사회개혁자들이를테면 조지 카운츠George Counts와 해롤드 럭Harold Rugg과 달리 직접 현장으로 달려가 일을 처리하는 사람이었다.

포쉐이는 캐스웰의 『교육과정 개발Curriculum Development』(1935)이 이 시절의 산물이었고, 그가 자신의 경험을 토대로 1946년 매우 선구적인 교육과정 강좌를 열었다고 말한다. 포쉐이의 비교 대상은 아무래도 1950-1960년대 국가 주도의 교육과정 개혁이 아니었나 싶다.

포쉐이는 캐스웰이 수업 시간에 전해준 몇 가지 실천적인 지혜를 소개한다. 첫째, 교육과정 개발은 개별 학교 단위로 이루어져야 한다. 둘째, 교육과정 개발자는 교육청 관료들이 아닌 학교 구성원들과 함께 교육과정을 개발해야 한다. 셋째, 교육과정 개발의 출발점은 교실이어야 한다. 교육과정을 위에서 아래로, 또는 밖에서 안으로 개발하는 방식은 지양해야 한다. 넷째, 학교를 조직하는 방식과 수업의 질은 상관이 없다. 다섯째, 세세한 교수요목 제작 및 개정은 무익하다. 이를 위한 각종 전문가 위원회도 불필요하다.

포쉐이는 또한 캐스웰의 강의가 교육과정 개발에 대한 역사적인 안목을 길러주었다고 말한다. 캐스웰에게 교육과정 개발은 어디까지나 행동의 문제였다. 단순히 제안이나 권고의 문제가 아니었다. 한 예로 캐스웰은 그의 교육과정개발사史 강좌에서 그동안의 교육과정 개선 노력들이 단지 구체적인 행동을 제안한 경우에만 효과가 있었음을 역사적으로 예증했다.

캐스웰에게 교육은 학문 분야를 넘어 행동 영역에 속했다. 행동이 곧 '증거'였던 셈이다. 캐스웰은 남들처럼 존 듀이John Dewey나 윌리엄 킬패트릭William Kilpatrick과 같은 대가들을 들먹이며 자신의 교육과정 제안서를 내지 않았고, 전문적인 교육을 교수법 연구로 대체하면서 그의 전문가로서의 행동을 타인들에게 양도하지도 않았다. 포쉐이는 이런 캐스웰을 교육 분야에서 학문적인 연구와 직업적인 전문성이 조화를 이루기를 바랐던 선구적인 인물로 평가한다.

포쉐이는 캐스웰이 교사들과의 협력 연구를 중시하였다고 말한다. 캐스웰은 자신의 경험으로부터 교사들이 배제된 학교 실험이나 교육과정 설계가 실효성이 떨어진다는 결론에 도달했던 것 같다. 교사들은 자신들이 참여하지 않은 개혁을 왜곡하거나 무시하는 경향을 보인다. 포쉐이는 교사들이 주도적인 역할을 담당하는 가운데 전문가 집단이 그들의 연구, 설계, 행동을 뒷받침하는 캐스웰식 실행연구가 교사들의 목소리가 실종된 하향식 교육개혁에 경종을 울리는 것이었음을 상기시킨다.

포쉐이는 캐스웰이 사람들과 작업할 때 가급적 눈에 띄지 않게 행동했다고 전한다. 주변의 관심이 자신에게 쏠리는 것을 경계했던 것인데, 캐스웰의 이런 모습은 다른 '유명' 인사들의 시끌벅적한 행태와는 사뭇 달랐다. 이름깨나 알려진 자들이 다른 사람들 위에 군림하며 자신들의 이미지를 각인시키려 했던 것과 대조적으로 캐스웰은 함께 일하는 사람들 각자가 안으로부터 바뀌기를 바랐고, 이를 위해 그들이 지금까지와는 다르게 생각하도록 도왔다.

캐스웰에게 교육은 사람들 개개인이 자신의 능력을 개발하여 자아실현을 이루는 일이었다. 모두를 똑같이 만드는 일도, 그렇다고 특정 인물의 모제품을 생산하는 일도 아니었다. 포쉐이는 캐스웰의 학생들이 그를 단순히 흉내 냈다기보다 그의 영향 하에 스스로 성장했다고 증언한다. 한 예로 플로렌스 스트레이트마이어Florence Stratemeyer는 캐스웰의 2년 동안의 지적인 독려 끝에 그녀의 교육과정 저서를 출간하며 마침내 자아실현을 이루었다.

포쉐이는 캐스웰이 당시 교육과정 개발 분야를 선도했을 뿐만 아니라, 교육행정가로서의 역량도 대단히 뛰어났었다고 말한다. 캐스웰은 1937년 티처스 칼리지에 부임하자마자 '교육과정과 수업Curriculum and Teaching' 학과를 만들었을 만큼 '수완' 좋은 행정가였고, 2차 세계대전이 끝날 무렵에는 이 대학의 유서 깊은 실험학교를 폐쇄하기로 결정할 만큼 대범한 실천가였다. 당연히 주변에서는 반대가 들끓었고 결국 법원의 결정으로 호레이스 만-링컨 스쿨은 역사의 뒤안길로 사라졌다. 이후 다른 대학의 실험학교들도 속속 문을 닫았다.

학술활동과 관련하여 포쉐이는 캐스웰이 미국교육학회 학교장학 분과와 신생 학회인 교육과정 연구회를 통합하여 '학교장학 및 교육과정 개발 학회ASCD'를 창설하는데 주도적인 역할을 담당하였다고 말한다. 아울러 미국교육학회 안에 교수법 연구 분과가 설치된 것도 캐스웰의 제안에서 비롯된 것으로 보인다.

포쉐이는 자신의 경험에 비추어 캐스웰의 충고가 간결하고, 단도직입적이고, 예리하였다고 기억한다. 특히 사람들과 함께 일할 때 캐스웰은 그들의 목소리에 귀를 기울이며 그로부터 문제를 해결하기 위해 행동할 것을 주문했다.

캐스웰은 특정 교육이론을 신봉하지 않았다. 캐스웰은 중핵 교육과정

core curriculum을 옹호하는 입장이었지만, 그것이 곧 그가 진보주의자였음을 뜻하지 않았다. 캐스웰은 중핵 교육과정이 다른 사람들과 마찬가지로 그 자신에게도 합당해 보였기 때문에, 또 1930년대 경제공황기에 사회적인 쟁점에 따른 교육과정 설계가 시의적절하여 그리했을 뿐이다.

포쉐이는 캐스웰의 언행에 개인적인 신조가 묻어있었다고 말한다. 가령 캐스웰은 생각으로 '밭을 일궈' 행동으로 '수확'한다는 식의 표현을 즐겼는데, 이것은 그가 네브라스카 시골 출신으로 농장 언어에 익숙했기 때문이라는 것이 포쉐이의 설명이다. 또한, 캐스웰이 교육과정 개발 과정에서 구성원 상호 간의 존중과 통합을 중시한 것도 그가 중서부 작은 마을 출신이었기 때문에 가능한 일이었다. 확실히 이런 덕목들은 캐스웰의 사람됨은 물론 그의 전문적인 직업 활동과 세계관에도 크게 영향을 미쳤다.

캐스웰은 언제나 원대한 생각을 품고 그것을 자신의 행동으로 완수하는 사람이었다. 포쉐이는 이런 캐스웰을 자신의 저서로 교육과정 분야의 경계를 설정한 사람, 여러 주와 도시의 교육과정 프로그램들을 만들며 교육과정 개발 분야를 개척한 사람, 각종 학술단체의 창립을 주도한 사람으로 묘사한다.

캐스웰은 교육학을 행동 영역으로 간주했다. 교육학의 본질은 학생들을 교육하는데 있고, 이론은 이런 교육학의 본질을 규명하는데 있다. 캐스웰은 교육학 교수들의 역할이 행동을 명료화하고 독려하는 것이었음을 환기시킨다. 포쉐이는 캐스웰의 교육관을 임상의학에 빗대 설명한다. 의학이 환자 치료를 위한 행동 분야라면, 교육학은 학생 교육을 위한 행동 영역이라는 말이다.

캐스웰은 동료 교수들에게 이론의 벽장에서 벗어날 것을 촉구했는데, 전통적인 대학 사회에서 이론보다 행동을 우선시하는 캐스웰의 접근이 환영받지 못했음은 당연한 일이었다. 예컨대 대학의 교육학과에서는 교육하는 행위를 연구만 할 뿐 그것을 가르치지 않는다. 다시 의학적인 비유로 돌아가, 대학의 교육학 교수들은 임상적인 처치보다 이론화 작업에만 관심이 있었던 셈이다.

앞서 언급했듯이 캐스웰은 주변의 불필요한 관심을 받는 일을 꺼렸다. 포쉐이는 그 이유를 캐스웰이 학창 시절에 경험한 티처스 칼리지의 과도한 '스타 시스템'에서 찾는다. 포쉐이는 그곳에 스타star와 시종acolyte만 있었다는 캐스웰의 말을 전한다. 나중에 티처스 칼리지의 일원이 되어서도 캐스웰은 스타 교수들과 그들의 추종자들로 양분되는 대학 카스트를 목격했다. 포쉐이는 캐스웰의 태도가 스타-시종 시스템을 바라지 않는 그의 소신에서 비롯되었다고 추측한다.

포쉐이는 캐스웰의 학자로서의 소명이 교육 실천과 학교 개선에 있었다고 말한다. 이는 오늘날 교수들이 주변의 인정이나 자신의 영향력 확대에만 혈안이 되어 있는 것과 사뭇 대조적이다. 일각에서는 이런 캐스웰을 가리켜 현실 감각이 뒤떨어진 사람이었다고 혹평할지 모르나, 적어도 학교 개혁자들은 그를 이상적인 본보기로 삼을 것이 분명하다.

2. 케네스 벤의 해롤드 럭 이야기[2]

1936년 가을 컬럼비아 대학에서 케네스 벤Kenneth Benne은 해롤드 럭

---

2 Kenneth Benne, "Memories of Harold Rugg," in Craig Kridel *et. al.* eds., *Teachers and Mentors: Profiles of Distinguished Twentieth-Century Professors of Education* (New York, 1996), pp. 207-216.

Harold Rugg을 처음 보았다고 말한다. 벤은 럭을 몸에 딱 맞는 트위드 자켓에 알록달록한 비단 손수건을 꽂은 멋쟁이로 묘사한다. 심지어 럭의 짧고 단정하게 기른 턱수염과 콧수염, 또 잘 손질된 손톱까지 기억한다. 벤은 럭이 'ch'나 'sh'로 시작하는 단어들을 발음할 때 말을 더듬는다는 사실을 지적한다. 그러나 럭이 자신감 넘치면서도 다정하고 우호적인 사람이었다고 부연한다.

벤은 럭의 수업을 한 번도 들어본 적이 없었다고 말한다. 럭의 생각을 이해하려면 강의를 듣기보다 책을 읽는 것이 좋다는 주변의 권고 때문인지 벤은 수업을 대신하여 럭의 저작들을 여러 권 훑어보고 그가 집필한 사회교과서 시리즈도 유심히 살폈다. 벤은 럭이 저술 작업에 집중하느라 수업이 없는 날이면 티처스 칼리지에 거의 모습을 드러내지 않았다고 증언한다.

벤은 럭의 초기 경력을 윌리엄 배글리William Bagley와의 인연을 중심으로 소개한다. 벤은 1차 세계대전 시절로 돌아가 일리노이 공과대학의 신출내기 강사였던 럭이 일리노이 사범대학의 학장이었던 배글리를 만나 그의 조언으로 박사과정을 시작하게 되었다고 말한다. 당시 럭은 그 자신의 교수법 개선과 교육을 연구하는 통계적인 방법에 관심이 있었고, 이는 그의 나중 행보에 익숙한 사람들에게는 다소 놀라운 것이 아닐 수 없다.

벤은 럭이 일리노이 대학에서 교육학으로 박사학위를 받은 최초의 인물이었고, 이런 그를 배글리가 교수로 발탁했다고 말한다. 그런데 두 사람은 성향이 서로 달랐다. 배글리가 전통적인 학문중심 교육과정의 옹호자였다면, 럭은 학교교육이 민주적인 사회·경제적 변화를 주도해야 한다고 믿었던 사회재건주의자였다.

벤은 박사논문을 끝내고 컬럼비아 대학에서 강의하던 시절1938-1941에 럭이 주관하던 대학원 교재 편찬 작업에 참여한 적이 있었다고 회고한다. 벤은 교재 편집위원으로 일하던 3년여 동안 럭을 개인적으로나 학문적으로 잘 알게 되었고, 특히 교육을 통한 사회변화라는 그의 신념을 목도할 수 있었다고 말한다.

벤은 럭의 사명이 민주주의 사회의 고양에 있었음을 재차 강조한다. 럭은 대략 1920년대 말부터 1930년대 초까지 '킬패트릭 토론 그룹'의 일원으로 활동하면서 급변하는 사회·문화적인 변화에 따른 교육정책과 프로그램의 재구조화에 관심을 보였다.

벤은 럭이 다른 킬패트릭 토론 그룹의 멤버들처럼 국가가 시장의 권력을 일부 회수해야 한다는 입장을 견지하였으나, 그 권력을 일반 대중들에게 돌려주기보다 과학기술 전문가들에게 일임해야 한다고 주장하면서 조지 카운츠George Counts나 존 차일즈John Childs와 같은 저명한 사회재건주의자들과 차이를 보였다고 말한다. 이쯤에서 우리는 럭의 공학도로서의 이력을 잊지 말아야 하지만, 그렇다고 그가 '테크노크라시technocracy' 운운하며 정치적인 민주주의의 가치들을 망각한 사람도 아니었음을 기억해야 한다. 럭의 바람은 과학기술의 힘을 빌려 사회·경제적인 변화에 효과적으로 대처하는 동시에 교육받은 시민들의 힘으로 거대 자본에 재갈을 물려 민주적인 가치들을 지켜내는데 있었다.

벤은 또한 럭이 다른 사회재건주의자들과 달리 예술the fine arts을 중시하였다고 말한다. 럭은 미국 문명의 뛰어난 점으로 과학기술과 그로부터 비롯된 실용주의 철학을 꼽았으나, 그것이 사람들의 예술적인 삶을 담보하지 못한다는 생각에서 시, 회화, 춤, 건축, 공예와 같은 예술 분야에 관심을 가졌다. 벤은 럭이 시카고 대학에서 컬럼비아 대학으로 자리를 옮기면서 자연스럽게 뉴욕의 예술 및 비평가들과 교류를 시작하고, 그들의 영향으로 예술이 중심이 되어 사회통합과 문화진흥을 이끄는 새로운 시대에 관심을 가졌을 것이라고 추측한다.

이런 예술로의 '개종' 때문인지, 1930년대 럭은 학교교육의 목적으로서 비판적인 문제해결 방법을 기르는 것과, 교육의 과정에서 나와 타인의 아름다움을 창의적으로 발견하고 인식하는 것 사이에 커다란 차이가 있음을 간파하고, 그 간극을 메우기 위해 한편으로는 존 듀이John Dewey의 반성적인 사고를 수용하고, 다른 한편으로는 예술의 안내를 따르며 노년에는 도교, 요가, 선불교의 수행까지 마다하지 않았다. 벤은 럭이 1951년 티처스 칼리지에서 은퇴하고 1960년 세상을 떠날 때까지 이 문제에 집착했다고 말한다.

벤은 럭을 낙관주의자로 명명한다. 그러나 럭이 경험한 현실은 그리 녹록지 않았다. 일례로, 벤은 1941년 애국단체들이 미국 도처에서 럭의 사회교과서 시리즈를 불온서적으로 낙인찍고 공개적으로 불태운 사건을 거론한다. 주지하듯, 럭은 킬패트릭 토론 그룹의 일원이었고, 이 학술모임을 계기로 1930년대 경제공황기에 좌파 성향의 진보적인 교육 잡지 『소셜 프론티어Social Frontier』가 등장했다. 이런 문맥에서 보수주의자들은 럭을 반대 캠프의 급진주의자로 분류하고, 그에 대한 '마녀사냥'을 감행했다.

럭은 자신이 수년 동안 심혈을 기울여 저술한 책들이 이런 식으로 공격을 당하자 매우 당혹스러워했는데 딱히 그럴만한 이유가 없었기 때문이다. 럭은 해당 교과서들이 미국의 역사와 사회를 있는 그대로 서술했을 뿐, 특정 가치를 옹호하거나 주장하지 않았다고 항변했다. 그러나 벤은 럭의 이런 생각이 순진하다고 말한다. 럭의 사회교과서 시리즈는 어디까지나 사회민주주의의 관점에서 쓰인 것으로서 기존의 사회적, 경제적, 문화적인 질서의 폐단을 고스란히 드러내 보여주었고, 바로 이런 '반체제적'인 논의가 우파 진영의 심기를 건드렸다.

벤은 럭이 컬럼비아 대학을 은퇴한 뒤로 그와의 관계가 더욱 돈독해졌다고 말한다. 두 사람 모두 마음이 맞는 대화 상대가 필요했던 셈이다. 1950년대 듀이식 사회민주주의 철학은 좌파와 우파 모두에게서 배척당했는데, 그 여파로 사회재건주의자들의 위상도 덩달아 약화되었다. 벤은 당시 철학하는 사람들 가운데 젊은 마르크스주의자들을 제외하면 대부분이 언어실증주의자들이었다고 말하고, 그 이유를 2차 세계대전 이후 미국 사회를 휩쓴 매카시즘McCarthyism의 광풍 속에서 교육에 대한 정치·사회적인 논의가 위험한 것으로 터부시되었기 때문이라고 설명한다.

벤은 1950년대 사회재건주의를 표방했던 두 개의 대학으로 그가 1953년까지 몸담았던 일리노이 대학과 그 후에 머물렀던 보스턴 대학을 꼽는다. 벤은 대학 캠퍼스로 럭을 자주 초대하여 개인적이며 지적인 대화를 이어갔고, 1951년부터 1960년까지 여러 차례 그의 우드스톡 언덕배기 집을 방문하였다고 회고한다.

벤은 사회재건주의자 중에 단지 소수만이 럭의 급진적인 사회·경제적인 계획과 그의 예술로의 '개종'에 공감했다고 말하면서도 스스로를 그 얼마 안 되는 사람들 가운에 한 명으로 소개한다. 특히 벤은 럭의 예술교육론에 관심이 있었던 것 같다. 럭도 만년을 번잡한 사회·문화적인 비평보다 삶의 예술적인 의미를 반추하고 동양의 지혜에 귀를 기울이며 조용히 보냈다.

벤은 럭이 체계적인 이론가는 아니었음을 인정한다. 그러나 럭은 직감이 뛰어난 사람으로서 낱알로 흩어져 있는 중요한 요소들을 한데 모아 '의미'를 부여하는 능력이 탁월했다. 특히 럭의 '창의적인 상상력'의 개념은 오늘날처럼 고도로 전문화되고 분화된 사회에서 인간다운 삶과 교육을 담보하는 귀중한 지적인 유산이다.

참고문헌

교육인적자원부, 「2007 개정 교육과정: 개요」, http://cutis.moe.go.kr (검색일: 2007년 8월 11일).

교육과학기술부, 「2009 개정 교육과정: 개요」, http://curri.mest.go.kr (검색일: 2009년 12월 1일).

교육부, 「2015 개정 교육과정 총론 및 각론 확정·발표」, 2015년 9월 23일 보도자료.

김수천, 『교육과정과 교과』 (서울: 2003).

김성훈, 『교육과정 에세이』 (파주, 2009).

김재춘, 『교육과정』 (파주, 2012).

김종서, 『잠재적 교육과정』 (서울, 1981/1976).

손인수, 『한국교육사』 I·II (서울, 1998/1987).

이기상, 『존재와 시간: 인간은 죽음을 향한 존재』 (파주, 2006).

정범모, 『교육과정』 (서울, 1956).

함종규, 『한국교육과정변천사연구』 (서울, 2004/2003).

허숙, 「교육과정학 탐구의 성찰: 역사와 전망」, 『교육과정연구』 20, 3 (2002).

허숙·유혜령 편, 『교육현상의 재개념화: 현상학, 해석학, 탈현대주의적 이해』 (서울, 1997).

Anyon, Jean, "Social Class and the Hidden Curriculum of Work," in Henry Giroux, Anthony Penna, and William Pinar eds., *Curriculum and Instruction: Alternatives in Education* (Berkeley, 1981).

Aoki, Ted, "Toward Curriculum Inquiry in a New Key," in William Pinar and Rita Irwin eds., *Curriculum in a New Key: The Collected Works of Ted T. Aoki* (MahWah, 2005/1978).

Aoki, Ted, "Curriculum Implementation as Instrumental Action and as Situational Praxis," in William Pinar and Rita Irwin eds., *Curriculum in a New Key: The Collected Works of Ted T. Aoki* (Mahwah, 2005/1984).

Aoki, Ted, "Interests, Knowledge and Evaluation: Alternative Approaches to Curriculum Evaluation," *Journal of Curriculum Theorizing* 6, 4 (1986).

Aoki, Ted, "Teaching as Indwelling Between Two Curriculum Worlds," in

William Pinar and Rita Irwin eds., *Curriculum in a New Key: The Collected Works of Ted T. Aoki* (MahWah, 2005/1986).

Aoki, Ted, "Inspiriting the Curriculum," in William Pinar and Rita Irwin eds., *Curriculum in a New Key: The Collected Works of Ted T. Aoki* (MahWah, 2005/1990).

Aoki, Ted, "Sonare and Videre: A Story, Three Echoes and a Lingering Note," in William Pinar and Rita Irwin eds., *Curriculum in a New Key: The Collected Works of Ted T. Aoki* (MahWah, 2005/1991).

Apple, Michael, "The Hidden Curriculum and the Nature of Conflict," *Interchange* 2, 4 (1971).

Apple, Michael, *Ideology and Curriculum* (London, 1979), 『교육과 이데올로기』, 박부권·이혜영 옮김 (서울, 1985).

Apple, Michael, *Education and Power* (London, 1982), 『교육과 권력』, 최원형 옮김 (서울, 1988).

Apple, Michael, "The Text and Cultural Politics," *The Journal of Educational Thought* 24, 3A (December 1990).

Apple, Michael, *Official Knowledge: Democratic Education in a Conservative Age* (New York, 1993), 『학교지식의 정치학: 보수주의 시대의 민주적 교육』, 박부권 외 옮김 (서울, 2002).

Apple, Michael *et. al.*, *Cultural Politics and Education* (New York, 1996). 『문화 정치학과 교육』, 김미숙 외 옮김 (서울, 2004).

Apple, Michael "Controlling the Work of Teachers," in David Flinders and Stephen Thornton eds., *The Curriculum Studies Reader* (New York, 2004).

Apple, Michael, *Can Education Change Society* (New York, 2012), 『교육은 사회를 바꿀 수 있을까?』, 강희룡 외 옮김 (서울, 2014).

Babin, Patrick, "A Curriculum Orientation Profile," *Education Canada* (1979).

Barrow, Robin, *Plato, Utilitarianism and Education* (London, 1975).

Barrow, Robin, *Plato and Education* (London, 1976).

Bateman, Donald, "The Politics of Curriculum," in William Pinar ed.,

Heightened Consciousness, Cultural Revolution, and Curriculum Theory (Berkeley, 1974).

Beauchamp, George, *Curriculum Theory* (Itasca, 1981/1961).

Benham, B. J., "Curriculum Theory in the 1970s: The Reconceptualist Movement," Paper Presented at the Kent State University Curriculum Theory Conference, November, 1977.

Bloom, Benjamin *et. al.*, *Taxonomy of Educational Objectives: Handbook I: Cognitive Domain* (New York, 1956).

Bobbitt, Franklin, "The Supervision of City Schools: Some General Principles of Management Applied to the Problems of City-School System," in *Twelfth Yearbook of the National Society for the Study of Education*, (Chicago, 1913).

Bobbitt, Franklin, *The Curriculum* (Boston, 1918).

Bobbitt, Franklin, *How to Make a Curriculum* (Boston, 1924).

Bolotin, Joseph, "Conceptualizing Curriculum," in Joseph Bolotin et. al. eds., *Cultures of Curriculum* (Mahwah, 2000).

Bruner, Jerome, *The Process of Education* (Cambridge, 1977/1960).

Bruner, Jerome, *The Process of Education* (Cambridge, 1960), 『교육의 과정』, 이홍우 옮김 (서울, 2005/1973).

Bruner, Jerome, "The Process of Education Revisited," *Phi Delta Kappan* (September 1971).

Carson, Terrance, "Hearing the Voices of Teachers," *Alberta Teachers Association Magazine* 70, 2 (1990).

Cherryholmes, Cleo, *Power and Criticism: Poststructural Investigations in Education* (New York, 1988), 『탈구조주의 교육과정 탐구』, 박순경 옮김 (서울, 1998).

Clandinin, Jean and Michael Connelly, *Narrative Inquiry: Experience and Story in Qualitative Research* (San Francisco, 2000), 『내러티브 탐구: 교육에서의 질적 연구의 경험과 사례』, 소경희 외 옮김 (서울, 2007).

Clandinin, Jean ed., *Handbook of Narrative Inquiry* (Thousand Oaks, 2006), 『내러티브 탐구를 위한 연구방법론』, 강현석 외 옮김 (파주, 2011).

Doll, William, *A Post-Modern Perspective on Curriculum* (New York, 1993), 『교육과정과 포스트모더니즘의 시각』, 김복영 옮김 (서울, 1997).

Dukacz, Albert and Patrick Babin, "Perspective on Curriculum," in F. Michael Connelly, Albert Dukacz and Frank Quinlan eds., *Curriculum Planning for the Classroom* (Toronto, 1980).

Egan, Kieran, "What Is Curriculum?" *Journal of the Canadian Association for Curriculum Studies* 1, 1 (2003/1978).

Eisner, Elliot and Elizabeth Vallance eds., *Conflicting Conceptions of Curriculum* (Berkeley, 1974).

Eisner, Elliot, *The Educational Imagination: On the Design and Evaluation of School Programs* (New York, 1979).

Eisner, Elliot, "The Curriculum Field Today: Where We Are, Where We Were, and Where We Are Going," in *The Educational Imagination: On the Design and Evaluation of Programs* (London, 1985).

Eisner, Elliot, *The Enlightened Eye: Qualitative Inquiry and the Enhancement of Educational Practice* (New York, 1991), 『질적연구와 교육』, 박병기 외 옮김 (서울, 2001).

Eisner, Elliot, "What Does It Mean To Say a School Is Doing Well?" *Phi Delta Kappan* 82, 5 (January 2001).

Freire, Paulo, *Pedagogy of the Oppressed* (Myra Bergman Ramos trans.) (New York, 1970/1968),

Giroux, Henry, Anthony Penna, and William Pinar eds., *Curriculum and Instruction: Alternatives in Education* (Berkeley, 1981).

Giroux, Henry, Anthony Penna, and William Pinar, *Curriculum and Instruction: Alternatives in Education* (Berkeley, 1981), 『교육과정 논쟁: 교육과정의 사회학』, 한준상 외 옮김 (서울, 1988).

Giroux, Henry, "Education Incorporated?" *Educational Leadership* 56, 2

(October 1998).

Giroux, Henry, "Democracy, Freedom and Justice after September 11th: Rethinking the Role of Educators and the Politics of Schooling," Retrieved September 25, 2002, from http://www.tcrecord.org.

Goodlad, John, *School Curriculum Reform in the United States* (New York, 1964).

Greene, Maxine, "Curriculum and Consciousness," *Teachers College Record* 73, 2 (December 1971).

Greene, Maxine, "Maxine Greene and James Macdonald: Two Views of Curriculum Reconceptualization," Interviewed by B. J. Benham, mimeographed, 1976.

Habermas, Jürgen, *Erkenntnis und Interesse* (Frankfurt am Main, 1968), *Knowledge and Human Interests* (J. J. Shapiro trans.) (Boston, 1971).

Huebner, Dwayne, "Curricular Language and Classroom Meanings," in James Macdonald and Robert Leeper eds., *Language and Meaning: Papers* (Washington, 1966).

Jackson, Philip, "Conceptions of Curriculum and Curriculum Specialists," in Philip Jackson ed., *Handbook of Research on Curriculum* (New York, 1992).

Jackson, Philip, Life in Classrooms (New York, 1968), 『아동의 교실생활』, 차경수 옮김 (서울, 2005).

Johnson, Mauritz, "Definitions and Models in Curriculum Theory," *Educational Theory* 17 (1967).

Kliebard, Herbert, *Changing Course: American Curriculum Reform in the 20th Century* (New York, 2002).

Krathwohl, David, Benjamin Bloom, and Bertram Masia, *Taxonomy of Educational Objectives: Handbook II: Affective Domain* (New York, 1964).

Kridel, Craig *et. al.* eds., *Teachers and Mentors: Profiles of Distinguished Twentieth-Century Professors of Education* (New York, 1996).

Kridel, Craig, "The Bergamo Conferences, 1973-1997: Reconceptualization and the Curriculum Theory Conferences," in William Pinar ed., *Contemporary Curriculum Discourses: Twenty Years of JCT* (New York, 1999).

Kridel, Craig ed, *Encyclopedia of Curriculum Studies*, 2 vols. (Thousand Oaks, 2010).

Macdonald, James, "Autobiographical Statement," in William Pinar ed., *Curriculum Theorizing: The Reconceptualists* (Berkeley, 1975).

Macdonald, James, "Curriculum and Human Interests," in William Pinar ed., *Curriculum Theorizing: The Reconceptualists* (Berkeley, 1975).

Macdonald, James, "Curriculum Theory as Intentional Activity," Paper Presented for Discussion at the University of Virginia Curriculum Theory Conference, October, 1975.

Miller, Janet, "Curriculum Theory: A Recent History," *Journal of Curriculum Theorizing* 1, 1 (1978).

Miller, Janet, "Autobiography and the Necessary Incompleteness of Teachers' Stories," in William Ayers and Janet Miller eds., *A Light in Dark Times: Maxine Greene and the Unfinished Conversation* (New York, 1998).

Pinar, William ed., *Heightened Consciousness, Cultural Revolution, and Curriculum Theory* (Berkeley, 1974).

Pinar, William ed., *Curriculum Theorizing: The Reconceptualists* (Berkeley, 1975).

Pinar, William, "Currere: Toward Reconceptualization," in William Pinar ed., *Curriculum Theorizing: The Reconceptualists* (Berkeley, 1975).

Pinar, William, "The Method of 'Currere,'" Paper Presented at the Annual Meeting of the American Research Association, Washington, 1975.

Pinar, William, "The Method," in William Pinar and Madeleine Grumet eds., *Toward a Poor Curriculum* (Dubuque, 1976).

Pinar, William, "The Reconceptualization of Curriculum Studies," *Journal of Curriculum Studies* 10, 3 (1978).

Pinar, William *et. al.*, *Understanding Curriculum: An Introduction to the Study of Historical and Contemporary Curriculum Discourses* (New York, 1995).

Pinar, William *et. al.*, "The 1960s: Expansion, Conflict, and Contraction," in William Pinar *et. al.* eds., *Understanding Curriculum: An Introduction to the Study of Historical and Contemporary Curriculum Discourses* (New York, 1995).

Pinar, William *et. al.*, *Understanding Curriculum: An Introduction to the Study of Historical and Contemporary Curriculum Discourses* (New York, 1995), 『교육과정 담론의 새 지평』, 김복영 외 옮김 (서울, 2001).

Pinar, William ed., *The Passionate Mind of Maxine Greene: "I Am ... Not Yet,"* (Bristol, 1998).

Pinar, William ed., *Contemporary Curriculum Discourses: Twenty Years of JCT* (New York, 1999).

Pinar, William, "The Reconceptualization of Curriculum Studies" in William Pinar ed., *Contemporary Curriculum Discourses: Twenty Years of JCT* (New York, 1999).

Pinar, William, "Response: Gracious Submission," *Educational Researcher* 28, 1 (January-February 1999).

Pinar, William and Vikki Hillis eds., *The Lure of the Transcendent: Collected Essays by Dwayne E. Huebner* (Mahwah, 1999).

Pinar, William, "Introduction," in *What Is Curriculum Theory?* (Mahwah, 2004).

Pinar, William, *What Is Curriculum Theory?* (Mahwah, 2004), 『교육과정이론이란 무엇인가?』, 김영천 옮김 (서울, 2005).

Pinar, William and Rita Irwin eds., *Curriculum in a New Key: The Collected Works of Ted T. Aoki* (Mahwah, 2005).

Schubert, William *et. al.*, *Curriculum Books: The First Hundred Years* (New York, 2002), 『교육과정 100년』, 강익수 외 옮김 (서울, 1999).

Schwab, Joseph, "The Practical: A Language for Curriculum," in Joseph Schwab, *Science, Curriculum, and Liberal Education: Selected Essays* (Chicago, 1978).

Smith, David, "Curriculum and Teaching Face Globalization," in William Pinar ed., *International Handbook of Curriculum Research* (Mahhwah, 2003).

Spencer, Herbert, *Education: Intellectual, Moral, and Physical* (New York, 1860).

Taba, Hilda, *Curriculum Development: Theory and Practice* (New York, 1962).

Tanner, Daniel, "Evaluation of Modification of the Comprehensive Curriculum," *The High School Journal* 54, 5 (1971).

Tanner, Daniel, and Laurel Tanner, *Curriculum Development: Theory into Practice* (New York, 1980/1975).

Tanner, Daniel and Laurel Tanner, "Emancipation from Research: The Reconception Prescription," *Educational Research* 8, 6 (1976).

Tanner, Daniel and Laurel Tanner, *History of the School Curriculum* (New York, 1990).

Taylor, Charles, *The Malaise of Modernity* (Toronto, 1998).

Taylor, Frederic, *The Principles of Scientific Management* (New York, 1991/1911).

Tyler, Ralph, *Basic Principles of Curriculum and Instruction* (Chicago, 1969/1949).

Tyler, Ralph, *Basic Principles of Curriculum and Instruction* (Chicago, 1949), 『Tyler의 교육과정과 수업지도의 기본원리』, 진영은 옮김 (서울, 1999).

van Manen, Max, *Researching Lived Experience: Human Science for an Action Sensitive Pedagogy* (Albany, 1990), 『체험 연구: 해석학적 현상학의 인간과학 연구방법론』, 신경림·안규남 옮김 (서울, 1994).

van Manen, http://www.phenomenologyonline.com/max/teaching/

Walker, Decker, "A Naturalistic Model for Curriculum Development," *The*

School Review 80, 1 (1971).

Wiggins, Grant and Jay McTighe, *Understanding by Design* (Alexandria, 1998).

Wraga, William, "Extracting Sunbeams out of Cucumber: The Retreat from Practice in Reconceptualized Curriculum Studies," *Educational Researcher* 28, 1 (January-February 1999).

찾아보기

인명 색인

주제 색인

| 지은이 소개 |

김성훈金成勳

강원도 춘천에서 태어났다. 강원대학교 사범대학 교육학과를 졸업하고, 캐나다 University of Alberta에서 교육과정 연구(Curriculum Studies) 전공으로 박사학위(Ph.D.)를 취득했다. 2007년부터 강원대학교 사범대학 교육학과 교수로 재직 중이다. 교육과정, 교육사상, 교육고전 등에 관심이 있다.
E-mail: seonghoonkim@kangwon.ac.kr

교육과정 탐구

초판 인쇄 2023년 5월 1일
초판 발행 2023년 5월 15일

지 은 이 | 김성훈
펴 낸 이 | 하운근
펴 낸 곳 | 學古房

주   소 | 경기도 고양시 덕양구 통일로 140 삼송테크노밸리 A동 B224
전   화 | (02)353-9908 편집부(02)356-9903
팩   스 | (02)6959-8234
홈페이지 | http://hakgobang.co.kr/
전자우편 | hakgobang@naver.com, hakgobang@chol.com
등록번호 | 제311-1994-000001호

ISBN 979-11-6995-083-1 93160

값 : 32,000원

■ 파본은 교환해 드립니다.